城市土地–碳耦合机制和低碳调控

李 艳 著

科学出版社
北京

内 容 简 介

温室气体大量排放导致的全球气候变暖已成为当今人类面临的最严重的问题之一。土地利用变化通过改变土地利用类型、方式、强度、结构，直接改变或间接影响陆地生态系统与大气之间的碳交换过程，是碳排放和吸收的双重主体。本书探讨如何科学评估城市土地利用变化与碳排放的驱动和响应机制，揭示土地开发利用与碳排放的耦合协调发展特征和动态演化，划分城市低碳治理分区，提出土地利用优化调控路径和区域协同减排策略，以期能够为促进土地绿色低碳利用转型，助力国家"双碳"目标实现提供科学依据。所研究议题不仅属于当前学界的热点和前沿，也是我国亟须解决的重大现实需求。

本书可供从事土地科学、资源环境科学、生态学、地理学、管理学等领域的教学与科研人员使用，也可供自然资源管理、国土空间规划、国土空间整治与修复、城市发展与管理等职能部门的管理人员参考，并可作为大专院校师生的教学参考资料。

审图号：GS 京 (2024) 2021 号

图书在版编目(CIP)数据

城市土地–碳耦合机制和低碳调控／李艳著 . -- 北京：科学出版社，2024. 11. -- ISBN 978-7-03-080132-6

I . F299.232

中国国家版本馆 CIP 数据核字第 20241U9L74 号

责任编辑：刘　超／责任校对：杜子昂
责任印制：徐晓晨／封面设计：无极书装

科学出版社出版
北京东黄城根北街 16 号
邮政编码：100717
http://www.sciencep.com

北京建宏印刷有限公司印刷
科学出版社发行　各地新华书店经销

*

2024 年 11 月第 一 版　开本：720×1000　1/16
2024 年 11 月第一次印刷　印张：18 1/4
字数：350 000
定价：215.00 元
(如有印装质量问题，我社负责调换)

前　言

21世纪以来，中国经历了快速的城镇化与工业化过程，在产生巨大碳排放的同时引发了土地利用的深刻转型与空间重构。土地利用方式和结构的改变不仅仅反映了城市空间布局和产业结构的转变，同时也造成了城市碳源与碳汇的显著变化，继而显著影响城市系统的碳平衡。科学探索城市土地利用与碳排放的内在关联与耦合机制，寻求城市土地资源合理利用与低碳减排的并行路径，是在基础层面推动碳中和目标实现的重要抓手与必经之路，具有重要的理论与现实意义。

土地作为一切人类活动与自然活动的基本载体，城镇、农村、交通工矿等土地利用类型承载着城市中的社会经济活动，是碳排放过程的主要承担者，而森林、草地、湿地等土地利用类型则承载着自然活动，是碳吸收过程的主要承担者。土地利用/土地覆盖变化往往伴随着大量的碳交换，如何推动土地绿色低碳利用转型，成为一个重要议题。2021年3月习近平主席主持召开中央财经委员会第九次会议，强调要提升生态碳汇能力，强化国土空间规划和用途管控，有效发挥森林、草原、湿地、海洋、土壤、冻土的固碳作用，提升生态系统碳汇增量。2023年4月，自然资源部、国家发展和改革委员会、财政部、国家林业和草原局联合印发了《生态系统碳汇能力巩固提升实施方案》，把守住自然生态安全边界作为生态系统碳汇能力巩固提升的重点任务之一，具体举措包括构建绿色低碳导向的国土空间开发保护新格局、助力巩固生态系统碳汇能力，严格保护自然生态空间、夯实生态系统碳汇基础，强化国土空间用途管制、严防碳汇向碳源逆向转化，全面提高自然资源利用效率、减少资源开发带来的碳排放影响等。

鉴于此，本书构建土地-碳耦合协调发展机制的理论基础和框架，测度土地利用变化对碳排放的驱动作用和碳排放对土地利用的响应规律，探明土地利用与碳排放的耦合协调发展特征和动态演化，科学划定城市低碳治理分区并提出调控路径和减排策略，以期能够为促进土地绿色低碳利用转型，助力国家"双碳"目标实现提供科学依据。

本书内容共分为11章，第1章为导论，介绍研究背景、意义和研究区概况。

第2章对研究涉及的相关概念和理论基础进行论述，并从城市土地利用变化影响碳排放、城市土地利用优化促进碳减排、城市土地-碳耦合协调机制三个方面对土地利用和碳排放关系进行理论解释。

第 3 章探讨土地利用变化和城市碳收支两个要素的时空演变特征,并以此为基础构建城市碳收支系统,包括垂直和水平两个子系统。针对城市垂直碳收支子系统,研究核算各土地利用类型的碳排放与碳封存量,并对城市碳收支的空间格局进行了分析;而在对于城市水平子系统,则通过建立生态网络分析模型来量化土地利用变化造成的水平"碳流"。

第 4 章聚焦于城市土地要素驱动碳收支的机制,探讨以两类碳源地——建设用地和耕地的结构及形态变化为主要内容的土地利用变化特征对城市碳收支的影响作用,并进一步深入剖析城市规模、城市形态对碳排放的影响机理。

第 5 章预测模拟基准情景、经济发展情景和生态保护情景下 2030 年土地利用结构与空间分布状况,并依据土地利用碳排放与碳封存因子预测未来城市碳收支的方向、强度与空间格局。

第 6 章根据逐年土地利用数据测度土地利用强度,利用超效率 SBM 模型评估全要素碳排放绩效,通过耦合协调度模型阐释城市碳排放绩效与土地利用强度的协调发展特征及其动态演化态势,同时针对处于不同耦合协调发展阶段的城市提出相应政策建议。

第 7 章首先核算城市土地开发程度和碳生产率,利用耦合协调模型和核密度估计揭示碳生产率与土地开发程度的耦合特征,构建传统和空间马尔可夫链转移概率矩阵对二者协调发展的动态演变规律及空间溢出效应进行实证分析,并进一步预测其长期演变和发展趋势;然后基于开发规模、社会化开发、经济化开发、生态化开发四个维度构建指标体系综合评估城市土地开发程度,利用耦合协调模型和脱钩模型,分析城市土地开发与碳排放绩效的耦合关系与协调发展特征,并采用灰色关联模型量化城市土地开发各项指标与耦合协调度的关联性,识别影响城市土地开发与碳排放绩效协调发展的关键因素。

第 8 章分别计算城市尺度与格网尺度的碳排放绩效,并从效率值和空间集聚两个角度分析碳排放绩效在不同发展水平城市的城乡梯度差异,利用地理探测器模型揭示不同发展水平城市下,城市功能对碳排放绩效沿城乡梯度的作用模式,归纳碳排放绩效沿城乡梯度的演变规律,提出有利于碳排放绩效整体提升与促进城市低碳转型的空间规划方案。

第 9 章首先构建城市碳排放绩效的空间关联网络,然后基于宏观—微观—个体的分析框架评估网络的结构特征,再通过 QAP 模型从经济结构、社会结构和空间关系三个角度选择指标实证,探究影响该网络的主要因素。

第 10 章首先综合利用区域碳排放总量、碳排放经济贡献系数、碳排放生态承载能力和国土空间开发程度,基于 SOM-K-means 方法建立碳平衡分区方案;然后利用块模型分析碳排放空间关联网络聚类特征,建立分区模块;最后,通盘考虑碳平衡分区与基于空间关联特征的块模型分区，将研究区划分为九个城市低碳治理分区，并识别出二类关键市域。

第11章首先构建"情景-行动者"政策分析框架，提出面向碳减排的土地利用优化调控政策；然后构建集体行动理论框架并提出该框架下的协同减排机制和九个低碳治理分区的协同减排策略。

本书得到教育部人文社会科学研究规划项目（项目批准号：22YJAZH055）、国家自然科学基金面上项目（项目批准号：42271261）、中央高校基本科研业务费专项资金、浙江大学文科精品力作出版资助计划资助。同时，本书的成稿从野外调研、资料搜集、数据整理到文本编辑等工作，均离不开课题组成员王诗逸、冯新惠、吴能君、杨佳钰、雷凯歌、余迩、肖芬、林心乐、高蔚铭、王森森、吴羽珩等的共同努力。

受编写时间和写作水平所限，书中难免存在不足之处，敬请读者批评指正。

作　者

2024 年 6 月

目 录

前言

第1章 导论 ·· 1
  1.1 研究背景和意义 ··· 1
  1.2 研究区概况 ·· 2

第2章 理论基础 ·· 6
  2.1 概念界定 ··· 6
  2.2 理论基础 ··· 10
  2.3 城市土地-碳耦合机制 ·· 15

第3章 城市碳收支系统构建 ··· 22
  3.1 文献综述 ··· 22
  3.2 数据来源 ··· 24
  3.3 研究方法 ··· 25
  3.4 研究结果 ··· 32
  3.5 讨论 ··· 43
  3.6 结论 ··· 46

第4章 城市土地利用变化对碳收支的驱动机制 ································· 48
  4.1 研究综述 ··· 48
  4.2 城市土地利用变化对碳收支的驱动作用 ·································· 49
  4.3 城市规模对碳排放的影响 ··· 60
  4.4 城市形态对碳排放的影响 ··· 72

第5章 城市碳收支对土地利用变化的响应模拟 ································· 88
  5.1 文献综述 ··· 88
  5.2 基于Markov-MOP模型的城市土地利用结构多情景预测 ············ 89
  5.3 基于PLUS模型的城市土地利用空间格局优化模拟 ··················· 95

  5.4 城市收支多情景模拟 …… 102
  5.5 本章小结 …… 105

第6章 城市土地利用强度与碳排放绩效的耦合协调发展特征 …… 107
  6.1 研究综述 …… 107
  6.2 研究方法 …… 108
  6.3 研究数据 …… 111
  6.4 结果与讨论 …… 111

第7章 城市土地开发与碳排放绩效的耦合协调发展特征 …… 120
  7.1 研究综述 …… 120
  7.2 城市土地开发与碳生产率的耦合特征和动态演化 …… 122
  7.3 城市土地开发与碳排放绩效的耦合特征和影响因素 …… 137
  7.4 结论 …… 153

第8章 城市碳排放绩效的城乡梯度和驱动机制 …… 156
  8.1 研究综述 …… 156
  8.2 研究数据和区域 …… 158
  8.3 研究方法 …… 160
  8.4 研究结果 …… 163
  8.5 讨论 …… 168
  8.6 结论 …… 171

第9章 城市碳排放绩效空间关联网络的结构特征和影响因素 …… 173
  9.1 研究综述 …… 173
  9.2 城市碳排放绩效空间关联网络的形成机制 …… 174
  9.3 研究数据 …… 175
  9.4 研究方法 …… 176
  9.5 研究结果 …… 182
  9.6 讨论 …… 189
  9.7 结论 …… 191

第10章 城市低碳治理分区 …… 193
  10.1 研究综述 …… 193
  10.2 研究数据 …… 194

| 目　录 |

10.3	碳收支的时空演变	195
10.4	碳排放属性特征的平衡分区	208
10.5	碳排放空间管理网络的块模型分区	222
10.6	低碳治理分区思路及关键市域识别方法	228
10.7	低碳治理分区及关键市域识别结果	229
10.8	结论	233

第 11 章　城市低碳调控路径和减排策略 ……………………………………… 236

| 11.1 | 基于政策分析框架的城市土地利用优化调控减排 | 236 |
| 11.2 | 基于集体行动理论框架的区域协同减排 | 243 |

参考文献 ……………………………………………………………………………… 252

第1章 导 论

1.1 研究背景和意义

温室气体的大量排放导致的全球气候变暖已成为当今人类面临的最严重的问题之一，对社会、经济、环境的可持续发展均产生了严重影响，同时威胁到全人类的居住环境和生命健康。政府间气候变化专门委员会（IPCC）第六次评估报告指出，2011~2020年全球平均地表温度较1850~1990年上升1.09℃，预计到2050年上升将超过1.50℃。碳排放被认为是全球气候变化的最大已知贡献者。为推动全球碳减排，世界各国和各组织采取积极应对措施，于1992年、1997年和2015年先后通过《联合国气候变化框架公约》《京都议定书》与《巴黎协定》等协议，截至目前已有超过130个国家和地区达成了"碳中和"的国际共识。

城市被视为碳减排的关键地域单元。尽管城市地区仅占全球总土地面积的2%，但其贡献的GDP超过70%，总碳排放量占比高达75%（Grimm et al., 2008）。而城市土地利用变化则是其碳排放的重要来源。土地利用变化通过改变土地利用类型、功能、结构等，直接改变或间接影响陆地生态系统与大气之间的碳排放和吸收过程，是碳排放和吸收的双重主体。相关研究表明，土地利用变化被认为是导致全球二氧化碳排放的第二大因素，仅次于化石燃料燃烧（Griffin et al., 2016）。在中国，土地利用/覆被变化在1990~2010年中贡献了约1.45 Pg的碳排放量（Lai et al., 2016）。基础设施建设、经济发展、工业区、城市规划、能源消耗等人类活动都与土地利用密切相关，并最终以不同的土地利用方式实施（Zhao et al., 2010）。作为一个发展中国家，中国自2007年以来已成为世界上最大的碳排放国，其在2018年产生了全球30.20%的二氧化碳排放（Gregg et al., 2008）。目前，中国仍处于快速城镇化时期，城镇化水平从1978年的17.90%快速增长到2013年的53.70%，预计到2050年将达到75.00%（Gu et al., 2017）。城镇化率每增加1.00%，我国人均碳排放量将增加5.8kg（夏楚瑜，2019），可见未来20年中国城市碳排放量仍将显著增长。如何在确保高质量城镇化的基础上实现"减排"必然成为中国低碳城市发展的重点。而城市低碳发展已不再是一种简单的环境管理手段，而成为一项调节经济发展、资源节约与城镇化进程推进的重要政策措施，对存量规划实现和倒逼城镇化全面转型具有不容忽视的作用。

本书探讨如何科学评估土地利用变化与碳排放的驱动和响应机制，揭示土地开发利用与碳排放的耦合协调发展特征和动态演化，划分城市低碳治理分区，创新碳中和目标下的土地利用优化调控路径和区域协同减排路径。所研究议题不仅属于当前学界的热点和前沿，也是我国亟须解决的重大现实需求。

1.2 研究区概况

1.2.1 长江经济带

长江经济带横跨中国东中西三大区域，按长江上中下游划分可将其分为三个区域（图1-1），上游地区包括重庆、四川、云南和贵州，中游地区包括江西、湖北和湖南，下游地区包括上海、江苏、浙江和安徽，总面积达205.23万 km^2，约占中国陆地国土面积的21.40%，人口和GDP总量均超过全国的40.00%，是中国国土开发与经济布局"T"形空间结构战略中一条极其重要的一级发展轴。作为中国除沿海开放地区外经济密度最大的经济地带，长江经济带城市规模迅速扩张、工业产业显著集聚，整体城市化水平较高，是中国社会经济发展最为核心的区域之一。但与此同时，多年城市化与工业化进程的快速推进使得长江经济带成为中国主要的碳排放区域。其碳排放量占全国总量的37.50%，并逐渐呈刚性

图1-1 长江经济带行政区划

增长的趋势，从 2003 年的 8.01 亿 t 快速升至 2019 年的 16.66 亿 t，年平均增长率高达 6.75%，经济增长与碳减排的矛盾日益突出。如何在保障科学发展的同时有针对性地优化各区域城市形态，探索上中下游地区联动减排机制成为其实现低碳转型的关键。

1.2.2 长三角地区

长江三角洲（长三角）地区位于长江入海之前的冲积平原，是中国经济发展最活跃、创新能力最发达、对外开放程度最高的区域之一。2019 年印发实施的《长江三角洲区域一体化发展规划纲要》将长三角城市群的规划范围确定为上海市、江苏省、浙江省、安徽省的全域，包括南京市、苏州市、杭州市等 41 个地级市，总面积约为 35.80 万 km²，约占中国陆地面积的 4.00%（图 1-2）。在过去的 20 年间，长三角地区在经济、科技、基础设施建设等层面都取得了惊人的成绩，能够在很大程度上代表中国经济发展的前沿方向。2021 年，长三角城市群的 GDP 高达 27.61 万亿元，占中国 GDP 总量的 24.14%，是推动中国经济发展的重要增长极之一。然而，巨大的经济产出和快速提高的土地利用强度给长三角地区的生态环境带来了诸多负面影响。大量化石能源的消耗，使得区域碳排放量逐年增加，特别是在"十三五"期间，长三角地区碳排放年均增长率高达 2.40%，经济增长与碳排放的矛盾日益突出。如何在保障科学发展的同时优化土

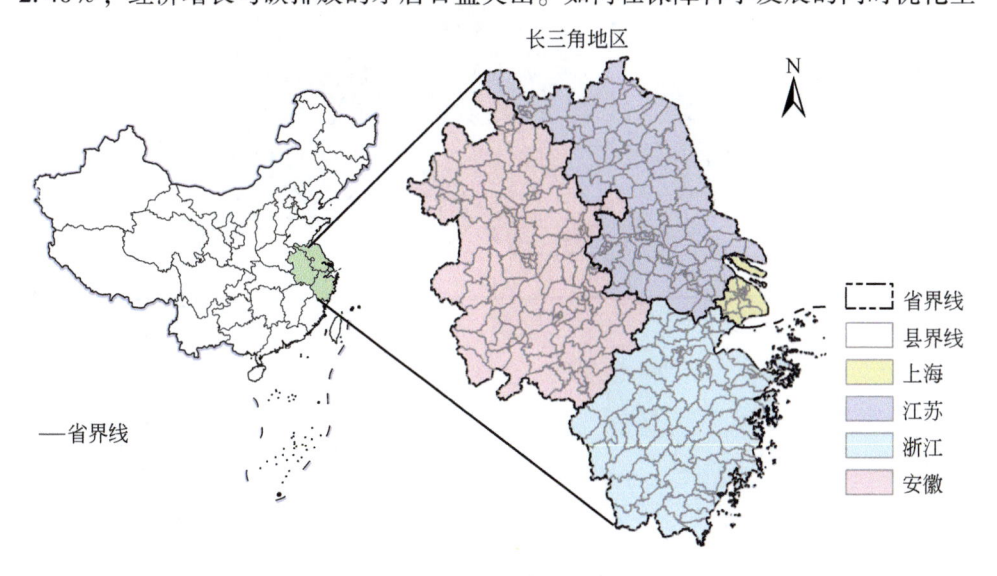

图 1-2 长三角地区行政区划

地利用结构，探索长期深度减排路径成为其实现低碳转型的关键。对长三角地区的研究结果具有典型代表性，为其余城市实现协同减排、绿色转型提供了更具实践性和现实性的可能路径。

1.2.3 杭州都市圈

杭州都市圈是国家发展和改革委员会 2016 年发布的《长江三角洲城市群发展规划》中划定"一核五圈四带"的"五圈"之一（图 1-3）。杭州都市圈位于长江三角洲经济圈的南翼，主要以杭州为中心联结湖州、嘉兴、绍兴、衢州、黄山五市为节点打造的长三角"金南翼"，是浙江省委、省政府提出着重建设的四大都市圈之一，其范围是以杭州市区为中心，湖州、嘉兴、绍兴、衢州、黄山市市区为副中心，杭州市域五县市及德清、安吉、海宁、桐乡、柯桥、诸暨等杭州相邻县市（区）为紧密层，区域总面积为 53 441km^2。杭州都市圈 2020 年实现生产总值 33 307 亿元，增长了 3.6%，增幅高于全国 1.3 个百分点。但杭州都市圈

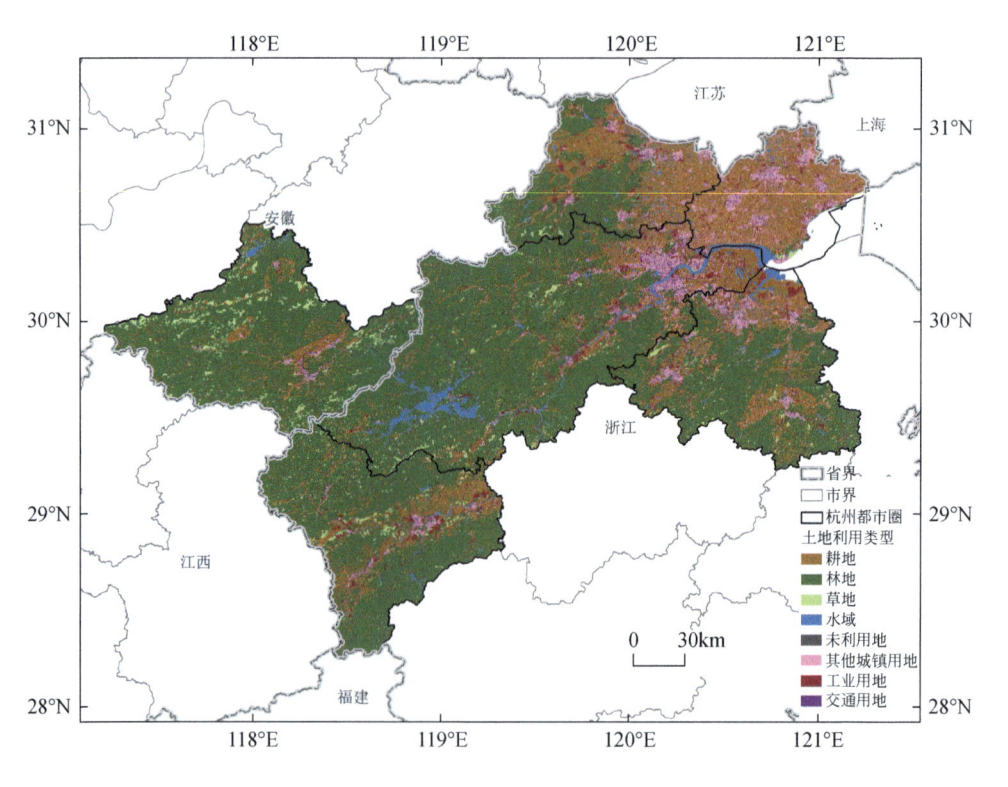

图 1-3 杭州都市圈区位示意图

发展亦存在一系列问题，如城市间产业发展不协调、产业集聚度不高；资源开发过度与不足并存、浪费与低效并存；土地利用结构不尽合理、土地资源不能最优配置。都市圈内人口聚集，住房资源紧张，跨行政区通勤已成规模，加剧了能源消耗、空气污染、交通拥堵等问题。杭州都市圈发展中的问题具有代表性和普遍性，对杭州都市圈土地利用变化与碳收支的驱动和响应关系的研究有望为破解发展困局提供依据。

第 2 章　理论基础

2.1　概念界定

2.1.1　碳源与碳汇

碳源指生态系统固定的碳量小于排放的碳量，即向大气中释放碳的过程、活动或机制。自然界中碳源主要是海洋、土壤、岩石与生物体，人类活动造成的碳排放也是温室气体的主要来源，如农业活动和燃料燃烧等。

当生态系统固定的碳量大于排放的碳量则被称为碳汇。自然界中碳汇主要指利用植物光合作用吸收大气中的二氧化碳，并将其固定在植被和土壤中，从而减少温室气体在大气中浓度的过程、活动或机制。被吸收的二氧化碳被储存在碳库中，它指具有吸收和释放碳的能力的碳储备，全球四大碳库分别是海洋碳库、陆地生态系统碳库、岩石圈碳库和大气碳库。

从土地利用类型的视角，建设用地为主要碳源，林地、草地、园地、未利用地为碳汇，而耕地则兼具碳源与碳汇的作用。

2.1.2　碳排放与碳封存

碳排放是指人类活动所产生的二氧化碳等温室气体释放至大气的过程，与此对应的活动被称为碳源，主要包括化石燃料燃烧、土地利用变化、工业生产、交通运输、生物质燃烧等。这些气体会在大气中积累并形成"温室效应"，导致全球气候变暖。因此，碳排放加剧已成为全球环境问题的一个重要方面。城市碳排放有三个范围上的内涵界定（王海鲲等，2011）：范围一是指在城市行政边界内产生的全部直接碳排放；范围二是指发生在城市边界之外，但是对城市产生影响的间接排放，通常包括城市引进的热力、电力等二次能源排放；范围三是以全生命周期视角出发的城市其他间接碳排放，如城市向外购买产品的生产、运输以及处理等过程中发生的碳排放，能源利用和碳排放均产生于城市边界之外。对于范围二而言，城市电力调入调出导致碳排放的统一参照系与排放因子缺失，测度难度较大（丛建辉等，2014）。对于范围三而言，常用的过程分析法和环境投入产出分析均难以兼顾核算的精度和成本，且难以进行空间化。因此，本节仅考虑范围一意义下的城市边界内直接碳排放过程。

碳封存指的是将二氧化碳永久地固定在地球上的自然或人为过程。这意味着将二氧化碳从大气中移除并将其储存起来，以避免其对地球气候系统造成负面影响。碳封存可以通过自然或人为方式实现。自然碳封存通常是指将二氧化碳储存在土壤、森林、湿地、海洋和地下岩层中的过程，例如，植物通过光合作用将二氧化碳吸收并将其储存在木材和根部中。人为碳封存是一种通过技术手段从大气中移除和储存二氧化碳的过程，如将二氧化碳气体直接从空气中捕获并将其储存在地下岩层中已经被认为是减缓气候变化的潜在方法之一。由于植被对碳封存过程的影响最为显著，而土地利用类型对其地表植被覆盖的影响较甚，因此本研究以土地利用类型面积及其碳封存经验系数为依据进行城市碳封存量的测算。

人类活动最终都是作用在不同土地利用类型上的，土地利用类型是在空间层面上定义碳排放与碳封存过程的优良载体。综合考虑我国《土地利用现状分类》（GB/T 21010—2017）、《城市用地分类与规划建设用地标准》（GB/T 50137—2011）以及现有研究，本书定义土地利用类型碳源碳汇功能清单如表 2-1 所示。其中，由于耕地兼有植被覆盖带来的碳封存过程与农业活动导致的碳排放过程，因此同时具有碳源和碳汇特征；林地、草地、水域和未利用地以吸收和固定碳元素为主要特征，因此表现为碳汇属性；工业用地、交通用地和其他城镇用地因其承载的高强度人类活动而被视为碳源属性。

表 2-1　基于碳功能的城市土地利用分类体系

土地利用类型	内涵	碳功能
耕地	水田、旱地	碳源和碳汇
林地	有林地、灌木林、疏林地、其他林地	碳汇
草地	高覆盖度、中覆盖度、低覆盖度草地	碳汇
水域	河流、湖泊、水库、冰川、滩涂	碳汇
工业用地	厂矿、大型工业区等工业活动发生用地	碳源
交通用地	城市道路、公路、铁路	碳源
其他城镇用地	除工业用地和交通之外的城市建设用地	碳源
未利用地	裸地、沙地等	碳汇

2.1.3 城市碳代谢

城市代谢是指城市吞吐、消纳物质和能量的过程，被广泛应用于研究城市的能源和物质流动及其环境影响。随着全球变暖为主要特征的气候变化成为全球性环境问题，碳作为城市代谢过程的关键要素不断受到人们的关注。Baccini于1996年首先提出"城市碳代谢"的概念，考虑并界定了食品加工、工业贸易、能源转换、居民消费、废物管理等社会经济活动产生的碳排放，以及农田、森林等自然成分产生的碳封存。城市碳代谢概念一经提出就受到广泛关注，已经研究证实交通运输、工业、商业都在城市碳代谢中发挥着重要作用。

城市碳代谢过程核算以城市代谢为基本框架，追踪碳在整个城市生态系统中的流动过程，其研究可以很好地理解城市碳元素的流转过程及其环境影响。通过剖析城市碳元素的水平代谢过程，一方面追踪了碳元素在工业、交通和农业等经济部门之间的流转，另一方面利用城市碳平衡模型跟踪了碳元素在城市生态系统与自然生态系统之间的流动。目前城市碳代谢核算研究大多关注局部过程，或集中于碳排放、碳吸收的重要代谢路径，或集中于社会经济过程弱化自然过程。对于一个完整的城市碳代谢过程而言，不仅应当包括社会经济组分的碳排放，还应包括自然组分的碳排放与碳吸收，以及社会经济、自然组分内部的碳流转，如图2-1所示。只有利用城市代谢方法追踪生态系统的碳流动的全过程，才能有效服务于城市低碳规划及设计。

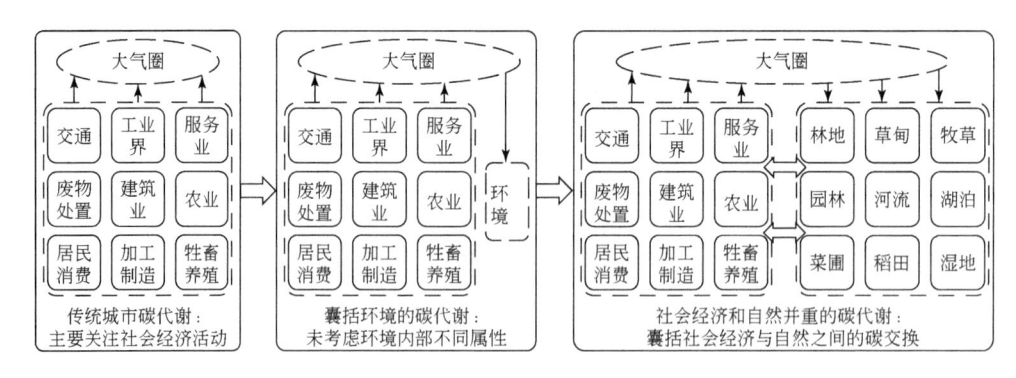

图 2-1 城市碳代谢过程核算的发展

2.1.4 城市"碳流"

城市"碳流"既包括垂直方向上碳排放和碳封存过程产生的碳转移，又包括根据人类活动映射于生物圈之上的水平碳流动（图2-2）。土地利用变化会导致土地利用类型间的碳流变化，即碳元素在不同地类间的交换和转移。当某种土地利用类型向另一种土地利用类型转变时，该类土地利用损失了其面积减少所包含的碳代谢能力，而变化后的土地利用获得了变化前土地利用类型损失的碳代谢能力。对于特定地块而言，如果土地利用类型变化后其承载的碳排放量减少或者碳封存量增加，则该种水平碳流被定义为积极碳流，积极碳流有助于促进城市碳代谢系统平衡；反之，如果土地利用变化后碳排放量增加或者碳封存量减少，则该碳流被视为消极碳流，消极碳流将导致城市碳代谢失衡现状加剧。

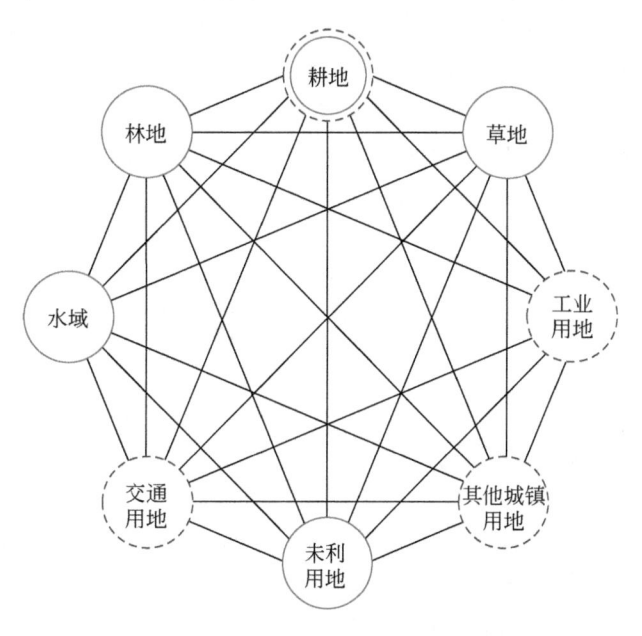

图 2-2　基于土地利用类型的"碳流"概念图

红色虚线代表碳排放，绿色实线代表碳封存

2.1.5　碳排放绩效

碳排放绩效的实质是城市发展过程中社会经济要素投入与产出间关系变化的结果。碳排放绩效作为城市低碳发展的重要指标，与碳减排目标的实现及经济低碳发展有密切联系，能够准确反映经济的投入产出关系。因此，提高碳排放绩效被广泛认为是应对气候变化最具成本效益的方法之一。碳排放绩效的测量方法可分为单要素评价和全要素评价两大类。前者通常使用碳排放量、碳生产率和碳强度等简单指标来衡量碳排放绩效。虽然这些指标在实际研究中易于计算和解释，

但不能有效反映 CO_2 生产背后的投入产出过程，存在一定的片面性。相比之下，碳排放绩效的全因素评价将能源、劳动力、资本等经济投入和碳排放、GDP 等产出同时纳入计算过程，可以更准确地估计经济发展模式是否满足节能减排与经济增长"双赢"的要求。因此，以数据包络分析（data envelopment analysis，DEA）为代表的分析模型逐渐被开发出来，用于具体测量决策单元的全要素碳排放绩效。

某一城市的碳排放因产业关联、区域一体发展、人口流动等经济活动发生改变，同时也会对周边城市的碳减排行动产生一定的影响，也就是说碳排放绩效存在空间溢出效应。这种相互影响的空间溢出效应构成了区域内部各城市之间碳排放的空间传导路径，表现为各城市节点之间的链路。随着区域一体化发展战略深入，日益频繁的跨区域经济活动、不断完善的市场机制以及适时的政府干预进一步加剧了城市间碳排放绩效的空间关联，进而演化出复杂的碳排放绩效空间关联网络。相关研究的重点也从对碳排放绩效的精确测量扩展到对其空间关联和空间溢出效应的研究。

2.2 理论基础

2.2.1 可持续发展理论

可持续发展理念是伴随资源短缺、环境污染和生态退化问题的产生而出现的。根据《我们共同的未来》这一报告的定义，可持续发展是指既能满足当代人的需求且又不对后代人满足其需求构成威胁的发展（Brundtland，1987）。基于该定义，可持续发展应至少包括以下几层含义：①发展性，即社会经济发展是人类社会普遍享有的基本权利，是提升人类福祉和推动社会进步的根本途径，这回答了"为何要发展"的问题；②可持续性，即由于地球资源环境的有限性，社会经济发展不能以逾越地球的资源环境承载能力为代价，这回答了"如何发展"的问题；③公平性，即社会经济发展应兼顾代内公平和代际公平，注重区域、城乡的均衡发展，回答的是"发展机会和成果如何分配"的问题。

由此可见，可持续发展概念具有丰富的内涵，涉及经济、社会、资源、环境、伦理、治理等多个方面。因此，不同学科背景的学者可能会基于各自不同的视角来研究可持续发展。在资源环境管理领域，Daly（1990）提出了可持续发展的几条原则，即可再生资源消耗速度不超出其再生速度、废弃物排放速度不超出生态系统纳污能力、不可再生资源消耗速度不超出其替代可再生资源的替代速度；为量化可持续性发展，学者们相继提出了生态足迹、环境可持续性指数、福利指数、人类发展指数等指标，然而这些指标在可持续发展的表征方面具有各自的侧重点和局限性（Sala et al.，2013；Wilson et al.，2007）。在可持续发展的国际政策领域，联合国相继通过了联合国千年发展目标（MDGs）、联合国可持续发展目标（SDGs），分阶段勾勒了人类未来发展的美好愿景，以此作为全人类共同奋斗的目标（Schmidt-Traub et al.，2017；Xu et al.，2020）。大体而言，可持续发展在发展过程中应兼顾经济效益、社会效益和环境效益。其中，基于对自然资本与人造资本之间关系的不同认识，学界形成了弱可持续性与强可持续性两种思想。具体而言，弱可持续性思想认为自然资本与人造资本可相互替代，只要总的资本不减少即为可持续的；而强可持续性思想认为地球关键自然资本在提供与人类福祉密切相关的生态系统服务方面具有不可替代性，因此维持关键自然资本存量不减少才是可持续发展的前提条件（de Groot et al.，2003；Ekins et al.，2003）。

2.2.2 城市生态系统理论

城市生态系统理论是以可持续发展理论为依托，强调在自然、经济、社会三个维度上实现高度统一与融合的城市系统。这种三维度复合生态系统理论最早由马世骏和王如松（1984）提出，他们认为仅仅依靠人类活动无法指导和实现我国城市发展可持续的目标，城市已然成为一个在人类活动主导下，同时依托自然环境、资源流动、社会文化传承发展的"社会-经济-自然复合生态系统"（欧阳志云，2017）。黄光宇和陈勇（1997）补充了生态城市中"城市"一词的内涵，不再将城市看作行政意义上的边界，而是从区域的视角出发将其视作城乡上的空间融合，以此突破行政区划在物质、能量和信息流动上的无形藩篱。景星蓉等（2004）根据城市发展逻辑，提出生态城市必须改变工业城市传统的发展模式，即缓解或者避免人类活动对土地、能源等资源的掠夺，系统挖掘与综合调控城市内的自然资源、基础设施与公共服务、交通运输、智能控制等子系统之间的关系，通过发展目标的明晰与反馈机制的完善达成城市内部物质流、能量流、价值流的合理调节，最终实现3R（reduce、recycle、reuse）生态城市的建立。

城市生态系统理论中的社会、经济、自然维度的内部运行与相互作用机制构成了城市这一复杂综合体的矛盾运动（王如松和欧阳志云，1996；李泽红，2019）。社会维度的生态城市充分体现以人为本的发展目标，围绕城市人口与居民需求，完善城市基础设施建设，加强公共产品供给，促进人类福利进步。经济维度的生态城市围绕资源最优配置，追求物质流动由分散化向集中性转变、能量集聚由低质量低强度向高质量高强度转变、信息积累由短序列向长序列连续收集转变。自然维度的生态城市围绕环境保护与生物多样性发展，贯彻开展山水林田湖草沙一体化保护与修复，实现人与自然和谐共生。在城市复合生态系统中，社会子系统为经济子系统提供劳动人口与人类智慧的双重支撑，自然子系统为社会和经济子系统提供承载、缓冲、过滤的多重保障。

城市生态系统形成的特点首先在于人工生态系统的建立，尽管自然子系统成为社会和经济子系统存在的基础，但其对城市生态系统功能和结构的作用与影响能力远不及后二者。其次，城市生态系统内物质流动多呈环状循环而非线性转移，表现为人类生产、消费与废弃物处理的全过程。再次，城市生态系统内能量存在高度集聚，既包括工厂、燃料等实际能量和大量实体建筑物，又内含各类信息的数据载体，如书籍等（董德明和包国章，2001）。最后，城市生态系统中存在的正反馈调节效果优于负反馈调节，前者受到城市经济与社会发展过程中的利益影响，激励人们追加使之获利的资源与劳动；后者体现为人类对环境破坏与资源消耗甚至枯竭的有限反应，根据现实经验，倘若人类无法及时对此加以补救，往往造成生态系统的恶性发展。

城市生态系统理论与城市代谢理论在概念上相辅相成，又各有侧重。在生态学角度下，城市发展问题的实质在于人与自然关系的协调与重构，其内涵可拓展为城市内部资源流动与配置的失调、城市网络结构与系统组分关系的失调、城市生产生活生态功能的失调。城市生态系统理论与特点验证了将城市物质能量循环类比为生物新陈代谢的合理性，为城市代谢概念建立理论基础与逻辑起点（Kennedy et al.，2007）；同时，城市代谢可成为城市生态复合发展的抓手之一，为实现城市可持续发展总目标提供保障。但是城市生态系统理论将城市看作一个生态系统，而城市代谢则将其视为有机体，前者侧重对城市系统内部结构、功能与过程的刻画，而后者同时关注城市系统与外部环境间的相互影响与相互作用（Bai，2016）。

2.2.3 人地关系理论

人地关系理论是指一种以地理学为基础的社会科学理论，它强调人类与环境间的互动关系通过人类活动和物质技术而改变（冯德显等，2008）。该理论认为人类与地理环境之间存在着密切的相互作用关系，人类的行为和文化会导致地理环境的变化，地理要素的转变也会反过来影响人类活动，人类活动与地理环境相互耦合、相互统一。人地关系经历了漫长的演化过程，最初人类缺乏向自然环境索取与掠夺的能力，而是在依附自然的同时被动地适应与认识自然；随着人口增加、社会发展与科技进步，人类开始主动地改造自然，并在工业化和城镇化过程中过度消耗自然资源，造成环境污染与生态破坏，人地矛盾日趋尖锐与紧张。学者们将这一过程进行了不同的细化，如王长征和刘毅（2004）认为人地关系可以分为混沌、共生、顺应索取、改造征服、协调共生五个阶段，郭跃和王佐成（2001）以人类历史上几次大革命为节点将人地关系异化过程分为顺应、认识改造、掠夺、可持续利用四大阶段。

人地关系理论可应用于土地利用结构优化，通过对特定区域内土地资源的合理利用和高效配置，以确保土地利用的可持续性和综合效益最大化。一方面，人地关系理论强调环境对人类的影响，首先要求将自然环境特征纳入考虑，通过分析土壤、水资源、气候、自然灾害等因素以开展不同区域的土地利用适宜性评价。另一方面，人地关系理论还强调社会经济因素对土地利用的影响，通过人口、经济、文化、政治、社会需求和市场趋势等因素的评估确定土地利用如何适应不同的经济社会发展阶段。综上所述，人地关系理论可以为土地利用规划提供一个科学的基础，在保持社会稳定和环境健康的前提下最大程度利用土地资源实现城市长期的可持续发展。

2.2.4 低碳经济理论

低碳经济是指在可持续发展理论的指导下，通过技术创新、制度创新、产业转型、新能源开发等多种手段，尽可能地减少煤炭、石油等高碳能源消耗，减少温室气体的排放，达到经济社会发展与生态环境保护双赢的一种经济发展形态。作为一种新兴发展模式，低碳经济自2003年提出以来，引起了全球各界的广泛关注，是21世纪规模最大的社会、经济、环境革命。低碳经济理论强调不能为降低碳排放而牺牲经济发展，也不能为经济发展而容许无限制的碳排放增长，而是要实现经济发展与碳减排协同发展，其实质是低碳技术、能源、产业、生活方式等经济形态的总称。加快产业结构优化升级、构建清洁低碳的能源体系、推动绿色低碳技术创新、完善绿色低碳发展政策体系等被认为是推动低碳经济转型的主要路径（王一鸣，2021）。中国作为世界上最大的碳排放国家和第二大经济体，其面临着的能源紧缺、气候变暖、环境恶化等问题促使着我国发展低碳经济（王明喜等，2017）。土地是人类生产、生活等一切社会经济活动的载体，能源消耗、产业结构、经济发展模式等人类活动与土地利用密切相关，寻求城市土地资源合理利用与低碳减排的并行路径对于促进低碳经济发展具有重要意义。

2.2.5　耦合协调理论

耦合是指两种或两种以上要素之间相互配合、依赖、影响的动态关系；协调是指系统之间或系统内容要素之间和谐一致的良性关系；耦合协调指系统达到和谐协同的发展状态。因此，耦合系统理论强调两个或两个以上要素之间彼此相互作用、相互影响，实现和谐协同状态。耦合协调理论如今常用于生态学、地理学等领域，用于解释复杂的生态系统与社会经济协调发展问题，指导区域的可持续性发展。

2.2.6　空间相互作用理论

最早由美国地理学家 Ullman（1957）在物理学、统计力学、经济学等学科理论和模型的基础上提出的，具体是指作为人类一切社会经济活动的空间载体，不同城市与区域之间在不同时空状态下始终存在着的商品、资本、人口、信息交换过程。越来越多的环境经济学领域的学者指出，这种空间相互作用具有明显的外部性，是导致环境、生态问题的根源所在（闫卫阳等，2009；王荣成，2012）。由于碳排放主要来源于能源消耗、工业生产、交通通勤和土地利用等人类经济社会活动（曲福田等，2011），也会受到资本、人口、信息等要素流动的影响，进而表现出空间溢出效应。总的来说空间相互作用理论及其有关模型为本书碳排放空间关联网络研究奠定了坚实的基础。

2.2.7　集体行动理论

传统的集体理论指出，由于集体利益具有非排他性和非竞争性，集体利益并不能将未付出成本者排除在外，因此理性人倾向于不参与集体行动而享受集体利益，这种理性人的"搭便车"行为，导致了集体行动的困境，其本质是个体理性与集体理性的冲突（奥尔森，1995）。1990 年，奥斯特罗姆在经过广泛的实地和实验案例研究后，提出克服公共池塘资源的集体行动问题的三个关键要素包括新制度供给、可信承诺和相互监督（Ostrom，1990）。奥斯特罗姆集体行动理论具有一般性的价值，适用于解决集体行动面临的普遍难题，低碳治理是一个典型的公地问题，可以视为一个公共池塘资源，该理论为低碳治理提供了新的理论视角（王亚华和唐啸，2019）。

2.3 城市土地-碳耦合机制

2.3.1 城市土地利用变化影响碳排放的理论解释

陆地生态系统的碳元素储存在地下、地上和大气生物量中，主要通过物理、化学、地质和生物进行交换。土地利用和土地覆盖变化通过取代陆地生态系统和影响人为排放活动而产生的碳排放量增加对碳代谢系统至关重要（Xia et al., 2019b），因为陆地生态系统作为全球第二大碳库，其少量碳损失会导致大气二氧化碳大幅波动，并改变原始土地景观所提供的生态系统服务（Carpio et al., 2021）。其中，人类活动区域开发是土地利用变化的主要驱动力，特别是在城市扩张侵占自然土地导致碳储量减少的情况下（Feng et al., 2020）。城市化与城市扩张进程涉及一系列占用、退化和破坏自然栖息地的行动，导致城市生态系统服务和生物多样性减少、生物群落退化、温室气体排放增加等问题层出不穷（Mohajeri et al., 2019；Pan et al., 2021）。一方面，城市化进程所需的大量新增建设用地侵占林地、水域等碳汇功能用地的存在空间，削弱城市碳汇系统的影响力，形成城市各个功能区之间的碳储量差异（Svirejeva-hopkins and Schellnhuber, 2006）；另一方面，城市化增加工业产业和居民生活的能源消费量，大规模促进城市碳排放，从而加剧气候变化的影响（Pan et al., 2020）。

规模效应和技术创新的存在使得生产力随着城市规模的扩大而增加，因此大城市的效率往往更高。那么，城市规模和碳效率之间的关系是什么呢？近年来，许多学者也将环境库兹涅茨曲线理论应用到城市碳排放的研究中，发现许多国家的碳排放满足环境库兹涅茨曲线的倒 U 形关系。马来西亚城市的短期和长期二氧化碳排放与 GDP 之间存在倒 U 形关系，在探索印度经济增长与二氧化碳排放之间的关系时，同样证实了环境库兹涅茨曲线的假设。这表明，在一定条件下，城市的发展可能会减少碳排放，这意味着碳效率的提高。然而，最近的研究表明，可能存在城市增长和碳排放之间环境库兹涅茨曲线的其他变体，如 1997~2012 年中国经济增长与碳排放呈倒 N 形关系。对环境库兹涅茨曲线的进一步研究表明，环境退化不能通过经济增长自动解决，因此超大城市可能会出现能源效率下降。这些研究表明，随着城市规模的扩大，其碳效率可能呈先上升后下降的趋势。因此，城市规模可能存在一个拐点，在这个拐点上可以实现最优效率。

为了进一步探讨碳效率与城市规模之间的关系，许多研究分析了碳排放相对速率与城市规模增长的关系。城市异速增长现象解释了城市体系的发展和集聚，它认为城市活动或资源消耗与城市规模的变化率成正比，因此存在一种普遍规律，可以用幂函数表示，包括亚线性、线性和超线性关系。收入、专利、企业规模等城市指标已被证明与人口规模呈幂律分布，作为环境指标的碳排放也符合这一规律。33个国家256个城市的碳排放量表明，在发展中国家，城市人口增加一倍意味着碳排放量增加115%，而在发达国家，碳排放量只增加80%，这意味着经济水平的提高可能会减少排放。在人均碳排放量方面，大多数大型发达城市的绿色水平高于全国平均水平。然而，在不同人口规模的城市中，碳排放的非线性效应是不同的，这种效应被称为阈值效应。城市规模对碳排放的非线性影响随城市人口规模的变化而变化，这种现象可能与基础设施的完备程度有关，因为人口的增加可能会导致交通拥堵，从而产生额外的碳排放。除了经济和人口的角度，一些研究将城市规模的定义扩展到土地，这使得城市规模的定义更加多样化，而不是局限于单一的维度。研究发现，人均碳排放量与城市交通用地面积呈超线性关系，而城市建设用地总面积、工业用地面积和其他城市建设用地面积的碳代谢过程与生物的碳代谢过程相似，满足亚线性关系，土地利用集约程度越高。这些研究详细探讨了城市碳效率与城市规模的关系，有助于确定具有最优效率的最优城市规模。

除了人类活动用地对原始生态系统的侵蚀外，城市碳排放的另一个重要驱动因素是城市形态。以往研究表明，包括建筑密度、土地利用多样性和景观组成等城市形态特征在内的城市建成环境的空间分布在减缓碳排放方面存在重要作用（Wang et al., 2017）。人们逐渐认识到，城市形态，即城市土地利用的空间格局和结构特征与城市碳排放密切相关。Fang 等（2015）的实证研究评估了不同城市形态的直接影响及其对碳排放的作用关系。城市规模和土地利用碎片化与能源消耗呈正相关，而城市最大斑块的主导地位与能源消耗呈负相关（Chen et al., 2011）。Pan 等（2020）证实低密度和无序扩张的城市开发对温室气体排放存在驱动作用。以土地利用变化为基础，城市形态的变化也会对交通产生影响，并显著影响居民出行需求，从而改变城市碳代谢现状（童抗抗和马克明，2012）。

紧凑性与可持续交通、密度、混合土地利用、多样性、被动式太阳能设计和绿化等都是与可持续城市形态相关的重要设计理念之一。紧凑型城市发展作为城市设计和土地利用规划方案之一，是减缓和适应气候变化的有效措施。在许多国家和地区，城市土地扩张率高于或至少等于城市人口增长率，这表明城市增长正变得越来越杂乱无章，而不是紧凑，这不利于低碳城市发展。通过对北京、上海、天津、广州四个案例城市形态对 CO_2 排放影响的定量分析，表明紧凑的城市用地开发模式有助于减少碳排放。因此，城市扩张带来的低效土地利用和负面环境影响可以通过高密度化和紧凑型建筑来抵消。

紧凑型城市的节能效果主要受益于城市住房和交通运输部门。在美国，一项对125个最大的城市化地区的分析表明，人口加权密度增加一倍，家庭出行和住宅能耗产生的二氧化碳排放量分别减少48%和35%。对于富裕的城市，较高的汽油价格与紧凑的城市形态相结合可以节省住宅和交通能源使用，而在基础设施不足的发展中国家的城市，紧凑的城市鼓励更高的人口密度，从而避免了高碳排放的出行模式的锁定。

许多研究结果支持紧凑型城市促进低碳交通模式。土地利用变化模拟的结果表明，土地利用密度和多样性的增加以及与公共交通距离的减少有助于将交通方式从私人机动车转变为步行、骑自行车和公共交通。紧凑型城市的人们在闲暇时间可能走得更多，这就减少了车辆的使用。同时，高密度城市交通碳排放的减少需要发达的公共交通系统的支持。例如，利用STIRPAT模型对1995~2010年中国东、中、西部城市进行分析发现，东部地区的紧凑型城市明显有利于降低能源消耗和碳排放，这是由于紧凑型城市有助于减少出行距离，减少对私家车的依赖，提高了公共交通的利用率。不仅如此，道路交通分布通过影响居民生产生活可达性与出行效率改变土地价格，又可以反过来影响城市形态布局。因此，交通和城市形态的耦合可能是实现低碳发展的核心，紧凑的城市形态和更高的密度与优越的公共交通系统和非机动方式更能协同减排。

2.3.2 城市土地利用优化促进碳减排的理论解释

城市土地利用结构优化具有重构人类活动类型与活动强度空间分布的意义。碳源用地管制和碳汇用地保护是土地利用结构调整的基本手段。就碳源用地而言，建设用地结构调整对城市碳减排的影响远强于耕地结构调整所产生的效果。建设用地结构优化本质上通过改变产业结构以实现碳减排。能源消费比例因行业而异，工业尤其是重工业部门是构成城市碳排放的主要途径（董军和张旭，2010）。第三产业比重的提升有助于能源利用效率的增强，根本原因在于第三产业对劳动力的需求远大于对物质生产资料的使用。综上所述，产业结构调整对调节城市碳排放量具有难以忽视的作用（张友国，2010；卢娜，2011）。就碳汇用地而言，随着生态保护红线控制战略的提出，许多学者对生态红线的划定原则、划定标准和方法作出了探讨。为了保障生态红线区面积不减、质量不降、功能不变，各类生态补偿制度得以初步建立，生态用地碳增汇补偿标准趋于公平。实证研究表明，以土地利用结构优化为手段的减排措施可以帮助我国实现规划期内每年减排81.7 Tg C（$T=10^{12}$）的可能，减排潜力达到传统减排方式的三分之一（赖力，2010）。总而言之，土地利用结构优化短期内有助于达成抑制城市碳排放过快增长的效果，长期而言有助于实现我国城市低碳发展与建设的可持续目标。

城市形态优化通过道路交通设施优化和城市功能分区与分布优化两个方面产生城市碳减排效应。就道路设施而言，道路规划通常采用调整与改善路网密度、道路面积率、路网连通性、路网间距等指标的方法以提升道路交通效率，从而降低车辆因低速行驶甚至出现拥堵而产生的能耗负担（费移山，2003），最终实现缓解城市过度碳排放的目标。就城市功能分布而言，科学合理布局可以有效缓解城市扩张过程中产生的职住分离症结。职住分离导致的大量城市人口昼夜往返流动现象是致使城市居民通勤距离增加的重要原因，现有研究证明，城市规模越大，城市蔓延越显著，职住分离度越高，职住空间分离现象越严重（郑思齐等，2015）。考虑到城市功能与土地利用类型间的紧密关联性，增强土地利用混合度有助于推动城市职住平衡进程（徐盼盼，2020）。混合土地利用是指在连续的地块上划分不同类型的用途，从而使土地在空间上进行组合的环境。学者们探索了混合土地利用对碳减排的效用。在数量研究方面，有学者通过多元回归分析发现混合土地利用和就业密度对减少私家车出行具有正向作用。在空间分析方面，CO_2 排放与土地利用布局密切相关，混合土地利用水平高的地区通勤时间、距离和车辆行驶里程较短，交通运输碳排放显著降低。因此，推动将商业、办公、居住等功能集中在同一区域的混合用地模式的发展，可以有效缓解工作与居住的分离，减少过度的交通能源消耗和对私家车的依赖。混合土地利用不仅会削弱通勤需求，还会正向影响非通勤出行的交通选择。混合土地用途区通常会减少私人车辆的使用，同时促进公共交通的使用。以土地混合利用程度较高的首尔为例，研究者发现78.4%的被调查者在进行非通勤出行时选择步行，只有21.6%的被调查者选择开车，而且随着土地混合利用程度的提高，他们选择步行的频率也越来越高。目前，土地利用结构信息熵值是反映土地利用结构混合程度的常用指标。信息熵值每增加1.00%，步行出行则增加15.00%，到商店的步行距离每减少1.00%，步行出行则增加0.25%，土地混合利用程度的提高可以在一定程度上减少车辆行驶造成的碳排放。

2.3.3　城市土地-碳耦合协调机制

2.3.3.1　城市土地利用强度与碳排放绩效的耦合协调机制

土地系统发展的基础是各类土地资源（耕地、建设用地、水域等）。土地利用强度反映了人类对各用地类型开发和利用的程度，是衡量土地系统发展的重要指标之一，体现了由社会经济发展需求增长引致的土地资源开发规模与承载能力。碳排放绩效是城市发展过程中各类社会经济要素（资本、劳动力、能源等）投入与期望经济产出以及非期望碳排放产出间关系变化的结果，能够有效评估城市经济系统低碳发展的水平。

土地不仅是陆地生态系统碳源/汇的自然载体，更是人类生产生活碳排放的社会经济空间载体。土地利用强度的本质是各用地类型在一定空间尺度上的比例关系，其对于碳排放绩效的影响一方面主要体现在土地利用变化所引起的间接碳排放量的变化，Ali 和 Nitivattananon（2012）研究表明土地利用尤其是建设用地的扩张（土地利用强度提升）与城市碳排放有着显著的正相关性。另一方面，土地利用强度的变化也会显著影响城市或区域的能源消费量，建设用地的扩张一定程度上能够为工业生产提供更大的空间承载，从而会相应产生大量能源的消耗。而伴随着土地利用强度的优化与调控，建设用地扩张在受到限制的同时，只能在有限空间内开展生产活动的工业企业不得不优化能源结构，以提高生产效益。所以土地利用强度对于碳排放绩效的影响不是固定的，而是具有阶段性的。二者在时空尺度上的不断协同体现了土地系统与城市经济系统由无序的各自发展向相互促进的协调发展演变的过程（图 2-3）。在社会经济发展初期，土地利用强度与碳排放绩效均处于一种无序的发展模式。由于城镇化推进的需求，建设用地迅速扩张；耕地侵占现象较为严重；生态用地面积锐减，区域土地利用强度快速提升。同时，由于建设用地规模的扩大，耕地非农化现象频发，产生了更大的投入端需求。以工业为主导的产业结构，虽然会产生较大的碳排放量，但短期内产生的巨大经济产出足以使得碳排放绩效显著提升。这种粗放的经济模式并不利于区域的可持续发展。随着城镇化的进一步深入，建设用地需求不断饱和，低碳城市建设的理念也逐渐得到重视，国家和地区开始通过一系列的国土空间优化方案以调控碳排放，包括控制建设用地的规模；减少耕地碳排；保护具有碳汇功能的生态用地等，土地利用强度增速因此减缓。而在社会经济层面，建设用地规模

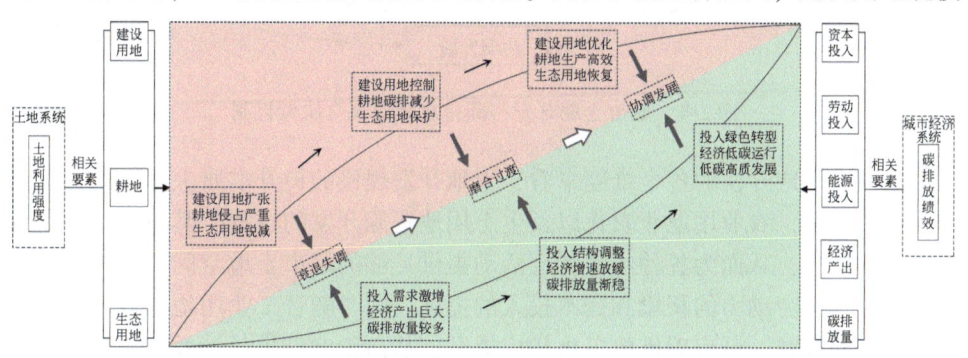

图 2-3 碳排放绩效与土地利用强度耦合协调发展机制概念图

的限制使得企业不得不优化投入端结构，经济增速有所放缓，年碳排放量逐渐稳定，与之相关的碳排放绩效在该阶段提升有限，甚至会出现轻微下降现象。而当区域城镇化逐渐进入后期阶段时，各用地类型空间占比趋于稳定，建设用地布局不断优化；耕地生产效率进一步提高；生态用地在得到保护的同时通过长期的治理与恢复，固碳能力有所提升。而在社会经济方面，由于建设用地的布局调整，高碳排的企业逐渐退出市场，能源绿色转型成效显著，低碳经济模式日益形成，土地系统和城市经济系统协调发展，共同助力区域"双碳"目标的实现。

2.3.3.2 城市土地利用开发与碳排放绩效的耦合协调机制

全要素碳排放绩效是城市发展过程中各类社会经济要素投入与期望经济产出以及非期望碳排放产出间关系变化的结果。这种投入产出过程同时也是城市土地开发与碳排放绩效耦合协调关系形成的基础：社会经济要素投入为城市土地开发带来了原动力，而经济产出与环境问题则是城市土地开发造成的结果（图2-4）。因此，有必要提高城市土地资源的利用效率，以最小的社会经济投入产生最大的经济产出与最小的环境问题，这是提高碳排放绩效的根本途径。

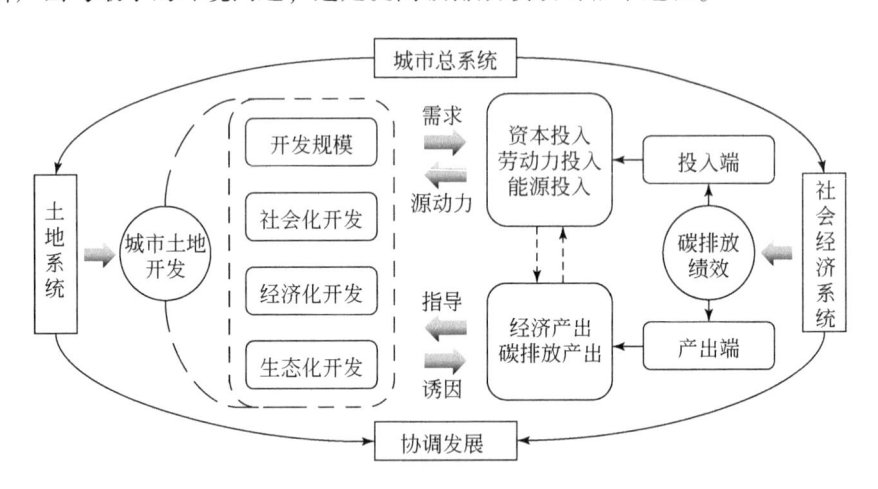

图 2-4 城市土地开发与碳排放绩效耦合协调机制

从城市土地开发的各个维度来看，土地开发规模的提升本质上是农村地区转变为城市地区，农业用地非农化以及生态用地资源开发的过程。其典型特征是建设用地的扩大，从而为各种经济社会活动提供足够的城市土地空间。这一过程导致了城市地区劳动力的积累和资本投入的提高。同时随着工业用地的开发和生态碳汇用地的缩减，城市碳排放量也相应提升，从而影响碳排放绩效。土地社会化开发在某种程度上反映了城市人民生活的价值取向。随着城市的不断发展，人们对于更为优化的城市土地结构、更为便利的交通设施、更为绿色的城市环境的追求不断深化，这将促进城市优化其产业结构，减少污染能源投入比例，提高资本投入效率，营造一个更为宜居的城市空间。同时公共交通的普及也能有效减少城市生活碳排放，从而提高碳排放绩效。土地经济化开发主要表现在农业活动向工业、服务业活动的转化和城市经济的转型提升。土地规模经济带动了产业集聚，从而不断增加城市期望产出。但与此同时，工业产值的增加也不可避免地产生了一定量的碳排放。而随着经济结构的进一步优化，以第三产业为主导的经济模式能够在一定程度上缓解城市碳失衡（Xu et al., 2022），最终提升碳排放绩效。土地生态化开发的本质是城市土地资源配置调节的过程，随着环保投资的增加，城市园林绿地得到了有效保护和适度扩张，在很大程度上促进了城市良性碳循环。

而碳排放绩效作为政府绩效指标之一，能够约束和引导城市土地开发过程。在中国，随着节能减排逐渐作为刚性指标用以推进城市低碳开发，较高的碳排放绩效意味着更节能、高效的投入产出模式，这要求地方政府杜绝"摊大饼"式的城市扩张，合理控制土地开发规模；同时有效促进土地社会化开发，推进基础设施建设；合理调整土地经济化开发结构；提高土地生态化开发深度，以实现土地开发与碳减排的良性互动。

第 3 章 城市碳收支系统构建

3.1 文献综述

3.1.1 城市垂直碳收支核算

城市尺度碳收支核算是土地-碳耦合研究的基础。随着技术的发展，碳收支的核算从实地调查、资料收集估算（方精云等，2007），发展为结合经验数据的模型模拟（Schulp et al.，2008；Rittenhouse and Rissman，2012），以及3S技术遥感估算（Piao et al.，2005）。为了实现不同的研究目的，研究者采用多手段多技术结合的方式使估算更加准确，如模型与遥感结合（Liu et al.，2011）、实地调查和模型模拟结合（Christen et al.，2011）、实地调查和遥感结合（Chrysoulakis et al.，2013）等。已有城市碳收支的核算研究一般从自然或社会经济系统方面切入。自然系统方面的研究偏向自然科学的研究范式并注重物理过程，例如通过质量平衡计算土壤与大气的碳交换（Hergoualc'h and Verchot，2014），或构建碳在生物与土壤中的净储存或排放模型等（Houghton et al.，1983）。从社会经济系统角度，通常针对不同部门的社会经济活动开展碳核算，如城市资源能源消耗、交通电力增加、建成区设计等活动的碳排放（Kennedy et al.，2010），城市交通运输活动的碳排放（Villalba and Gemechu，2011），居民住宅区能源消耗的碳排放（Ye et al.，2011）等。从自然或社会经济的单一角度难以全面地核算碳储量、碳输入、碳输出及碳流通四个方面。对于一个完整的城市碳循环过程而言，不仅应当包括社会经济系统的碳排放，还应包括自然生态系统的碳排放与碳封存，以及社会经济、自然生态系统间的碳流转。

碳收支的空间研究是实现碳循环过程空间格局定性和定量研究的基础。城市化导致了土地利用/覆被变化，进而形成了复杂的城市空间结构（Lopez et al.，2001），并通过自然植被的破碎化影响着城市环境，导致碳收支的空间差异（Ramamurthy and Pardyjak，2011）。不同城市之间，城市内不同区域之间都存在显著的碳收支分布格局差异。从全球尺度角度看，中国和其他亚洲国家的城市基本呈碳源特点，而其他国家和地区的城市逐渐呈现碳汇的特征（Svirejeva-Hopkins and Schellnhuber，2008）。就城市内部而言，研究者根据自然组分的变化确定碳通量差异，将城市不同区域划分为绿地区、贫民区和建成区（Svirejeva-Hopkins and Schellnhuber，2006）。同时发现，碳汇和碳源的空间分布是一个与城市中心距离相关的函数（Hutyra et al.，2011），而建成区的形态、结构和扩张直接影响着能源碳排放及其增长速率（Pataki et al.，2006）。在建成区扩张的过程中，无可避免地带来建设用地的无规则蔓延，如低密度的居民点和带状商业区等，而这些活动都严重地依赖交通发展，直接增加能源消耗，也影响着城市交通网络蔓延及其所带来的碳排放（Ewing and Cervero，2010）。在以上研究基础上，有学者从代谢视角展开空间格局研究，发现碳代谢过程的空间格局呈现出相似的特性，即显著的空间梯级变化特性，如赫尔辛基的碳吸收在空间上呈现多中心梯级递减（Chrysoulakis et al.，2013），北京城市碳代谢过程研究同样显示出较为显著的空间梯级变化，碳排放呈现单中心梯级递减，碳吸收则呈现多中心梯级递减趋势（Yan et al.，2014）。而厦门市呈现碳收支失衡逐渐加剧的趋势，碳代谢在空间上集中分布于工业和交通运输用地变化区域和海岸沿线地带（葛汝冰等，2016）。

3.1.2　城市水平碳收支及生态网络构建

自 Hannon（1973）首次应用投入产出分析来模拟生态系统中流量分布的结构变化并检查营养阶层之间的相互作用以来，生态网络分析已被有效地用于量化系统特征，成为当前城市水平碳收支研究应用最广泛的方法（Chen et al.，2020）。该方法将研究对象中所传输交换的物质、能量和信息等介质抽象化为网络中的节点，而节点与节点之间的交流关系共同组成了系统网络，结合投入产出方法，研究系统间和系统内各个节点之间介质的流动关系，分析系统的网络结构、功能特征以及不同时期发展和演化的规律（穆献中和朱雪婷，2019）。由于能很好表达系统的功能及要素之间的相互作用过程和强度，生态网络分析方法被广泛应用到城市系统研究中，如城市社会经济系统（胡科等，2016）、城市水系统（Zhang et al.，2010）、城市能源系统（Zhang et al.，2014）、城市碳代谢系统（夏楚瑜等，2018）等。

当前生态网络分析中的流量和效用分析在城市水平碳收支研究中得到了初步应用。生态网络流量分析方法可以探寻影响城市碳收支的关键过程，如 Zhang 等（2014）识别了工业、交通等 28 个社会经济部门之间的能源流动过程，构建了北京城市网络模型，并对其碳足迹进行分析，研究指出社会服务、消费和重工业等部门为关键节点，交通与农业之间的转化为网络关键路径。此外，生态网络效用分析还可以定量模拟城市生态系统中的生态关系类型，并结合流量分析辨识网络的生态阶层结构，如夏楚瑜等（2018）通过对杭州城市生态系统碳收支的研究，发现工业、铁路和公路用地存在竞争关系，林地存在互惠共生关系，而城市用地是重要的掠夺分室。

目前，城市生态网络分析与模拟研究可以实现碳收支的量化，模拟网络的结构和功能，但大多数研究遵循传统的投入产出分析范式，从城市社会经济部门出发，关注社会经济活动对城市碳收支的影响（Li et al., 2018；Wang et al., 2019）。而较少研究试图将土地要素纳入城市碳收支核算过程。Zhang 等（2016）和 Xia 等（2016）初次将林地、草地等自然主体纳入北京城市碳收支生态网络模型中，尽管随后出现了一些基于土地利用视角的城市碳收支生态网络分析（Xia et al., 2018；Xia et al., 2019a），但目前对土地利用参与碳收支核算过程的研究整体上还相对粗略，同时，由于数据的高度聚合也给不同社会经济活动的空间映射研究带来一定的困难，从而导致碳收支过程的空间分析并不充分。

城市土地利用变化与碳要素流转并非两个孤立的因子，而是相互联系、相互影响、相互作用的有机整体，因此，本章通过构建城市碳收支系统，以杭州都市圈为案例区，分别刻画与梳理 1995～2020 年其土地利用变化规律和城市碳收支演变特征，并讨论其内在联系。

3.2 数据来源

对土地利用数据，本研究所采用的 1995 年、2000 年、2005 年、2010 年、2015 年、2020 年六时点杭州都市圈（杭州市、绍兴市、嘉兴市、湖州市、衢州市、黄山市）土地利用栅格数据基本来自中国科学院环境科学与数据中心，空间分辨率为 30m。由于此数据集中工矿用地与交通用地存在于相同二级地类中，不利于城市碳收支空间化的精确化，因此本书以 OpenStreetMap 公开数据（https://www.openstreetmap.org/）为基础，采用空间提取与叠加工具，将城市交通用地独立于工矿用地之外，形成最终的土地利用栅格数据。

对于能源消费数据，本书所需要的工业能源消费量主要来自杭州市、绍兴市、嘉兴市、湖州市、衢州市、黄山市六市 1996 年、2001 年、2006 年、2011 年、2016 年和 2021 年的统计年鉴。针对统计年鉴缺失年份数据，湖州市 1995 年和 2000 年的工业能源消费量可从《湖州统计年鉴》（2016 年）中获取，嘉兴市 1995 年数据和衢州市 1995 年及 2000 年数据可从《浙江统计年鉴》（1996 年、2001 年）中推演得到，黄山市 1995 年和 2000 年数据依据《安徽统计年鉴》（1996 年、2001 年）推算，2005 年数据可从《黄山市统计年鉴》（2011 年）中获取。

对于社会经济数据，本书所需的各市私人汽车拥有量，年末运营公共汽车数，出租汽车数，公路货物周转量，公路旅客周转量，城镇常住人口，城镇居民生活天然气消耗量，城镇居民生活液化石油气消耗量，各市工业、建筑业、批发零售业、住宿餐饮业 GDP 均可从各地市当年或后几年统计年鉴中查阅得到。铁路货物周转量与铁路旅客周转量可根据《浙江统计年鉴》（1996 年、2001 年、2006 年、2011 年、2016 年、2021 年）和《安徽统计年鉴》（1996 年、2001 年、2006 年、2011 年、2016 年、2021 年）推演。此外，化肥施用量、农业机械总动力、灌溉面积和猪饲养量可从地市所在省份统计年鉴，即《浙江统计年鉴》（1996 年、2001 年、2006 年、2011 年、2016 年、2021 年）和《安徽统计年鉴》（1996 年、2001 年、2006 年、2011 年、2016 年、2021 年）中获取。

3.3 研究方法

本书所构建的城市碳收支系统综合考虑了生物圈与大气圈相互之间的碳交换（包括碳排放与碳固存），以及各土地利用类型相互之间转化而产生的水平方向上的潜在碳流量（图 3-1）。在本研究中，工业生产用地、交通用地、其他城镇用地是城市系统中的社会经济组成部分，是城市碳排放的主要来源，承担碳源功能；草地、林地、水域生态用地是城市系统中的自然分室，负责城市系统中的碳封存过程，承担碳汇功能；耕地具有双重属性，同时承担城市系统中的碳源、碳汇功能。

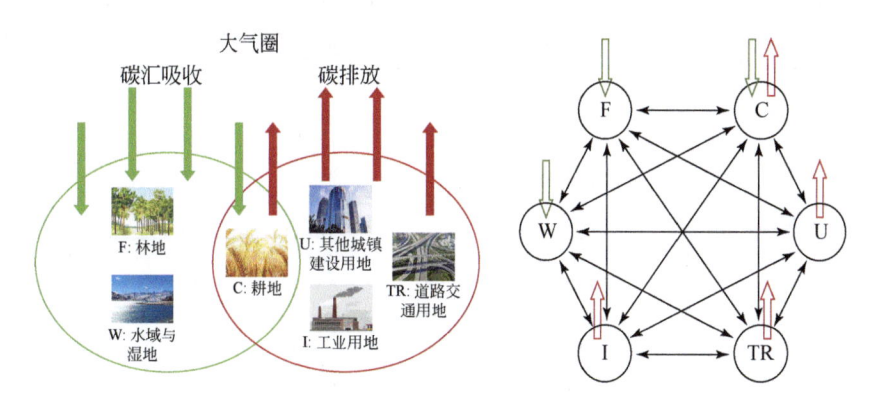

图 3-1 基于土地利用变化的碳源、碳汇和碳流概念图

3.3.1　城市垂直碳收支核算模型

城市垂直碳收支包括碳排放和碳封存两个过程。本章以《IPCC 2006 年国家温室气体清单指南 2019 年修订版》为基础框架,以《浙江省温室气体清单编制指南(2018 年修订版)》及学界现有研究为更新依据,实现碳排放核算清单本土化。同时,为了进一步保持与土地利用的相关性,本书构建碳排放核算目录及核算方法如下。

(1) 工业用地碳排放。工业用地上产生的碳排放包括能源直接燃烧和工业生产过程间接排放两部分,与能源直接燃烧过程不同,工业生产过程碳排放是化学反应的结果(Shan et al., 2020)。考虑到水泥生产在中国生产过程相关排放的占比超过 70%(Shan et al., 2019),本书仅考虑水泥生产带来的碳排放。具体计算公式为

$$CE_i = CE_e + CE_p = AC \times LCV \times CC \times COF + AD \times EF \quad (3.1)$$

式中,CE_i 为工业用地碳排放;CE_e 为能源燃烧碳排放;CE_p 为工业生产过程碳排放;AC 为工业能源消费量;LCV 为不同能源低位发热量,用于将燃料转换为能量单位;CC 为每单位 LCV 的含碳量;COF 为碳氧化因子;AD 为活动数据,指水泥生产量;EF 为碳排放因子,取 0.14 t C/t(Long et al., 2021)。上述转换系数见表 3-1。

表 3-1　化石燃料燃烧转换系数

能源类型	LCV/(TJ/万 t, TJ/亿 m³)	CC/(t C/TJ)	COF/%
煤炭	209.08	26.37	98
焦炭	284.35	29.42	99
煤制品	188.33	33.56	85
原油	418.16	20.08	98
汽油	430.70	18.90	98
煤油	430.70	19.60	98
柴油	426.52	20.20	98
燃料油	418.16	21.10	98
其他石油制品	418.16	20.00	86
天然气	3893.10	15.32	99
液化天然气	514.34	15.32	98
液化石油气	501.79	17.20	99

注:上述系数来自《浙江省温室气体清单编制指南(2018 年修订版)》。

(2) 交通用地碳排放。道路交通碳排放主要产生于居民出行、公路铁路货运、公路铁路客运。其中，居民出行考虑私人出行（私家车）和公共出行（公交车、出租车）两个部分。计算公式为

$$CE_t = K_p V_p M_p + K_b V_b M_b + K_t V_t M_t + T_h F_h + T_r F_r \tag{3.2}$$

式中，CE_t 为交通用地碳排放；K_p、K_b、K_t 分别为私家车、公交车和出租车的碳排放因子；V_p、V_b、V_t 分别为私家车、公交车和出租车的年平均行驶里程；M_p、M_b、M_t 分别为私家车拥有量、公交车数量和出租车数量；T_h 和 T_r 分别为公路和铁路运输的交通量，具体包括货物周转量与旅客周转量；F_h 和 F_r 分别为公路和铁路运输碳排放因子。道路交通相关碳排放系数见表3-2。

表3-2 道路交通碳转换系数

交通类型	K/（kg C/100km）	V/10^4 km
私家车	22.3	1.8
公交车	88.1	6.0
出租车	28.3	12.0

客货运类型	F/[kg C/(t·km), kg C/(人·km)]
公路	0.0556
铁路	0.0217

注：上述碳排放系数参考现有研究（张清等，2012；夏楚瑜，2019）；车辆年平均行驶里程来自《道路机动车大气污染物排放清单编制技术指南（试行）》及文献（吕晨等，2021）。

(3) 其他城镇用地碳排放。其他城镇建设用地上产生的碳排放主要来源于居民日常生活排放和其他产业排放。本书考虑居民生活产生的碳排放来自呼吸作用以及家庭天然气、液化石油气消耗，考虑其他产业排放来自建筑业、住宿、餐饮业和批发、零售业，由于上述产业能源消费量在统计上的缺失，本书采用GDP推算法予以补充（Xia and Chen, 2020）。计算公式如下：

$$CE_u = GDP_1\% \times \sum_{i=1}^{n} CE_i + GDP_2\% \times \sum_{i=1}^{n} CE_i + CE_{ng} + CE_{lpg} + K_1 \times P \tag{3.3}$$

式中，CE_u 为其他城镇用地碳排放；$GDP_1\%$ 和 $GDP_2\%$ 分别为建筑业和住宿、餐饮业、批发、零售业GDP占研究区GDP的比值；CE_i 为行业目录下各能源消费产生的碳排放，参考式（3.1）；CE_{ng} 和 CE_{lpg} 分别为家庭天然气和家庭液化石油气消耗产生的碳排放；K_1 为呼吸作用碳排放系数，取 0.0215t C/人（匡耀求等，2010）；P 为城镇常住人口数量。

(4) 耕地碳排放。耕地作为一种特殊的土地利用类型，同时保留了碳源和碳汇的特征。就碳排放而言，耕地主要通过化肥施用、机械化耕作、农田灌溉等

农业活动过程和牲畜呼吸发挥作用。具体计算公式为

$$CE_c = K_2F + K_3M + K_4S + K_5C \tag{3.4}$$

式中，CE_c 为耕地碳排放；K 值为农业活动和呼吸作用的碳排放系数（表3-3）；F 为化肥施用量；M 为机械总动力；S 为有效灌溉面积；C 为猪饲养量。

表3-3 耕地碳排放系数

系数名称	内容	碳排放系数
K_2	化肥施用/（t C/t）	0.234
K_3	农业机械/（kg C/kW）	0.049
K_4	灌溉过程/（kg C/hm²）	72.676
K_5	猪呼吸作用/（t C/头）	0.022

注：农业活动过程系数来自文献（West and Marland, 2002）；牲畜呼吸过程碳排放系数来自文献（匡耀求等，2010）。

碳封存是城市垂直碳收支过程的另一个组成部分，通过绿色植物的光合作用实现将大气中的碳合成为有机物的结果。严格来说，植物碳封存量的计算方法较为复杂，且不同树种的蓄积量、年生长率、基本木材密度等数据通常难以获得。此外，现有研究表明2000年以后中国东南部植物净初级生产力的总体有所下降但变化幅度较小（崔林丽等，2016）。因此，本书采用固定系数模型核算研究区内的碳封存总量，碳封存核算清单及计算公式如下：

$$CS = \sum_{i=1}^{n} k_i S_i \tag{3.5}$$

式中，CS 为城市碳封存；i 为特征为碳汇的土地利用类型；k_i 为不同土地利用类型的碳吸收系数（表3-4）；S_i 为不同土地利用类型的土地面积。

表3-4 碳吸收系数表

土地利用类型	碳吸收系数/（kg C/m²）	来源
耕地	0.0007	夏楚瑜，2019
林地	0.0657	刘国华等，2000
草地	0.0022	方精云等，2007
湿地	0.0567	段晓男等，2008
河流	0.0250	Walsh，1991
湖泊	0.0390	Meybeck，1993
未利用地	0.0005	王刚等，2017

3.3.2 基于水平"碳流"的生态网络分析模型

生态网络分析模型通过描述系统内部流动网络，可用于剖析复杂城市系统的结构演变（Zhang et al., 2015; Xia et al., 2019b）。本书将不同土地利用类型定义为生态网络中的节点，将不同节点间的"碳流"定义为网络路径。"碳流"的量化可借助碳收支密度和土地利用转移矩阵实现，前者表示单位土地面积上的碳排放/碳封存能力，后者引发的碳收支密度变化是产生城市水平"碳流"的原因。具体计算公式如下：

$$f_{ji} = \Delta W \times \Delta S \tag{3.6}$$

$$\Delta W = W_i - W_j = \frac{V_i}{S_i} - \frac{V_j}{S_j} \tag{3.7}$$

式中，f_{ji}为从土地利用类型i流向土地利用类型j的"碳流"；ΔW为土地利用变化前后的碳收支密度差；ΔS为土地利用变化前后的面积差；W_i和W_j分别为土地利用类型i和j的碳收支密度；V_i和V_j分别为土地利用类型i和j上的垂直碳收支量；S_i和S_j分别为地类i和j的土地利用面积。由于城市垂直碳收支能力包括碳排放和碳封存两部分，因而生态网络中类似地存在正、负"碳流"。若$\Delta W>0$，表明存在积极"碳流"，此时碳排放量减少或碳封存量增加，有助于缓解城市碳收支失衡；若$\Delta W<0$，则存在消极"碳流"，即碳排放量增加或碳封存量减少，使得城市碳收支紊乱加剧。

考虑到每一种土地利用类型都有从环境中吸收碳或释放碳的潜力，本书定义状态变量x_k来反映土地利用类型k的碳储量变化，以平衡网络中碳的总流出和总流入（Finn, 1980）。如果$x_k>0$，那么城市空间中的碳通量T_k等于所有流出空间的总碳量与状态变量之和；如果$x_k<0$，则城市空间的碳通量T_k等于流入该空间的所有碳量与状态变量之差。碳通量T_k的具体计算如下：

$$\begin{aligned} T_{in} &= \sum_{j=1}^{n} f_{kj} + \sum_{k=1}^{n} z_k - \sum_{k=1}^{n} (x_k)_{-} \\ &= \sum_{i=1}^{n} f_{ik} + \sum_{k=1}^{n} y_k + \sum_{k=1}^{n} (x_k)_{+} = T_{out} \end{aligned} \tag{3.8}$$

式中，T_{in}为网络中的总流入；f_{kj}为土地利用类型j流向土地利用类型k的"碳流"；z_k为土地利用类型k从环境中吸收的"碳流"；$(x_k)_{-}$表示城市系统的碳库减少量；f_{ik}为从土地利用类型k流向土地利用类型i的"碳流"；y_k为土地利用类型k向环境释放的"碳流"；$(x_k)_{+}$为城市系统内的碳储量增加值；T_{out}为网络中的总流出。根据质量守恒原理，网络中的总流入始终等于总流出。

为了捕捉生态网络模型中的生态关系，本书进一步使用效用分析法，分别构建直接效用矩阵（D）和整体效应矩阵（U），前者反映各节点间水平"碳流"的直接效用，后者反映水平"碳流"的直接或间接效用关系。总之，效用代表了每个系统组分从交换中获得的利益的性质，正值代表从关系中获得的净收益，而负值代表净负债（损失）（Zhang et al.，2016）。矩阵构建如下：

$$d_{ij}=(f_{ij}-f_{ji})/T_i \tag{3.9}$$

$$U=(u_{ij})=D^0+D^1+D^2+\cdots+D^m=(I-D)^{-1} \tag{3.10}$$

式中，d_{ij} 为矩阵 D 的元素；f_{ij} 为从土地利用类型 j 流向土地利用类型 i 的"碳流"；f_{ji} 为土地利用类型 i 流向土地利用类型 j 的"碳流"；T_i 为所有流入或者流出的碳流减去或加上 x_i；u_{ij} 为矩阵 U 的元素；矩阵 D 的上标 m 为碳流到达最终土地利用类型必须经过的路径数；I 为单位矩阵，意在说明各土地利用类型的自我反馈效用。

U 中元素的正负符号决定了生态网络中任何两个节点之间的生态关系（Fath，2007）。表3-5总结了可能的九种生态关系类型，其中互惠共生、竞争、限制和掠夺是常见的四种。限制和掠夺关系性质相似，两者都表明一种土地利用类型在碳转移过程中获得了更多的碳效用，而另一种土地利用类型则失去了碳效用，因此本书将其合并为同一类别。互惠共生关系表明，两种土地利用类型的碳效用均因网络中碳的水平流动而增加，竞争关系则完全相反。

表3-5 生态关系类型表

项目	+	0	-
+	(+, +) 互惠共生	(+, 0) 共栖	(+, -) 掠夺
0	(0, +) 共生	(0, 0) 中立	(0, -) 偏害
-	(-, +) 限制	(-, 0) 主导	(-, -) 竞争

本书采用互惠指数（mutualism index，MI）和协同指数（synergy index，SI）量化网络中各土地利用类型相互之间的生态关系。如果 MI>1，那么土地利用变化对网络发挥正向影响，MI 值越大，正向作用越强；如果 MI<1，表明土地变化对网络存在负向影响，MI 越小，消极作用越强烈（Zhang et al.，2010）。SI 为整体效用矩阵中各元素的和，SI 越大，水平"碳流"的正向效应越明显，网络越协调，反之则更失衡（Chen and Chen，2012）。计算公式如下：

$$\text{MI}=N_+/N_- \tag{3.11}$$

$$\text{SI}=\sum_{j=1}^{n}\sum_{i=1}^{n}u_{ij} \tag{3.12}$$

式中，N_+ 和 N_- 分别为整体效用矩阵 U 中正负元素的个数；u_{ij} 为矩阵 u 的元素。

3.3.3 碳收支集中化指数

根据洛伦茨曲线和基尼系数的关系推演碳收支集中化指数（柴玲欢和朱会义，2016）。以杭州都市圈六个地级市为计算单元，将其碳收支量降序排列后计算累计百分比，以散点为基础连接得到平滑曲线，即碳收支洛伦茨曲线，如图3-2所示。特别地，当碳收支洛伦兹曲线呈现45°对角线状态时，碳收支量在各地市表现为均匀分布；当曲线呈现平行于 X 轴且初始累计百分比达100%时，碳收支量集中分布于某一特定地市，代表碳收支量在都市圈内呈现绝对集中状态。

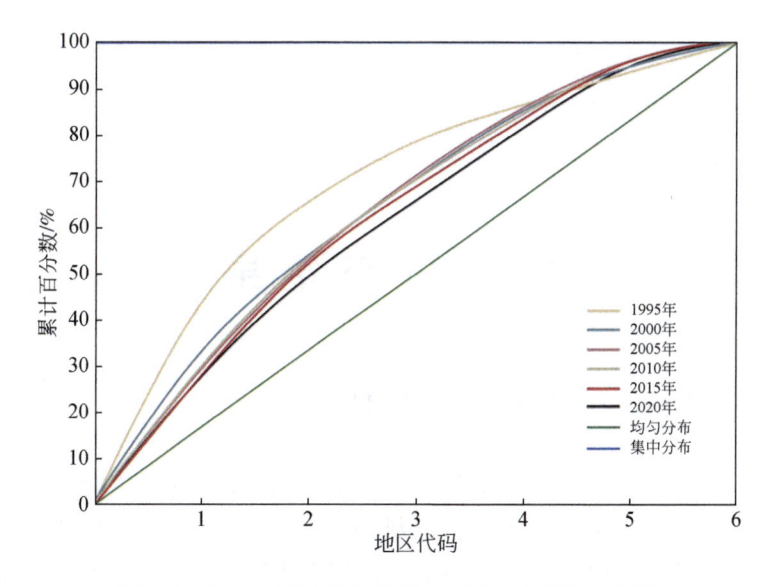

图3-2　1995~2020年杭州都市圈碳收支洛伦兹曲线

X 轴和 Y 轴总长度相等，即 X 轴被均分为六等分，每等分长度为1/6；地区代码，1995年：1表示杭州，2表示嘉兴，3表示湖州，4表示衢州，5表示绍兴，6表示黄山；2000年和2005年：1表示杭州，2表示嘉兴，3表示绍兴，4表示湖州，5表示衢州，6表示黄山；2010年：1表示杭州，2表示嘉兴，3表示绍兴，4表示衢州，5表示湖州，6表示黄山；2015年：1表示杭州，2表示嘉兴，3表示衢州，4表示绍兴，5表示湖州，6表示黄山；2020年：1表示嘉兴，2表示杭州，3表示衢州，4表示绍兴，5表示湖州，6表示黄山

碳收支集中化指数的计算公式为

$$\mathrm{CI} = \frac{\int_0^1 (A-R)}{\int_0^1 (M-R)} \tag{3.13}$$

式中，CI 为碳收支集中化指数；A 为不同年份实际碳收支洛伦茨曲线的函数式；

R 为碳收支均匀分布线函数式；M 为碳收支集中分布线函数式。CI 取值范围为 0~1，CI 越接近 0，碳收支在区域间的分配越平均；CI 越接近 1，碳收支的空间分配越失衡。CI 分级后的具体内涵如表 3-6 所示（夏四友和杨宇，2022）。

表 3-6 碳收支集中化指数分级

取值范围	含义
CI = 0	绝对均匀
0<CI≤0.2	高度平均
0.2<CI≤0.3	相对平均
0.3<CI≤0.4	比较合理
0.4<CI≤0.5	差距偏大
0.5<CI<1	高度不平均
CI = 1	绝对集中

3.4 研究结果

3.4.1 城市土地利用结构变化特征

作为研究区的主要土地利用类型，耕地和林地在研究时段内面积占比达到 80% 以上，均呈现逐年降低趋势，且耕地面积减少速率较林地更高，降幅达 15.4%（图 3-3）。草地于 1995~2000 年出现大幅减少，此后面积变化幅度保持在 2% 以下，整体趋于稳定。水域空间分布主要集中于杭绍地区，总面积呈现先增加后减少趋势，减少量以 2015~2020 年为甚，降幅约为 4.1%。建设用地集中

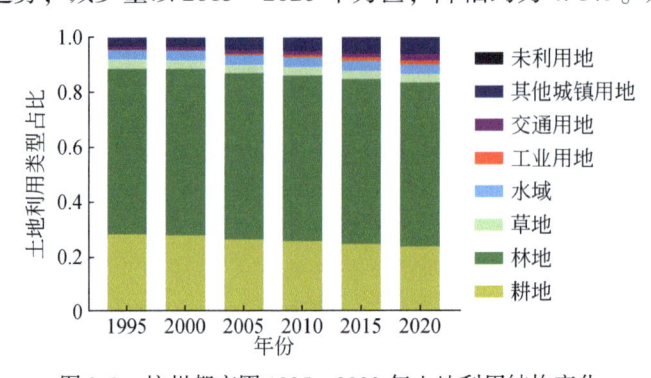

图 3-3 杭州都市圈 1995~2020 年土地利用结构变化

| 第3章 | 城市碳收支系统构建

分布于杭州都市圈东部和南部地区，其中，工业用地、交通用地和其他城镇用地基本呈现不断增长趋势，符合经济增长依赖土地开发的客观现实。工业用地和其他城镇建设用地自2015年后增幅放缓，表明研究区新增建设用地面积受到合理控制，存量规划得到重视。2005年后交通用地面积增幅持续扩大，与研究区实现"内畅外达"的交通愿景保持步调一致。

在土地利用类型转移矩阵中去除用地类型不变部分后所得杭州都市圈用地结构变化特征如图3-4所示。1995~2020年，用地类型转出基本以耕地和林地为

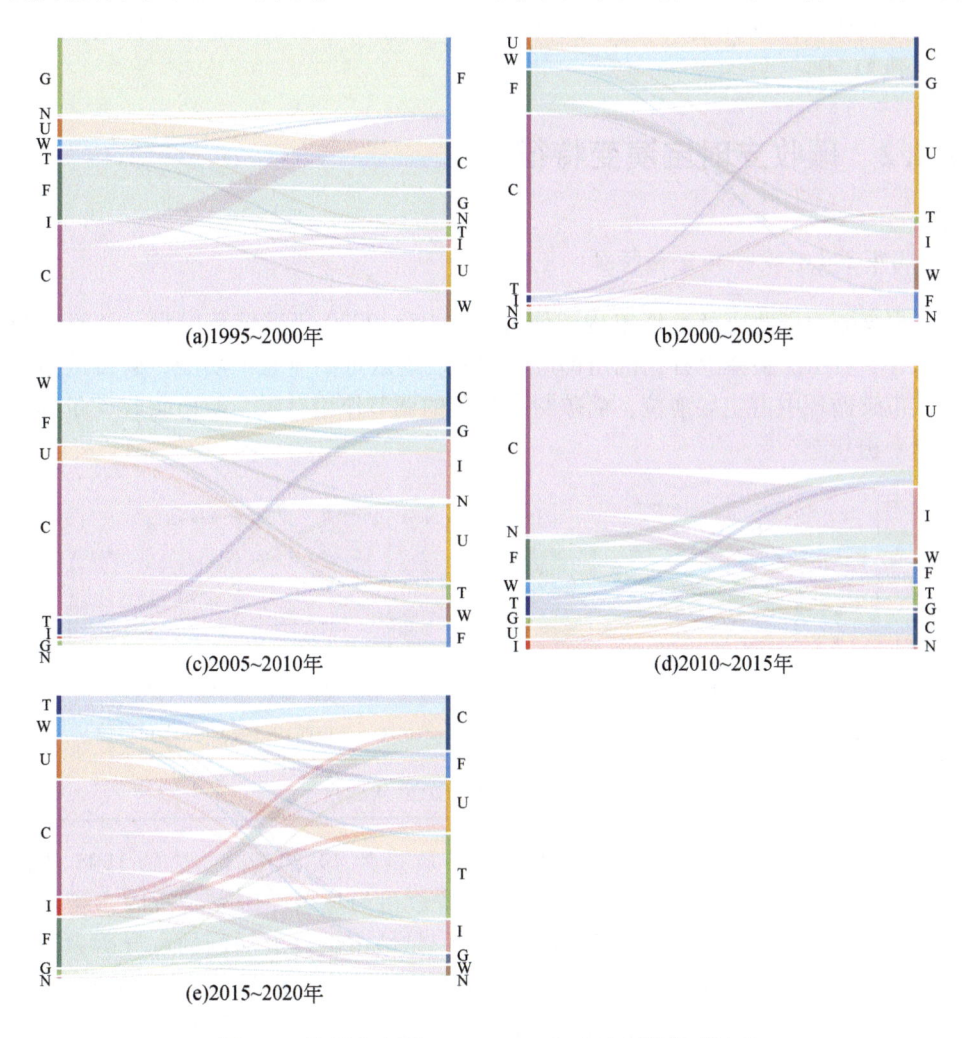

图3-4 杭州都市圈1995~2020年土地利用类型转移
C表示耕地；F表示林地；G表示草地；W表示水域；I表示工业用地；T表示交通用地；U表示其他城镇用地；N表示未利用地

主，其中耕地转出面积占比自 1995～2000 年的 36.5% 大幅上升，此后每五年转出占比均超过 50.0%，2015～2020 年回落至 43.3%，而林地转出面积占比大致稳定在 15%~20%。杭州都市圈土地利用类型转入结构呈现多样化趋势。1995～2000 年主要转入用地类型为林地，占比达到 38.1%。2000 年后林地转入面积占比降至 10.0% 以下，而建设用地转入面积急剧增长，自 1995～2000 年的 21.2% 增加至 2015～2020 年的 62.7%，其间最高达到 77.4%。对于建设用地转入，2000～2015 年由其他建设用地面积增加为主导，工业用地转入面积占比呈现稳步上升趋势，2015 年后两者转入占比骤降，交通用地面积增加重要性凸显，占比达到 31.4%。

3.4.2 碳收支时空演变特征

3.4.2.1 碳收支变化特征

根据城市碳收支核算清单构建研究区 1995～2020 年碳核算模型，计算结果如图 3-5 所示。整体上看，杭州都市圈碳源功能远远高于碳汇功能，碳排放过程在城市碳循环中占主导地位，而碳封存过程的调节作用有限，城市碳收支量尚未达到平衡状态。

(a) 杭州都市圈 1995~2020 年碳排放量　　(b) 杭州都市圈 1995~2020 年碳封存量

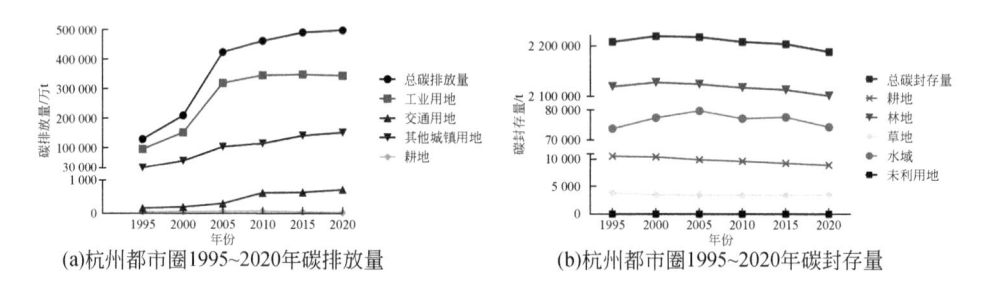

图 3-5　杭州都市圈 1995～2020 年碳收支统计

对碳排放，杭州都市圈 2020 年总碳排放量为 49.79 亿 t，达到 1995 年的 3.85 倍。在碳源功能用地中，工业用地碳排放最为显著，研究时段内占排放总量比重均达到 65% 以上，峰值约为 75.4%，是城市碳排放加剧的主导因素。自 2005 年起，工业用地碳排放量增长速度放缓且总量趋于稳定，并于 2015～2020 年实现碳排放量下降，表明杭州都市圈对化石能源的依赖程度降低，能源结构转型升级取得阶段性成效。其他城镇用地碳排放水平仅次于工业用地，2020 年占比达到 30.6%，碳排放量为 15.25 亿 t，较 1995 年增加 4.64 倍，且在研究时段内呈现不断上涨趋势。交通用地碳排放量自 1995 年的 160.87 万 t 增长到 2020 年的 715.62 万 t，整体增长 3.45 倍，且增幅于 2005~2010 年达到峰值，此后交通用地碳排放量仍处于上升状态。耕地碳排放量在碳源地类中占比最小，在研究时段内呈现先增长后减少的趋势，2020 年排放量仅为 30.62 万 t。总体上看，交通用地和其他城镇用地碳排放量尽管并未超越工业用地，但仍然处于持续增长阶段，应当成为控制城市碳排放规模的下一阶段重点。

对碳封存，杭州都市圈总碳封存量在 1995~2000 年有少量增加，而后 20 年内持续降低，总量从 2000 年的 221.99 万 t 减少到 2020 年的 218.88 万 t，降幅约为 1.4%。林地是杭州都市圈最主要的碳汇来源，研究时段内林地碳封存量占碳封存总量的比例均超过 90%，其调节城市碳收支平衡的作用不容忽视。然而，林地的碳汇能力自 2000 年后一直呈减弱趋势，2020 年约为 210.19 万 t。水域是研究区的第二大碳汇，碳封存量自 1995 年的 7.39 万 t 波动上升到 2020 年的 7.44 万 t，但最近五年内处于减少状态，降幅达到 4.1%。耕地和草地的碳汇作用相对较弱，前者的碳封存量总体呈现下降趋势，研究时段内降幅为 15.4%；后者的碳封存量呈现先减少后增加趋势，研究时段内整体降幅为 9.4%。未利用地的碳封存能力极弱，几乎可以忽略不计。

3.4.2.2 碳收支空间格局演化分析

根据研究区碳收支水平和土地利用类型的对应关系，基于面积分配方法，计算不同土地利用类型下碳收支量与用地面积的比值为碳收支密度，进而得到研究区碳收支空间分布结果如图 3-6 所示。结果表明，杭州都市圈碳源功能用地整体呈现扩张态势，高碳排放密度区域空间特征由零星、分散分布演变为密集、集聚分布，高碳排放密度斑块主要集中于杭州都市圈东北部以及南部小范围区域。尽管碳汇功能用地面积约为碳源功能用地的两倍，但其总体呈现面积收缩特征，主要在研究区中部和西部区域连片分布，且土地承载的碳封存密度远低于碳排放密度，表明研究区存在碳收支不平衡性。

标准偏差椭圆旨在量化和概括地理要素的空间分布特征，本书以此进一步刻画研究区垂直碳收支的空间格局。其中，椭圆重心确定了椭圆内部权重达到平衡的点位（Du et al., 2019），长轴和短轴分别表示地理数据集的方向和范围，两轴的比值可用于衡量地理单元的聚集或分散程度（Chen et al., 2021），比值越大，数据越离散，极化现象越明显（Shi et al., 2018）。由图 3-6 可知，研究时段内碳收支重心基本位于研究区东北部，即杭州、绍兴、嘉兴和湖州这四市邻接处，且椭圆重心随时间推移存在自东北向西南缓慢偏移的趋势。由椭圆长轴方向可知研究区碳收支密度呈现东北—西南分布，此外，椭圆长短轴比值在 1.9~2.3 上下浮动，呈先增长后减少趋势，表明碳收支数据的空间集聚性在 2005 年后有所增强。

| 城市土地-碳耦合机制和低碳调控 |

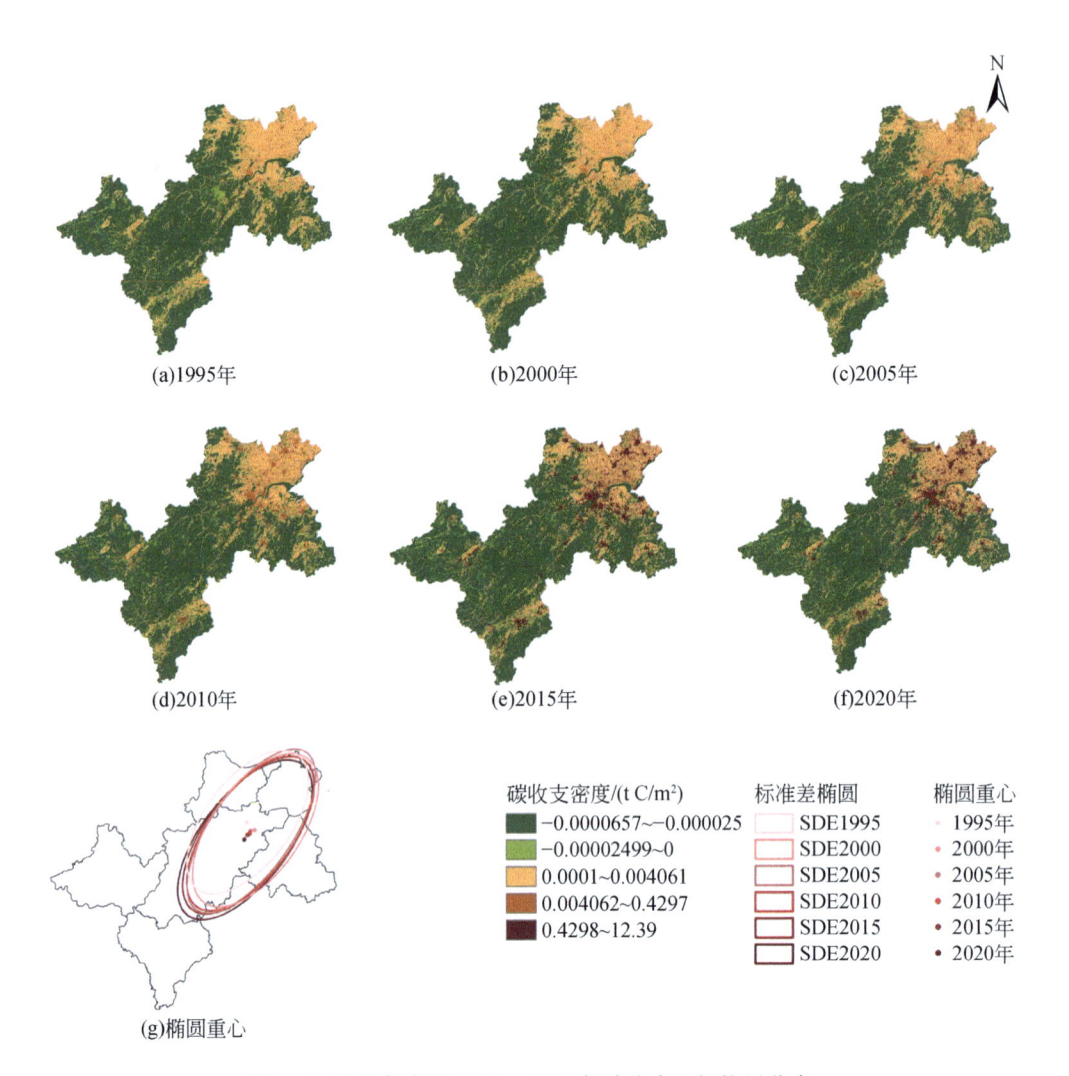

图 3-6 杭州都市圈 1995～2020 年碳收支空间格局分布

将杭州都市圈碳排放和碳封存纳入同一考虑维度并计算其集中化指数后可知（图3-7），尽管研究区碳收支空间分配尚未达到高度平均水平，但自1995～2020年碳收支集中化指数并未超越 0.4 这一"警戒线"（夏四友和杨宇，2022），且自1995 年的 0.398 降低至 2020 年的 0.235，整体而言城际碳收支差异不突出。其中，1995～2000 年降幅最高，达到 24.9%，此时碳收支空间分配由比较合理阶段进入相对平均阶段；2015～2020 年次之，降幅约为 11.3%。在城市层面，杭州市位列研究区碳排放第一梯队，经济发展速度较快且区域内发展程度不均衡，其碳收支集中化程度自2005年起跃升至比较合理水平，并在2020年达到最

| 36 |

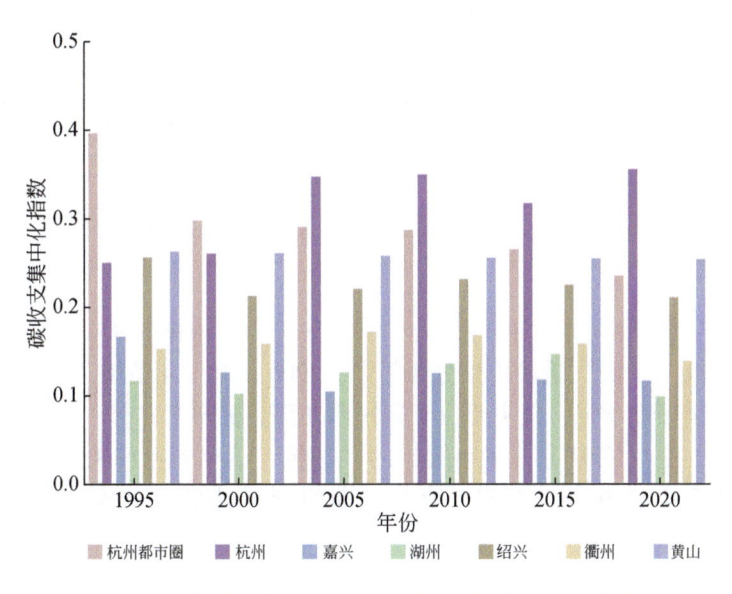

图 3-7 杭州都市圈 1995~2020 年碳收支集中化指数统计

高值 0.356。其余城市的碳收支空间集中程度在研究时段内呈现稳定态势，其中，绍兴市和黄山市处于碳收支空间分配相对平均阶段，二者碳收支集中化指数分别呈现波动下降和逐步下降趋势，且绍兴市降幅大于黄山市。此外，嘉兴市、湖州市、衢州市碳收支空间分配均表现为高度平均水平，碳收支集中化指数基本呈现先增长后降低趋势，最低值分别为 0.105、0.099 和 0.139。

3.4.2.3 水平碳收支时空变化特征

"碳流"是量化城市水平碳收支的关键。根据城市水平"碳流"统计结果（表 3-7），1995~2020 年消极"碳流"呈先增加后减少趋势，2000~2005 年增加尤其迅速，达到前五年的 3.93 倍，其中 88.43% 来自耕地、林地、草地、水域向工业用地的转化，表明当时杭州都市圈的经济发展需要工业用地扩张的支持。就积极"碳流"而言，1995~2015 年呈现波动缓慢增长趋势，而 2015~2020 年出现大幅度增加，其中 82.29% 源于工业用地向其他用地转换，17.59% 来自城镇其他建设用地向其他用地转换，说明此时城镇建设用地增量管控和存量再开发策略的效果得到显现。整体来看，研究时段内杭州都市圈内的消极"碳流"远高于积极"碳流"，且城市净消极"碳流"呈现先增长后减少趋势，且末期净消极"碳流"量低于初期净消极"碳流"量，表明研究区城市水平碳收支系统正逐步呈现平衡态势。

表 3-7　城市水平"碳流"交换表　　（单位：10^6 t C）

项目	1995~2000 年	2000~2005 年	2005~2010 年	2010~2015 年	2015~2020 年
消极"碳流"	-681.84	-2678.35	-1876.72	-1492.19	-1124.06
积极"碳流"	30.28	197.63	110.72	268.75	724.02
净"碳流"	-651.56	-2480.72	-1766.00	-1223.44	-400.04

图 3-8 刻画了城市空间内的消极"碳流"分布。由图 3-8 可知，1995~2000 年研究区消极"碳流"量较小且分布零散。2000~2005 年消极"碳流"量剧增，空间分布的集聚性增强，且主要位于嘉兴西北部、杭州东北部、绍兴西北部和衢州中部地区，这与 2001 年多地市提出的"融杭"战略紧密相关。2005~2010 年消极"碳流"仅在杭州、绍兴、嘉兴、湖州交界处出现大规模空间集聚，自

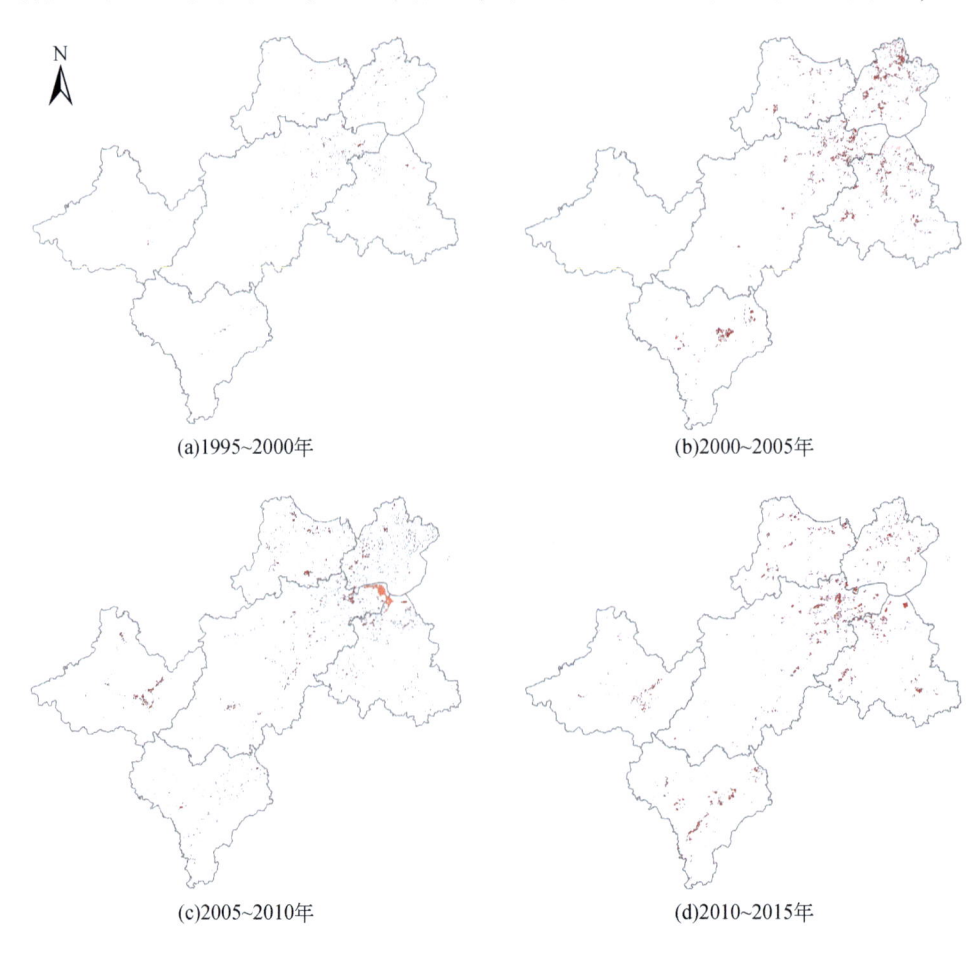

(a)1995~2000年　　(b)2000~2005年

(c)2005~2010年　　(d)2010~2015年

(e)2015~2020年

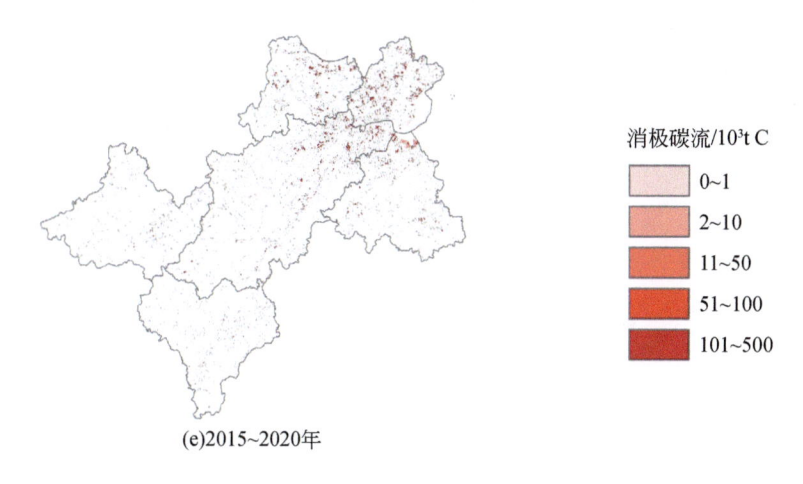

图 3-8　城市空间消极"碳流"空间分布图

2007年首次提出以杭州为中心，以湖州、嘉兴、绍兴为副中心的"杭州都市经济圈"概念以来，四地规划共绘、设施共建、产业共兴，由此产生上述空间效应，且在此后各时段内均有体现。2010~2015年和2015~2020年消极"碳流"的空间分布愈加分散，表明城市发展达到一定阶段，土地利用难以出现大规模转变，特别是工业用地在指标规划和产业基本饱和的背景下难以实现大范围新增。

图3-9展示了城市空间内积极"碳流"的分布特征。1995~2000年积极"碳流"主要出现在杭州中部地区，与该时段主城区产业"退二进三"，邻近西湖风景区的污染企业大批量外迁的现象相符。2005~2015年，杭州都市圈积极"碳流"密度较低，空间上呈现零星分布态势。2017年，浙江省将"着力推进生态文明建设"列入今后五年的七大任务之一，出台《浙江省生态文明体制改革总体方案》，研究区2015~2020年积极"碳流"大量增加、空间集聚性增强的结果充分体现了其践行两山思想、建设美丽浙江的决心与行动力。

3.4.2.4　生态关系结构演变

不同土地利用类型之间存在不同的生态关系，研究区土地利用间掠夺/限制、竞争、互惠共生三种生态关系的演变特征如图3-10所示。

总体来说，掠夺/限制关系最为稳定，除了1995~2000年稍有下降，此后20年始终保持在47.6%的水平上。掠夺/限制关系基本上出现在工业用地、其他城镇用地这两种高密度碳源和其他土地利用类型之间，表明工业用地和其他城镇用地在土地利用变化过程中获得碳效用，而其他类型用地损失碳效用，这种一方得一方失的发展模式不利于城市碳收支平衡。

| 城市土地-碳耦合机制和低碳调控 |

(a)1995~2000年

(b)2000~2005年

(c)2005~2010年

(d)2010~2015年

(e)2015~2020年

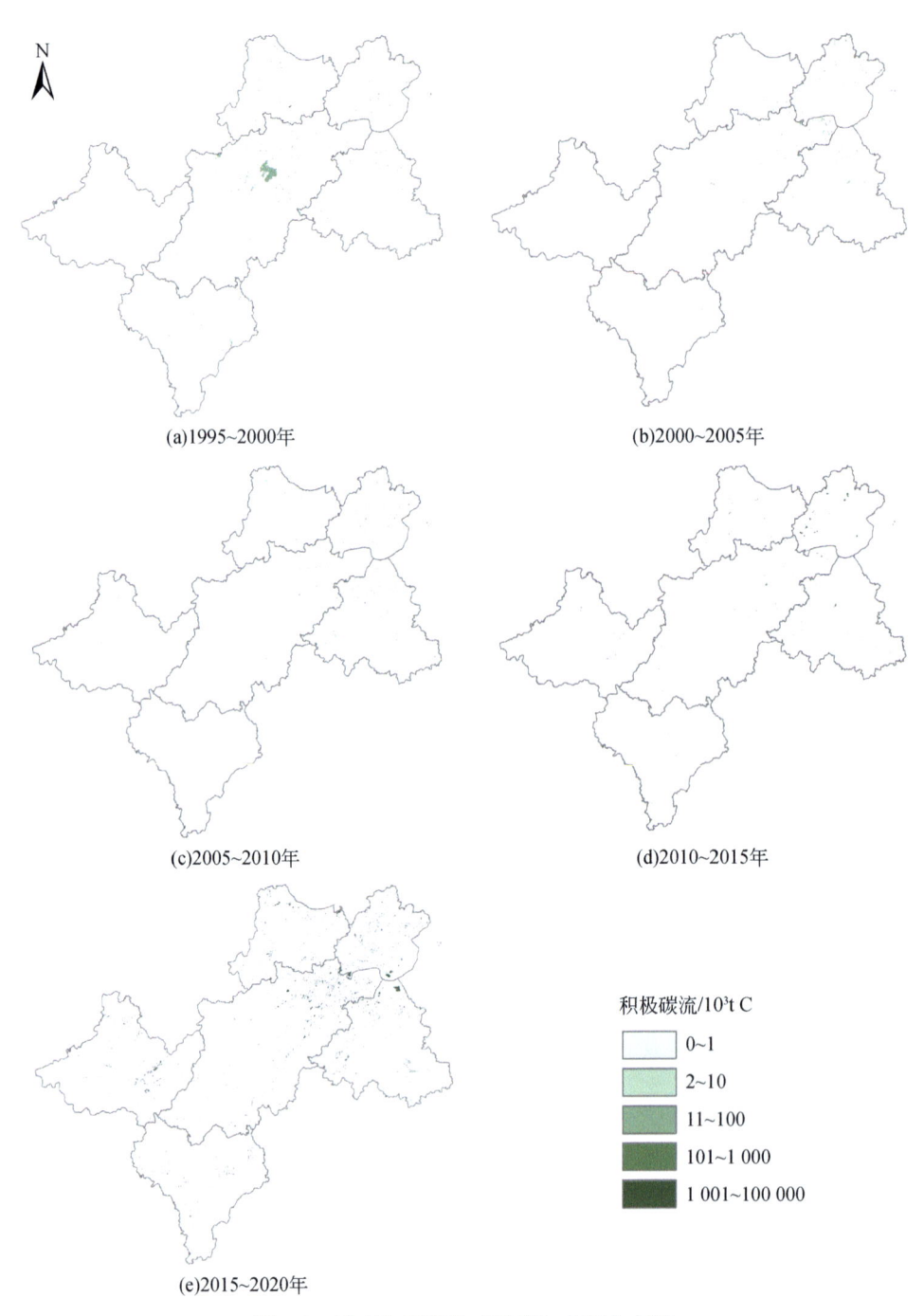

积极碳流/10³t C
- 0~1
- 2~10
- 11~100
- 101~1 000
- 1 001~100 000

图 3-9 城市空间积极"碳流"空间分布图

| 40 |

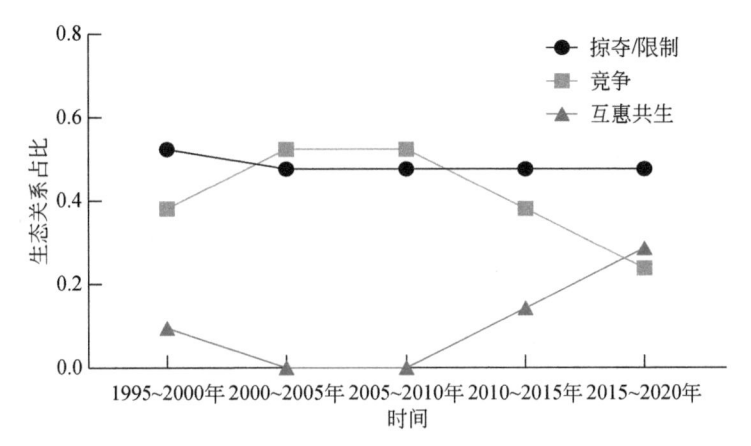

图 3-10　杭州都市圈 1995～2020 年生态关系比例变化图

竞争关系比例经历了在 1995～2000 年自 38.1% 增加到 52.4%、2000～2010 年保持不变、2010～2020 年稳步下降至 23.8% 三个阶段。2010 年之前，竞争关系基本出现在林地、草地、水域这类碳汇和耕地、交通用地这类低密度碳源之间和工业用地和其他城镇用地这类高密度碳源之间，竞争关系双方在碳功能上表现出同质性；2010 年之后竞争关系数量减少，城市碳收支不平衡问题有所缓解，2015～2020 年仅出现在耕地-林地、耕地-水域、林地-水域、草地-交通用地、工业用地-其他城镇用地之间。

互惠关系在研究时段初期的比例较低，仅为 9.5%，且在 2000～2010 年下降为零，说明此时城市土地利用结构相对不合理，大规模扩张的建设用地对城市碳收支平衡产生了消极影响。自 2010 年以来，互惠关系持续增加，2015～2020 年占比达到 28.6%，说明土地利用变化对城市碳收支平衡的消极作用有所减弱，整体上沿着有利于城市收支碳平衡的方向发展。

图 3-11 展示了杭州都市圈 1995～2020 年生态关系的空间变化。1995～2000 年竞争关系主要集中在杭州中部地区，掠夺/限制关系在研究区范围内均有分布，但空间集聚性较弱，而互惠共生关系仅有零星少量分布。2000～2015 年竞争和掠夺/限制关系在研究区内占主导地位。2000～2005 年竞争关系分布于杭州和绍兴北部以及黄山市内，分布相对分散；掠夺/限制关系位于杭州东北部、绍兴西部、嘉兴西北部和衢州中部地区，分布较为集中。2005～2010 年竞争关系在杭州、绍兴、嘉兴交界处有大规模分布，掠夺/限制关系呈现均匀分布态势。2010～2015 年土地利用变化趋于稳定，大部分空间出现生态关系空缺，掠夺/限制关系集中于杭州东北部、绍兴西北部和衢州中部，而竞争和互惠共生关系在研究区范围内呈现零星分散分布模式。2015～2020 年三种生态关系的空间分布相对均匀，且空间集聚性强弱规律表现为：掠夺/限制>竞争>互惠共生。

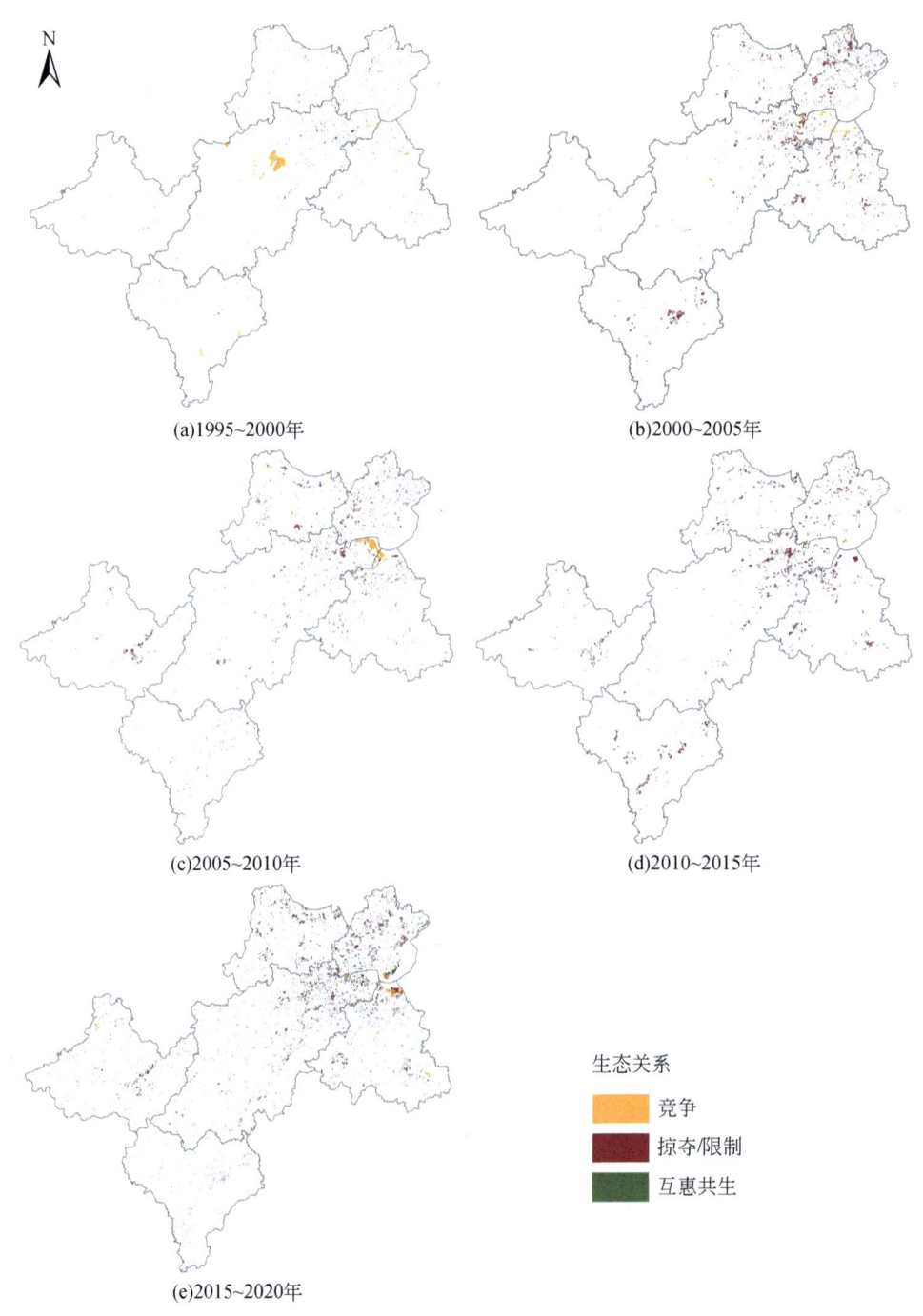

图 3-11　杭州都市圈 1995～2020 年生态关系空间变化图

利用整体效用矩阵 U 计算杭州都市圈碳收支网络 1995~2020 年的互惠指数（MI）和协同指数（SI），结果见图 3-12。1995~2015 年，互惠指数呈现先降低后升高趋势，但指数值均小于 1，表明研究区土地利用变化对城市碳收支有负面影响，对城市碳收支平衡起消极抑制作用。2015~2020 年互惠指数突破 1，达到 1.45，说明土地利用变化开始产生促进城市碳收支平衡的作用。协同指数在 1995~2015 年呈现小幅度上下波动，指数值整体上稳定在 2.8~3.3，而在 2015~2020 年大幅度上升至 8.17，达到前五年的 2.5 倍，主要原因在于 2015~

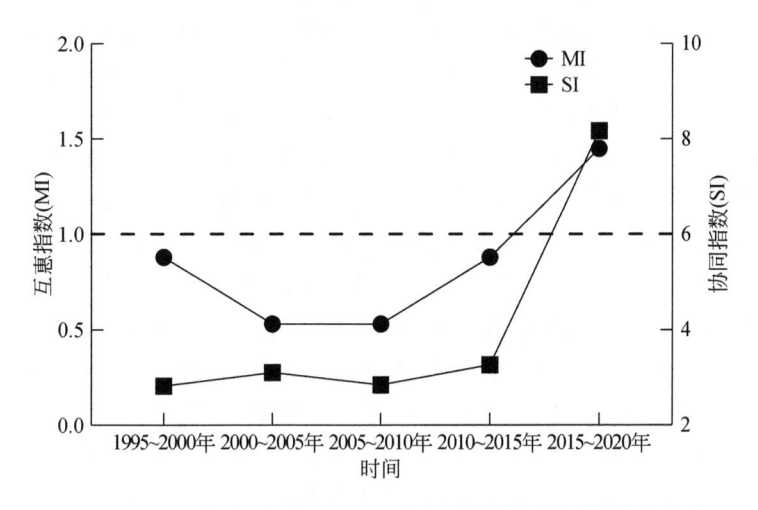

图 3-12　杭州都市圈 1995~2020 年互惠指数与协同指数变化图

2020 年研究区内竞争关系减弱、互惠共生关系增强，各土地利用类型对碳储量的竞争趋于缓和，对水平"碳流"的自反馈增强，整体上有利于城市碳收支平衡的长期稳定发展。

3.5　讨　　论

城市空间是一个复杂的多层空间系统，由地理特征、人力资源、经济条件、政策管理等多种要素组成。城市土地利用转型反映了城市土地利用层面自然环境与人类社会经济关系的变化，是城市空间演变的主要外在表现。城市土地利用转型带来的生产、生活和生态主导功能的转变，是一个在各种主导功能之间对有限城市土地资源进行有序分配和空间重构的过程，极大地影响着城市空间碳循环以及区域土地系统的碳收支平衡。Yang 等（2020）人基于生产、生活和生态主导功能分类方法研究了京津冀都市圈土地转型所带来的生态环境效应与陆地碳储量变化，也进一步印证了该分类方式的实用性。因此，本书考虑城市土地社会经济层面的多功能性，基于土地利用分类，确定城市碳收支系统中的各个网络节点，使其与城市土地系统的演变特性更为契合，将有助于制定适应城市社会经济发展各阶段的低碳土地管理政策。

杭州都市圈是中国经济转型发展的代表地区，体现了中国改革开放以来区域发展道路的变化过程，其在 1995～2020 年经历了阶段性的城镇化与工业化，土地利用空间格局发生巨变。本书测算了各土地利用地类型六个时间节点的碳排放与碳封存，计算出五个研究时段内的水平碳流量。杭州都市圈的负碳流主要来自耕地、林地和水域生态用地向工业生产用地的转型，在各个研究时段均占到负碳流总比的 40% 以上，也符合杭州都市圈产业结构调整的特征，即由第一产业为主导逐渐转向工业与服务业作为城市经济发展的主要推动力（Zhao et al.，2014）。但通过进一步研究发现，农业生产用地向工业生产用地转型所产生的负碳流在 2000～2020 年的占比在不断减少，且整体负碳流的空间分布模式由 2000～2005 年的高值区大量积聚转变为 2015～2020 年的分散分布。这主要是因为杭州都市圈经济的发展步入新的阶段，核心城区城镇生活用地扩张逐渐稳定，规模化的农业向非农用地的转型已经步入尾声，对于工业生产用地扩张的限制也逐渐加大。在正碳流方面，2010～2015 年工业生产用地转为城镇生活用地产生了大量正碳流，一方面体现了杭州都市圈工业生产用地的极高碳排放密度，另一方面证实了工业用地限制在促进当地碳平衡方面发挥了关键作用（Chuai et al.，2015）。2015～2020 年，地方性城市低碳发展规划等政策力度加大，生产、生活用地向生态用地的转型在正碳流中占据主导，因此，严格且科学的空间规划在低碳土地管理中不可或缺（Liu et al.，2021）。

ENA 分析方法中的效用分析很好地揭示了城市土地利用变化碳转移过程中所形成的生态关系。1995～2005 年剥夺限制关系在杭州都市圈占据主导地位，其次为竞争关系，主要表现为工业生产用地对于生态用地、农业生产用地的剥夺/竞争，尤其是在杭州东北部、绍兴西部、嘉兴西北部和衢州中部地区，造成了碳排放量的急速提升。表明都市圈城镇化发展初期以小城镇为主的发展导向，城镇扩张各自为政，存在分散、无序、低效的特征，降低了土地利用效率，不利于碳排放的有效控制。

2005～2015 年是杭州都市圈土地利用转型最高速的时段，其逐渐摆脱了由小城镇扩张和乡村工业发展为主导的模式，呈现出了一种更具规模、更为集中的城镇化空间特征。在这种特征之下，一方面由于城镇规模的有序扩张，进一步压缩了农业与生态用地面积，迫使农业用地与生态用地在更小的空间上相互竞争，加之中国独特的农田保护政策，即通过对于其他类型土地的占用来补偿因城市扩张而损失的农田，以维持农田数量的动态平衡（Wu et al.，2017），对生态用地的压力进一步加大，从而加剧了局部碳失衡（Xia 和 Chen，2020）；另一方面，也正是由于政府主导的城镇规模化扩张，一些强有力的环保措施得以自上而下有效推行，不仅生态用地内部出现了一部分互惠共生关系，在城镇生活用地与生态用地之间也出现了互惠共生关系，印证了通过规划城市绿色景观，保护关键生态用地以推进城市碳健康循环的可能性。

2015~2020年都市圈城市空间与功能扩张速度减缓，核心城区周围的半城市化地区已经发展成了完全城镇化地区（Meng and Cao，2019），生态关系的稳定性加强。值得关注的是网络中关键节点互惠共生关系的转变。虽然在该时间段，杭州都市圈生态红线保护规划强力推行（Jia et al.，2017），土地利用类型转换速度已然放缓，但仍然存在一定量的半城市化或者乡村地区（Liao et al.，2021），如何通过空间规划的手段，集约高效地将这部分地区变为城市生活用地，从而适度增加城市人口密度，以提高能源消耗效率和减少碳排放，是杭州都市圈未来低碳发展的主要议题。

本书通过互惠指数 MI 以及协同指数 SI 量化城市土地利用变化对于城市碳收支的综合影响，该两种指数在研究时段内整体上呈现了一致的变化趋势。互惠指数更多反映了各用地类型在水平碳流综合作用下产生的生态关系对于碳收支的影响程度，计算依据来源于整体效用矩阵中各元素的正负（Chen and Chen，2012），故竞争关系与互惠共生关系对于 MI 的高低至关重要，且不同的网络节点数的确定对于 MI 的影响程度较大，Zhang 等（2016）、Xia 等（2016）利用相同的方法以 8 节点和 18 节点分析北京城市碳收支所产生的互惠指数，平均值相差高达 0.94。而协同指数源于整体效用矩阵中各元素数值总和，更为精细地量化了生态网络中碳流的效用，减少了因为节点分类方式不同而产生的差异。杭州都市圈 2005~2020 年较长时期的互惠共生关系，提高了网络的互惠指数 MI，到 2015~2020 年互惠指数达到 1.45，协同指数 SI 则上升至 8.17。在分析网络中碳流的整体效用时，两种指数的结合使用可更为全面综合地反映水平碳流所产生的生态效用。

低碳城市是中国近些年来的热点概念（Yu，2014）。2014 年，中国发布的《国家新型城镇化规划（2014—2020 年）》强调了城市发展应该以人为本、环境友好的主要导向（Liu and Qin，2016），虽然低碳发展理念已经自上而下达成共识，但因为中国各城市不同的土地利用格局和社会经济发展阶段，其实现路径仍需在实践中探索和检验。作为中国高度城市化区域的典型代表，杭州都市圈多年来城镇化快速推进，极大地增加了碳源用地的碳排放量，造成了网络中负面生态关系的不断出现以及层次结构的失衡，给城市碳平衡带来了压力。其本质原因是人地关系的割裂，快速的发展使得经济、社会、生态系统之间相互影响，不同土地利用功能发生激烈冲突,形成了兼容性较低的空间格局(Bernues et al.,2015)。因此,本书从土地利用视角切入,根据不同类型区域的主导功能,提出符合其发展特征的土地利用空间优化调控的理论路径:①对于以作为高级消费者的城镇生活用地为核心的完全城市化地区,一方面需要约束城镇空间规模,推动土地和交通一体化开发,保护城市内部关键生态区域,增加城市碳汇量,另一方面,需要优化居住空间、合理布局公共设施,推动人类活动社会生活层面的低碳转型,实现公共设施均等化,以减少碳排放;②对于以作为次级消费者的工业生产用地为核心的工业园区,生产功能是其主导功能,故应在确保就业机会和生产指标完成的前提下,优化能源结构,引入清洁可再生能源,提高资源利用效率,以减少自身碳排放密度,同时控制用地规模,减少网络中的负碳流;③对于以作为初级消费者的农业生产用地与农村生活用地为核心的半城市化以及乡村地区,生产功能是其主导功能,故其碳减排的核心是提高农业生产效率与土地集约化程度,推进规模化经营、引入智慧农业生产模式(Xin and Tao,2021),以减少水稻种植、机械化播种、牲畜呼吸等重要碳排放源,随着农业生产效率的提高,从供给侧减少牺牲生态用地以补充耕地的现象,从而促进农业生产用地与生态用地的互惠共生,实现该区域碳平衡;④对于以林地、草地、水域生态用地为核心的生态保护区,生态功能是其主导功能,故首先要维持生态空间规模,提高区域生境质量与生物多样性,强化生态修复与治理,维系自然碳汇功能的稳定,此外,还需要控制城市用地无序蔓延,严守生态保护红线,促进城市碳循环的健康发展。

3.6 结　　论

根据研究区土地利用类型统计结果,林地与耕地作为杭州都市圈的主要土地利用类型,1995～2020年面积占比均达到83%以上,且呈现逐年下降趋势,是主要的土地利用转出类型。土地利用转入类型自2000年起由林地主导转变为建设用地主导,建设用地在所有土地利用类型中增长最快,2015年后增幅有所减缓。

城市碳收支系统可分为垂直碳收支和水平碳收支两个子系统。对城市垂直碳收支,本书依据IPCC碳收支核算清单,在对碳排放因子进行本土化后,分别核算各土地利用类型的碳排放与碳封存量,并采用自上而下空间化方法和标准差椭圆分析城市碳收支的空间格局。结果表明,研究区碳源能力远远高于碳汇能力,杭州都市圈碳排放量自1995年的12.94×10^8t增长至2020年的49.79×10^8t,而碳封存量从1995年的220.86×10^4t减少至2020年的218.88×10^4t,城市碳收支整体呈现净碳源态势。对于碳源过程，工业用地碳排放是杭州都市圈碳排放的主要来源，历年占比均超过69%，且在研究时段内呈现快速增长至2005年后缓步增长的趋势。对于碳汇过程，林地碳封存在杭州都市圈碳封存量中占主导地位，历年占比超过95%，然而这一比例正呈现逐年减少趋势。此外，碳源功能土地在空间上呈扩张态势，表现为集聚分布特征，而碳汇功能土地处于收缩阶段。碳收支集中化指数整体尚未越过0.4这一"警戒线"，城际碳收支集中水平呈如下排序：杭州>黄山>绍兴>衢州>嘉兴≈湖州。

对城市水平碳收支，本书通过建立生态网络分析模型来量化土地利用变化造成的水平"碳流"。结果表明，杭州都市圈积极"碳流"量远低于消极"碳流"量，前者在研究区内零星分布，主要来自碳汇特征用地向工业用地转化；后者在研究区东北部表现出较强的空间集聚性，基本来自工业用地和其他建设用地向剩余土地利用类型转化。2015年前，不同土地利用类型间基本呈现掠夺/限制关系或竞争关系，2015年后，掠夺/限制关系占比接近半数，竞争关系和互惠共生关系在不同土地利用类型间水平相当。互惠指数与协同指数表明2015年后城市土地利用变化开始对城市碳收支平衡起积极作用。

第4章 城市土地利用变化对碳收支的驱动机制

4.1 研究综述

土地利用变化深刻改变了地球原有的土地覆被格局,对生态系统的物质循环与能量流动产生较大的影响,改变了生态系统的结构、过程和功能,进而显著影响生态系统各部分的碳分配。土地利用与土地覆盖变化对陆地碳循环的影响已成为陆地碳循环模拟主要解决的关键问题之一。

土地利用变化是一个复杂的网络关系,涉及多种土地利用类型之间的互相作用,而这个互相作用过程又改变了碳排放和碳汇的空间分布和强度,进而引起区域碳收支的大幅度变化。这一研究大致可为两类:一类是基于自然生态系统探讨微观层面土地利用对植被碳储量和土壤碳储量的影响,前者表现为森林采伐、植树造林、毁林造田等土地利用活动影响植物量和植被碳储量(Scurlock et al.,2002),后者表现为土地利用类型的转变改变土壤有机物的输入、小气候和土壤条件,影响土壤有机碳的分解速率,进而改变土壤碳储量(黄耀等,2010)。现有研究认为森林向农田或草地转变、草地向农田转变、耕地向建设用地转变都是碳排放过程(Houghton,2003),还林还草活动可以有效增加碳储量(Fang et al.,2001)。此外,自然景观、农业景观、建成景观等不同景观斑块的碳收支差异显著(Hutyra et al.,2011)。

另一类是基于经济社会系统探讨宏观层面的土地利用对广义碳排放的影响,现有研究认为土地利用与社会政治经济因素密切相关,土地利用变化在某种程度上会增大或减小对某种能源消费需求,最终导致不同土地利用类型上所承载的社会经济碳排放(能源、工业碳排放)发生改变(曲福田等,2011;赵荣钦等,2014)。事实上,社会经济系统下的土地利用碳排放过程和机制远比自然生态系统下的复杂,表现在土地利用变化对碳排放的影响往往通过其他因素传达,而碳排放的影响因素较多且互相之间产生联系。学者们尝试从城市用地扩张(Fu et al.,2017;夏楚瑜等,2018)、城市空间用地布局(Ou et al.,2013)、土地集约利用(张苗等,2015)、土地利用结构变化(Wang et al.,2016)、土地利用强度差异（Beetz et al., 2013）、土地城镇化和土地财政（Zhang and Xu, 2017）等视角研究土地利用变化的碳效应以及土地利用格局对碳收支的影响机制。有研究认为建设用地与土地利用结构变化对碳收支输入端规模的增加发挥正作用，农用地变化对碳输出端规模的增加发挥负作用（马其芳和黄贤金，2008）。也有学者基于系统动力学视角模拟了不同政策方案下土地利用对碳排放的影响（吴萌等，2017）。

综上，现有研究一方面着重刻画社会经济变化对碳排放的作用机理，而弱化土地要素本身的影响；另一方面，在以土地利用变化为起点的碳排放影响因子分析研究中，鲜有研究试图完整且系统地追溯城市土地利用变化对碳排放的驱动机制。当前针对城市碳排放的驱动因子的分析基本停留在社会经济要素的定量解构，以判断不同城市发展阶段中的碳排放主导影响因素，对城市土地利用变化影响城市碳排放作用机理的研析仍不充分。

本书聚焦于城市土地要素驱动碳排放变化的机制，探讨两类碳源地——建设用地和耕地的结构及以形态变化为主的城市土地利用变化特征对碳收支的驱动作用，并进一步深入剖析城市规模、城市形态对碳排放的影响机理。

4.2 城市土地利用变化对碳收支的驱动作用

4.2.1 数据来源

本节所采用数据同3.2节。

4.2.2 研究方法

时间序列数据、截面数据、面板数据是构成计量研究基础的三种最常用数据形式。时间序列数据指对同一研究对象做不同时间点的观察所得到的数据集，反映研究对象随时间变化而产生的某种变化规律。截面数据是指对同一研究时点做不同研究个体的观察所得到的数据集。面板数据又称"平行数据"，综合了时间序列数据与截面数据两者的特性，在横截面上呈现 N 个维度的个体数据，在纵剖面上显示 T 个时期的序列数据。总的来说，面板数据集提供了更大的样本量，一方面提升了数据包含的信息量，有助于增强计量分析的准确性；另一方面表现出更高的自由度，减少了样本中不同变量数据共线性的产生可能。

面板模型的基本表达式如下：

$$y_{it} = \alpha_i + x_{it}^T \beta_i + u_{it} \tag{4.1}$$

式中，i 为研究个体数量（$i=1, 2, \cdots, N$）；t 为研究时点（$t=1, 2, \cdots, T$）；α_i 为不可观测个体效应；x_{it}^T 为 $k\times1$ 维向量，k 为自变量数量；β_i 为 $k\times1$ 维系数向量；u_{it} 为随机误差项，均值等于零。

面板模型一般存在如下三种选择：

（1）$\alpha_i = \alpha_j$，$\beta_i = \beta_j$。由于 α_i 意味着面板模型中数据的个体差异，β_i 意味着不同截面的结构参数差异，因而此情形代表面板数据在横截面上同时缺少个体效应与结构性变化，可将面板数据集看作多期截面数据处理，称为混合模型；

（2）$\alpha_i \ne \alpha_j$，$\beta_i = \beta_j$。此时个体效应存在，截面间表现出异质性，表明模型中被遗漏的反映截面间差异因素的效应得以显示，可将其称作变截距模型，在现实中应用范围最广；

（3）$\alpha_i \ne \alpha_j$，$\beta_i \ne \beta_j$。此时面板数据同时存在个体效应与结构性变化，称为变系数模型。

面板模型首先假设不同个体的回归方程有相同的斜率，接着借助截距项描述个体效应异质性，其基本思路如下：

$$y_{it} = x_{it}^T \beta + z_{it}^T \delta + u_i + \varepsilon_{it} \tag{4.2}$$

式中，x_{it}^T 为随个体和时间变化的特征；z_{it}^T 为不随时间变化的个体特征；β 和 δ 分别为 x_{it} 和 z_{it} 的系数；u_i 与 ε_{it} 共同构成复合扰动项。当 u_i 与 x_{it} 相关时，模型为固定效应模型，反之成为随机效应模型。本书采用传统的最小二乘估计方法。

由于本书旨在探究土地利用变化对碳收支量和碳收支空间分布集中度的驱动作用，因此分别以碳收支量和碳收支集中化指数为被解释变量，以土地利用结构和景观指数为解释变量构建普通面板回归分析模型。一方面，考虑到人类活动区域开发特别是城市扩张侵占自然土地过程是导致碳储量减少的主要原因，且研究区城市碳排放量高达碳封存量的上千倍，在城市碳收支系统中占主导地位，因而本书侧重考察耕地和建设用地两大碳源空间的影响，其中建设用地又被细分为工业用地、交通用地和其他城镇用地这三类。特别地，考虑到碳收支量和碳收支集中化指数含义特征，将其土地利用结构驱动因子分别定义为特定地类占研究区全域比重和特定地类占研究区市域比重，前者属于绝对概念，而后者表示相对概念。另一方面，城市密度、土地利用多样性和景观组成等城市形态特征在减缓碳排放方面存在重要作用，本书同时考察斑块类型和景观两个尺度指标，内涵覆盖特定地类的大小、形状、邻接度和全部景观的纹理、多样性和异质性等，具体指标参考前人研究的选定（Feng et al., 2020；Lyu et al., 2022；滕菲等，2022）（表4-1）。

表 4-1　景观指数变量及意义

变量	单位	意义
景观形状指数（LSI）	—	斑块形状的不规则性和复杂程度
蔓延度指数（CONTAG）	%	斑块的集聚性、连通性和延展趋势
聚合度指数（AI）	%	斑块间的集聚性和连接度
香农多样性指数（SHDI）	—	景观类型的多样性与景观结构的复杂性
最大斑块指数（LPI）	%	最大斑块面积与景观面积之比，反映斑块的聚集性程度

具体模型构建如下：

（1）模型一。被解释变量：碳收支量（NCE）；解释变量：耕地面积占比（CR），景观形状指数（LSI）；

（2）模型二。被解释变量：碳收支量（NCE）；解释变量：建设用地面积占比（UR），蔓延度指数（CONTAG）；

（3）模型三。被解释变量：碳收支量（NCE）；解释变量：工业用地面积占比（INR），工业用地聚合度指数（AI_{IN}）；

（4）模型四。被解释变量：碳收支量（NCE）；解释变量：交通用地面积占比（TRANR），交通用地聚合度指数（AI_{TRAN}）；

（5）模型五。被解释变量：碳收支量（NCE）；解释变量：其他城镇用地面积占比（CONR），其他城镇用地聚合度指数（AI_{CON}）。

（6）模型六。被解释变量：碳收支集中化指数（CI）；解释变量：耕地面积占比（CP）和香农多样性指数（SHDI）。

（7）模型七。被解释变量：碳收支集中化指数（CI）；解释变量：建设用地面积占比（UP）和香农多样性指数（SHDI）。

（8）模型八。被解释变量：碳收支集中化指数（CI）；解释变量：工业用地面积占比（INP）和工业用地最大斑块指数（LPI_{IN}）。

（9）模型九。被解释变量：碳收支集中化指数（CI）；解释变量：交通用地面积占比（TRANP）和交通用地最大斑块指数（LPI_{TRAN}）。

（10）模型十。被解释变量：碳收支集中化指数（CI）；解释变量：其他城镇用地面积占比（CONP）和其他城镇用地最大斑块指数（LPI_{CON}）。

上述变量的详细定义如表 4-2。

表 4-2 变量选取与定义

变量	计算公式	描述
碳收支量	NCE = CE−CS	CE = 碳排放量 CS = 碳封存量
耕地面积占比	CR = CA/TA	CA = 耕地面积 TA = 研究区总面积
景观形状指数	正方形参照物：$LSI = 0.25E/\sqrt{A}$ 圆形参照物：$LSI = E/2\sqrt{\pi A}$	E = 斑块边界总长度 A = 景观总面积
建设用地面积占比	UR = UA/TA	UA = 建设用地面积 TA = 研究区总面积
蔓延度指数	$CONTAG = 100 \times \left(1 + \dfrac{\sum_{i=1}^{m}\sum_{k=1}^{m} P_i \dfrac{g_{ik}}{\sum_{k=1}^{m} g_{ik}}(\ln P_i)\dfrac{g_{ik}}{\sum_{k=1}^{m} g_{ik}}}{2\ln m}\right)$	P_i = i 类斑块面积占比 g_{ik} = i 类斑块和 k 类斑块毗邻的数目 m = 斑块类型总数目
工业用地面积占比	INR = INA/TA	INA = 工业用地面积 TA = 研究区总面积
交通用地面积占比	TRANR = TRANA/TA	TRANA = 交通用地面积 TA = 研究区总面积
其他城镇用地面积占比	CONR = CONA/TA	CONA = 其他城镇用地面积 TA = 研究区总面积
聚合度指数	$AI = \dfrac{100 \times g_{ii}}{\max \to g_{ii}}$	g_{ii} = 相应景观类型的相似邻接斑块数量

4.2.3 研究结果

4.2.3.1 景观指数变化

景观指数是量化城市土地利用结构组成和空间特征的重要工具。本书监测 1995~2020 年杭州都市圈的若干景观格局指数，计算结果见表 4-3。最大斑块指数（LPI）在 1995~2020 年呈现波动下降趋势，表明在人类活动作用下，土地利用斑块的割裂程度提高，破碎化程度显著。景观形状指数（LSI）总体处于上升状态，LSI 值越大说明斑块形状复杂性越强，越容易受到邻近景观影响，稳定程度越（满卫东等，2020）。蔓延度指数（CONTAG）在研究时段内持续下降，表明研究区不同景观类型斑块的边界重合度有所提升，印证了杭州都市圈内各土地利用类型的空间分布趋于分散化。香农多样性指数（SHDI）作为多样性指标，反映景观结构以及少数土地利用类型主导的程度（Lyu et al., 2022）。研究区 SHDI 持续增加，表明土地利用类型的多样化程度增强（马小雪等，2022），随着不同土地利用类型面积占比的差距不断缩小，研究区内斑块占比将呈现出均匀化发展趋势。

表 4-3 杭州都市圈 1995~2020 年景观指数

年份	LPI	LSI	CONTAG	SHDI
1995	6.4180	177.1372	69.1799	1.0669
2000	7.1348	176.1365	69.1775	1.0676
2005	6.4305	181.0497	68.0167	1.1079
2010	7.0028	186.2269	67.2460	1.1326
2015	6.9878	185.9628	66.4951	1.1627
2020	2.9409	215.1579	65.0402	1.1954

4.2.3.2 变量的描述性统计

为了进一步扩大样本信息容量，提升计量分析可靠性，本书将杭州都市圈六个地市数据增强至县级尺度，每个截面上共计可观察个体 44 个。其中，各县碳收支量按各县 GDP 占所属地级市 GDP 的比例分配，各地类面积及景观指数数据通过空间处理获得。接着，对所有变量取对数，以增加数据平滑度，避免异方差性的出现。经上述处理后得到变量的描述性统计结果，如表 4-4 所示。

根据计算结果，模型中所有变量的标准差均小于 1.25，最小仅有 0.02，表明样本数据的波动幅度小，离散程度低，数值与均值较为接近。偏度表征数据分布的非对称性，模型中除了交通用地聚合度外所有变量的偏度均小于零，说明样本数据在均值左边的分布量较均值右边更小，而交通用地聚合度数据在均值左边的分布量较右边更大。这一特性在净碳排放量中表现尤为显著，可见研究区碳排放水平偏高，低碳区域占比较小。峰度表征数据分布的正态性，蔓延度指数和其他城镇用地聚合度指数的峰度值最接近 3，表明其数据分布形态的陡缓程度与正态分布类似；净碳排放量的峰度最大，工业用地占比次之，表明变量的极端值更多，分布相对而言最为陡峭。Jarque-Bera 统计检验的原假设为变量是正态分布，模型中所有变量均拒绝原假设，说明变量均呈非正态分布，其中，其他城镇用地聚合度的 Jarque-Bera 显著水平相对较低，即其数据分布较其他变量更接近正态分布情形。

| 城市土地-碳耦合机制和低碳调控 |

表 4-4 变量的描述性统计

项目	ln NCE	ln CR	ln LSI	ln UR	ln CONTAG	ln INR	ln AI$_{IN}$	ln TRANR	ln AI$_{TRAN}$	ln CONR	ln AI$_{CON}$
均值	8.54	-1.27	3.41	-2.60	4.21	-4.09	4.49	-3.80	4.02	-3.96	4.48
中位数	8.84	-1.25	3.44	-2.53	4.24	-3.82	4.49	-3.78	4.02	-3.77	4.48
最大值	10.82	-0.16	3.89	-0.22	4.41	-1.92	4.59	-2.74	4.18	-2.50	4.53
最小值	1.90	-2.78	2.72	-5.18	3.79	-9.45	4.38	-5.29	3.94	-5.85	4.39
标准差	1.24	0.67	0.23	1.22	0.13	1.18	0.03	0.45	0.05	0.81	0.02
偏度	-1.40	-0.28	-0.88	-0.11	-0.71	-1.48	-0.36	-0.44	0.83	-0.49	-0.27
峰度	6.52	2.17	3.91	2.02	3.04	5.54	3.99	3.85	3.66	2.37	3.16
Jarque-Bera	216.50***	10.58***	41.43***	10.73***	21.35***	139.76***	13.84***	13.77***	29.27***	12.31***	2.83*

注：* 和 *** 分别代表在 10% 和 1% 置信水平上显著。

4.2.3.3 平稳性检验及协整检验

平稳性检验是面板模型的前提。倘若没有保证面板数据平稳性，即使数据本身不存在相关性，也可能出现较高的回归拟合度，即产生伪回归现象。单位根检验是测试数据平稳性的基本工具，本书使用 EViews 10 软件对面板数据进行单位根检验，选取常用的 LLC 检验和 Fisher-ADF 检验方法，检验结果如表 4-5 所示。表 4-5 表明大部分变量已通过原序列的对数序列上的单位根检验，只有碳收支量、蔓延度指数、交通用地聚合度指数、其他城镇用地聚合度指数在绝对水平上呈现不平稳，而全部变量的一阶差分序列平稳，因此，模型中变量均满足一阶单整。

表 4-5　单位根检验结果

项目	LLC 对数序列	LLC 一阶差分	Fisher-ADF 对数序列	Fisher-ADF 一阶差分
ln NCE	−11.9301***	−32.2864***	36.5814	−1.9199**
ln CR	−12.8887***	−6.4911***	−1.3655*	−6.5153***
ln LSI	−11.2278***	−8.4312***	2.4724	−1.8576**
ln UR	−24.6499***	−28.4458***	−2.2550**	−7.6249***
ln CONTAG	−9.9157***	−5.6749***	−2.6400***	−4.2853***
ln INR	−17.0283***	−18.4196***	−5.9340***	−5.1640***
ln AI$_{IN}$	−14.1335***	−96.2037***	−2.7739***	−11.8473***
ln TRANR	−15.2264***	−19.6605***	−1.8823*	−5.1010***
ln AI$_{TRAN}$	1.0899	−6.2082***	73.4063	−3.2624***
ln CONR	−18.4599***	−25.2310***	−1.5067*	−3.6309***
ln AI$_{CON}$	−17.7534***	−9.5133***	7.2790	−7.8131***

注：*、**和***分别代表在10%、5%和1%置信水平上显著。

协整检验同样以避免伪回归现象为目标，用于验证变量间的长期均衡关系。本书使用基于 Engle-Granger 的 Pedroni 异构面板协整检验，该检验的原假设为变量之间不存在协整关系。由表 4-6 可知，模型三接受原假设，表明工业用地面积占比、工业用地聚合度指数与碳收支量之间不存在长期均衡关系，无法进一步建立面板回归等式。而其余四个模型均拒绝原假设，即模型一、模型二、模型四和模型五的变量之间存在长期均衡关系，满足面板回归模型构建的基本要求，允许进行回归方程量化。

表 4-6 协整检验结果

模型	Panel PP	Panel ADF	Group PP	Group ADF
模型一	−5.3809***	−5.3120***	−9.8833***	−8.9880***
模型二	−9.3112***	−4.8306***	−7.5877***	−12.2527***
模型三	—	—	—	—
模型四	−5.4820***	−6.0629***	−4.3521***	−4.5276***
模型五	−7.7414***	−7.8129***	−8.5326***	−8.4790***

注：***代表在1%置信水平上显著。

4.2.3.4 模型选择与参数估计

由于面板模型的双下标形式会导致多种情形，本书采用 F 检验和 Hausman 检验判断不同面板数据最适合的回归模型。

F 检验的原假设为：面板模型的截距项 α_i 和 β_i 相等，固定效应不存在，混合模型适用性最强；备择假设为：面板模型的截距项不完全相等，固定效应存在。根据表4-7，模型一、模型二、模型四、模型五的 F_2 值均大于5%置信水平下的给定临界值 $F_2(129,132)$，即拒绝原假设，同时四个模型的 F_1 值全部小于5%置信水平下的给定临界值 $F_1(86,132)$，即接受备择假设，此时可确定本书应采用变截距模型。

表 4-7 F 检验结果（5%置信水平下）

模型	原假设 H_2	备择假设 H_1
模型一	$F_2(129,132)<2.47$	$F_1(86,132)>0.79$
模型二	$F_2(129,132)<1.69$	$F_1(86,132)>1.12$
模型四	$F_2(129,132)<2.25$	$F_1(86,132)>1.03$
模型五	$F_2(129,132)<2.05$	$F_1(86,132)>0.09$

Hausman 检验决定了面板数据应当采用随机效应模型或者固定效应模型。该检验的原假设为：面板模型的扰动项 u_i 与解释变量 x_{it} 不存在相关关系；备择假设为：模型扰动项 u_i 与解释变量 x_{it} 之间存在相关性。根据表4-8展示的 Hausman 检验结果，本书中模型一、模型二、模型四、模型五均拒绝原假设，即相关性存在，因此全部选用变截距固定效应模型。

表 4-8　Hausman 检验结果

模型	χ^2-Statistic	Prob.	模型选择
模型一	52.1577	0.0000***	变截距固定效应模型
模型二	25.4912	0.0000***	变截距固定效应模型
模型四	10.3300	0.0057***	变截距固定效应模型
模型五	9.5888	0.0083***	变截距固定效应模型

注：***代表在1%置信水平上显著。

面板模型回归结果如表 4-9 所示。模型一剖析了耕地对碳收支量的影响作用，从回归结果来看所有变量均显著，但 R^2 相对较低，这可能受到了耕地兼有碳源和碳汇功能的影响。模型一认为研究区耕地面积对碳收支量有负面影响，而斑块形状复杂程度对其发挥正向作用，可见适当增加耕地面积，促进耕地标准化建设对城市碳平衡存在积极作用。原因可能在于耕地"小田并大田""化零为整"等政策提升了实际耕作面积和规模经营水平，促使种植大户向农村下沉，耕地规模经营效率提高，降低耕地间接碳排放。

表 4-9　土地利用变化对碳收支量的回归系数

模型	变量	系数	t统计量	P值	F统计量	R^2
模型一	ln CR	-0.7647	-3.0106	0.0029***	9.9824***	0.68
	ln LSI	4.2903	6.1354	0.0000***		
	常数（C）	-7.0461	-3.0159	0.0029***		
模型二	ln UR	1.2961	8.1026	0.0000***	14.6734***	0.76
	ln CONTAG	-3.8516	-3.0277	0.0028***		
	常数（C）	28.1219	5.4669	0.0000***		
模型四	ln TRANR	-0.3041	-0.8852	0.3771	7.1461***	0.61
	ln AI$_{TRAN}$	15.6854	2.7797	0.0059***		
	常数（C）	-55.6385	-2.4419	0.0154**		
模型五	ln CONR	0.4887	1.6591	0.0099***	14.1764***	0.78
	ln AI$_{CON}$	-0.0276	-0.0056	0.0996*		
	常数（C）	10.6728	0.4656	0.0642*		

注：*、**和***分别代表在10%、5%和1%置信水平上显著。

模型二探究了建设用地对碳收支量的综合影响，全部变量在变截距固定效应模型中均表现为显著，R^2 为 0.76，说明模型拟合度相对较高，模型结果可以采纳。模型二认为随着建设用地面积增加和地块的破碎化程度提高，城市碳收支量相应增大，表明紧凑集约型城市有利于推进城市碳系统健康稳定发展。一方面，建设用地在碳源用地中的主体地位受到广泛认同，其面积越大，生产要素输入与吸纳能力越强，碳排放越显著。另一方面，建设用地紧凑集聚配置作为对主体功能区原则的基本遵循，具备碳减排潜力。其作用路径之一在于工业企业集聚，企业间互动可能形成碳减排知识溢出。此外，生活空间集聚和紧凑型扩张模式同时缩短了城市内部通勤与城市间联系的距离，私人交通依赖程度减弱。由此，政府污染治理的边际成本降低，上述过程均可能抑制碳收支量过度增长。

模型四和模型五分别对交通用地和其他城镇用地在建设用地综合作用中的特殊影响机制做出细化。考虑到模型四的 P 值显著性较低，回归结果不稳定，且模型五的 R^2 达到 0.78，整体拟合度较高，并与模型二结果表现出较高一致性，因此认为城市建设用地对碳收支的驱动作用主要来自其他城镇用地，且其他城镇用地面积越大，斑块间连通性越低，城市碳收支量越大。据此，在数量上减少城市生产生活能源消费，在空间上实现职住平衡，是缓和经济发展与过度碳排放矛盾的重要手段。

同样，对模型六~模型九采用 LLC 检验和 Fisher-ADF 检验方法对数据做单位根检验以排除伪回归可能，经检验，交通用地最大斑块指数外，其余变量一阶差分序列平稳，满足一阶单整；排除模型九成立可能后进行基于 Engle-Granger 的 Pedroni 异构面板协整检验，得到模型六、模型七、模型八和模型十变量间均存在长期均衡关系。此外，F 检验结果表明模型六、模型七、模型八和模型十均采用变截距固定效应模型。除模型七整体表现为 P 值不显著（$P>0.1$）外，模型六、模型八和模型十回归结果如表 4-10 所示。

表 4-10 土地利用变化对碳收支集中化指数的回归系数

模型	变量	系数	t 统计量	P 值	F 统计量	R^2
模型六	CP	−0.4513	−3.0305	0.0052***	57.5349***	0.93
	SHDI	−0.4487	−3.0615	0.0048***		
	常数（C）	−0.3641	−1.9478	0.0615*		
模型八	INP	0.0049	0.8754	0.0056***	43.0101***	0.89
	LPI$_{IN}$	−0.0066	−0.7913	0.0084***		
	常数（C）	0.2050	10.3571	0.0001***		
模型十	CONP	0.0206	0.9196	0.0206**	43.1170***	0.89
	LPI$_{CON}$	−0.0102	−0.7554	0.0134**		
	常数（C）	0.2372	4.8653	0.0000***		

注：*、**和***分别表示在 10%、5% 和 1% 置信水平上显著。

模型六表明耕地面积占比越大，土地利用混合度越高，碳收支空间分布越平均。耕地在减少碳排放方面较建设用地有更显著的正外部性（Wu et al., 2021），构建类型多样、结构均衡、耕地侧重的土地利用结构是城镇化引发土地供需矛盾大背景下对要素配置的空间重构，有利于缓解不断趋紧的资源空间约束，从而缩小区域碳收支差距。模型八和模型十验证了工业用地和其他城镇用地对碳收支影响路径的一致性，其面积占比越大，斑块间割裂性和破碎化程度越高，碳收支空间分布越不均匀。整体来看，建设用地对城市碳收支水平和空间集中度有类似的作用，究其原因，在严格的环境规制出现前，建设用地面积占比越大，越可能吸引企业进驻和住宅集聚，从而出现碳收支的马太效应，即经济发展水平更高的区域成为城市碳排放中心，加剧碳收支空间分布不均衡性。需要说明的是，尽管在研究时段内并未发生，但达到一定程度后的环境规制可能导致污染避难所效应，此时污染企业受成本控制驱动迁往政策宽松地区，受人为因素干扰的产业跨区域转移可能形成碳收支空间分布的不同结果。此外，建设用地破碎化一方面造成点状碳源间距增加，产业运输和私人出行所需的交通能耗上升；另一方面，斑块破碎化可能打破原有的地理邻近关系，距离增加导致空间相互作用减弱，碳收支空间关联能力下降，进而形成分布不平衡状态。因此，优化城市功能分区，构建工业用地和其他城市用地合理布局，促进规模效应最大化和用地效率最优化，对降低碳收支空间非均衡性具有重要意义。

4.2.4　讨论

　　本节在现有研究的基础上拓展了土地利用变化驱动碳排放的量化分析框架，并与已有结果表现出较高的一致性。叶芸等（2022）从整体效应角度验证了长江经济带的土地利用变化对碳排放存在显著正相关脉冲响应。在细分地类后考察不同土地利用类型对城市碳循环特定效应的研究中，大多证据认为耕地和林地向建设用地的转化会增加区域内的净碳排放量，即碳收支失衡，且用地转化和碳储量损失的共同趋势在长三角和珠三角地区尤为明显（詹绍奇等，2023；Liu et al., 2019）。Feng 等（2020）借助 CA 预测模型得出了碳排放主要由发达地区的城市扩张和非发达地区林草地的减少共同构成的结论。诚然，不同的观点认为城市化与碳中和并不相互排斥，可持续管理的城市化可以增加碳固存，这是因为城市扩张尽管在初期导致明显的碳储量损失，但是城市逐渐变绿的趋势可对此加以弥补，最终形成碳汇（Zhang et al., 2022）。研究结果的差异性可能与研究区的发展水平有关，杭州都市圈尚处于建设初期，产业和基础设施用地扩张的整体需求不减反增，碳汇用地仍然存在较大优化空间。由此可见，以控制城市建设用地总量、合理规划城市功能区分布为主要特征的国土空间优化调控策略对城市长期碳平衡具有显著意义。此外，本书在碳收支驱动机制研究中将碳收支概念由单一的碳收支量拓展至数量和空间分配的双重内涵，进一步深化了对土地利用变化驱动因子的机制辨析。

4.2.5 结论

本节首先建立面板数据模型，以全部变量通过数据平稳性检验为前提，证明了多数模型内因变量与自变量间存在长期协整关系，在对不具备长期均衡关系的模型予以剔除后，进行了面板数据回归分析。结果表明：

（1）耕地面积占比与碳收支量成反比，景观形状复杂程度与碳收支量成正比，说明耕地规则化与规模化建设有助于城市收支系统长期稳定发展。

（2）城市建设用地面积占比与碳收支量成正比，城市建设用地蔓延度对碳收支量有抑制作用，表明紧凑型城市扩张模式有利于城市碳收支系统平衡。其他城镇用地面积占比与碳收支量成正比，其他城镇用地聚合度与碳收支成反比，表明城市建设用地对碳收支的驱动作用主要来自其他城镇用地变化。

（3）对碳收支空间集中水平，耕地面积占比越大，土地利用混合度越高，碳收支空间分布越均衡；工业用地和其他城镇用地面积占比越大，破碎化程度越高，碳收支空间分布越不均匀。

（4）农田规模化建设、紧凑型城市扩张模式、工业用地节约集约利用、城市功能区分布优化是有助于实现碳平衡的国土空间优化调控路径。

4.3 城市规模对碳排放的影响

4.3.1 引言

城市规模有多种衡量的标准，已有研究主要分为经济、人口与土地三个维度。

城市与农村地区在生活以及生产方式上也具有巨大的差异，城市往往意味着更繁荣的经济，产生规模经济效应，学者将经济水平作为衡量城市规模的标准之一。城市是人口集聚的区域，因此人口规模是衡量城市规模的一个常见指标。人口规模会影响城市地区的能源消耗，并直接影响二氧化碳排放（Payne，2010）。不同的学者都对这个问题进行了相关的研究。Glaeser和Kahn（2010）试图计算美国主要大都市地区的二氧化碳排放量。他们发现，人口较多的城市比人口较少的城市更节能，排放更少的二氧化碳。Fragkias 等人（2013）从生产的角度计算了美国大都市区的 CO_2 排放量，并探讨了碳排放与城市人口规模之间的关系。他们发现 1999~2008 年二氧化碳排放量与城市人口规模之间存在线性关系，这表明城市新陈代谢可能与生物代谢不同。然而，这些研究侧重于二氧化碳排放量与城市人口规模的关系，在相关研究中很少关注城市建设用地规模。

而从城市实体角度，土地面积代表其所占据的物理空间，人类活动与碳排放最终也将落到特定的土地上。因此，城市建设用地的规模也是城市内社会经济活动的决定因素。Bai 等人（2012）指出，土地城镇化是城镇化最显著的特征之一，土地城镇化指标对城市环境与社会经济发展系统之间关系的变化更为敏感。近几十年来，中国城市建设用地增长了 78.5%，远远超过了 46.0% 的城市人口增长率（Bai et al., 2014）。但由于驱动因素不同，城镇化的类型很多，很难仅仅过使用人口指标来区分这种差异（Bloom et al., 2008）。此外建设用地面积可以更多地反映与环境相关的信息，例如不同密度城市和不同交通系统的能源使用和温室气体排放（Kennedy et al., 2007）。因此，本书以碳排放强度作为城市能源使用的直接指标，以建设用地面积表征城市规模。同时，考虑到人口是影响碳排放的不可忽视的因素，在研究通过在控制变量中加入人口变量来丰富城市建设用地规模与城市能源使用之间的关系，以表现人口规模的影响，探讨城市碳排放强度与城市建设用地规模的关系是否与生物体代谢相似，即建设用地规模大的城市的碳排放效率是否高于规模小的城市。

4.3.2 研究方法

4.3.2.1 城市建设用地碳排放核算模型

根据《中国能源统计年鉴》和《杭州统计年鉴》获得杭州各土地类型的能源消耗和运输量，然后参照 IPCC（2006）方法计算碳排放量。结合以往土地利用碳排放的研究成果（Zhang et al., 2014; Peng and Bai, 2018），并考虑数据的可获得性，将城市建设用地的碳排放分为工业用地，交通用地和其他城市建设用地的碳排放。表 4-11 显示了三种土地利用类型的碳排放核算目录。城市建设用地碳排放量为三者之和，计算公式如下：

$$C = C_I + C_T + C_O \qquad (4.3)$$

式中，C 为城市建设用地的碳排放；C_I 为城市工业用地的碳排放；C_T 为城市交通用地的碳排放；C_O 为其他城市建设用地的碳排放。

表 4-11　基于城市用地类型的碳排放核算目录

城市用地类型	碳排放活动
工业用地	工业生产活动
交通用地	交通运输活动
其他城市建设用地	建筑业、批发业、零售业及住宿业、餐饮业、城镇居民能源消费、呼吸

（1）工业用地碳排放核算：工业用地承载的最重要的社会和经济活动是工业生产。因此，工业用地的碳排放主要考虑工业生产部门的直接能源消耗排放。由于石灰和水泥等原材料生产的碳排放影响很小，根据类似的研究（Zhang et al.，2014），本书不考虑工业原料生产和运输的间接碳排放。工业用地碳排放计算公式如下：

$$C_\mathrm{I} = \sum_{i=1}^{n} E_i \cdot f_i \tag{4.4}$$

式中，C_I 为城市工业用地的碳排放；E_i 为工业能源消耗（标准煤）；f_i 为各类能源的碳排放系数（表 4-12）；i 为能量类型；n 为工业能源类型的总数。

表 4-12　各类能源碳排放系数

能源类型	标准煤转换系数	碳排放系数
煤炭	0.7143kgce/kg	0.7559kg/kgce
焦炭	0.9714kgce/kg	0.8550kg/kgce
原油	1.4286kgce/kg	0.5857kg/kgce
汽油	1.4714kgce/kg	0.5538kg/kgce
煤油	1.4714kgce/kg	0.5714kg/kgce
柴油	1.4571kgce/kg	0.5921kg/kgce
燃油	1.4286kgce/kg	0.6185kg/kgce
其他石油	1.2280kgce/kg	0.5857kg/kgce
天然气	1.2143kgce/m^3	0.4483m^3/kgce
液化石油气	1.7143kgce/m^3	0.5042m^3/kgce

注：能源碳排放系数参考 IPCC（2006）及部分前人研究。

（2）交通用地碳排放核算：交通碳排放包括客运、货运和居民出行，客运和货运的交通运输碳排放包括城市内交通碳排放和跨境交通碳排放；居民出行包括私家车、公共汽车和出租车。至于长途客运和货运的跨境交通，一些学者（Ramaswami et al.，2008）使用车辆里程（VMT）方法平均分配从其他城市到丹佛的行驶里程和从丹佛到该地区其他城市的行驶里程。本书基于数据可得性原则，在分配长途客运和货运碳排放量时，假设杭州出发和杭州到达的车辆行驶里程大致相等。因此，只计算从杭州出发的长途客运和货物的燃料消耗产生的温室气体排放量。由于地级市尺度的客运、货运能源消耗数据缺失，本书参考以往研究成果和统计公报数据。虽然不同年份的系数有一些变化，但对研究影响不大。此外，对于航空碳排放，虽然部分航空碳排放在起飞和降落过程中直接影响机场用地，但大部分航空燃料是在飞行过程中消耗的，并不对机场用地产生直接影响。因此，本书不考虑航空碳排放部分。交通碳排放量计算如下：

$$C_T = C_{transport} + C_{trip} = \sum_{i=1}^{n} T_i f_i + M_p k_p + M_b k_b + M_t k_t \quad (4.5)$$

式中，C_T为交通用地碳排放；$C_{transport}$为客运和货运的碳排放；C_{trip}为居民出行的碳排放；T_i为本市内和跨境客运和货运量（水运单独核算）；f_i为客货运输的碳排放系数；M_p、M_b、M_t分别为私家车、公共汽车和出租车的车辆行驶里程，剩余年份的公共汽车和出租车的车辆里程是根据四年的数据推导的；k_p、k_b、k_t为私家车、公共汽车和出租车的碳排放系数，见表4-13。

表4-13 交通碳排放系数

系数名称	交通类型	碳排放系数
f_1	公路客运[kg/(t·km)]	0.0556
f_2	铁路客运[kg/(t·km)]	0.0217
k_p	私家车/(kg/100km)	22.3000
k_b	公共汽车/(kg/100km)	88.1000
k_t	出租车/(kg/100km)	28.3000

注：交通运输碳排放系数来源于文献（Xie et al., 2017；Zhang et al., 2012）；出行方式的碳排放系数参考Zhang等（2012）对上海市的研究成果。

（3）其他城市建设用地碳排放核算：其他城市建设用地碳排放包括建筑业、批发业、零售业和住宿、餐饮业、城市居民能源消耗、呼吸等排放。由于缺乏地级市范围内这些活动的直接能源消耗数据，本书利用杭州各行业GDP水平与全省GDP水平的比值来获取这部分能源消耗数据。此外，从《中国能源统计年鉴》能源平衡表获得的城市生活能耗也包括私家车的能耗。为了避免道路交通碳排放重复计算，本书采用了另一种自下而上的、基于地级市年鉴的天然气和液化石油气数据的估算方法（Xia et al., 2019）。计算公式如下：

$$C_O = \sum_{i=1}^{n} E_i \cdot f_i + K_1 \cdot P \quad (4.6)$$

式中，C_0 为其他城市建设用地的碳排放；E_i 为各种活动的能源消耗（标准煤）；f_i 为各类能源的碳排放系数，i 为各种能量类型；n 为能量类型总数；K_1 为人体呼吸碳排放系数 [79kg/(a·人)]；P 为城镇常住居民。

参考以往中国学者（Wang et al., 2014）提出的中国高空间分辨率网格数据各种碳排放的分布规律，并结合数据可得性，建立了表 4-14 的分配规则，最终得到杭州市区、余杭区、萧山区等区级行政区域内各种土地类型的碳排放量。

表 4-14　各区碳排放分配规则

城市用地类型	碳排放类型	分配规则
工业用地	工业直接能源消耗产生的碳排放	各区工业生产总值
交通用地	私人旅行碳排放	路网密度和人口
	交通运输碳排放	客运和货运量
其他城市建设用地	建筑、批发、零售和住宿、餐饮业的碳排放	工业以外其他行业的国内 GDP
	城镇居民生活花销和居民呼吸产生的碳排放	人口

4.3.2.2　基于 Kleiber 定律的城市碳代谢类比模型

生物有机体的几乎所有生理特征都与体重有幂律关系（Bettencourt et al., 2007a），其中一条定律指出，代谢率（维持生物体所需的功率）是生物体重的 3/4 次方，这被称为"Kleiber 定律"（Kleiber, 1961）。也就是说，较大的动物比较小的动物消耗更多的能量，但能量消耗增速小于体型增速（Kleiber, 1975）。因此，较大的生物比较小的生物更节能。城市经常被比作有机体，因为它消耗资源和能源并产生废弃物、人工制品和信息（Bettencourt et al., 2007b）。城市新陈代谢的概念意味着城市通过一系列运行规律来分配各种投入，以维持城市功能（Brown et al., 2011）。本书通过"城市新陈代谢"的概念分析了城市规模和城市的能源消耗，而城市能源消耗间接反映在碳排放上（Seto et al., 2010）。

根据我们对"城市新陈代谢"的理解，假设基于"Kleiber 定律"的城市碳代谢类似于生物体代谢。城市碳排放强度与城市建设用地规模可能具有幂律关系，测量公式为

$$Y_{i,t} = Y_0 N_{i,t}^{\beta} \tag{4.7}$$

式中，Y 为人均碳排放量，用来表示碳排放强度，其中人口利用常住人口数据；Y_0 为常数；N 为城市建设用地；β 为幂次；i 和 t 分别为城市面积和年份。

自然科学和社会科学普遍使用这种"幂律"多项式。将式（4.7）和数据结合起来，判断城市碳排放强度和城市规模是否满足这一多项式。如果 N 乘以任意尺度的因子 λ 变为 λN，则 Y 从 $Y(N)$ 变为 $Y(\lambda N)$，$Y(\lambda N)/Y(N)$ 等于 $\lambda\beta$。这种

"幂律"关系的含义变得显而易见。$\lambda\beta$ 取决于规模 λ 与幂次 β 之间的比率,而不是城市规模大小 N。

当 β 指数取值小于 1 时,城市碳排放强度与城市规模呈亚线性关系,这表明存在规模经济,城市碳代谢可以与生物体代谢进行类比(Bettencourt et al., 2007b)。否则,城市碳代谢与生物代谢并不相似。

取式(4.7)两边的对数,可以得到以下关系:

$$\ln Y_{i,t} = \ln Y_0 + \beta \ln N_{i,t} \tag{4.8}$$

通过这种方式,我们将幂律关系转换为线性关系。此外,在对数转换后,数据可以变得更加"标准化",从而提高了相关统计分析的准确性。本书利用面板数据模型计算式(4.8)的参数,进一步探讨碳排放强度与城市规模的关系。

4.3.2.3 面板数据模型

面板数据是包含时间和截面的二维数据,是截面个体在不同时间点的重复观测数据。面板数据库显示了个体(个人、企业、地区或国家)之间的差异,这些差异无法在单个时间序列或横截面中有效反映。面板模型可以克服时间序列或截面分析中的多重共线性问题,可以提供更多信息、更少的共线性和更高的估计效率。

本书使用了 1995 年、2000 年、2005 年、2010 年和 2015 年杭州市区、萧山区和余杭区的面板数据。2001 年萧山区、余杭区被纳入杭州,为保证数据的相对一致性,萧山区、余杭区从市区分离出来,成为三个区级研究区。每个面板模型由 15 组回归关系确定,取对数后的城市碳排放强度为因变量,取对数后的城市建设用地规模为解释变量。

为了避免伪回归并确保估计结果的有效性,必须测试每个面板序列的平稳性。最常见的方法是单元根测试。本书中面板数据的时间序列和截面数都很小,因此可以通过 LLC 方法验证面板单元根。

协整检验是一种检查变量之间长期均衡关系的方法。如果协整检验通过,则表明变量之间存在长期稳定的均衡关系,方程的回归残差稳定。因此,可以在此基础上直接对原始方程进行回归,此时的回归结果更准确。本书应用了 Pedroni 异构面板协整检验。Pedroni(1999)使用协整方程的回归残差建立了七个统计量;其中,面板 ADF 统计量比其他小样本统计量更准确。

面板数据模型由不变参数模型 [式 (4.9)]、可变截距和不变参数模型 [式 (4.10)]、可变截距和变参数模型 [式 (4.11)] 构成。模型形式如下:

$$\text{Model A} \quad y_{it} = \alpha + \beta x_{it} + \varepsilon_{it} \tag{4.9}$$

$$\text{Model B} \quad y_{it} = \alpha_i + \beta x_{it} + \varepsilon_{it} \tag{4.10}$$

$$\text{Model C} \quad y_{it} = \alpha_i + \beta_i x_{it} + \varepsilon_{it} \tag{4.11}$$

式中，α 为截距；β 为系数；i 和 t 为对象和时间点；ε 为误差项。

在选择面板数据模型形式时，经常使用 Hausman 检验来决定是选择随机效应模型还是固定效应模型，然后使用 F 检验来确定选择哪种类型的模型。确定模型类型后，就可以建立回归方程。

本书将城市建设用地分为总城市建设用地、工业用地、交通用地和其他城市建设用地。因此，构建了四个面板模型来研究四类建设用地的城市碳代谢。此外，为了观察人类活动对城市建设用地规模与城市能源使用关系的中介效应，我们建立了第五面板模型，将人口作为式（4.8）中进一步增加的变量，以获取人口的影响。

$$\ln Y_{i,t} = \ln Y_0 + \beta_1 \ln N_{i,t} + \beta_2 \ln pop \tag{4.12}$$

式中，Y 为人均碳排放量；Y_0 为一个常数，N 为城市建设用地；pop 为城市人口；β_1 和 β_2 为缩放指数；i 和 t 分别为城市面积和年份。

4.3.3 研究结果

4.3.3.1 碳排放量的变化趋势

本研究计算了五个年份城市建设用地的碳排放量，并绘制了碳排放趋势图来判断碳排放的变化（图 4-1）。结果表明：1995~2015 年交通用地、其他城市建设用地和总城市建设用地碳排放量持续上升，而 1995~2005 年工业用地碳排放量呈先上升、后下降的趋势。

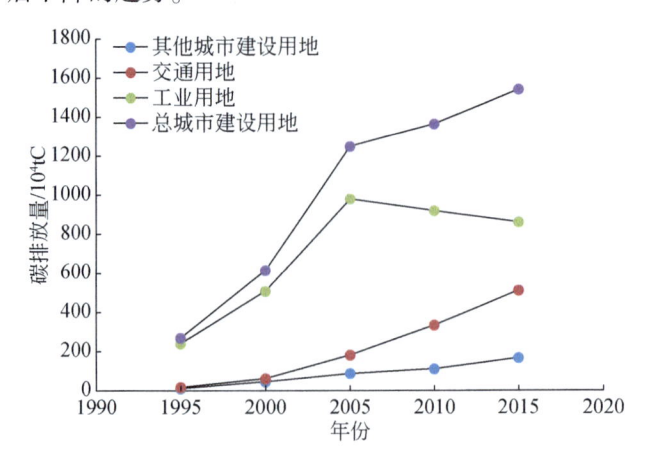

图 4-1 城市建设用地碳排放

4.3.3.2 面板数据模型的检验结果

如上所述，模型1、模型2、模型3、模型4表示总城市建设用地、工业用地、交通用地、其他城市建设用地的城市碳代谢类比模型，模型5表示将人口变量添加到碳排放强度与总城市建设用地规模关系的类比模型。五个模型的面板单元根检验结果如表4-15所示。非平稳原假设被否定，检验结果表明每个面板序列都是平稳。

表4-15 面板单元根检验结果

项目	模型1	模型2	模型3	模型4	模型5
Levin, Lin & Chu t* 统计量	−40.87***	−14.99***	−14.36***	−7.93***	−9.11447***

注：*和***分别表示在10%和1%置信水平上显著。

面板协整检验结果如表4-16所示。基于面板ADF统计量和组ADF统计量，不同建设用地的碳排放强度与城市规模之间存在长期均衡关系。

表4-16 面板协整检验结果

模型	面板ADF统计量	组ADF统计量
模型1	−6.65***	−6.22***
模型2	−8.11***	−7.62***
模型3	−7.40***	−5.94***
模型4	−1.72**	−1.35
模型5	−8.125095***	−7.759611***

注：**和***分别代表在5%和1%置信水平上显著。

Hausman检验的结果如表4-17所示，可以发现模型1和模型2的Hausman检验的χ^2统计量通过了5%的显著性水平，即模型为随机效应模型的原假设被否定，因此两个模型都是固定效应模型，而模型3、模型4、模型5是随机效应模型。随机效应模型均为不变参数模型。因此，模型3、模型4、模型5是不变参数模型。在固定效应模型上进一步进行F检验以确定明确的回归类型。模型1、模型2的F检验结果如表4-18所示。在显著性水平为5%时，假设H2的统计量$F2$大于$F(4, 9)$，假设H2被拒绝；假设H1的统计量$F1$小于$F(2, 9)$，假设H1被接受。因此，模型1和模型2是可变截距和固定系数模型。

表 4-17 Hausman 检验测试结果

模型	χ^2 统计量	模型
模型 1	4.93**	固定效应模型
模型 2	4.48**	固定效应模型
模型 3	0.10	随机效应模型
模型 4	0.75	随机效应模型
模型 5	1.23	随机效应模型

注：*、**和***分别代表在10%、5%和1%置信水平上显著。

表 4-18 F 检验的结果

F 检验	模型 1	模型 2	模型 3	模型 4	模型 5
假设 H2	18.45>F (4, 9)**	11.38>F (4, 9)**	—	—	—
假设 H1	0.69<F (2, 9)**	3.11<F (2, 9)**	—	—	—
回归模型	可变截距模型	可变截距模型	不变参数模型	不变参数模型	不变参数模型

注：*、**和***分别代表在10%、5%和1%置信水平上显著。

4.3.3.3 碳排放强度与建设用地规模的关系

表4-19中的模型1~模型4分别显示了碳排放强度与总城市建设用地、工业用地、交通用地和其他城市建设用地的面板数据模型的估计系数。取四个模型两侧的指数，得到城市碳排放强度与城市建设用地规模的幂律关系，可以更好地研究城市碳代谢规律。四个模型的幂次分别为0.62、0.38、2.15、0.88，这表明城市建设用地规模翻倍，碳排放强度相应扩大到1.54倍、1.30倍、4.44倍、1.84倍。不同建设用地类型与城市碳排放强度具有不同的比例关系。

表 4-19 面板数据模型 1~模型 4 估计系数

自变量	模型 1	模型 2	模型 3	模型 4
lnUL	0.62***	0.38***	2.15***	0.88***
常数项	3.76***	3.09**	−29.30**	−8.99***
R^2	0.95	0.78	0.84	0.83
F 统计量	74.56***	12.87***	66.20***	65.62***

注：*、**和***分别代表在10%、5%和1%置信水平上显著。lnUL：对数变换后不同种类的城市建设用地规模。

4.3.3.4 在面板模型中加入人口变量

我们用人口变量丰富模型1。在式（4.12）中添加了一个自变量来获取人口的影响。仍然使用面板数据模型，获得了以下估计结果（表4-20）。

表4-20 加入人口控制变量的面板数据模型估计系数

自变量	模型5
lnUL	0.76***
lnpop	−0.78***
常数项	−0.69**
R^2	0.95
F统计量	63.91676***

注：*、**和***分别代表在10%、5%和1%置信水平上显著；lnUL：对数改造后不同种类的城市建设用地规模；lnpop：对数转换后的人口规模。

城镇建设用地规模系数小于1，表明碳排放强度与总建设用地规模的关系仍为次线性关系。但幂次从0.62扩展到0.76，表明城市在建设用地上的碳代谢率在人口规模的影响下有所增加。人口变量的系数小于0，这意味着人口规模与人均二氧化碳排放量呈负相关。

4.3.4 讨论

可持续城市研究框架的重要目标是为各级政府在可持续城市发展方面的合作提供差异化的指导（Guan and Delman，2017）。本书从区域尺度探讨了杭州市三个区的碳代谢过程，并回答了城市碳代谢是否与生物代谢相似的问题，细化了研究尺度。它对各级政府共同努力实现减排目标具有指导意义。与以往大多数研究不同，本书使用建设用地规模来描述城市规模，而不是运用常用的人口指标，为今后的研究提供了新的思路。

4.3.4.1 城市化对碳排放的影响

土地利用碳排放是人为碳排放的巨大来源（IPCC，2006）。城市碳循环与自然和社会系统有关（Zhang et al.，2012），频繁的土地利用变化是影响碳排放的主要因素（Xu et al.，2016）。结果表明，各类建设用地规模与碳排放强度呈正相关关系，这表明基础设施的改善与环境治理并未减少城市碳排放。正如许多研究结论所表明的那样，中国的土地城镇化仍是一个增加城市碳排放的过程（Zhang et al.，2014）。

在城镇化初期，政府倾向于盲目追求经济发展，土地利用方式经常随着建设用地的迅速扩张而改变（Fong et al.，2009；Tao et al.，2015）。城市碳排放量急剧增加，许多其他环境问题也随之而起。因此，各国政府开始更加重视环境保护并优化土地利用结构。绿色低碳城市正逐步兴起和发展，有助于在环境、经济和社会问题上实现更好的平衡。

现阶段，发展中国家的发达城市在城镇化进程中注重碳减排，包括调整能源结构、增加清洁能源的使用、提高能源效率、优化产业结构、加快产业升级等。因此，尽管城镇化仍然导致碳排放量增加，但建设用地扩张造成的杭州碳排放强度有所下降。结合本书的研究结果，土地城镇化水平高的地区比低水平地区更低碳。政府应优先发展城市化水平高的地区，建设低碳城市。不同类型建设用地的碳排放强度与规模的关系不同，减排目标应进一步细化和明确，这有助于城市规划管理部门通过规范建设用地供应规模来实现减排目标。交通用地规模的增加并没有显著减少这类土地的碳排放。因此，通过扩大交通基础设施很难实现减排目标，有必要进一步改善公共交通以帮助减少碳排放。

4.3.4.2 城市碳代谢与生物代谢的类比

作为代谢体，生物体具有体型、生长速度、行为时间和能量消耗率的特征，这些特征都与社会系统相吻合（West et al.，1999）。因此，我们利用基于Kleiber定律的"幂律"多项式来探索基于"Kleiber定律"的城市碳代谢是否类似于生物体代谢。

式（4.8）中的不同β指数表示城市规模与相关城市现象或指标之间的不同幂律关系（Bettencourt et al.，2007a）。如果β指数小于1，则此类城市特征或现象中存在亚线性关系。这种关系类似于在生物体中发现的规律，并揭示了由于基础设施共享效率的提高而存在的规模经济，例如电网中的共享电缆长度和产业链的形成。如果β指数大于1，则存在反映独特社会属性的超线性关系，这与生物学不一致。这种关系意味着知识溢出推动城市扩张，进而促进城市群发展，而大城市往往具有更高的生产力。国内生产总值、工资、住房成本、收入、银行存款和创新领域的新专利和新发明（Bettencourt et al.，2007b）都属于这一类型。如果β指数近似等于1，则存在线性关系，表示城市规模与城市指标（如居住、家庭用水量、工作和其他个人需求）之间的增长比例相等。

城市交通用地碳代谢模型的β指数大于1，工业用地、其他城市建设用地、总建设用地β指数小于1。因此，交通用地的碳代谢与生物代谢并不相似，但其他各类建设用地和总建设用地的碳代谢与生物代谢相似。总而言之，城市碳代谢与生物体相类似。各类建设用地的碳排放活动差异显著。工业用地主要用于工业生产活动，交通用地主要用于运输活动，其他城市建设用地主要用于建筑业、批发业、零售业和住宿、餐饮业、城市居民的能源消耗和呼吸。城市建设用地上的代谢活动非常复杂,因此将城市视为某些生物的有机组合而不是简单的有机体更为合适。

4.3.4.3 碳代谢模型的差异和政策建议

人口和产业的集中可以带动工业配套能力的提高、运输成本的节约、以及消费市场的扩大与基础设施的改善,这有利于刺激经济增长,提高生产效率。城市群效应有助于塑造城市的规模经济,从而促进城市扩张。此外,技术、知识、信息传递和人力资本的溢出效应也将导致建设用地的扩大。当城市扩大时,集聚效应将进一步加强,生产效率和能源效率都将得到提高,最终导致二氧化碳排放强度降低。实证研究表明,这种集聚效应可以抵消人口和产业集中对城市区域交通、住房和环境的负外部性,因此它具有正向的净规模回报(Melo et al., 2009),因此,碳代谢模型在工业用地、其他城市建设用地和总建设用地的 β 指数小于 1。总体上,发展中国家发达城市的碳代谢类似于生物代谢,即大城市具有较高的能源利用效率。

交通拥堵导致能源消耗和碳排放增加(Barth and Boriboonsomsin, 2008)。城市交通用地面积与碳排放强度的幂次为 2.15,表明交通用地面积翻倍,碳排放强度相应扩大到 4.44 倍。因此,对发展中国家的发达城市进行合理的交通用地规划迫在眉睫。"走走停停"的驾驶模式消耗更多的燃料并排放更多的二氧化碳,因此优化交通系统以减少交通拥堵将减少碳排放。

由于不同类型建设用地碳排放强度与用地规模的关系不同,未来空间规划在控制城市增长时应更加注重土地利用结构的调整和优化。如果考虑人口规模的影响,城市总建设用地碳代谢模型的 β 指数从 0.62 扩展到 0.76。其他城市建设用地的碳排放强度受人口规模的影响最大。其他城市建设用地的幂次大于总建设用地的幂次,表明其他城市建设用地的基础设施共享更差,规模经济更难形成。因此,在考虑人口因素后,建设用地上的城市碳代谢率将增加。

人口规模与碳代谢率呈负相关,表明人口增加将导致城市建设用地人均碳排放量下降。由于大型密集的城市环境中市场机制的影响,资源的最佳分配,企业和工人会因为资源的最优分配而产生更多的产出(Puga, 2010)。人口增加导致碳排放强度下降也是城市聚集经济的结果。城市土地规模的扩大必然导致人口规模的扩大,但人口规模的增加不会增加碳排放强度。

4.3.5 结论

更好地了解城市规模对碳代谢的影响是帮助政策制定者探索实现低碳城市的

有效路径。虽然城市建设用地规模也是城市内社会经济活动的决定因素，但相比于城市人口，它很少被用作为衡量城市规模的指标。本书旨在建立基于 Kleiber 定律的城市碳代谢类比模型，利用区级尺度的面板数据分析探索不同类型城市建设用地规模与碳排放强度的关系。

研究发现，城市建设用地规模与碳排放量之间存在正相关关系，城镇化过程中城市建设用地的扩张不可避免地增加了碳排放量。总建设用地、工业和其他城市建设用地的碳代谢与生物体代谢存在相似性。交通用地碳代谢因 β 指数大于 1 而与生物体代谢不相似，城市交通用地规模与碳排放强度的幂次为 2.15，即交通用地面积增加一倍，碳排放强度相应扩大到 4.44 倍。人口规模与城市总建设用地碳代谢率呈负相关，城市碳代谢率在人口规模影响下增加，人口规模放大了建设用地规模增加带来的效益。这些发现表明，考虑到规模经济的存在，应鼓励城市化水平高的大城市发展，城市规模化将有利于生产和能源效率的提高，最终导致碳排放强度的降低。交通用地规模和交通基础设施的增加不会显著减少碳排放，优化交通系统并发展公共交通以减少交通拥堵和交通碳排放将是未来城市空间规划中实现减排目标的必要条件。

未来，需要对不同城市规模、区位和城市群的各类典型城市案例的碳排放强度与城市建设用地规模之间的关系进行比较，以便提出中国背景下有利于低碳和可持续发展的建设用地规模框架。本书建立的基于不同类型建设用地的城市碳代谢模型的适用性有待进一步探讨。此外，由于时间和经济成本的限制，本书中的许多碳排放系数来源于经验系数，未来将进行实际测量以提高研究的准确性。

4.4 城市形态对碳排放的影响

4.4.1 引言

城市形态通常指各种城市要素与社会经济活动的空间安排，与城市扩张规模、基础设施建设、土地资源配置等方面关系密切，进而直接或间接影响城市碳排放量。随着多源数据的广泛运用，各国学者开始从城市规模、紧凑性、空间结构复杂性等角度定量评估城市形态，并以此解析城市形态对于碳排放的影响机制。如 Shi 等（2020）基于中国 264 个城市面板数据开展的研究表明城市形态复杂程度与二氧化碳排放量有着显著的高度相关性；Muñiz 和 Dominguez（2020）通过对比美国主要城市的建设用地密度以及城市空间结构，提出多中心的城市结构具有更为明显的碳减排效用；Ou 等（2013）以中国北京、上海、天津和广州四个特大城市为例，基于传统计量模型得出了更为紧凑的城市扩张模式有助于减少城市碳排放的结论。此外，还有学者尝试从更为微观的住宅规划（Debbage and Shepherd，2015）、交通网络（Jiang et al.，2016）等视角探究城市形态对于碳排放的作用模式，这在一定程度上加深了学界对于城市形态与碳排放相关关系的理解与认知。

目前关于城市形态与碳排放之间关系的研究在逐渐丰富的同时，仍然存在一些不足：在研究对象层面，一部分学者仅仅基于特大城市或发达城市的案例，探究城市形态对于碳排放的影响机制，缺乏对于欠发达或较为落后城市的考量。还有一部分研究虽然使用了遍布全国的城市样本，但在实际分析时却忽略了不同区域城市之间存在的空间异质性（Zhu et al.，2022）。在研究方法层面，学者们大多基于传统计量模型探究城市形态的作用机理，忽略了城市之间在空间尺度上的相关性（王睿等，2021），容易造成估计结果与实际情况的偏差。鉴于此，本书以长江经济带作为典型研究区域，在阐述城市形态对于碳排放一般作用机理的基础上，从城市规模、破碎度、形状、紧凑度四个层面量化城市形态，并运用空间计量模型在全局尺度分析城市形态对于碳排放的影响效应，同时基于地理探测器探究城市形态指标影响效应的空间异质性，最后从空间结构优化的角度针对不同区域城市提出相应的碳减排政策建议。其研究结果可为调整与优化城市空间布局，促进城市低碳发展提供科学借鉴。

4.4.2 城市形态对于碳排放的作用机理

中国城镇化推进的过程本质上是城市空间结构动态演化的过程（范秋芳等，2021）。随着人口、资本等社会经济要素的不断流入，城市形态也在发生相应改变以在空间上承载越来越活跃的社会经济活动。因此，城市形态的转变往往与城市内部社会经济系统的革新与变迁相呼应（张玥等，2022），并综合影响城市土地利用、建筑、交通、工业园区等多元要素的空间配置与使用效率，最终对城市二氧化碳排放带来深刻影响。城市形态作为一个综合性的概念，反映了城市扩张在空间意义上的多维特征（Li et al.，2022），本书沿用前人研究成果，从规模、破碎度、形状、紧凑度四个层面对其进行定量描述（Fan et al.，2018），同时主要从工业发展、生活居住和城市交通三个方面剖析城市形态与城市多源碳排放关联的作用机理（图4-2）。

城市规模是城市形态最直观的特征，大量研究表明城市用地的扩张会直接导致能源消耗、工业生产、交通流量的大幅增加，同时迫于人口集聚的居住压力，城市会频繁采取住房建设活动，从而产生更多的碳排放（Hong et al.，2022）。在

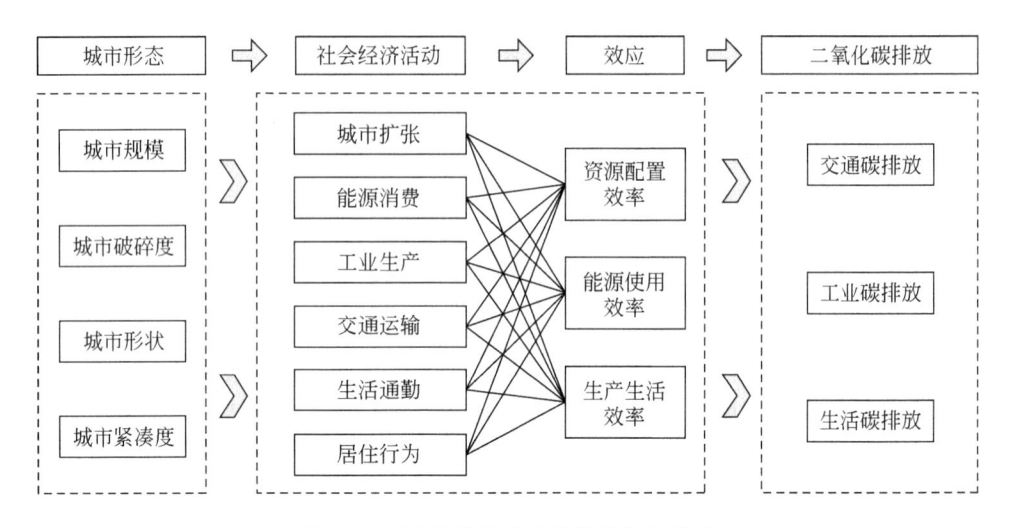

图 4-2 城市形态对于碳排放的作用机理

这种模式下，城市消耗大量的能源为其社会经济发展提供内生动力，而社会经济的发展将导致生产生活需求的进一步加大，又会反过来促进更多的能源消费需求，形成一种高能耗的恶性循环。此外，人口密度的提升会促进基础设施建设和扩大制造业市场，带来能源密集型和劳动密集型产业的扩张，致使能源使用效率低下，进一步增加碳排放（Yang and Zhao, 2023）。城市破碎度对于碳排放的影响则具有显著的时空异质性，这与城市所处的发展阶段密切相关。城市经济水平较低时，破碎度的降低可能是由于城市的快速扩张，兼并了城郊的农业设施以进行工业活动，这将带来碳排放量的增加（滕菲等，2022）。而在城镇化水平较高的地区，破碎的城市空间布局将减少基础设施和公共交通系统的可达性，在增加运输成本的同时加剧私人汽车的使用需求，消耗更多的能源（Sun et al., 2022）。从城市形状的角度来看，城市空间布局的规则程度与各功能片区的连通性直接相关，一方面会直接影响人们生活通勤的距离与时间（Wang et al., 2019），另一方面也与城市道路交通的拥堵程度间接关联，继而作用于生活与交通碳排放。城市紧凑度是描述城市空间结构的核心概念之一，其对于碳排放的影响被证明存在一定的阈值效应。具体而言，紧凑的城市开发方式会增加城市土地利用强度，不仅会提高城市居民生活居住所使用暖气、电力、燃气等资源的效率，也有利于工业产业的高度集聚，形成规模效应以减少能源消耗。但过于紧凑的开发会造成城市人口压力的骤增，过高密度的路网与建筑布局在造成交通拥堵的同时，也会加剧城市热岛效应与空气污染，从而增加城市碳排放（李建豹和黄贤金，2015）。

4.4.3　数据来源与处理

本书以长江经济带 127 个城市为研究单元，探究 2005~2020 年城市形态对于碳排放的影响效应，所用到的数据主要包括三类：各市碳排放数据来源于中国城市温室气体工作组，该数据集整合了中国高空间分辨率排放网格数据 CHRED 3.0、城市层面各类官方数据以及现场调研资料，具有较好的准确性与科学性。土地利用数据来源于 Yang 和 Huang（2021）的研究成果，该数据集（分辨率为30m）将土地利用分为耕地、有林地、灌木林地、草地、水域、冰原、裸地、人工地表以及湿地九类，并通过了多种方式的精度检验，可靠性较高。其中，人工地表是指由人类活动形成的由沥青、混凝土、沙石、砖瓦、玻璃以及其他建材覆盖的地表覆盖类型，不包括建设用地内部连片绿地和水体，其特性与我国自然资源部确定的城乡建设用地相似。因此，本书基于 ArcGIS 平台分别提取各个城市的人工地表作为城市用地，并基于 Fragstats 软件计算相关城市形态指标。社会经济数据来源于对应年份的《中国城市统计年鉴》以及各市统计年鉴。

4.4.4　研究方法

4.4.4.1　核密度估计

核密度估计是一种估计未知密度函数的非参数估计方法（王耕等，2018），其基于频率分布图直观地描述目标变量的演进规律及其阶段分布特征。因此，本书采用核密度估计中常用的高斯（Guassian）核函数来分析 2005~2020 年长江经济带各区域城市碳排放的演变趋势及其时序特征。其表达式为

$$f(x) = (1/nh) \sum_{i=1}^{n} K\left(\frac{x_i - \bar{x}}{h}\right) \quad (4.13)$$

$$K(x) = \frac{1}{\sqrt{2\pi}} \exp\left(-\frac{x^2}{2}\right) \quad (4.14)$$

式中，n 为长江经济带城市数量；x_i 为各样本观测值；$\bar{x}$ 为观测值的均值；h 为带宽；$f(x)$ 为核密度计算函数；$K(\cdot)$ 为核函数。

4.4.4.2　城市形态量化

城市形态即城市内部各实体要素在空间层面通过多样组合方式表现出来的差异化状态，既包括街道、建筑等微观层面下的特征，也包括建设用地空间格局、城市用地结构、城市发展模式等宏观层面的考量。本书所探讨的城市形态主要在

宏观层面展开。在量化方法方面，景观指标是衡量与生态和社会经济功能相关的各种空间景观特征的关键指标（Ou 等，2019），可以加强人们对于城市发展所导致环境影响的理解，因此被广泛用于表征城市空间模式的变化过程（Liu et al., 2017）。本书根据现有研究，从城市规模、破碎度、形状、紧凑度四个层面对应选择七个景观指标来量化城市形态。此外，由于城市形态还包括社会经济要素的空间布局，城市人口不仅是衡量城市社会经济发展的主要因素，还是城市规模扩张的核心特征之一（金丹和戴林琳，2021；黄莘绒等，2021）。因此，本书选择建设用地人口密度作为城市形态的表征指标。各指标的含义如表4-21所示。

表4-21 城市形态的量化指标

一级指标	二级指标	实际含义
城市规模	斑块类型面积（CA）	代表城市斑块的面积总和，是直观量化城市规模扩张的核心指标
	最大斑块指数（LPI）	代表最大的城市斑块在总景观面积中所占的百分比，可以反映城市规模扩张在多大程度上具有单核空间格局的特征
	建设用地人口密度（CPD）	表示单位建设用地所能承载的人口数量，代表了城市规模扩张所能提供的人口承载能力
城市破碎度	斑块密度（PD）	代表城市斑块在单位面积上的斑块数量，体现了城市用地在空间分布上的破碎化程度
城市形状	周长面积分维度（PAFRAC）	衡量城市斑块在空间尺度上的形状复杂程度，其值介于1~2，值越大表示城市空间形状越复杂
	平均周长面积比（PARA_MN）	表示城市斑块平均周长与面积的比率，体现了城市斑块形状的规则性，值越小表示城市空间形状越规则
城市紧凑度	同类邻接百分比（PLADJ）	表示城市斑块像元邻接的百分比，代表城市斑块的聚集程度，值越大表示城市斑块连续性越高，越呈现集聚式分布格局
	有效网格大小（MESH）	量化城市斑块面积在总景观面积中的比例，可以有效反映区域不同景观在权重和结构上的差异性特征，值越大表示城市形态聚合程度越高

4.4.4.3 空间计量回归模型

城市碳排放在前人的研究中被证实存在显著的地理空间依赖性（莫惠斌和王

少剑，2021），为了选择最佳的计量模型以估计城市形态对于碳排放的影响，本书首先通过 Moran's I 检验在长江经济带区域内城市碳排放是否具有显著的空间自相关性。根据空间相关性的检验结果，本书考虑采用普通最小二乘模型（ordinary least square，OLS）、空间滞后模型（spatial lag model，SLM）以及空间误差模型（spatial error model，SEM）分析城市形态指标对于碳排放的影响效应。

（1）OLS 模型属于全局线性回归模型，其基于全部解释变量值估计因变量的值，并用最小二乘法估计多元线性回归方程的未知参数。OLS 回归结果的方差膨胀因子（VIF）可以检验解释变量之间所可能具有的多重共线性。其表达形式为

$$y_i = \beta_0 + \sum_{j=1}^{k} \beta_j X_{ij} + \varepsilon_i \tag{4.15}$$

式中，y_i 为被解释变量；i 为样本量；X_{ij} 为解释变量；β_0 为常数项；β_j 为第 j 个回归参数；k 为样本；ε_i 为随机误差项。

（2）SLM 模型在分析城市碳排放影响因素时考虑到了其所具有的空间自相关性，使用空间滞后项评估空间相互作用，侧重于揭示城市碳排放在地理空间上所可能具有的扩散效应。其模型设定为

$$y = \rho W_y + \beta X + \varepsilon \tag{4.16}$$

式中，y 为被解释变量；ρ 为空间滞后系数；W_y 为空间权重矩阵，本书采用 queen contiguity 规则生成；X 为外生解释变量矩阵；β 为待估系数；ε 为随机误差项。

（3）SEM 模型使用空间误差项测算邻近城市单元的被解释变量误差冲击对本市的影响程度，其模型表述为

$$y = \beta X + u, u = \lambda W_u + \varepsilon \tag{4.17}$$

式中，y 为被解释变量；X 为外生解释变量矩阵；β 为待估系数；λ 为空间误差系数，用以反映随机误差项存在的空间依赖性；W_u 为空间权重矩阵；ε 为随机误差项。

4.4.4.4 地理探测器

地理探测器作为探索空间分异的统计学新方法，可有效检测要素具有的空间异质性，并识别研究区不同区域城市形态对于碳排放的独立影响程度。其表达式为

$$q = 1 - \frac{\sum_{h=1}^{L} n_h \sigma_h^2}{n \sigma^2} \tag{4.18}$$

式中，q 为城市形态指标对碳排放的解释程度，取值范围为 [0，1]，值越大表明该指标对城市碳排放的解释程度越大，即影响程度越高，反之则越弱，其通过 z 统计量来反映这种影响的显著性；L 为总分层数；n_h 和 n 分别为第 h 层的样本

量和样本总量；σ_h^2 和 σ^2 分别为第 h 层样本和总样本的方差。

4.4.5 结果与讨论

4.4.5.1 碳排放时空演变特征

长江经济带碳排放量在 15 年间整体呈持续上升的态势，由 2005 年的 2365.31×10^6 t 提升至 2020 年的 4230.67×10^6 t，总体增长约 78.86%。2005~2010 年，长江经济带城镇化与工业化快速推进，建设用地持续扩张，带来了巨大的碳排放产出，增速高达 46.44%。而在 2010~2015 年，区域能源经济结构开始逐步调整，城市扩张速度有所放缓，碳排放增速下降至 15.22%。2015 年后，随着《长江经济带发展规划纲要》的正式印发，进一步明确了长江经济带生态优先、可持续发展的责任，低碳理念逐渐融入各市的城市总体规划，使得碳排放增速进一步放缓至 6%，逐渐向碳达峰的目标迈进。从区域异质性角度来看（图 4-3），上游地区核密度曲线波峰在 15 年间不断下降，表明区域内部各市碳排放差异性持续增大，曲线右拖尾的延长则表明该区域内碳排放处于高值区的城市比例有所增长。中游地区碳排放总量相对较少，约占研究区碳排放总量的 23.08%。核密度曲线在研究期内始终呈现单一波峰，表明该区域各市碳排放始终处于极化状态；曲线波峰在 2005~2010 年明显右移，表明该区域城市碳排放经历了明显的整体上升过程，一方面原因在于下游地区传统制造业的转移使得中游地区在短时间内承接了大量的高排放、高能耗工业企业，带来了碳排放的急剧增长。另一方面"中部崛起"战略的提出带动了中游地区城市在建设用地规模、交通设施等方面的快速建设，也产生了一定的碳排放增量。在随后的 10 年中，曲线波峰整体趋于稳定，表明各城市碳排放得到了有效的控制。下游地区在经济投入、城市发展水平、工业化程度等层面处于绝对领先水平，是研究区碳排放的核心区域，2020 年占区域碳排放总量的比例高达 50.86%。其核密度曲线的变化趋势虽然和

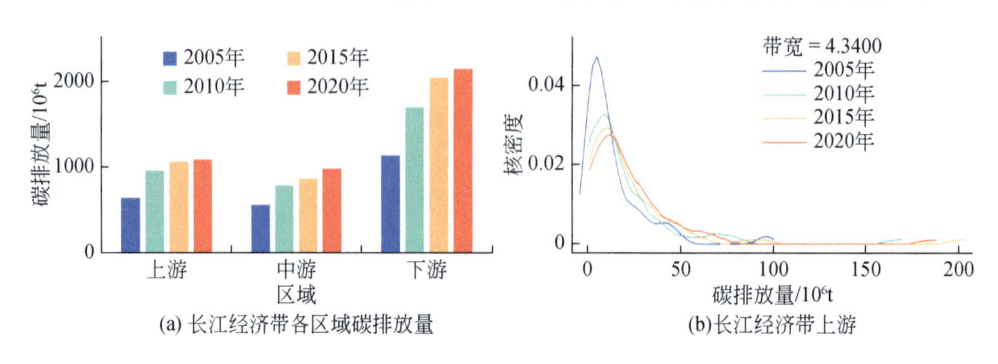

(a) 长江经济带各区域碳排放量

(b) 长江经济带上游

(c) 长江经济带中游

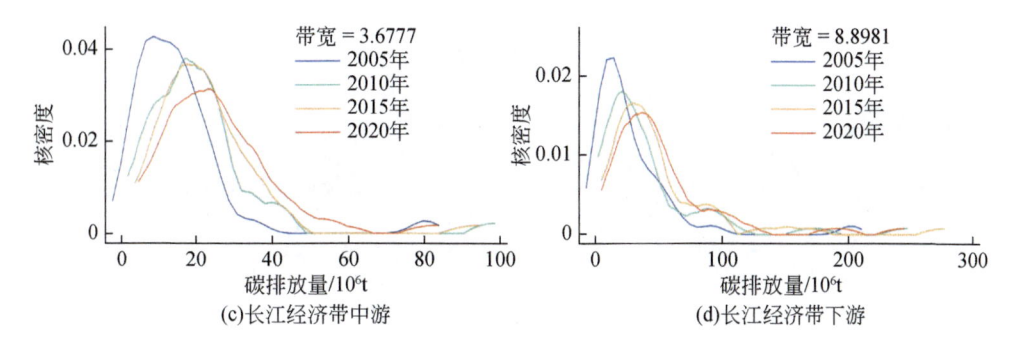

(d) 长江经济带下游

图 4-3　长江经济带各区域碳排放时间序列演变特征

上游地区相似，但在实际排放量上，2020 年下游地区城市平均碳排放为 52.48×10^6 t 远高于上游地区的 23.19×10^6 t。

从空间分布来看（图 4-4），长江经济带碳排放呈现明显的两极分布格局，高值区主要集中在下游的上海、苏州以及上游的重庆等核心城市。随着多年经济快速发展，这些城市的建设用地规模已经趋于饱和。为了疏解城市人口就业压力以及能源结构绿色转型的需要，这些大型城市在过去的 15 年间不断发挥自身的辐射带动作用，向周边城市输出资本、劳动力、技术等社会经济要素的同时，也推动了工业企业的外迁，虽然直接拉动了周边城市经济的发展，但也间接增加了其碳排放的产出，导致碳排放高值区以两极为中心不断扩张。碳排放低值区主要集中在上游的四川以及云南西部地区，这些城市由于自然条件的限制以及生态保护的刚性要求，建设用地扩张速度缓慢，难以开展大规模的工业活动，需要在有限的建设条件内合理提高经济与社会生活水平。

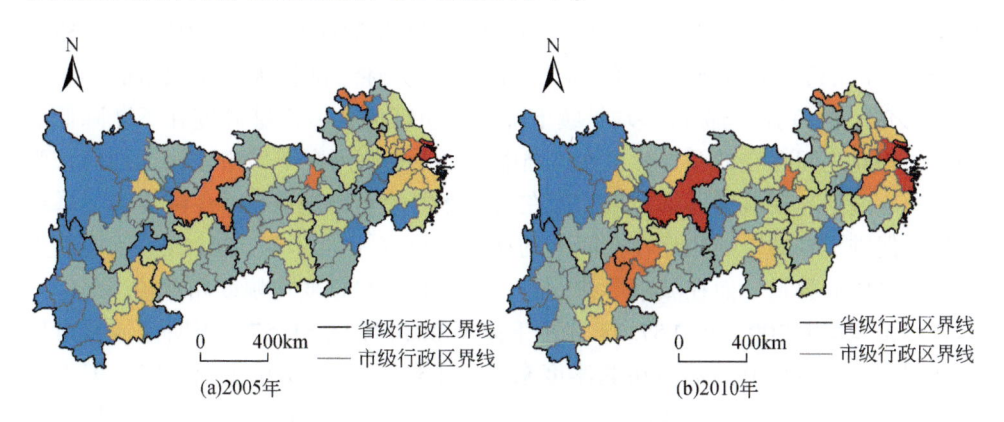

(a) 2005 年

(b) 2010 年

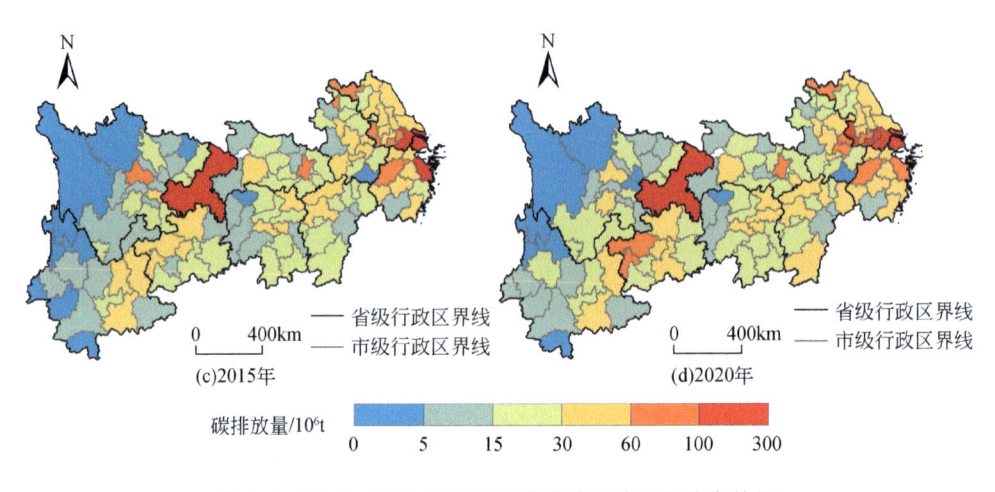

图 4-4　2005~2020 年长江经济带碳排放空间分布特征
神农架林区因缺乏数据，未在图中标识。

4.4.5.2　城市形态演变特征

从城市规模角度来看（表4-22），长江经济带建设用地人口密度和建设用地面积之间存在相反的变化趋势。区域平均 CPD 在 15 年间小幅下降 10.49%，代表区域人口数量与建设用地面积之间存在异速增长关系（王成新等，2016）。而建设用地在 2005~2020 年整体明显扩张，平均 CA 由 2005 年的 29456.82hm² 提高至 2020 年的 45000.93hm²，增长率为 52.77%，平均 LPI 也从 0.68 增长至 1.44，整体提高 111.76%。但与此同时，CA 和 LPI 的标准差也分别增长 47.57% 和 65.65%，这表明区域城市规模增长幅度的差异性逐渐扩大。从城市破碎度来看，研究区 PD 均值与标准差均持续下降，表明区域各城市破碎度在不断降低的同时，相互之间存在的差异性也在逐渐缩小。主要原因在于城市建设用地的扩张使得核心城区与新城区逐渐连接，而在城市外围的乡镇地区，"合村并居"举措的推行促进了乡镇生活用地在空间上的逐步融合（王兆林等，2021），从而减少了细碎斑块的数量。而在城市形状方面，平均 PAFRAC 变化幅度相对较小，但平均 PARA_MN 由 2005 年的 57.78 逐步下降至 2020 年的 51.57，表明区域城市形状规则程度有所提升。从城市紧凑度来看，虽然平均 PLADJ 小幅下降，但平均 MESH 由 265.52hm² 提高至 840.16hm²，增长率高达 216.42%，表明随着城镇化进程的逐渐深入，区域各城市紧凑性提升显著，城市形态聚合程度不断增长，越来越呈现集聚式分布格局。

表 4-22　2005～2020 年长江经济带城市形态指标描述性统计

年份	统计指标	CA	LPI	CPD	PD	PAFRAC	PARA_MN	PLADJ	MESH
2005	均值	29 456.82	0.68	51 931.20	1.59	0.02	57.78	6.60	265.52
	标准差	38 836.55	1.31	121 198.61	2.05	0.03	72.07	9.68	1 066.68
	最大值	211 561.10	12.13	1 154 572.26	8.20	1.47	1 207.75	85.15	11 860.94
	最小值	32.05	0.00	3 766.87	0.00	1.30	795.41	13.06	0.00
2010	均值	34 714.00	1.03	41 224.51	1.55	0.02	51.96	5.88	568.40
	标准差	45 273.18	1.90	113 411.27	1.99	0.03	67.08	9.08	2 099.37
	最大值	236 154.28	17.01	1 110 031.91	7.99	1.46	1 210.71	86.86	23 251.68
	最小值	32.43	0.00	3 184.92	0.00	1.31	798.18	13.50	0.00
2015	均值	41 051.63	1.31	45 639.00	1.54	0.02	52.89	5.86	803.50
	标准差	52 886.65	2.24	146 739.67	1.96	0.03	69.24	9.12	2 536.79
	最大值	257 908.40	18.50	1 365 501.43	7.77	1.47	1 211.94	87.27	27 510.37
	最小值	30.03	0.00	2 905.78	0.00	1.31	783.31	12.98	0.00
2020	均值	45 000.93	1.44	46 482.73	1.53	0.02	51.57	5.30	840.16
	标准差	57 310.37	2.17	169 968.90	1.95	0.03	67.80	8.50	1 888.35
	最大值	272 333.29	13.56	1 647 376.86	7.74	1.44	1 194.79	87.83	17 549.35
	最小值	23.67	0.00	2 710.49	0.00	1.30	769.54	16.26	0.00

4.4.5.3　城市形态对碳排放的影响效应

本书基于 2005 年、2010 年、2015 年、2020 年四个时间节点，在全局和分区域尺度探究城市形态对于碳排放的影响效应。在进行回归之前，本书首先采用 OLS 模型进行多重共线性检验，结果表明四个年份解释变量的 VIF 最大值均小于 10，即解释变量之间不存在冗余和多重共线性问题。其次，本书对数值较大的变量做对数化处理以避免模型可能存在的异方差性。同时，Moran's I 在四个年份内均显著为正（表 4-23），表明长江经济带城市碳排放存在显著的空间自相关性，应采用具有空间效应的计量模型进行影响效应评估。在此基础上，极大似然 LM-lag 以及 LM-error 检验均显著，进一步证实了显著空间滞后以及空间误差效应的存在；稳健 LM-error 相对于稳健 LM-lag 在统计上更为显著，表明 SEM 模型的解释能力优于 SLM 模型。此外，SEM 模型的拟合优度（R^2）和对数似然值（LogL）均高于 SLM 模型，赤池信息量准则值（AIC）和施瓦茨准则值（SC）均低于 SLM 模型，进一步表明 SEM 模型的拟合效果更佳。因此，本书主要选择

SEM 模型在全局尺度探究城市形态对于碳排放的影响效应，SLM 模型用于辅助观测空间溢出效应。

表 4-23　全局尺度模型空间相关性检验结果

空间相关性检验指标	2005 年	2010 年	2015 年	2020 年
Moran's I	0.276 ***	0.319 ***	0.385 ***	0.375 ***
LM-lag	4.377 **	5.514 **	8.507 ***	15.212 ***
Robust LM-lag	0.001	0.308	0.864	1.917
LM-error	7.480 ***	7.274 ***	10.238 ***	16.263 ***
Robust LM-error	3.104 *	3.167 *	3.595 *	2.968 *

注：*$P<0.1$，**$P<0.05$，***$P<0.01$。

全局尺度的空间计量模型估计结果如表 4-24 所示。城市规模三项指标的回归系数在研究时段内均显著为正，表明城市规模的增长将带来碳排放量的显著提升。在很长一段时间内，高度集聚的制造业是长江经济带的核心经济支柱，其对于土地空间的过量需求迫使城郊耕地和生态用地大量转换为工业用地以发展制造业。但由于经济、政策和制度层面的落后，这些新兴工业用地缺乏先进能源技术和高端人才去摆脱低能效、高能耗的发展模式，导致了碳排放的大量产生。而人口的集聚会逐渐产生"拥挤效应"，2018 年，长江经济带总人口占全国总比高达 42.9%，大量人口的生活、工作、通勤等活动不仅加剧了对于能源消费的需求，还间接导致了城市土地承载压力的提升，同时削弱了城市绿地所能提供的碳存储能力。此外，城市核心斑块占比的提升会引发中心城区人流量的攀升，造成交通的拥堵，致使额外消耗更多的燃料。因此，单核发展的城市形态不利于城市碳减排，这与 Ou 等（2013）的研究结果类似。城市破碎度指标仅在 2005 年对于碳排放具有显著负向作用，主要是因为该年研究区仍处于快速城镇化阶段，经济基础较好的城市以一种"摊大饼"的模式向外迅速蔓延，合并了城郊诸多细碎建设用地斑块，在一定程度上减少了城市破碎度。但这种无序的扩张模式将不断挤压城市周围的其他用地类型，带来更大的资源消耗。而在破碎度较高的城市，其城镇化水平往往相对落后，分散式的城市空间布局不利于开展规模化的工业活动，从而变相减少了碳排放的增量。城市紧凑度指标中的 MESH 在研究时段内与碳排放有显著负相关性，这在前人的研究中也得到广泛证实（Ruparathna et al.,2017）。更加紧凑的城市空间结构一方面将提高各类基础设施的可达性，减少城市机动车的流通量。另一方面，也能有效提高城市土地利用强度与能源利用效率，这将有助于碳排放的减少。其余城市形态指标在全局回归中未被证实对于碳排放具有显著影响，可能的原因在于长江经济带城市样本较多，且上中下游城市

表 4-24 全局尺度空间计量模型估计结果

自变量	2005 年 SLM	2005 年 SEM	2010 年 SLM	2010 年 SEM	2015 年 SLM	2015 年 SEM	2020 年 SLM	2020 年 SEM
lnCA	0.699*** (0.113)	0.668*** (0.111)	0.746*** (0.103)	0.727*** (0.101)	0.693*** (0.089)	0.674*** (0.086)	0.753*** (0.087)	0.719*** (0.086)
LPI	0.690*** (0.135)	0.672*** (0.135)	0.340*** (0.081)	0.313*** (0.081)	0.248*** (0.058)	0.250*** (0.057)	0.211*** (0.059)	0.210*** (0.058)
lnCPD	0.380** (0.164)	0.312* (0.176)	0.521*** (0.154)	0.445*** (0.164)	0.503*** (0.137)	0.426*** (0.142)	0.462*** (0.137)	0.341** (0.143)
PD	-0.177*** (0.060)	-0.149** (0.070)	-0.111* (0.057)	-0.088 (0.065)	-0.073 (0.052)	-0.053 (0.058)	-0.103* (0.053)	-0.080 (0.060)
PAFRAC	-0.875 (2.682)	-1.859 (2.996)	-2.021 (2.603)	-3.025 (2.885)	-1.627 (2.224)	-2.482 (2.491)	-0.457 (2.360)	-1.738 (2.625)
lnPARA_MN	0.257 (1.548)	-0.465 (1.735)	0.136 (1.416)	-0.150 (1.582)	-0.160 (1.181)	-0.283 (1.340)	-1.090 (1.108)	-1.242 (1.276)
PLADJ	-0.001 (0.012)	-0.001 (0.014)	0.008 (0.012)	0.011 (0.014)	0.004 (0.012)	0.008 (0.014)	-0.025* (0.013)	-0.022 (0.015)
MESH	-0.001*** (0.000)	-0.001*** (0.000)	-0.001*** (0.000)	-0.001*** (0.000)	-0.001*** (0.000)	-0.001*** (0.000)	-0.001*** (0.000)	-0.001*** (0.000)
空间滞后项 (ρ)	0.173* (0.097)	—	0.193** (0.092)	—	0.230*** (0.087)	—	0.297*** (0.086)	—
空间误差项 (λ)	—	0.360*** (0.113)	—	0.356*** (0.113)	—	0.392*** (0.110)	—	0.462*** (0.103)
R^2	0.588	0.610	0.648	0.662	0.709	0.721	0.691	0.707
LogL	-136.871	-134.868	-124.018	-122.623	-103.158	-101.791	-99.694	-98.244
AIC	293.742	287.737	268.036	263.247	226.316	221.583	219.388	214.488
SC	322.184	313.334	296.477	288.844	254.758	247.181	247.830	240.086

注：*$P<0.1$，**$P<0.05$，***$P<0.01$，括号内为标准误。

在发展模式、社会经济水平等方面存在显著的空间异质性，干扰了全局回归的结果。同时，相关研究也表明城市形态对于碳排放的实际影响具有一定的复杂性与阶段性，线性模型可能无法准确评估其关联作用。因此，本书进一步引入地理探测器，探究城市形态在上中下游三个区域对于碳排放的影响。

地理探测器结果如图4-5所示。对于上游城市而言，CA对于碳排放的影响程度始终处于高位，平均影响程度高达0.658，尤其是在2015年达到0.790。此外，PD、MESH的影响程度也相对较高，平均影响程度分别为0.368和0.340。对于中游城市而言，MESH和PARA_MN对于碳排放有着较高的影响程度，平均影响程度分别为0.696和0.604。此外，CA对于碳排放的影响同样不能被忽视，其平均影响程度依然高达0.597，位列所有指标第三位。对于下游城市而言，MESH对于碳排放同样具有极高的影响力，平均影响程度为0.828。PLADJ虽然平均影响程度为0.755，位列所有指标第二位，但其影响程度处于持续下降趋势。相反，LPI的影响程度由2005年的0.552逐步提高至2020年的0.850，是影响下游城市碳排放的重要因素之一。

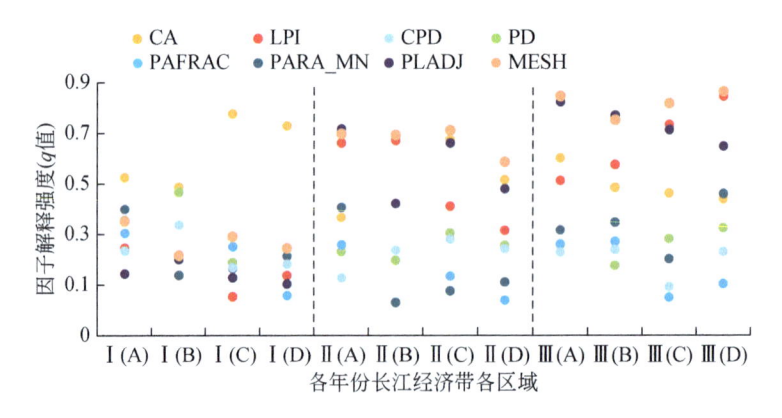

图4-5　2005~2020年长江经济带城市形态指标对于碳排放的影响程度

图中Ⅰ、Ⅱ、Ⅲ分别代表长江经济带上游地区、中游地区、下游地区，A、B、C、D分别表示2005年、2010年、2015年、2020年，所有解释变量均通过5%显著性检验。

4.4.5.4　城市形态对碳排放影响的区域差异与一般规律

长江经济带上游尤其是川滇黔地区是研究区城镇化发展的短板区域，其城镇化率低于中国平均水平，还存在部分相对贫困与落后的城市。在这种背景下，城市整体规模的提升是碳排放的决定因素，由城市规模提升间接引起的城市破碎化加剧，紧凑度下降是辅助因素（图4-6）。具体而言，城镇化水平相对落后的地区将主要依赖城市规模扩张为工业活动提供更多的承载空间以发展经济，同时通过出让土地的方式满足当地政府的财政需求。这种依托土地财政，盲目提升城市规模的粗放发展模式将会导致建设用地的无序蔓延，在增加更多工业活动的同时消耗大量能源，从而产生更多碳排放。此外，长江上游地区地形多以高原、山区、盆地为主，由于缺乏合理科学的空间规划，城市规模的扩张会间接加剧城郊建设用地的破碎化现象，同时降低城市紧凑度，这将导致交通、工业、基础设施等利用效率低下，进而增加碳排放。

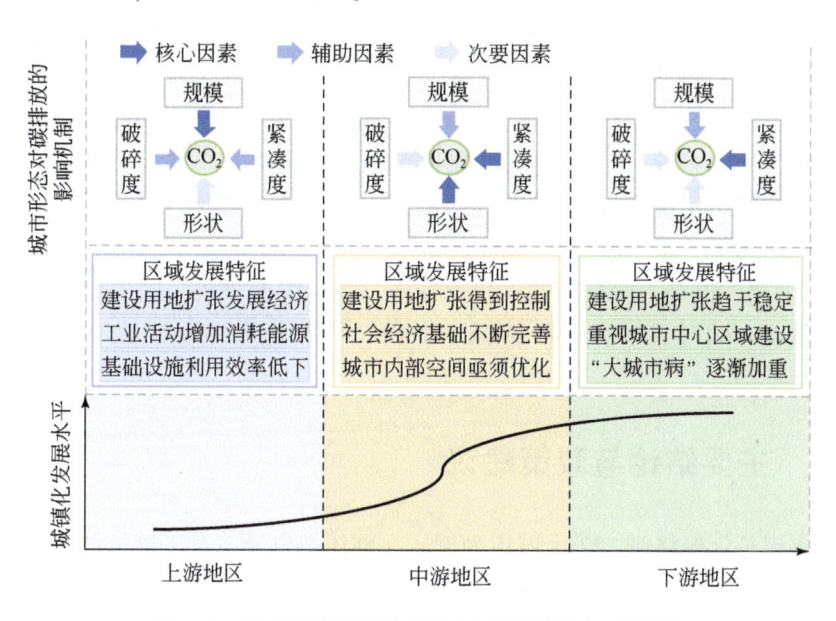

图 4-6 城市形态影响碳排放的区域差异与一般规律

长江中游城市群是长江经济带中游发展的核心区域，也是中国近 10 年来打造的重量级新兴经济增长极，城镇化水平在研究区内处于中上游水平。在该区域，城市形态对于碳排放的影响机制可以归纳为以城市紧凑度与城市形状为主，以城市规模为辅。具体而言，伴随着城镇化水平的提高，较好的经济与工业基础使得该区域逐渐摆脱了土地财政的发展模式，建设用地扩张速度得到了有效的控制。因此，城市规模对于碳排放的影响程度对比上游城市而言相对较低。此外，在城市规模逐渐稳定的背景下，城市形状的塑造以及紧凑度的提升对于碳排放的影响程度不断加强。随着"西部大开发"和"中部崛起"等国家战略的颁布与落实，中游城市规划建设了一批交通基础设施与工业产业园区，吸引了大量人口与资本的流入。过量的人口负担加剧了城市形态的分散性与不规则性。分散的城市结构造成了城市内部功能空间的割裂，提高了潜在交通出行以及物质运输的需求，从而导致了更高的能源消耗与交通碳排放。而不规则的城市形状则会造成交通的拥堵（Cai et al.，2021），尤其是在长沙、武汉等核心城市拥堵的现象更为严重，在很大程度上导致交通碳排放的产生。

长江下游城市群作为中国经济发展最活跃的区域之一，拥有领先全国的城镇化与工业化水平，多数城市的建设用地扩张已经基本稳定。尤其是上海等大型城市，其城镇化发展已较为成熟。因此，相比于中游城市，城市紧凑度在该区域对于碳排放的影响更为强烈。此外，城市规模对于碳排放的影响效应有所增强，但不同于上游城市依托建设用地扩张发展经济的模式，下游城市则更多注重于城市中心区域（核心斑块）的建设与发展，例如杭州、上海、南京等城市的中央商务区（CBD）建设规划。但需要注意的是，随着该区域多数城市逐渐步入城镇化成熟阶段（冯新惠等，2023），过于紧凑的城市形态以及单核发展的城市结构意味着密集的城市建筑物与交通设施布局，这将导致交通拥堵、热岛效应、环境污染、能源消耗等一系列城市病（周丽霞等，2022；程育恺等，2023；冯新惠等，2023）。因此，根据不同城市的人口、经济、社会发展规模，因地制宜地确定城市紧凑程度，同时发展多中心的城市空间结构将是下游地区城市低碳转型的关键。

4.4.6 主要结论与政策建议

本书以长江经济带127个城市为例，在阐述城市形态对于碳排放一般作用机理的基础上，利用多源数据从城市规模、破碎度、形状、紧凑度四个层面实现城市形态量化，并进一步采用空间计量模型在全局尺度评估城市形态对于碳排放的影响效应，基于地理探测器模型探究城市形态指标在分区域所产生影响的空间异质性，同时针对不同区域城市提出相应的空间结构优化路径。主要结论有：

（1）长江经济带碳排放量在15年间呈持续上升的态势，由2005年的$2365.31×10^6$ t提升至2020年的$4230.67×10^6$ t，总体增长78.86%。得益于经济结构调整和相关政策颁布等多种因素，其增速则由46.44%逐渐下降至6.00%。上游地区碳排放量差异性持续增大，高值区比例有所增长；中游地区碳排放总量相对较少，各市碳排放量呈现由明显上升到有效控制的变化趋势；下游地区是研究区碳排放的核心区域，碳排放总量占比超过50%，整体变化趋势则与上游地区相似。其在空间上则呈现明显的两极分布格局，高值区集中在上海、重庆等核心城市，低值区集中在四川和云南西部地区。

（2）2005～2020年长江经济带建设用地面积整体明显扩张，建设用地人口密度则呈下降趋势；区域各城市破碎度在不断降低的同时，相互之间的差异也在逐渐缩小。随着城镇化进程的逐渐深入，区域城市形状的平均规则程度有所提升,且各市紧凑度显著增加,越发呈现集聚式分布格局。

(3) 全局尺度的空间计量模型结果显示:长江经济带城市碳排放具有显著的空间自相关性,城市规模指标斑块类型面积、最大斑块指数、建设用地人口密度会对碳排放产生显著的正向驱动作用,斑块密度在2005年对于碳排放存在显著的负向效应,但在随后年份负效应减弱,城市紧凑度指标中的有效网格大小在研究时段内与碳排放呈现显著的负相关性。

(4) 针对不同区域的地理探测器结果表明:长江经济带城市形态指标对于碳排放的影响效应具有显著的空间异质性。斑块类型面积、斑块密度、有效网格大小对于上游城市碳排放的影响效应最为显著;有效网格大小、平均周长面积比、斑块类型面积在中游城市对于碳排放有着较高的影响程度;有效网格大小、同类邻接百分比和最大斑块指数则是促进下游城市碳减排的关键因素。不同区域城市应当综合考虑不同城市形态指标对于碳排放的关键影响机制与规律,继而有针对性地优化城市形态以促进城市低碳可持续发展。具体来说,提出以下几点政策建议。

(1) 上游城市应当有效控制城市整体规模,合理利用其充足的劳动力和自然资源,推动优势产业不断集聚,进一步形成分工科学的产业合作体系以提高投入产出效率,从而减少能源的过度消耗。此外,应当通过有效的空间规划手段,在提高城市紧凑度的同时,缓解城市周边建设用地的破碎化现象,以保护城郊优质耕地、林地等碳汇用地,促进区域碳减排/增汇,从而实现城市开发与碳减排的良性互动。

(2) 中游城市应当进一步改善交通节点的空间布局,优化城市基础设施的空间配置,增强各功能空间的联系程度与可达性,以形成更为规则、紧凑的城市空间格局,从而实际减少居民日常移动的时间与距离成本。此外,还应当积极转变经济发展方式,促进产业结构低碳化转型,推动工业行业向低能耗、高效率方向发展,依托有限的城市空间实现经济发展的提质增效。

(3) 下游城市应当合理调整城市功能分区,如上海、南京等大型城市应当适当降低城市紧凑度,并联合周边中小城市逐渐疏导城市职能,优化城市空间配置,以形成多中心式空间布局,减少城市能源消耗。此外,该区域还应当注重优化城市道路布局,在确保基础设施可达性的基础上适当控制城市道路密度,同时进一步合理规划公共交通路线,以减少城市居民对于机动车的使用需求。

第 5 章　城市碳收支对土地利用变化的响应模拟

城市碳收支系统并非仅仅被动接受土地利用变化的作用，而是基于土地利用变化表达反馈，以实现自我调节与优化。因此，本章分别采用 Markov-MOP 模型和 PLUS（patch-generating land use simulation）模型模拟目标年（2030 年）不同情景下的土地利用结构与空间分布状况，并依据发展的土地利用碳排放与碳封存因子预测未来城市碳收支的方向、强度与空间格局。

5.1　文献综述

基于社会经济变化进行碳排放预测的方法有多种，根据模拟逻辑的差异可分为如下类型：①基于经济统计学的预测模型，通过对历史数据的统计与分析，归纳其变化规律，并与回归分析模型相结合以建立最优碳排放预测工具，如使用扩展的 STIRPAT 模型（Lin et al., 2017）。②基于系统动力学的预测模型，通过综合分析系统内的不同要素及其反馈机制构建预测模型（王铮等，2010；Liu et al., 2019）。③基于灰色模型的预测，指根据少量或者碎片化的信息总结观察对象的变化规律并预测其长期发展，其中，最佳灰色预测模型（GM）最为常见（Pao and Tsai, 2011）。④基于人工神经网络的预测模型，根据对人脑神经元的模拟结果，对一定比例数据进行学习训练并构建神经网络以预测未来变化（Seo et al., 2021；Saryazdi et al., 2022）。尽管上述预测方法可以直接模拟未来城市垂直碳收支系统的碳排放和碳封存结果，但是无法体现水平碳流在未来时段内的变化趋势。

基于土地利用变化的情景模拟有助于兼顾城市垂直和水平碳收支系统。自 Tobler（1979）首次将细胞自动机（CA）应用于地理建模以来，CA 模型已被广泛应用于模拟自然和社会经济因素影响下的时空土地利用动态，包括它们在不同尺度上的相互作用。理想情况下，CA 模型被开发并应用于为土地使用政策和土地管理决策提供信息，其结果应在决策过程中清晰可见（Guzman et al., 2020）。然而，大多数 CA 建模研究都集中在技术建模程序的改进或模型校准和规则上，很少关注土地利用/覆被变化的潜在原因（Cao et al., 2015）。尽管许多研究者在改进 CA 模型上作出了很大努力，如开发 CLUE-S 模型（Verburg et al., 2002）、Fore-SCE 模型（Sohl and Sayler, 2008）和 FLUS 模型（Liu et al., 2017; Liu et al., 2022），但仍然无法避免这一劣势。同时，CA 模型无法在时空上捕捉多个土地利用斑块的演变，特别是对于自然地类的斑块演变（Yang et al., 2020）。最近开发的 PLUS 模型在保留 CA 模型优势的基础上，更好地理解了土地利用/覆被变化背后的逻辑，并改进了斑块生长模拟，使得土地利用的空间分布变化预测更为准确。基于土地利用和覆盖变化的碳排放和碳封存模拟有助于控制城市碳收支空间格局，优化城市结构，开辟与完善面向城市碳减排的国土空间结构调控路径。

综上，面向城市碳减排的土地利用结构调整研究不足。目前很多研究集中在通过转变国土空间利用管理方式以实现减排目标，如限制城市土地利用程度，发展生态修复项目。但是，现有研究对面向碳中和的国土空间结构优化研究不深入，所提出的城市碳减排调控路径相对单一。此外，衡量碳减排路径效果的手段较为片面，缺乏对经济、社会、生态效益的多维度综合考量。本书以杭州都市圈为研究区（数据来源同 3.2 节），分别采用 Markov-MOP 模型和 PLUS 模型对城市土地利用结构进行多情景模拟和空间格局进行优化模拟，并进一步模拟 2030 年不同情景下碳排放和碳封存的空间格局。

5.2 基于 Markov-MOP 模型的城市土地利用结构多情景预测

Markov 模型被广泛应用于土地利用结构变化，可通过时间线性预测得到一种地理空间状态向另一种状态随机变化的过程，预测结果仅与时间长短相关，与初始时点无关（Bai et al., 2018）。多目标规划（MOP）作为一种开放而灵活的方法，可以与不同的宏观经济和生态保护政策相结合（Gardiner and Steuer, 1994）。通过定义适当的决策变量、约束条件和目标优化函数，多目标规划可以兼顾与规划者有关的多样化期望，如粮食需求、土地利用多样性等。

5.2.1 决策变量与约束条件设置

土地利用结构变化会导致城市经济活动分布和强度的变化，结合研究区的实际情况，本书设置耕地、林地、草地、水域、工业用地、交通用地、其他城镇用地、未利用地 8 个决策变量（表 5-1）。

表 5-1 城市土地利用决策变量

变量	土地利用类型	2020 年现状面积/hm²	占比/%
X_1	耕地	1 279 008.72	23.88
X_2	林地	3 199 313.43	59.72
X_3	草地	158 604.93	2.96
X_4	水域	185 186.25	3.46
X_5	工业用地	86 643.27	1.62
X_6	交通用地	123 647.13	2.31
X_7	其他城镇用地	323 290.80	6.03
X_8	未利用地	1 259.46	0.02

约束条件是为了保证预测结果符合客观发展规律和规划者主观期待，需要综合考虑研究区土地资源现状、土地利用结构多年变化趋势、经济社会需求、生态保护政策等诸多方面。本书设置杭州都市圈 2030 年土地利用结构预测约束条件如下：

（1）土地总面积。通过查阅《2021 年浙江统计年鉴》和《2021 年黄山市统计年鉴》，可知研究区土地面积共 5 369 500hm²，即

$$X_1+X_2+X_3+X_4+X_5+X_6+X_7+X_8=5\ 356\ 953.99 \quad (5.1)$$

（2）耕地面积。研究区自 2000 年以后耕地面积减幅波动较小，整体呈现稳定减少态势，2000～2010 年和 2010～2020 年耕地面积分别减少 7.62% 和 7.34%。由于前文中面板模型结果表明耕地面积占比与城市碳代谢平衡之间存在负相关性，因此采用较低的耕地减少率预测未来 10 年的耕地面积，即

$$X_1 \geqslant 1\ 279\ 008.72 \times (1-7.34\%) \quad (5.2)$$

（3）林地面积。《浙江省国民经济和社会发展第十四个五年规划和二○三五年远景目标纲要》提出，2025 年浙江省森林覆盖率应当达到 61.5%。考虑到 2000 年后研究区林地面积呈持续减少趋势，本书将此森林覆盖率作为 2030 年林地面积的下限，即

$$X_2 \geqslant 5\ 369\ 500 \times 61.5\% \quad (5.3)$$

（4）草地面积。2000 年后研究区草地面积整体保持稳定，但存在一定幅度的上下波动，本研究依据近 15 年的草地变化率设置上下限，《浙江省国土空间总体规划（2021—2035 年）》征求意见稿所建议的"生态保护红线占全域比重 25%"要求此时也较易满足，因而可设置草地约束条件为

$$158\ 604.93 \times (1-0.6\%) \leqslant X_3 \leqslant 158\ 604.93 \times (1+1.2\%) \quad (5.4)$$

（5）水域面积。研究区水域面积基本呈现减少趋势，2010~2015年有0.55%的增加，考虑到生态保护的需要和浙江省退田还湖还湿还海政策的实行，设置水域面积的增长上限为1%。然而，现实条件下城市扩张占用水域、填湖造陆等现象仍然存在，因此仍需在现状基础上预留一定下降空间，即

$$151\ 852 \leq X_4 \leq 185\ 186.25 \times (1+1\%) \qquad (5.5)$$

（6）工业用地面积。1995~2010年研究区工业用地面积持续成倍增长，2010年后增速放缓，2015~2020年工业用地增长率降至14.3%。由《浙江省土地节约集约利用办法》《浙江省土地利用总体规划（2006—2020年）》等政策文件可知，当前城市活化存量用地需求较大，工业用地规模增长空间缩小，因此本书设定其面积增幅上限为10%。此外，查阅《城市用地分类与规划建设用地标准》（GB 50137—2011），工业用地应占城市建设用地面积的15%~30%。即

$$15\% \times (X_5+X_6+X_7) \leq X_5 \leq 86\ 643.27 \times (1+10\%) \qquad (5.6)$$

（7）交通用地面积。《中共中央 国务院关于进一步加强城市规划建设管理工作的若干意见》指出，至2020年城市道路面积占建成区比例应达到15%。研究区已于2015年实现上述目标，并在2020年增长至23.2%。为实施以人为核心的新型城镇化战略，《浙江省国土空间总体规划（2021—2035年）》征求意见稿提出"内畅外达"的交通可达目标，致力于建设30分钟城镇生活圈，因此交通用地存在进一步扩张的可能，本书设置2030年交通用地占建设用地面积比例突破25%，即

$$X_6 \geq 25\% \times (X_5+X_6+X_7) \qquad (5.7)$$

（8）其他城镇用地面积。根据《城市用地分类与规划建设用地标准》（GB 50137—2011）的规定，居住用地、公共管理与公共服务设施用地、绿地与广场用地的面积占比总和应当在建设用地总面积的40%~63%，在此基础上进一步考虑商服用地等其他用地，本书将其他城镇用地占建设用地面积的上限设置为73%。由于1995~2015年研究区其他城镇用地占建设用地面积比例基本稳定在67%~71%，且2005年后出现下降趋势，2020年占比降至60.6%，因此本书设置其他城镇用地占建设用地面积下限为55%，即

$$55\% \times (X_5+X_6+X_7) \leq X_7 \leq 73\% \times (X_5+X_6+X_7) \qquad (5.8)$$

（9）建设用地总面积。《浙江省土地利用总体规划（2006—2020年）》将2020年全省建设用地总规模限制在113.26万hm²以内，据此推算研究区2020年建设用地总规模上限应为57.70万hm²。根据研究区实际情况，2010~2020年城市总建设用地面积增长幅度为36.1%，考虑到《浙江省土地节约集约利用办法》中控制新增建设用地的要求，本书将2020~2030年增幅放缓至18%，推演可得2030年研究区建设用地规模应控制在64.62万hm²。此外，由于城市发展的现实

需要，本书认为 2030 年研究区建设用地面积不应小于 2020 年现状面积，即
$$533\ 581.2 \leq X_5+X_6+X_7 \leq 646\ 231.0 \tag{5.9}$$

（10）未利用地。研究区未利用地规模极小，面积占比不到 0.1%，且在 1995～2020 年间呈现上下波动趋势。由于 2010～2020 年研究区未利用地面积减少率为 5.7%，因而本书设置 2030 年未利用地面积的上下浮动率为 5%，即
$$1259.46 \times (1-5\%) \leq X_8 \leq 1259.46 \times (1+5\%) \tag{5.10}$$

5.2.2 情景条件与目标优化函数建立

土地利用资源配置在不同目标导向下会产生不同的优化结构，本书分别使用 Markov 模型和 MOP 模型创建了一个基准情景和两个可供选择的未来情景，即以经济效益最大化为目标优化函数的经济发展情景和以生态服务价值最大化为目标优化函数的生态保护情景。

（1）基准情景。基准情景预测通过 Markov 模型实现，仅以已发生的土地利用变化情况为预测依据，不考虑主观约束和政策限制，反映当前土地利用结构的自然发展趋势。Markov 模型的计算过程如下：
$$S_{t+1} = P_{ab} \times S_t \tag{5.11}$$
式中，S_{t+1} 为 $t+1$ 时点的土地利用结构矩阵；S_t 为 t 时点的土地利用结构矩阵；P_{ab} 为土地利用类型 a 与土地利用类型 b 之间的转移概率矩阵。

本书首先以 2000 年和 2010 年的土地利用数据作为输入数据，以获取 2020 年的土地利用预测结果，并将其与 2020 年土地利用现状数据进行对比以验证模型精确性。接着将 2010 年和 2020 年的实际土地利用数据作为输入数据，模拟 2030 年土地利用结构预测数据。

（2）经济发展情景。相对权益系数可用于衡量不同土地利用类型上的经济效益。具体而言，耕地相对权益系数使用研究区农业总产值，林地相对权益系数使用研究区林业总产值，草地相对权益系数使用牧业总产值，水域相对权益系数使用渔业总产值，工业用地相对权益系数使用研究区工业总产值，交通用地相对权益系数使用研究区交通运输业总产值，其他城镇用地相对权益系数则为第二、第三产业总产值扣除工业和交通运输业的部分，未利用地不产生经济效益。1995～2020 年各类型用地系数可从各地市统计年鉴中获得，分别对其建立时间序列线性模型并预测 2030 年系数值，如表 5-2 所示。将上述土地利用经济效益除以 Markov 模型预测的 2030 年土地利用面积，最终得出 2030 年不同土地利用类型上的单位经济效益（万元/hm²），经济效益函数如下：
$$F_1 = 9.59 X_1 + 0.64 X_2 + 24.22 X_3 + 15.40 X_4 + 1377.07 X_5 + 66.19 X_6 + 739.08 X_7 \tag{5.12}$$

表 5-2　不同土地利用类型 2030 年相对权益系数预测表

土地利用类型	耕地	林地	草地	水域	工业用地	交通用地	其他城镇用地
预测值/亿元	1 142.62	202.06	377.31	273.82	16 008.85	1 073.42	27 313.15
R^2	0.947	0.983	0.708	0.987	0.994	0.948	0.920

（3）生态保护情景。生态系统服务因其对人类的效用与自身稀缺性而产生价值，自 Costanza 等（1997）首次量化后被广泛应用于土地利用类型的生态价值评估。由于 Costanza 的方法与欧美发达国家的经济水平更为适配，许多中国学者在这一领域作出了符合国情的深入探索。本研究选取了对杭州都市圈具备针对性的评估结果，其中耕地、林地、草地采用赵江等（2016）学者的研究成果，水域、工业用地、交通用地、其他城镇用地采用曹顺爱等（2006）的研究成果，未利用地缺少针对研究区及其周边的研究，采用谢高地等（2008）针对全中国的评价结果，并以此为基础构建生态效益函数（万元/hm²），即

$$F_2 = 1.83 X_1 + 5.02 X_2 + 2.70 X_3 + 7.03 X_4 - 2.46 X_5 - 2.46 X_6 - 0.19 X_7 + 0.06 X_8 \tag{5.13}$$

5.2.3　不同情景下城市土地利用结构预测

MOP 模型本质上属于约束条件下的线性目标最大化问题，求解过程可借助 LINGO 18.0 软件实现。计算所得 2030 年不同情景下的土地利用优化结构如表 5-3 所示。

表 5-3　城市土地利用结构模拟表

土地利用结构	2020 年	2030 年		
	对照情景	基准情景	经济发展情景	生态保护情景
耕地/hm²	1 279 008.72	1 194 428.34	1 185 161.00	1 185 161.00
林地/hm²	3 199 313.43	3 172 671.54	3 302 242.00	3 304 863.00
草地/hm²	158 604.93	155 802.60	157 660.00	157 660.00
水域/hm²	185 186.25	178 068.33	151 852.70	187 038.10
工业用地/hm²	86 643.27	116 078.40	114 277.50	80 037.18
交通用地/hm²	123 647.13	161 051.76	142 846.90	133 395.30
其他城镇用地/hm²	323 290.80	369 934.11	314 263.10	320 148.70

续表

土地利用结构	2020 年	2030 年		
	对照情景	基准情景	经济发展情景	生态保护情景
未利用地/hm²	1 259.46	1 196.82	1 196.49	1 196.49
经济效益/亿元	38 743.32	46 391.04	41 871.53	37 583.18
生态效益/亿元	1 955.58	1 903.63	1 955.03	1 991.73

由基准情景可知，假使对研究区的土地利用结构不加干扰，放任其自然演变，那么长期来看将不利于研究区的可持续发展。至 2030 年，除城镇建设用地外的土地利用类型全部表现为用地面积收缩，其中耕地面积减少幅度最大，达到 6.61%；其次是水域，面积较 2020 年现状缩小了 3.84%。值得一提的是，林地尽管在减少幅度上表现得相对稳定，仅下降了 0.83%，但这是受到其面积占比本身较大的影响，从绝对数量上看，林地面积减少量达到 2.66 万 hm²，是水域减少面积的 3.74 倍。工业用地和交通用地面积增长幅度较大，增长率分别为 33.97% 和 30.25%；其他城镇用地的增长量最大，扩张面积达到 4.66 万 hm²，表明此时建设用地规模缺少有效控制，土地资源分配合理性有待商榷。

经济发展情景和生态保护情景尽管在发展目标上有所差别，但由于两者都在约束条件阶段受到了研究区发展规划的限制，因而总体上满足研究区的发展需求。根据模拟结果，两种情景下的耕地面积较 2020 年降幅一致，约为 7.34%。林地面积均有所上升，且生态保护情景下的林地面积增幅较经济发展情景更大，分别为 3.22% 和 3.30%，表明林地在生态环境保护中具有重要作用。经济发展情景下的水域面积较 2020 年减少了 18%，面积减少量达到基准情景下的 4.68 倍，一定程度上说明围江围湖围海造陆对于城市经济发展是一种更具性价比的方式，一是由于该举措所需成本较低，在现实中易于实现；二是由于水体本身经济价值过低，在部分短视的决策者眼中可能成为被舍弃的对象。不同于经济发展情景，生态保护情景下水域面积呈现增加趋势，增长幅度接近 1%。工业用地在经济发展情景下仍有 31.89% 的增长率，虽然较基准情景而言稍有控制，但是依然不容忽视；生态保护情景下工业用地面积较 2020 年减少 0.66 万 hm²，两者呈现鲜明的对比。作为社会发展必要的用地类型，交通用地在两种未来情景下分别出现 15.53% 和 7.88% 的增长。其他城镇用地面积在经济发展和生态保护情景下的减少率分别为 2.79% 和 0.97%，这一减少量构成研究区碳源功能用地向碳汇功能用地转变的主要途径，可以通过低效建设用地、闲置宅基地等土地整理方式实现。草地和未利用地呈现相对稳定的状态，至 2030 年两者面积的变化数量均不超过 1000hm²。

就经济效益而言，基准情景和经济发展情景下的土地利用结构均可带来较 2020 年现状更高的经济产出，由于基准情景的预测逻辑是依据现有变化趋势，对社会需求和政策干预等条件不加考虑，因而该情景下的建设用地扩张规模更大，经济效益更高。生态保护情景下所能得到的经济产出较 2020 年有所降低，降低幅度约为 2.99%。就生态效益而言，基准情景土地利用结构所产生的生态服务价值较 2020 年下降了 2.66%，经济发展情景与对照情景基本持平，而生态保护情景下的生态服务价值增长幅度达到 1.85%。总的来说，基准情景反映出近年来城市土地利用以牺牲生态环境为代价片面追求经济价值的发展模式，经济发展情景土地利用发展方案以避免生态环境恶化为前提推动社会经济发展，生态保护情景土地利用演变模式以限制经济利益为手段建设生态文明，三者在建设用地和生态用地的权衡中各有侧重。

5.3 基于 PLUS 模型的城市土地利用空间格局优化模拟

5.3.1 空间优化模型构建与验证

本书使用 PLUS 模型，将 2030 年不同情景下土地利用最优结构的预测结果分配至研究区城市空间并进行分布展示。PLUS 模型包含两个模块：第一是在基于土地扩张分析策略（LEAS）的规则挖掘框架下，引入土地利用的潜在驱动因子，收集研究区不同土地利用类型的未来发展概率；第二是在基于多类型随机补丁种子（CARS）模块的元胞自动机（CA）模型中，输入各土地利用类型发展概率，模拟不同土地利用类型的空间分布。

1）驱动因子体系构建

本书以土地适宜性评价思路为指导，以现有研究成果为支撑（Wang et al., 2022），构建土地利用变化驱动因子如表 5-4 所示，具体包含自然、经济、社会三大评价类型，共 15 个驱动力因子。本书选取尽可能靠近预测时段的数据，数据时效均在被允许的范围内（Long et al., 2013）。所选因子中，坡度和坡向以高程为基础数据，经 ArcGIS 10.6 软件计算得到；邻近道路、机场、火车站和水域分布以 OpenStreetMap 矢量数据和土地利用类型栅格数据为基础，统一数据类型后由 ArcGIS 10.6 软件距离分析得到；其余数据均可直接使用。驱动因子分析结构如图 5-1 所示。

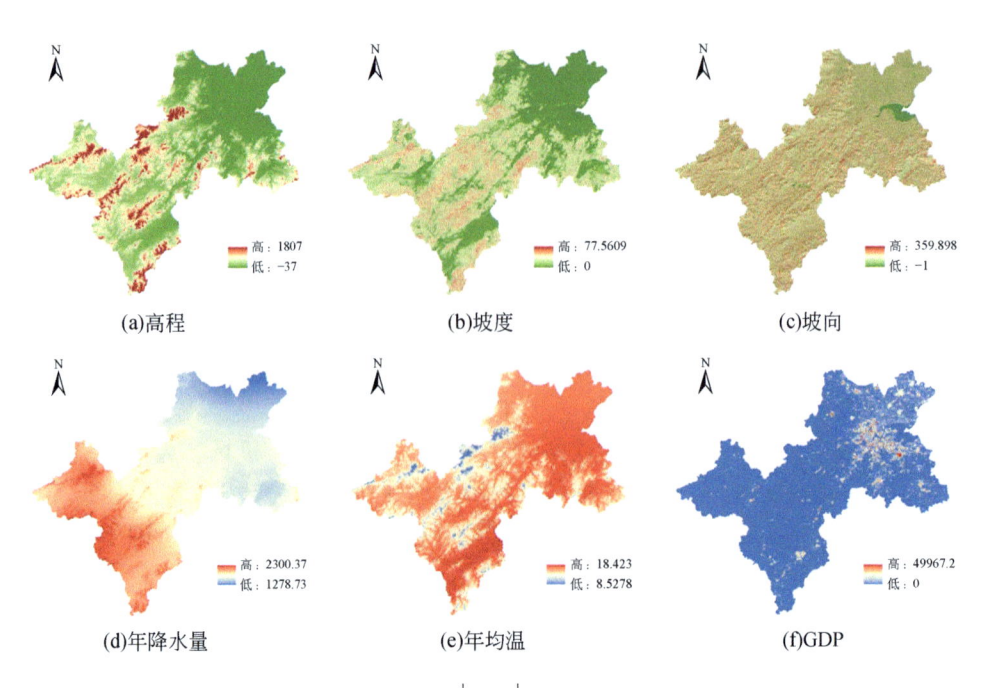

表 5-4 土地利用变化驱动因子体系

类型	指标	分辨率	数据来源
自然	年平均气温	1km	资源环境科学数据平台（https://www.resdc.cn/）
	年降水量	1km	
	高程	30m	地理空间数据云（https://www.gscloud.cn）
	坡度	30m	
	坡向	30m	
经济	人口密度	1km	Fu et al., 2014
	GDP	1km	Huang et al., 2014
社会	邻近高速公路	30m	OpenStreetMap（https://www.openstreetmap.org/）
	邻近主干道	30m	
	邻近次级道路	30m	
	邻近三级道路	30m	
	邻近铁路	30m	
	邻近机场	30m	
	邻近火车站	30m	
	邻近水域	30m	资源环境科学数据平台（https://www.resdc.cn/）

(a)高程　　(b)坡度　　(c)坡向

(d)年降水量　　(e)年均温　　(f)GDP

| 第 5 章 | 城市碳收支对土地利用变化的响应模拟

(g) 人口密度　高：48888　低：0

(h) 邻近高速公路　高：0.583424　低：0

(i) 邻近铁路　高：0.767027　低：0

(j) 邻近主干道　高：0.378016　低：0

(k) 邻近次级道路　高：0.234445　低：0

(l) 邻近三级道路　高：0.141389　低：0

(m) 邻近火车站　高：2.7463　低：0

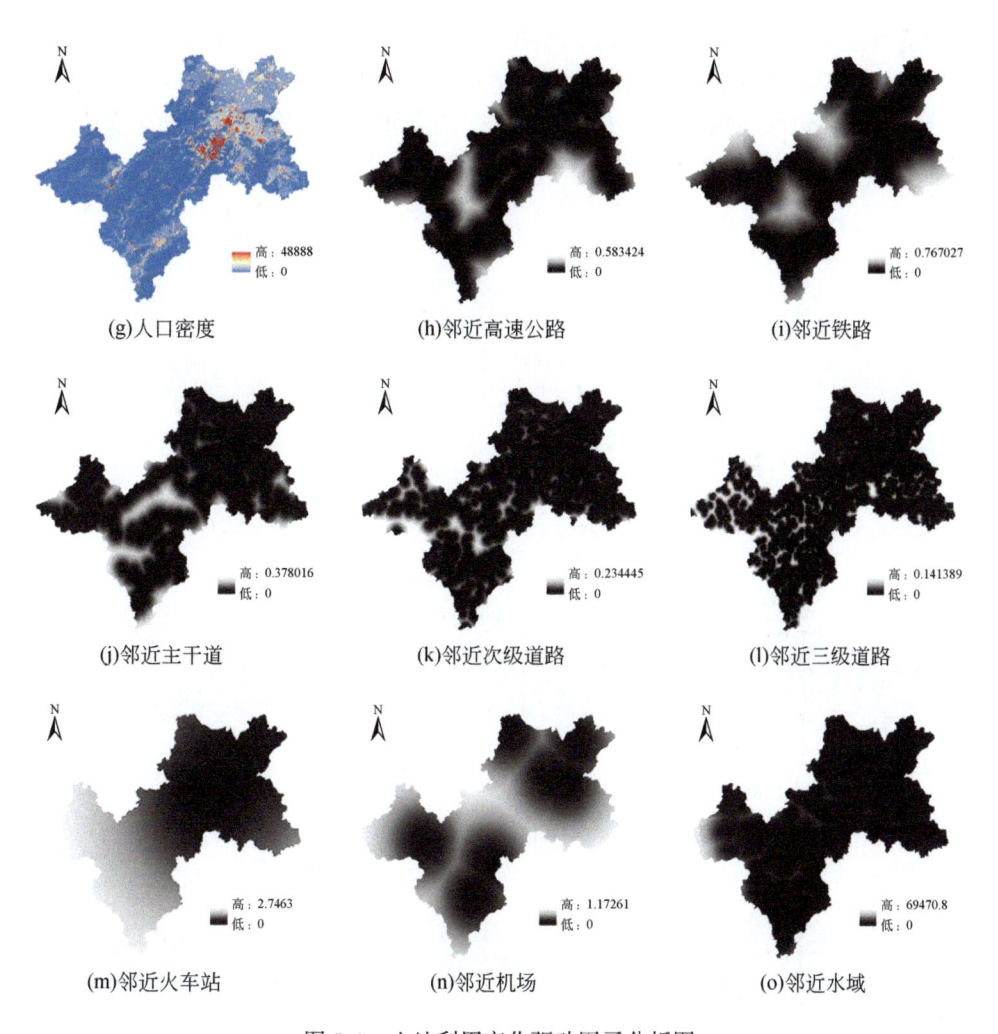

(n) 邻近机场　高：1.17261　低：0

(o) 邻近水域　高：69470.8　低：0

图 5-1　土地利用变化驱动因子分析图

2) 土地利用类型发展潜力分析

PLUS 模型采用随机抽样方法抽取 5% 的样本量以进行反复训练采样，采用随机森林模型以测度土地利用变化驱动因子对各变量的增长贡献率和变量重要性，设置模型中树的数量为 50 棵，计算得到不同土地利用类型的空间发展潜力，如图 5-2 所示。由图可知，由于自然条件和用地类型转换成本的限制，各土地利用类型发展潜力在整体特征与 2020 年保持同步的基础上，筛选出了扩张适宜性较高的局部区域。耕地扩张的适宜位置在研究区内零星、均匀分布，在东部出现少量集聚。由于研究区东北部地势平坦、人类活动频繁、经济水平较高，因而表现出较低的林草地扩张适宜性，而呈现出高度的其他城镇用地发展潜力。水域发展的适宜区集中分布于钱塘江和千岛湖两大流域，而在其他区域均呈现出较低的发展概率。工业用地和交通用地的扩张适宜区均在研究区全域尺度内表现为碎片化分布，而在斑块尺度上呈现出高度聚集。前者属于块状集合，有助于实现工业产业活动的规模效应和外部效应；后者以线性集聚为主，符合道路交通的一般形式。

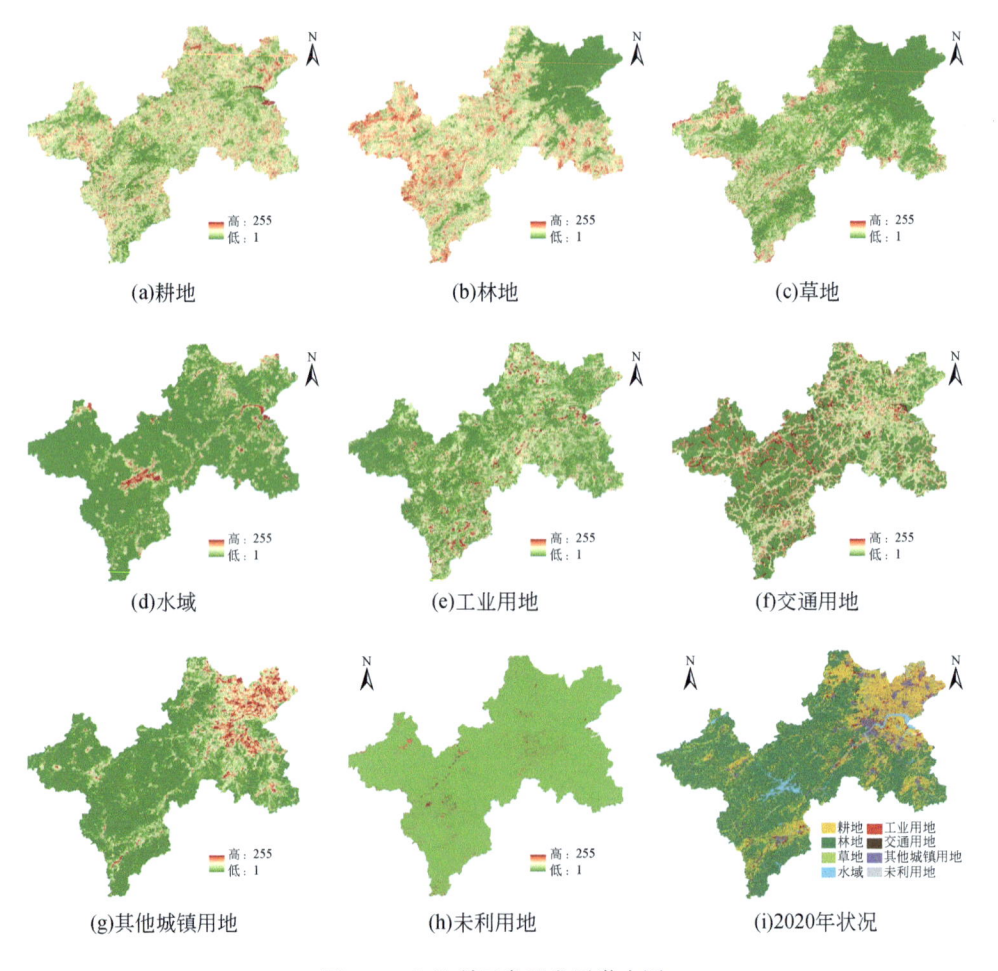

图 5-2 土地利用类型发展潜力图

3）邻域权重与元胞邻域效应设置

邻域影响因子是不同土地利用类型相邻斑块之间的相互影响关系的体现。以此为基础得到的邻域权重表征各土地利用类型向其他用地类型扩张的能力和强度（王旭等，2020）。邻域权重取值范围为 0~1，权重值越接近 1，意味着在驱动因子作用下土地利用向外扩张的能力越强；权重值越接近 0，意味着该地类实现面积扩张的难度越高。本书采用 2010~2020 年土地利用变化量数据的量纲为 1 的值作为邻域权重设置的依据（欧阳晓等，2020），计算公式如下：

$$W_i = \frac{X_i - X_{\min}}{X_{\max} - X_{\min}} \tag{5.14}$$

式中，W_i 为土地利用类型 i 的邻域权重（$i=1, 2, \cdots, 8$）；X_i 为土地利用类型 i 的面积变化量；$X_{\max}$ 和 $X_{\min}$ 分别为两期土地利用变化数据的最大值和最小值。计算结果见表 5-5。

表 5-5　土地利用类型邻域权重表

地类	X_1	X_2	X_3	X_4	X_5	X_6	X_7	X_8
邻域权重	1.000	0.243	0.018	0.068	0.357	0.495	0.545	0.000

在校准时间间隔内，采用 7×7 摩尔邻域来量化 PLUS 模型的邻域效应，并设置产生新的土地利用斑块的阈值为 0.2，设置递减阈值的衰减因子为 0.8。PLUS 模型的步长被预设为 500，以近似土地利用需求。以上所有参数均采用试错法设置（Liang et al., 2021）。

4）土地利用转换矩阵设置

不同土地利用类型间的转换规则有 1 和 0 两种情形，前者表示允许转换，后者表示不允许转换。不同情景下的土地利用转换矩阵见表 5-6。Markov 预测模型下的基准情景允许所有用地类型之间的相互转化。经济发展情景下，为了在合理范围内最大程度发展产业，本书假设城镇建设用地不会转化为草地、水域和未利用地。此外，为了保障 2035 年远景目标纲要的基本要求可实现，本书认为不应使林地任意地转换为工业用地、交通用地或其他城镇用地。在生态保护情景下，本研究假设林地不允许转化为其他任何用地，而水域不允许转化为除耕地、林地、草地以外的任何土地利用类型。

表 5-6　土地利用转换矩阵表

基准情景	X_1	X_2	X_3	X_4	X_5	X_6	X_7	X_8
X_1	1	1	1	1	1	1	1	1
X_2	1	1	1	1	1	1	1	1
X_3	1	1	1	1	1	1	1	1
X_4	1	1	1	1	1	1	1	1
X_5	1	1	1	1	1	1	1	1
X_6	1	1	1	1	1	1	1	1

续表

基准情景	X_1	X_2	X_3	X_4	X_5	X_6	X_7	X_8
X_7	1	1	1	1	1	1	1	1
X_8	1	1	1	1	1	1	1	1
经济发展情景	X_1	X_2	X_3	X_4	X_5	X_6	X_7	X_8
X_1	1	1	1	1	1	1	1	1
X_2	1	1	1	1	0	0	0	1
X_3	1	1	1	1	1	1	1	1
X_4	1	1	1	1	1	1	1	1
X_5	1	1	0	0	1	1	1	0
X_6	1	1	0	0	1	1	1	0
X_7	1	1	0	0	1	1	1	1
X_8	1	1	1	1	1	1	1	1
生态保护情景	X_1	X_2	X_3	X_4	X_5	X_6	X_7	X_8
X_1	1	1	1	1	1	1	1	1
X_2	0	1	0	0	0	0	0	0
X_3	1	1	1	1	1	1	1	1
X_4	1	1	1	1	0	0	0	0
X_5	1	1	1	1	1	1	1	1
X_6	1	1	1	1	1	1	1	1
X_7	1	1	1	1	1	1	1	1
X_8	1	1	1	1	1	1	1	1

5) 模拟精度验证

为保证模拟结果的准确性和有效性，本书首先以 2010 年的土地利用现状数据为输入数据，模拟 2020 年土地利用空间格局，并将其与 2020 年土地利用现状数据进行对比。影像对比常用的参数为 Kappa 系数，系数值与影像一致性成正比，即两期土地利用数据间差距越大则系数越小，差距越小则系数越大。一般认为，当 Kappa 系数高于 0.75 时，模型模拟的准确度高、有效性强（邓华等，2016；Liang et al.，2018）。经检验，本书所得 Kappa 系数达到 0.87，且总体精度为 0.92，表明 PLUS 模型模拟的效果可以达到预期，模拟结果可用于支撑研究区土地利用格局优化研究。

5.3.2　不同情景下城市土地利用空间格局模拟

　　以 2020 年土地利用现状数据为 PLUS 模型输入数据，以 MOP 模型预测的不同情景土地利用结构为总量约束，以经过精度验证的参数为校正方案，可得研究区 2030 年土地利用优化空间分布图，如图 5-3 所示。未来三种情景下的耕地面积均有所收缩，从空间上看耕地占用主要发生在研究区东北部的嘉兴市、钱塘江流域杭绍嘉交界部分区域，以及研究区南部的衢州市。由图可知，大量耕地被改建为其他城镇用地，少部分转换为工业用地，两者均呈现出更高的空间集聚性，该种用地变化以基准情景最为显著，经济发展情景次之。水体占用主要发生在经济发展情景下，分布于研究区中西部的千岛湖流域，土地利用类型基本转换为林地。水体扩张发生在生态保护情景下，在研究区内呈现出分散、零星增加的态势，并未形成明显集聚。交通用地面积新增在基准情景下最为明显，主要集中于

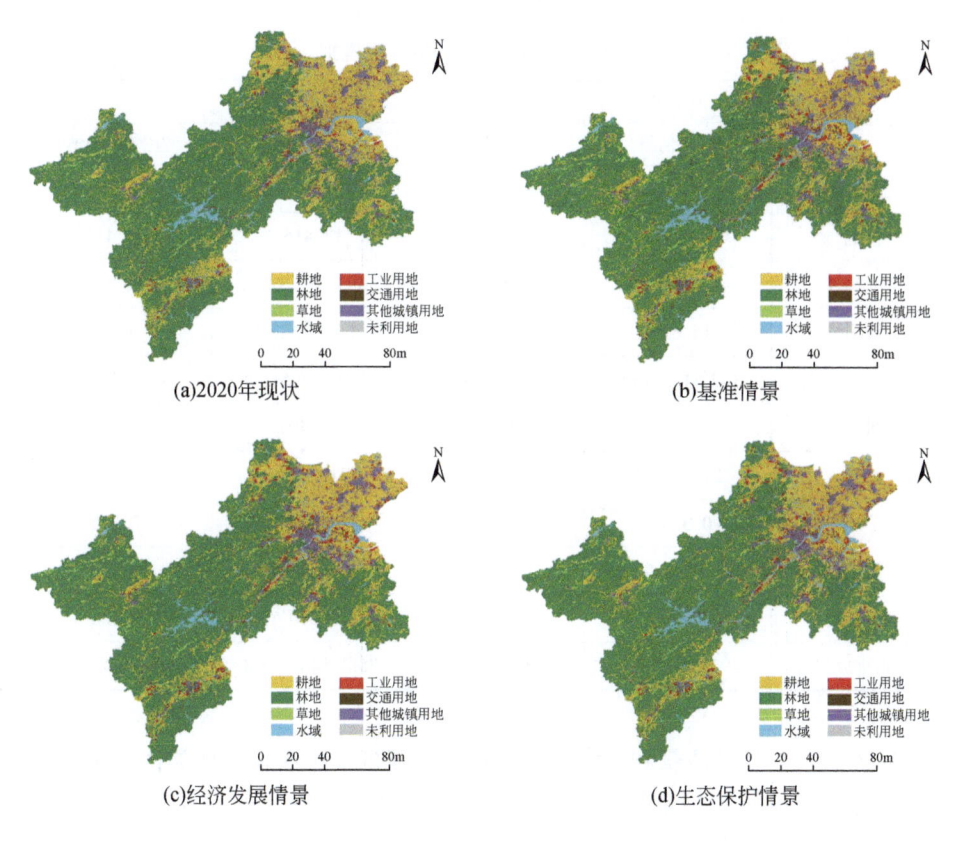

(a) 2020 年现状　　　　　　　　　(b) 基准情景

(c) 经济发展情景　　　　　　　　(d) 生态保护情景

图 5-3　杭州都市圈 2030 年土地利用模拟空间分布图

杭州和黄山两市，而经济发展和生态保护情景下的交通用地扩张呈现出碎片化的离散特征。

5.4 城市收支多情景模拟

根据1995～2020年碳密度历史核算数据推演研究区2030年不同土地利用类型上的碳收支密度，以此计算出2030年研究区城市碳排放量和碳封存量（表5-7）。一方面，基准情景和经济发展情景下的碳排放量均高于2020年碳排放现状，增长率分别达到26.2%和18.1%，生态保护情景下的碳排放量较2020年减少了4.9%。另一方面，基准情景下城市碳封存量较2020年现状减少了0.9%，而经济发展情景和生态保护情景下的碳封存量分别增加2.5%和3.2%。整体而言，基准情景和经济发展情景不利于实现城市垂直碳收支的平衡，而生态保护情景有助于缓解城市碳收支系统失衡的现状。

表5-7 城市碳收支多情景模拟　　　　　　　　（单位：万 t）

碳收支	2020年 对照情景	2030年 基准情景	2030年 经济发展情景	2030年 生态保护情景
碳排放量	497 866.667 6	628 310.853 0	587 763.655 0	473 389.251 9
耕地	30.620 6	17.551 5	17.415 3	17.415 3
工业用地	344 578.303 0	399 704.292 2	393 503.074 2	275 599.977 1
交通用地	715.624 2	1 449.465 8	1 285.622 1	1 200.557 7
其他城镇用地	152 542.119 8	227 139.543 5	192 957.543 4	196 571.301 8
碳封存量	217.988 9	215.946 2	223.409 2	224.995 9
林地	210.194 9	208.444 5	216.957 3	217.129 5
草地	0.348 9	0.342 8	0.346 9	0.346 9
水域	7.444 5	7.158 3	6.104 5	7.518 9
未利用地	0.000 6	0.000 6	0.000 6	0.000 6
净碳排放量	497 648.678 6	628 094.906 8	587 540.245 8	473 164.256 0

具体而言，基准情景和经济发展情景下的碳排放量增长结构类似，主要来自工业用地和其他城镇用地。其中，工业用地碳排放量在两种情景下分别扩大了16.0%和14.2%，其他城镇用地碳排放量分别增加48.9%和26.5%，且工业用地碳排放绝对量较其他城镇用地碳排放绝对量更大，在经济发展情景下工业用地

碳排放甚至达到其他城镇用地的两倍。交通用地碳排放量增长趋势最为显著，在基准情景下增加了一倍有余，在经济发展情景下增长幅度达到79.7%，但由于基数较小，交通用地碳排放量的微弱增加和耕地碳排放量的小规模减少对研究区的碳排放水平变化均不产生决定性影响。不同情景下的碳封存量变化主要来自林地碳封存水平的改变，任意情景下林地对研究区碳封存总量的影响占比均超过96%。其中，基准情景下林地碳封存量减少了0.8%，经济发展和生态保护情景下林地碳封存量分别增加3.2%和3.3%。草地、水域和未利用地对城市碳收支水平的影响较为微薄，几乎可以忽略不计。因此，从土地利用结构优化视角出发助力城市碳平衡，应当重点关注城市内工业用地、其他城镇用地和林地的配置，保证城市范围内一定的森林覆盖率，大力推动城市存量规划和减量规划的发展。

图5-4展示了研究区2030年不同情景下城市碳排放量的空间分布情况。基准情景下的城市具有最高的碳排放浓度，高碳排放区域主要集中于研究区东北部，少量分布于研究区南部。此外，基准情景下的高碳排放斑块呈现出规模大、集聚性强的空间特征，表明对于城镇化速度较快、工业水平较高的区域，放任其自然发展不利于城市碳系统长期稳定。在将政策规划等人为干预因素纳入考虑后，经济发展情景下的高碳排放斑块数量出现明显下降，基本分布于研究区东北部；而生态保护情景下研究区基本表现为中低浓度碳排放水平，全域碳排放量被控制在相对合理的范围内。根据标准差椭圆分析结果，经济发展情景下的碳排放重心最靠近东北方向，并在生态保护和基准情景下逐渐向西南偏移。2030年碳排放空间化模拟结果所呈现的数据方向性不如2020年现状明显，经济发展情景和生态保护情景下的数据离散程度更高，而碳排放数据在基准情景下表现出更强的向心力。

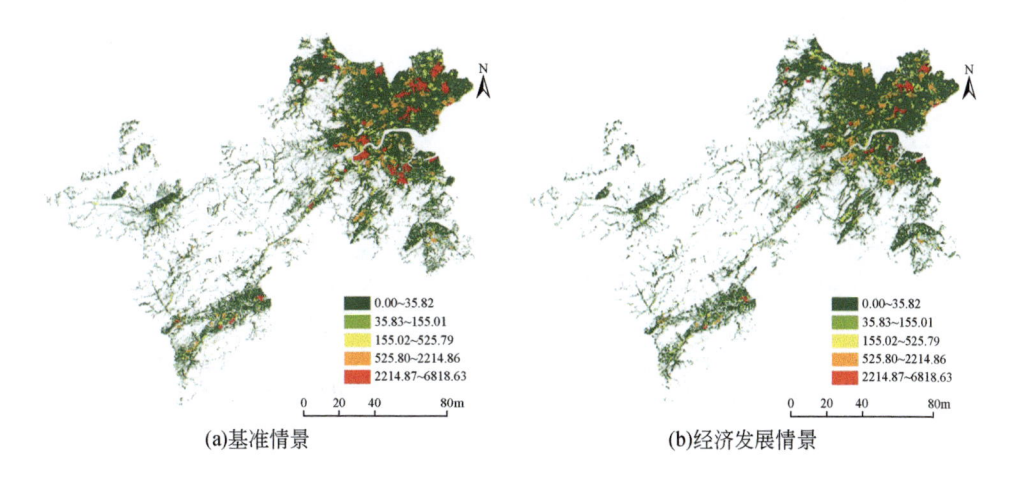

(a)基准情景　　　　　　　　　　　(b)经济发展情景

(c)生态保护情景　　　　　　　　　(d)标准差椭圆

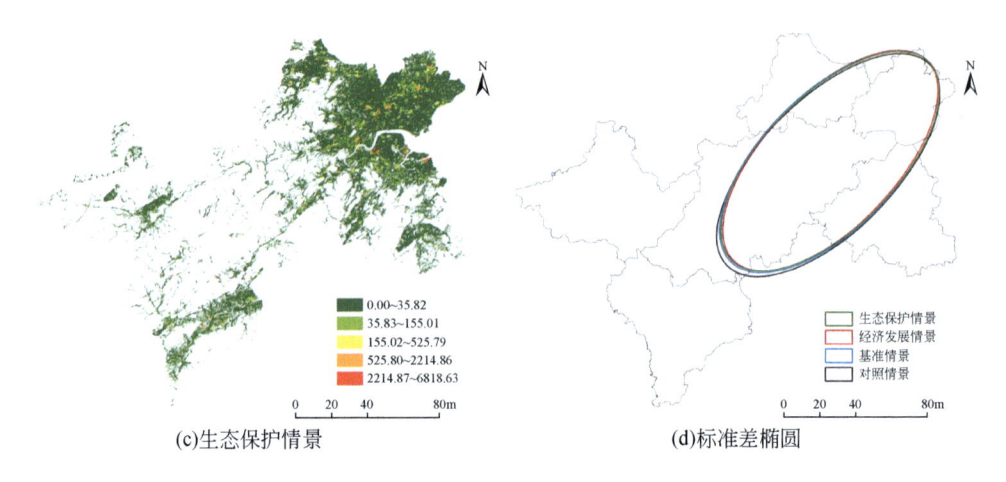

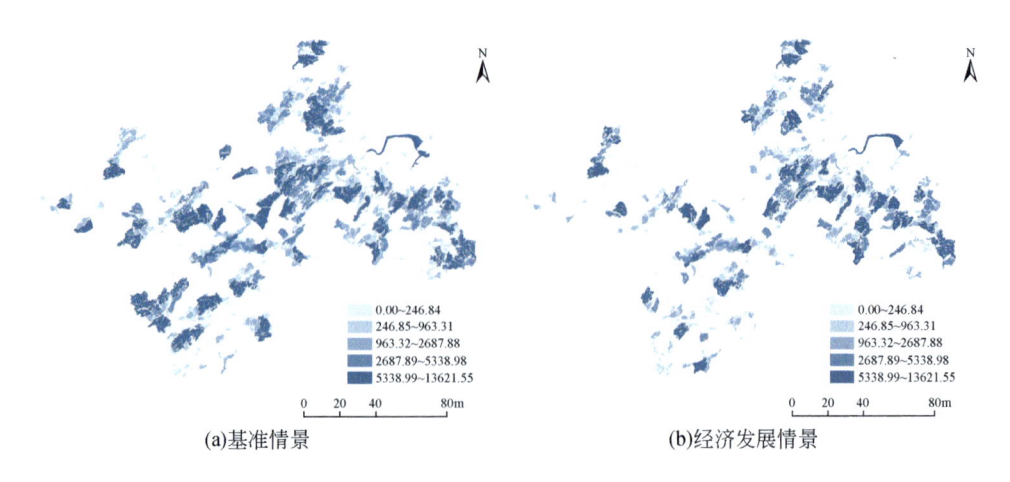

图 5-4　杭州都市圈 2030 年碳排放空间格局模拟图（单位：万 t）

图 5-5 刻画了研究区 2030 年不同情景下城市碳封存量的空间分布格局。碳封存在研究区内的空间分布较碳排放而言更为均匀，不同情景下标准差椭圆重心均坐落于研究区中部位置，其中生态保护情景下的空间重心更靠近东北方向，而经济发展情景下的重心最靠近西南方向。基准情景下碳封存数据的空间向心力较另外两种情景更强，生态保护情景次之，经济发展情景下的数据离散性最高。与碳排放不同，2030 年各种情景下的碳封存数据在空间上呈现东—西分布态势，且较 2020 年现状而言均呈现出更强的空间方向性。由图可知，高碳封存区域在生态保护情景下分布最广、集聚程度最高，主要分布于研究区东部的绍兴市和钱塘江流域。而经济发展情景下的高碳封存区域占比最小，空间分布最分散。

(a)基准情景　　　　　　　　　　(b)经济发展情景

(c)生态保护情景　　　　　　　　　　(d)标准差椭圆

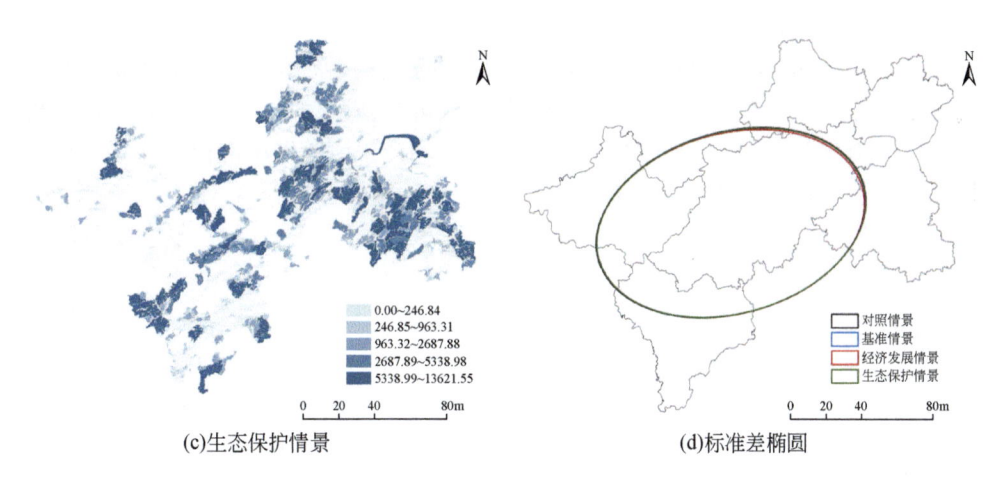

图 5-5　杭州都市圈 2030 年碳封存空间格局模拟图（单位：t）

5.5　本章小结

本章首先采用 Markov 模型预测基准情景下 2030 年土地利用结构，接着采用 MOP 模型，以不同土地利用类型经济效益和生态服务价值为基础建立目标优化函数，分别模拟经济发展情景和生态保护情景下的目标年土地利用优化结构。结果表明，基准情景下土地利用结构产生较高的经济效益与较低的生态效益，分别为 46 391.04 亿元和 1 903.63 亿元，反映出近年来城市以牺牲生态环境为代价片面追求经济发展的土地利用模式；经济发展情景下经济效益减少至 41 871.53 亿元，生态效益增加至 1955.03 亿元，均表现为适中水平，反映出城市以避免生态环境恶化为前提推动社会经济发展；生态保护情景下土地利用产生较低的经济效益，仅有 37 583.18 亿元，而生态效益高达 1991.73 亿元，表明城市以限制经济利益为手段发展生态文明建设。

其次，采用 PLUS 模型，在自然、经济、社会三个评估维度上构建包含 15 个潜在驱动因子的土地利用变化驱动体系，基于 LEAS 规则生成研究区不同土地利用类型的未来发展概率，基于 CARS 模块的 CA 模型模拟不同情景下研究区 2030 年土地利用空间优化格局。三种情景下土地利用空间格局呈现差异性，但整体分布与 2020 年现状基本一致，符合空间模拟基本原则。

最后，建立 2030 年城市碳收支多情景预测，结果表明，基准情景和经济发展情景下研究区碳排放量较 2020 年现状分别增长 26.2% 和 18.1%，生态保护情景碳排放量较 2020 年减少 4.9%；而基准情景下城市碳封存量较 2020 年现状减少 0.9%，经济发展情景和生态保护情景下研究区碳封存量分别增加 2.5% 和 3.2%。研究区碳收支空间格局模拟结果表明，经济发展情景下的碳排放重心最靠近东北方向，并在生态保护和基准情景下逐渐向西南偏移，且碳排放数据呈现东北—西南方向分布；不同情景下碳封存重心均位于研究区中部位置，碳封存数据在空间上呈现东—西方向分布。

第 6 章 城市土地利用强度与碳排放绩效的耦合协调发展特征

6.1 研究综述

碳排放绩效作为城市低碳发展的重要指标，与碳减排目标的实现及经济低碳发展有密切联系，能够准确反映经济的投入产出关系（李建豹等，2020）。目前对于碳排放绩效的研究主要聚焦于评估不同尺度、不同地区的碳排放绩效水平，主要包括以碳排放强度（周迪等，2019）、人均碳排放量（Stretesky and Lynch，2009）为代表的单要素评价指标，和以劳动力、能源消费、资本投资等作为投入，以 GDP 等作为期望产出，碳排放量作为非期望产出的全要素评价（邵帅等，2022；曹珂和屈小娥，2014）两种思路，前者测算难度较低便于操作，但单要素评价指标过于片面，忽视了投入产出要素间的关联性，后者考虑了要素间的替代效应，可以更加准确地测度碳排放绩效水平，更为符合实际（王少剑等，2015）。在测度方法上，以数据包络分析（DEA）最为常见，如张华等（2021）基于 DEA 方法测度了中国 285 个城市的多年碳排放绩效，并探究了创新型城市建设对于城市碳绩效的影响。随着研究的深入，由于传统的 DEA 模型缺乏对于非期望产出的考量，同时无法解决投入产出变量具有的松弛性问题（刘强等，2022），逐渐难以满足实际研究的需要，学者们开始运用诸如 DEA-Malmquist 指数（韩晶等，2015）、超效率 SBM 模型（王少剑等，2020）等改进的方法测度碳排放绩效，提高了测度的精确性。在测度方法不断创新与改进的基础上，学者们开始逐渐关注碳排放绩效的空间特征以及影响因素，希望借识别碳排放绩效演变的主要驱动因素以促进城市碳减排。如 Lin 和 Zhou（2021）基于 STIRPAT 模型在省级层面探究了人口密度、城市化发展等指标对于区域碳排放绩效的影响；邓荣荣和张翱祥（2021）基于面板回归等计量模型在城市层面发现了数字金融的发展能够显著改善城市碳排放绩效等。作为关联人类社会经济和自然生态环境的耦合系统，土地利用管理在国家或城市的碳减排过程中发挥的作用不言而喻。随着多源数据的广泛运用，越来越多的学者尝试从土地利用集约化（张苗等，2016）、土地利用规模（黄贤金等，2021）等视角解析土地利用对于区域碳排放强度的影响，为从土地利用角度开展全球环境变化特别是人为碳排放相关研究提供了新的思路。

总体而言，目前关于碳排放绩效与土地利用的研究在逐渐丰富的同时，仍然存在一些不足：在碳排放绩效测度方面，现存的研究大量关注国家、省域层面的碳排放绩效，研究范围过大且不够聚焦，鲜有针对城市群层面碳排放绩效的研究；在碳排放绩效与土地利用研究方面，学者们大多以碳排放强度等单要素评价衡量区域碳排放绩效水平，且都集中于土地利用对于区域碳排放的单向影响，忽视了二者之间的内在关联，较少从协调发展的视角出发（卫新东等，2022），研究全要素碳排放绩效与土地利用强度的协调发展特征。此外，在所用数据方面，现有研究大多基于具有时间间隔的土地利用数据或遥感数据（多为五年）测度土地利用强度（路中等，2021），难以准确表征连续时间序列的土地利用状况。《长江三角洲区域一体化发展规划纲要》将长三角经济区一体化上升为国家战略，强调通过土地利用优化的手段来实现城市群的低碳可持续发展。因此，本书以长三角城市群为案例，利用超效率 SBM 模型测度 2003~2018 年长三角城市群 41 个地级市的全要素碳排放绩效，基于连续土地利用数据评估各城市土地利用强度，并分析其时空演变格局；在此基础上，借助协调度模型揭示城市碳排放绩效与土地利用强度的协调发展特征及其动态演化趋势，并针对不同类型城市提出相应政策建议。其研究结果可为优化区域土地利用模式、促进城市土地低碳利用提供科学参考。

6.2 研究方法

6.2.1 纳入非期望产出的超效率 SBM 模型

SBM 模型能够度量纳入非期望产出后的整体效率，同时弥补了传统 DEA 模型难以处理变量松弛性的缺陷，相比于其他模型更能体现生产率评价的本质（尹传斌等，2017）。但经典的 SBM 模型计算所得的决策单元效率值最高为 1，在多个决策单元均处于 100% 的效率状态时，无法对其有效排序。因此，本书引入 Tone（2003）在 SBM 模型基础上提出的超效率 SBM 模型来评估长三角城市群 41 个地级市的全要素碳排放绩效。该模型所计算的决策单元效率值可以超过 1，能够处理多个决策单元的效率差异。具体计算公式参考王少剑等（2020）的研究。

科学确定投入与产出指标，是计算各个城市碳排放绩效的基础。在投入端，本书不失一般性地将先前研究中大量使用的劳动力、资本、能源作为投入要素。

其中，劳动力投入以各城市年初与年末就业人数的平均值计算（刘均航和杨涓鸿，2020）；资本投入以各城市的资本存量进行测度，由于城市年鉴中未能直接提供资本存量数据，本书参考张军等（2004）的研究成果，利用永续盘存法进行计算，并将其平减为 2000 年不变价的可比序列；在能源投入方面，由于各城市在能源消费统计数据方面存在出入与部分缺失，因此无法直接将能源消耗作为能源投入指标。但在林伯强（2003）、何晓萍等（2009）的研究中指出中国的电力消费与产业发展具有长期的相关性，同时中国城市化所表现的工业化特征将推动电力消费的增长。因此，本书选择各城市全年用电总量作为能源投入。在产出端，期望产出用各城市的 GDP 表示，为了兼顾数据的可比性和削弱价格波动的影响，同样将 GDP 折算为 2000 年不变价；非期望产出用各城市的碳排放量来表示。由于统计年鉴中没有直接的碳排放数据，本书使用中国碳核算数据库（CEADs）提供的碳排放数据集来表征各城市的碳排放量。

6.2.2 土地利用强度

土地利用强度的概念可以解释为人为活动的干扰程度，其不仅反映着不同的土地利用类型本身的自然属性，也体现了人类利用土地的深度和广度，进而揭示在人类社会系统干扰下土地资源自然综合体自然平衡的保持状态（陈万旭和曾杰，2021）。本书参考韩增林等（2020）的计算方式，将土地利用强度分为五级并进行赋值。但在实际计算时，为了凸显研究区特征和提高计算精度，本书对这三个大类进行部分细化：未利用地（生态用地）难以承载社会经济活动，赋值为 1；林地、草地（生态用地）具备固碳功能，人类只能有限制地开发，赋值为 2；水运是长三角地区重要的运输方式，水域（生态用地）开发强度相对较高，赋值为 3；耕地兼具社会经济与自然双重属性，同时承担城市系统中的碳源、碳汇功能，赋值为 4；建设用地承载了人类大量社会经济活动，是产生碳排放的主要用地类型，赋值为 5。在实际状态下这五种类型均混合存在于同一区域，各自占据不同的面积比例，并对区域土地利用强度按其自身的权重作出贡献。因此，本书以市域为空间尺度计算土地利用强度，其表达式为

$$\text{LUI} = \sum_{i=1}^{n} (A_i/A) \times 100 \times C_i \tag{6.1}$$

式中，LUI 为土地利用强度；A 为城市各土地类型的总面积；n 为土地利用类型数，本书中 $n=6$；A_i 为各土地利用类型的面积；C_i 为第 i 种用地类型的土地利用强度赋值。

6.2.3 核密度估计

核密度估计是一种非参数估计方法，其基于频率分布图直观地描述目标变量的演进规律及其阶段分布特征（李强等，2022）。因此，本书采用核密度估计方法中常用的高斯核函数来分析 2003~2018 年长三角城市群各市碳排放绩效和土地利用强度的演变趋势以及时序特征。其表达式为

$$f(x) = (1/nh) \sum_{i=1}^{n} K\left(\frac{x_i - \bar{x}}{h}\right) \quad (6.2)$$

式中，n 为观测样本的数量；x_i 为各样本观测值；$\bar{x}$ 为观测值的均值；h 为带宽；$f(x)$ 为密度估计值；$K(\cdot)$ 为核函数。核密度曲线的波峰高度体现了样本的差异特征，波峰数量表征了样本的极化特征，波峰在 x 轴方向上的移动，代表了数据值的整体上升或下降。

6.2.4 耦合协调度模型

本书致力于研究土地系统中的土地利用强度与城市经济系统中经济投入产出所形成碳排放绩效的协调发展特征。因此，本书引入耦合协调度模型测度城市土地利用强度与碳排放绩效在变化过程中的协调性（朱庆莹等，2021），其表达式为

$$C_i = 2\sqrt{\frac{K_1 \times K_2}{(K_1 + K_2)^2}} \quad (6.3)$$

$$D_i = \sqrt{C_i \times T_i} \quad (6.4)$$

$$T_i = \alpha K_1 + \beta K_2 \quad (6.5)$$

式中，D_i 为第 i 年城市碳排放绩效与土地利用强度的耦合协调度；T_i 为综合协调指数；C_i 为耦合度；K_1 和 K_2 分别为碳排放绩效和土地利用强度的标准化值；α 和 β 为待定系数，在中国社会经济发展的过程中土地开发与城市碳排放水平密切联系、相互影响，因此，本书取 $\alpha = \beta = 0.5$。耦合协调度越高，代表二者耦合协调发展程度越高，越呈现一种良性循环关系。参考先前学者研究（王淑佳等，2021），结合研究区特征，本书将计算所得的耦合协调度划分为三个阶段、八种基本类型（表6-1）。

表6-1 碳排放绩效与土地利用强度的耦合协调发展阶段与基本类型

耦合协调发展阶段	基本类型	耦合协调度
失调衰退阶段	严重失调型（Ⅰ-1）	$0<D\leqslant 0.2$
	中度失调型（Ⅰ-2）	$0.2<D\leqslant 0.4$
	轻微失调型（Ⅰ-3）	$0.4<D\leqslant 0.5$
磨合过渡阶段	勉强协调型（Ⅱ-1）	$0.5<D\leqslant 0.6$
	初级协调型（Ⅱ-2）	$0.6<D\leqslant 0.7$
协调发展阶段	中度协调型（Ⅲ-1）	$0.7<D\leqslant 0.8$
	高度协调型（Ⅲ-2）	$0.8<D\leqslant 0.9$
	优质协调型（Ⅲ-3）	$0.9<D\leqslant 1$

6.3 研究数据

本书所使用的数据主要分为两部分：在碳排放绩效测度方面，本书基于投入产出的全要素视角测算长三角城市群各市碳排放绩效，将劳动力、资本、能源视为投入要素，各城市的生产总值视为期望产出，各城市的碳排放量作为非期望产出。其中，投入要素与期望产出数据均来源于相应年份的《中国城市统计年鉴》以及各市统计年鉴。作为非期望产出的碳排放数据来源于中国碳核算数据库（CEADs）(https://www.ceads.net.cn/)。在土地利用强度评估方面，本书所使用的2003~2018年逐年土地利用数据（分辨率为30m）来源于Yang和Huang (2021) 的研究成果，该数据集通过多种方法进行检验，精度与延续性优越。本书进一步归并该数据集中的用地类型，将土地利用分为耕地、林地、草地、水域、未利用地、建设用地六类。

6.4 结果与讨论

6.4.1 碳排放绩效时空格局

本书利用核密度估计方法表征2003~2018年长三角城市群各市碳排放绩效在时间序列上的演变特征（图6-1）。长三角各市碳排放绩效在15年间呈现较为明显的两阶段变化。2003~2013年，核密度曲线的波峰在x轴方向上不断右移，表明区域碳排放绩效整体有所提高，曲线波峰的持续上升表明该阶段各市碳排放绩效差异逐渐减少,而曲线左拖尾的右移则代表了碳排放绩效处于低值的城市不断减少。主要原因为中国自 21 世纪以来,开始逐步重视低碳城市的建设,2011 年出台的《中华人民共和国国民经济和社会发展第十二个五年规划纲要》更是直接将"碳强度"作为约束性指标纳入国民经济与社会发展规划中。作为中国经济发展的核心地区之一,长三角地区落实了一系列强制措施使得各城市在该时段的碳排放绩效提升显著。而随后的 2013~2018 年,中国经济逐渐进入新常态,发展速度放缓,长三角地区土地利用结构调整迎来关键期,节能减排陷入短暂瓶颈。各市碳排放绩效核密度曲线的波峰在 x 轴方向上有所左移,区域整体碳排放绩效有所下降,曲线左拖尾的左移则表明碳排放绩效处于低值的城市有所增多,亟须构建更为低碳的城市土地利用格局,以促进城市碳减排。

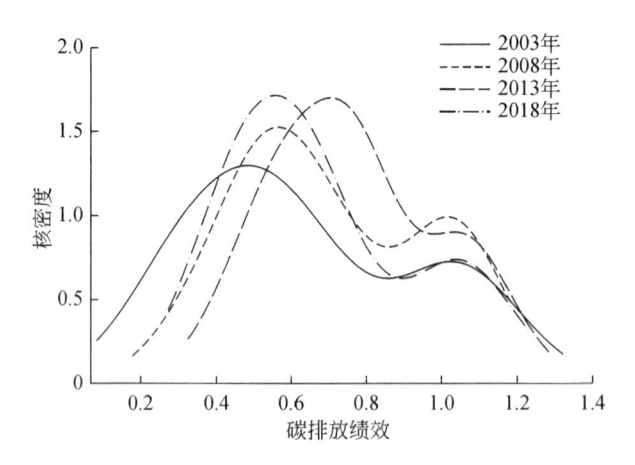

图 6-1 2003~2018 年长三角城市群碳排放绩效时间序列演变特征

2003~2018 年长三角城市群各市碳排放绩效空间分布如图 6-2 所示。与核密度估计结果相似,长三角城市群碳排放绩效在空间分布上同样呈现两阶段变化。2003~2013 年,研究区碳排放绩效均值由 0.63 逐渐上升至 0.77。碳排放绩效高值区主要集中在浙江、江苏沿海地区,其中浙江湖州、宁波、杭州等地碳排放绩效提升显著,后两者在 2013 年碳排放绩效超过 1,呈现一种较为高效且低碳的城市发展模式。此外,上海碳排放绩效在 10 年中大幅度提升,由 2003 年的 0.36 升至 2013 年的 1.04,主要是因为上海作为一线大城市,其城镇化已达到较高水平,城市规模稳定,能源结构调整迅速,城市碳排放增速得到有效控制。碳排放绩效低值区在该时段呈现一种零散分布格局,主要分布在淮安、连云港、淮南等地。这些城市经济基础相对较弱,工业结构较为单一,第一、第二产业仍然是推动经济的主要力量,在发展过程中不可避免地带来了大量碳排放,但随着社会经济结构的不断调整,这些城市的碳排放绩效也得到了不同程度的改善。2013~

2018年，研究区碳排放绩效均值由0.77小幅下降至0.68，碳排放绩效高值区的城市数量有所减少，浙江南部城市碳排放绩效出现了不同程度的下降，这是因为在2012年前后，浙江省开始大力推进低碳环保的发展方式，虽然带来了碳排放总量的下降，但在节能减排硬性指标的限制下，也短暂影响了这些城市的经济投入产出效率。

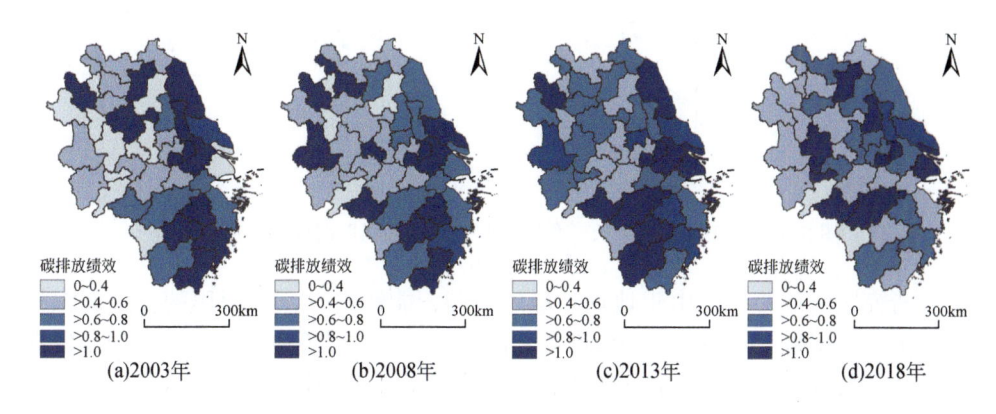

图6-2 2003~2018年长三角城市群碳排放绩效空间分布格局

6.4.2 土地利用强度时空格局

本书利用核密度估计方法表征2003~2018年长三角城市群各市土地利用强度在时间序列上的演变特征（图6-3）。由于区域土地利用变化是一个漫长而缓慢的过程，因此在15年间研究区土地利用强度变化幅度相对较小，但呈现持续增长的趋势，土地利用强度均值由2003年的349.74逐渐上升至2018年的356.63。核密度曲线的波峰在x轴方向上不断右移，且右拖尾有所加长，表明区域土地利用强度整体有所提高，高值区城市比例小幅增加。曲线波峰呈现先下降后上升的变化趋势，反映了长三角城市群土地利用强度差异先增加后缩小的波动变化过程。从曲线波峰的数量来看，2003~2018年始终为单一波峰，表明研究时段内区域土地利用强度始终处于极化状态。长三角城市群是中国城镇化最迅速的区域之一，国家战略资源的倾斜，促进了区域经济的快速发展，带来了建设用地需求的不断增加，但由于自然、社会基础条件的差异，各市城镇扩张的规模和速度不同，使得区域土地利用强度差异逐渐加大。随着区域经济的进一步发展，发达城市建设用地规模总量逐渐稳定，各市土地利用强度的差异开始缩小。

2003~2018年长三角城市群各市土地利用强度空间分布如图6-4所示。研究区土地利用强度整体呈南低北高的空间分布格局，且在空间上具有区域集聚特

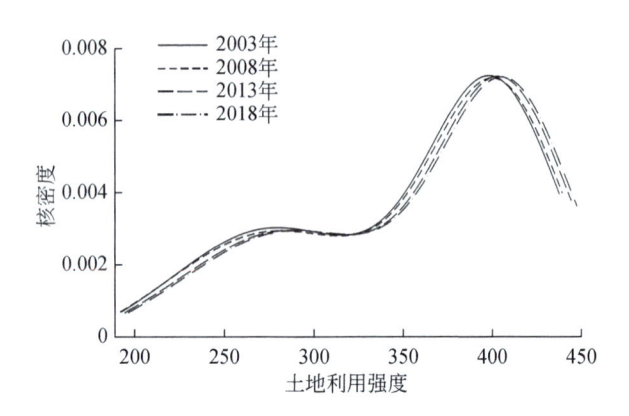

图 6-3 2003~2018 年长三角城市群土地利用强度时间序列演变特征

征。研究区南部的浙江由于地理环境的限制，能够进行开发利用的土地面积较少，土地利用强度相对偏低，但浙江北部的嘉兴、杭州等地处平原，土地开发潜力较高，随着杭州都市圈的不断拓展，建设用地有序扩张，使得该区域土地利用强度不断提高。土地利用强度高值区主要集中在研究区北部，以江苏徐州，安徽淮北、亳州为代表，前者作为中国重要的综合交通枢纽，在过去 15 年间完成了多个交通基础设施的建设，土地开发深度进一步加强。后两者属于典型的资源型城市，通过相关政策的落实，在耕地非农化的同时提高了耕地的生产效率，使得土地利用强度和耕地质量协同发展。

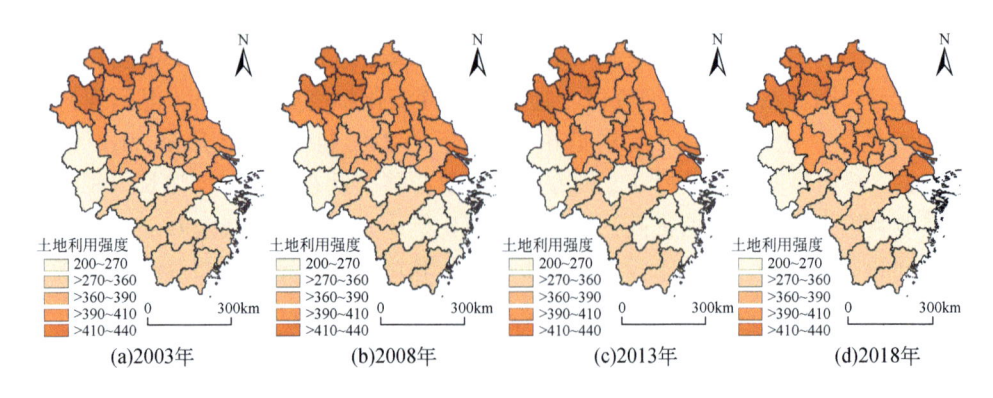

图 6-4 2003~2018 年长三角城市群土地利用强度空间分布格局

6.4.3　城市碳排放绩效与土地利用强度的耦合协调发展特征

2003~2018 年长三角城市群碳排放绩效与土地利用强度的协调度及各类协

调类型占比如表 6-2 所示。2003~2018 年研究区群碳排放绩效与土地利用强度的协调度整体呈波动上升趋势，二者的协调程度不断加强。从整体来看，长三角城市群协调度在 2003~2007 年处于磨合过渡阶段，在区域城镇化高速发展带来土地利用强度不断提升的同时，国家和地区已经开始有意识地通过控制建设用地特别是工业用地的规模，来促进区域碳减排与碳增汇，这也使得协调度虽然仍处于磨合过渡阶段，但却以年均 5.12% 的增速不断提高。在所占比例方面，处于磨合过渡阶段的城市占比也由 2003 年的 53.65% 降低至 2008 年 31.71%，而处于协调发展阶段的城市占比由 19.51% 提高至 58.53%。2008~2018 年，研究区协调度逐渐迈入协调发展阶段，但由于多种因素的影响，协调度增长态势有所衰退，转而表现为在 0.7 左右波动变化，在所占比例方面，处于失调衰退阶段的城市进一步减少，占比稳定在 15.18%，处于磨合过渡阶段的城市占比稳定在 30.35%，处于协调发展阶段的城市占比稳定在 54.47%，区域土地利用低碳调整进入平台期。2008 年国务院审议并通过了《国务院关于进一步推进长江三角洲地区改革开放和经济社会发展的指导意见》，提出长三角地区应当大力发展资源再生和环保产业，大力推进循环经济模式，实现清洁发展，从而落实节能减排目标责任制。长三角城市群作为中国经济的核心区域之一，多数城市的城镇化扩张已经基本稳定，尽管低碳的理念进一步融入各级的土地利用规划，但在城市空间布局逐渐饱和的大背景之下，通过国土空间优化的方式来提升城市碳排放绩效需要一个较为漫长的时间周期。在土地利用强度逐渐达到峰值的同时，更需要通过提高土地利用效率、优化能源消费结构、推进绿色低碳产业建设等方式，降低城市能源消费投入与碳排放非期望产出，从而提高城市碳排放绩效，使得区域协调度越过平台期，达到协调发展的高阶形态。

表 6-2 2003~2018 年长三角城市群协调度及各协调类型所占比例

年份	耦合协调度均值	耦合协调类型占比/%							
		Ⅰ-1	Ⅰ-2	Ⅰ-3	Ⅱ-1	Ⅱ-2	Ⅲ-1	Ⅲ-2	Ⅲ-3
2003	0.55	0	14.63	12.20	39.02	14.63	19.51	0	0
2004	0.54	0	14.63	19.51	26.83	19.51	19.51	0	0
2005	0.63	0	12.20	2.44	34.15	19.51	14.63	14.63	2.44
2006	0.67	0	4.88	9.76	14.63	24.39	24.39	7.32	14.63
2007	0.67	0	12.20	2.44	14.63	24.39	24.39	14.63	7.32
2008	0.72	0	4.88	4.88	9.76	21.95	26.83	17.07	14.63
2009	0.70	0	4.88	7.32	19.51	14.63	21.95	17.07	14.63
2010	0.72	0	4.88	9.76	2.44	21.95	29.27	9.76	21.95

续表

年份	耦合协调度均值	耦合协调类型占比/%							
		Ⅰ-1	Ⅰ-2	Ⅰ-3	Ⅱ-1	Ⅱ-2	Ⅲ-1	Ⅲ-2	Ⅲ-3
2011	0.69	0	4.88	12.20	2.44	29.27	21.95	12.20	17.07
2012	0.69	0	7.32	9.76	4.88	26.83	24.39	7.32	19.51
2013	0.68	0	7.32	9.76	4.88	29.27	24.39	17.07	7.32
2014	0.68	0	9.76	7.32	9.76	21.95	24.39	14.63	12.20
2015	0.71	0	4.88	9.76	12.20	14.63	21.95	19.51	17.07
2016	0.71	0	4.88	12.20	9.76	17.07	21.95	14.63	19.51
2017	0.70	0	7.32	12.20	7.32	12.20	31.71	14.63	14.63
2018	0.72	0	4.88	7.32	14.63	12.20	24.39	21.95	14.63

  2003~2018年长三角城市群碳排放绩效与土地利用强度的协调度空间分布如图6-5所示。2003年，26.83%的城市处于失调衰退阶段（表6-2），主要聚集在研究区西南部的浙江、安徽部分城市。这些城市受地理环境的限制，土地利用强度相对较低，经济发展以粗放式发展为主，土地利用强度的提高带来了能源投入的增加，对于城市碳排放绩效的负向作用明显。而研究区东北部的江苏沿海城市如盐城、南通等协调度相对较高，已经迈入中度协调型的协调发展阶段。2008年，各市协调度均有所提升，14.63%的城市属于优质协调型，主要分布在研究区西部的苏州、南通等江苏城市，同时江苏整体协调度也达到0.81，属于高度协调型，远高于长三角整体均值。处于失调衰退阶段的城市占比减少至9.76%，达到15年来的最低值。2013~2018年，研究区中西部城市协调度进一步提升，其中上海协调度稳定在0.99，位列长三角城市群第一位。上海市作为世界级城市，

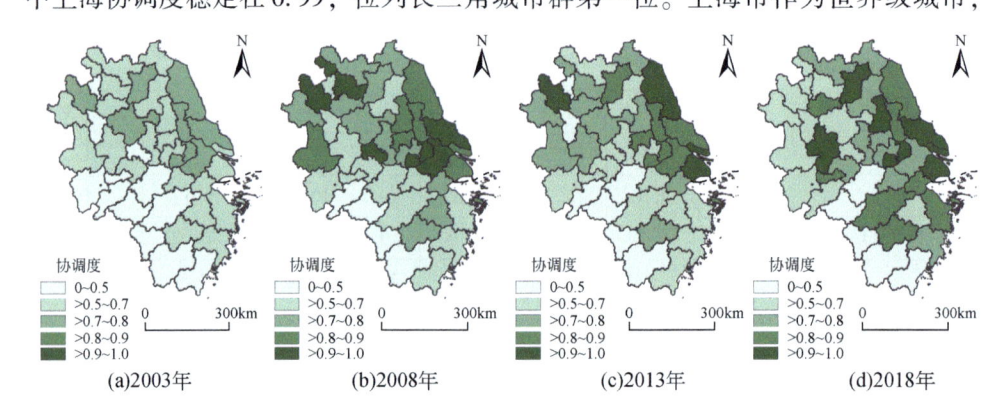

图6-5 2003~2018年长三角城市群碳排放绩效与土地利用强度耦合协调度空间分布

近十年来不断推进高耗能企业外迁，逐渐摆脱了对于原有"土地财政"发展路径的依赖，以第三产业和高新技术为主导的产业形态极大地提高了单位土地面积的经济产出，导致上海虽然在劳动力、能源、资本等投入端有着巨大基数，但GDP在增速方面远高于非期望碳排放，使得上海实现了土地开发与碳排放绩效提升的双赢局面。协调度低值区依然分布在研究区西南部，但相比于2003年，这些城市的协调程度均有上升，处于失调衰退阶段的城市进一步减少，部分城市如金华、杭州等已属于高度协调发展模式。

6.4.4 结论、讨论和政策启示

本书在分析碳排放绩效与土地利用强度耦合协调发展机理的基础上，以长三角城市群为案例，基于超效率SBM模型评估2003~2018年长三角城市群41个地级市的全要素碳排放绩效，根据逐年土地利用数据测度各市土地利用强度，并分析其时空演变格局；进而通过耦合协调度模型阐释城市碳排放绩效与土地利用强度的协调发展特征及其动态演化态势，同时针对处于不同耦合协调发展阶段的城市提出相应政策建议。主要结论如下。

（1）长三角城市群碳排放绩效在时空上均呈现较为明显的两阶段变化，2003~2013年碳排放绩效整体提高，各市碳排放绩效差异逐渐减小，高值区主要集中在浙江、江苏沿海地区，低值区分布零散，主要分布在淮安、连云港，淮南等地。2013~2018年区域整体碳排放绩效均值由0.77小幅下降至0.68，高值区的城市数量有所减少，区域节能减排陷入短暂瓶颈。

（2）2003~2018年长三角城市群土地利用强度整体持续增长，各市土地利用强度差异表现为先增加后缩小的波动变化，在空间上则呈现南低北高的集聚式分布格局，低值区主要集中在研究区南部的浙江部分城市，高值区主要分布在研究区北部，以江苏徐州，安徽淮北、亳州为代表。

（3）长三角城市群碳排放绩效与土地利用强度的耦合协调度整体呈波动上升趋势，低值区主要分布在研究区西南部的浙江、安徽部分城市，高值区主要集中在研究区东北部的江苏沿海城市如盐城、南通等以及上海市。研究区在2003~2007年虽处于磨合过渡阶段，但年均增速较快，处于协调发展阶段的城市占比不断增多，在2008~2018年逐渐迈入协调发展阶段，但由于多种因素的影响，其增长态势有所减缓，在0.7左右波动变化，处于失调衰退阶段的城市进一步减少，区域土地利用低碳调整进入平台期。

本书所使用的土地利用强度测度方法在学界得到了广泛认可，但在实际计算过程中依然存在一定的缺陷：本书延续前人的做法对不同土地利用类型进行土地利用强度赋值，但在行政尺度展开计算时，这样的赋值方法容易造成计算结果的偏差。具体而言，若某市耕地面积占比较大，建设用地面积占比较小，可能会产生与建设用地面积占比较大城市相近的土地利用强度，但他们的实际土地利用状况则截然不同，这是以往研究均忽视的地方。为了弥补该缺陷，本书以省（直辖市）为单位进一步统计了长三角城市群各省市各土地利用类型的面积占比（图6-6），以作为土地利用强度计算的补充。江苏和安徽北部土地利用强度虽然均处于高位，但在实际土地利用类型构成方面仍有差异。二者的耕地面积占比均较多，是土地利用强度较高的主要推力，但安徽土地利用强度的提升更为受到自然因素的限制，其有着26.77%的林地和草地面积，抑制了建设用地扩张的规模，这也造成了安徽土地利用强度虽高，但随着建设用地的逐渐饱和，其提升潜力有限。而江苏地处平原，建设用地的扩张有着更为广阔的空间。2018年江苏建设用地面积占比为18.09%，远高于安徽的9.18%，是江苏土地利用强

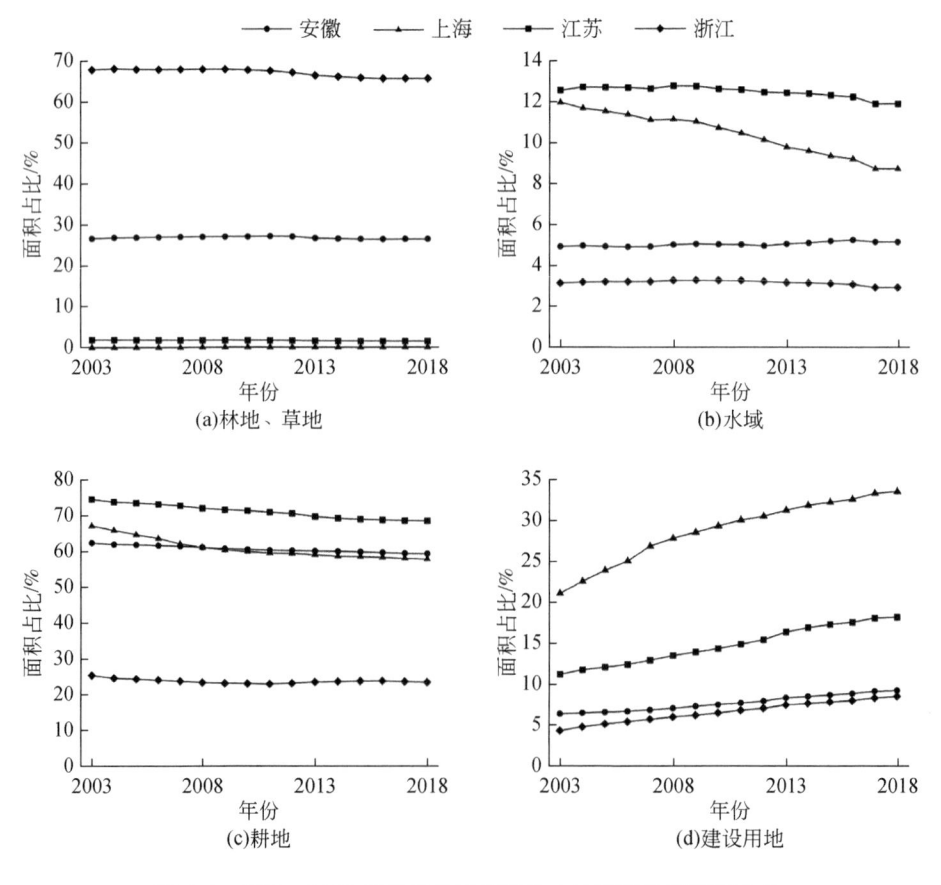

图6-6　2003~2018年长三角城市群各土地利用类型面积占比

度快速提升的核心原因之一。而上海作为研究区最为重要的核心城市，33.41%的建设用地面积占比则是其土地利用强度处于领先位置的关键因素。所以，在行政尺度计算和分析土地利用强度时，必须将各土地利用类型面积占比纳入考虑，以提升分析结果的科学性、实际性和可靠性。

第7章 城市土地开发与碳排放绩效的耦合协调发展特征

7.1 研究综述

土地开发的概念源自农业生产，表示由人类活动或社会经济投入所带来的农业产量提升程度（Liiri et al., 2012）。随着城镇化浪潮自20世纪以来逐渐席卷全球，城镇化水平被普遍视为评估国家或地区发展的重要指标之一，土地开发的概念也由传统农业逐渐延伸至城市建设用地、工业用地等方面（Yin et al., 2020）。相应地，Gong 等（2014）将城市土地开发定义为在一定技术经济条件下，城市土地资源优化利用和土地管理策略改善所带来的社会、经济、环境等产出提高的程度。在概念逐渐明晰的基础上，学者们开始通过一系列方法测度城市土地开发程度，并将其作为城市空间管控的重要组成部分。所用到的研究思路主要分为两种：一种是以建设用地占比（Simwanda and Murayama, 2018）、容积率（Guo et al., 2017）等单一指标来量化；另一种则认为城市土地开发是区域内社会、经济、自然等要素相互影响的结果，包括多维特征（刘艳军等，2018），故倾向于构建多层次的指标体系进行评估。如 Wang 等（2015）从土地利用强度、经济强度等6个方面筛选了32个指标用于测度中国5个发达城市的土地开发程度，一定程度上为之后的相关研究提供了科学范例。

土地开发改变了土地利用的类型、方式、强度以及结构，为社会经济活动提供更多空间载体的同时，也导致了生态碳汇用地的缩减和工业碳排放的增加（Chavunduka et al., 2021），继而影响区域碳排放。随着多源数据的广泛运用，土地开发强度（Wang et al., 2015）、土地供应（Li et al., 2017）、土地利用结构（Chuai et al., 2015）等土地相关指标也被陆续证实显著影响着城市或地区的碳排放水平。大量的学者基于不同的方法和视角来测度或表征不同空间尺度下的碳排放总量、碳汇能力等碳相关指标，如 Hong 等（2021）开发了碳记账模型（BLUE）用于估算全球229个国家或地区1961~2017年的土地利用碳排放总量，Gao 等（2021）基于超效率SBM模型测度了中国28个行业部门的碳排放绩效，Milnar 和 Ramaswami（2020）探究了城市扩张和原位绿化对于城市土地碳储量的影响。随着世界各国低碳行动计划的推进,与其他经济现象类似,碳排放量在不断得到控制的同时也不可避免地带来了边际成本的增加,从而影响了各国 GDP 的增长(Meng and Niu,2012),这就要求政策制定者不断寻求碳减排与 GDP 产出之间的协同。为此,碳排放绩效、碳生产率的概念被陆续提出作为衡量区域低碳发展的重要指标,这些指标也通过自身的响应约束和引导区域土地开发的过程(Wu et al.,2022)。上述研究表明区域碳排放绩效、碳生产率和土地开发存在着一定的相互作用,这为本书引入耦合协调概念(Dong and Li,2021)来评估二者之间的非线性作用关系和协同发展程度提供了理论与实践基础。

Kaya 和 Yokobori(1999)将碳生产率定义为每单位碳排放产生的 GDP 量,用于描述碳排放带来的有益产出(Li and Wang,2019)。随着研究的逐渐深入,He 等(2009)人进一步指出碳生产率的增长可以衡量一个国家应对气候变化的努力程度,通过分析碳生产率的变化趋势可以确定一个国家或地区的未来减排份额。Beinhocker 等(2008)认为,人类需要在未来 40 年内将碳生产力提高 10 倍以实现 IPCC 提出的控制温室气体排放的目标。尽管中国的碳生产率对比发达国家而言相对较低,但其年均增长率高于世界平均水平(Long et al.,2016),且在进一步提升方面有着巨大的空间和潜力。由于提升碳生产率所带来的巨大环境与气候效益,越来越多的研究机构和学者试图从不同的角度寻找影响其变化的主导因素,并有针对性地提出政策建议。如 Deng 等(2022)利用空间杜宾模型发现了电力技术创新对于中国省域碳生产率的提升存在显著的促进作用。Xiong 等(2021)在太湖流域地级市探究了城市化、农业人口、农业结构等指标对于农业碳生产率的影响,进一步丰富了对于碳生产率的理解。

总体而言,目前关于碳生产率与土地利用的研究在逐渐丰富的同时,仍然存在一些不足:在研究对象上,关于碳生产率的研究大量聚焦于如技术创新、生产结构等社会经济指标对于碳生产率的影响,忽视了土地在其中发挥的作用。而基于土地视角的研究,大多针对于土地要素对于碳排放量、碳汇量等单一要素指标的影响,鲜有研究考虑土地开发对于碳生产率的作用。在研究方法上,现存的研究大量基于分解算法或传统计量模型研究该类问题,仅能反映要素之间的单向影响。鲜有研究基于耦合协调视角探究土地与碳之间的交互作用,在忽略二者协调发展可能具有的空间溢出效应的同时,缺乏对于未来发展情况的有效预测。在研究尺度上,由于数据或其他因素的限制,大量研究均是在国家、区域、省市等大的空间尺度展开,研究范围过大且不够聚焦,难以体现县域等微观尺度下的信息。

本书以建设用地人口密度表征土地开发程度,探析城市土地开发与碳生产率的耦合特征,分析耦合协调度的动态演变规律及空间溢出效应;同时,构建了一个包含开发规模、社会化开发、经济化开发、生态化开发 4 个一级指标和建成区面积占比等 13 个二级指标的评价体系来评估土地开发程度，分析城市土地开发与碳排放绩效的耦合关系与协调发展特征，识别影响城市土地开发与碳排放绩效协调发展的关键因素。

7.2 城市土地开发与碳生产率的耦合特征和动态演化

7.2.1 研究数据与区域

本书所使用的数据主要分为两部分：在碳生产率计算方面，本书所使用的县域碳排放数据主要来源于中国碳核算数据库（CEADs），该数据集采用粒子群优化-反向传播（PSO-BP）算法统一 DMSP/OLS 和 NPP/VIIRS 卫星影像的尺度，估算中国各县的 CO_2 排放量，具有较高的精度（Chen et al., 2020）。县级 GDP 数据来源于《中国县域统计年鉴》、各市县统计年鉴以及国民经济和社会发展统计公报，我们将其折算为 2003 年的不变价。在土地开发程度计算方面，本书所使用的县域建设用地面积来源于 Yang 和 Huang（2021）的研究成果，该土地覆被数据集（分辨率为 30m）通过多种方法进行检验，精度与延续性优越。人口数据来源于 LandScan 全球人口数据（分辨率约为 1km）。该数据集由美国橡树岭国家实验室（ORNL）开发，它使用了一种创新的方法，结合了地理空间科学、遥感技术和机器学习算法，是可获得的最佳分辨率全球人口分布数据（Rose and Bright, 2014）。

本书仍以长三角地区为研究区。《长江三角洲区域一体化发展规划纲要》将长三角经济区一体化上升为国家战略，使得长三角地区有望在碳减排政策的制定中发挥主导作用（Yu et al., 2022; Jia et al., 2018）。因此，本书基于 2003~2017 年的土地覆被与社会经济数据，定量评估长三角地区 315 个县历年的碳生产率和土地开发程度，并分析其时空演变格局。在此基础上，耦合协调模型和核密度估计被用于揭示碳生产率与土地开发程度的耦合特征。此外，本书分别构建了传统马尔可夫链转移概率矩阵和空间马尔可夫链转移概率矩阵对二者协调发展的动态演变规律及其所可能具有的空间溢出效应进行了实证分析，并进一步预测了其长期演变和发展的趋势。其研究结果可为优化县域土地利用模式，促进土地低碳利用提供科学参考。

7.2.2 方法与模型

7.2.2.1 碳生产率

本书沿用 Kaya 和 Yokobori（1999）提出的碳生产率概念，以每单位碳排放产生的经济效益来表征碳生产率（Zhang et al.，2018），其表达式为

$$\mathrm{CP}_{it} = \frac{\mathrm{GDP}_{it}}{\mathrm{CE}_{it}} \tag{7.1}$$

式中，CP_{it} 为第 i 个县第 t 年的碳生产率；GDP_{it} 为第 i 个县第 t 年的生产总值；CE_{it} 为第 i 个县第 t 年的碳排放量。

7.2.2.2 土地开发程度

土地开发程度是区域建设用地集约利用程度和人类活动频繁程度的直接体现，其本质上是对区域人口和经济社会承载强度的综合反映（刘艳军等，2018）。因此，本书参考前人研究成果（Li et al.，2022；Zeng et al.，2017），将土地开发程度表示为每单位建设用地所承载的人口量，即建设用地人口密度。其表达式为

$$\mathrm{LUD}_{it} = \frac{\mathrm{POP}_{it}}{\mathrm{CA}_{it}} \tag{7.2}$$

式中，LUD_{it} 为第 i 个县第 t 年的土地开发程度；POP_{it} 为第 i 个县第 t 年的人口总量；CA_{it} 为第 i 个县第 t 年的建设用地面积。

7.2.2.3 耦合协调度模型

耦合是指两个或多个系统之间在各种因素作用下相互影响的现象（Zhou et al.，2017）。基于耦合理论，耦合协调模型被开发用于定量测度系统之间的交互作用以及协调发展的程度（Fang et al.，2022）。本书引入该模型来表征区域碳生产率和土地开发程度之间的非线性作用关系。同时耦合协调度（CCD）的值还能够评估系统之间的协调水平，值越高，代表二者协调发展程度越高，越呈现一种良性循环关系，反之成立。耦合协调度模型表达式见第 6 章式（6.3）~式（6.5）。

7.2.2.4 核密度估计

本书采用核密度估计方法中常用的高斯核函数来分析 2003~2017 年长三角县域耦合协调度（CCD）的演变趋势以及时序特征。其表达式见第 6 章式（6.2）。

7.2.2.5 马尔可夫链转移概率矩阵

核密度估计方法虽然可以描述区域 CCD 的整体分布形态以及演变规律，但依然偏重于反映区域现象的整体静态过程，不能表征区域 CCD 的动态变化。为此，传统马尔可夫链转移概率矩阵被引入来弥补该缺陷。其通过叠加区域内每个个体现象在不同时期的动态演变过程，以反映出每个县区 CCD 所处的级别及其向上或向下转移的流动性（Liao and Wei，2012）。具体计算步骤为：①根据每种类型数量相似的原则（王少剑等，2020），我们将各县区的 CCD 按照全样本四分位数分为四种类型，并重新编码为 $k=1$、2、3、4，k 的值越高代表 CCD 所处的级别越高。②我们构建了一个 $1\times k$ 的矩阵 $G_t = [G_{1,t}, G_{2,t}, \ldots, G_{k,t}]$ 用于存储 t 年份各县 CCD 的状态概率。③结合所有 CCD 类型可以形成一个 $k\times k$ 的转移矩阵 M。M_{ijt} 表示各县的 CCD 在 t 年份属于 i 级别在 $t+1$ 年份转变为 j 级别的概率（Le Gallo，2004）。具体计算公式为

$$M_{ijt} = \frac{n_{ijt}}{n_i} \tag{7.3}$$

式中，n_{ijt} 为在 t 年份属于 i 级别在 $t+1$ 年份转变为 j 级别的县数量总和；n_i 为研究时段内所有年份属于 i 级别的县数量总和。

空间马尔可夫链是传统马尔可夫链与空间自相关或空间滞后这一概念相结合的产物（Rey，2001），可用于分析要素之间由于地理邻近性而可能存在的空间溢出效应，并能够进一步弥补传统马尔可夫链忽视空间相互作用的不足。我们以初始年份 CCD 级别的空间滞后为条件，将 $k\times k$ 的传统马尔可夫链转移概率矩阵分解为 k 个 $k\times k$ 的转移概率矩阵。矩阵中的元素 $P_{k|ij}$ 表示在空间滞后类型为 k 的情况下，区域 CCD 在 t 年份属于 i 级别在 $t+1$ 年份转变为 j 级别的概率。空间单元的空间滞后类型由其空间滞后值来决定，空间滞后值是该空间单元邻域区域属性值的加权平均值。具体计算公式为

$$\text{Lag}_c = \sum_{d=1}^{n} Y_d W_{cd} \tag{7.4}$$

式中，Lag_c 为空间单元 c 的空间滞后值；Y_d 为空间单元 d 的属性值；W_{cd} 为空间邻接矩阵，本书按 queen contiguity weight 生成。

为了验证 CCD 在变化过程中所可能具有的空间溢出效应是否在统计学意义上显著，我们进一步进行了假设检验。原假设为区域 CCD 级别的转移在空间上是相互独立的，不受到邻域类型的影响，具体检验公式为（王少剑等，2015）

$$Q_d = -2\log\left\{\prod_{L=1}^{k}\prod_{i=1}^{k}\prod_{j=1}^{k}\left[\frac{m_{ij}}{m_{ij}(L)}\right]^{n_{ij}(L)}\right\} \tag{7.5}$$

式中，k 为 CCD 的级别，本书中 $k=4$；$n_{ij}(L)$ 为空间滞后类型为 L 的县区数量总

和；m_{ij}为传统马尔可夫链转移概率；$m_{ij}(L)$为空间滞后类型为L的空间马尔可夫链转移概率；Q_d为假设检验统计量，服从自由度为$k(k-1)^2$的卡方分布，在未调整自由度的情况下，自由度为36。

假设在经过一段时期的转移后，区域CCD各级别的占比分布将最终达到一个稳定的状态，即各县所属于的CCD级别不再随着时间的变化而改变，此时对应的概率分布被称为终极状态（Privault，2013）。本书根据极限的定义，通过马尔可夫链转移概率矩阵计算出该终极状态，具体计算公式为

$$\lim_{k\to\infty}\boldsymbol{\pi}(k+1)=\lim_{k\to\infty}\boldsymbol{\pi}(k)M \quad (7.6)$$

$$\sum_{i=1}^{n}\boldsymbol{\pi}_i=1, 0\leq\boldsymbol{\pi}_i\leq 1 \quad (7.7)$$

式中，$\boldsymbol{\pi}$为马尔可夫过程演变的终极状态矩阵；k为CCD的级别，本书中$k=4$；M为$k\times k$的转移矩阵，计算方法见式（7.3）。若$\boldsymbol{\pi}$满足式（7.5），则$\boldsymbol{\pi}$为传统马尔可夫过程的终极状态。同样地，我们将计算传统马尔可夫过程终极状态的方法推广至空间马尔可夫链中，根据该原理计算在不同空间滞后的情况下，马尔可夫过程的终极状态。通过该方法，我们可以预测在空间溢出效应的长期影响下，长三角县域CCD变化发展的趋势以及最终形成的分布格局。

7.2.3 结果与讨论

7.2.3.1 碳生产率时空格局

2003~2017年，长三角地区的碳生产率经历了先下降后快速上升的过程（图7-1）。2003~2009年，长三角的碳生产率呈现逐渐下降的趋势，尤其是在2005年降幅高达8.22%。由于长三角地区经济的快速发展，使得区域GDP呈现飞跃式增长，但与之相对的，以工业为主导的经济结构也带来了巨大的碳排放量，使得碳生产率在该时段内有所下降。2010~2017年，随着低碳转型理念的不断加深，区域碳生产率也随之快速提高，平均增幅为3.92%，尤其是在2013年增幅高达11.43%。从各省市来看，江苏在初始年份的碳生产率相对较高，为1896美元/t，使其在提升碳生产率方面有着天然的优势。但巨大的基数并没有为其带来较高的增长，其碳生产率年均增幅仅为0.25%，远低于区域平均的1.33%，表明其碳生产率提升的潜力逐渐缩小。上海作为世界级的城市，无论是碳排放量的非期望产出还是GDP的期望产出均处于领先水平，也导致了碳生产率在初始年份相对较低，仅为859美元/t。但也正因为上海市有着雄厚的经济实力，其近十年来不断推进高耗能企业外迁，逐渐完善绿色低碳技术，使其碳生产

率快速提升，年均增幅达 3.51%，远高于区域平均水平。浙江碳生产率的年均增幅也相对较高，为 1.79%，并在 2013 年超越江苏，成为长三角地区碳生产率均值最高的省份。安徽碳生产率年均增幅为 0.68%，低于区域均值，总体而言变化较为平稳。

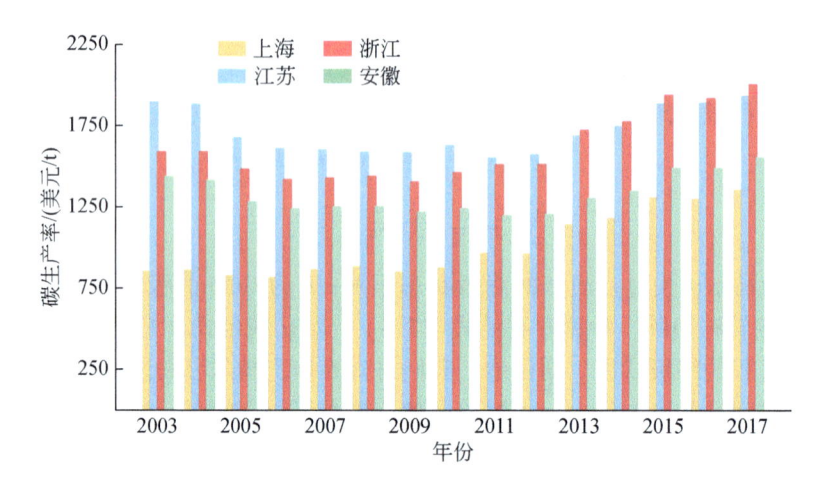

图 7-1　2003～2017 年长江三角洲碳生产率时间序列演化特征

从空间分布上看（图 7-2），长三角地区碳生产率整体呈现由单极增长向多中心空间布局的变化趋势。2003 年碳生产率高值区主要集聚在江苏南部，以苏州、无锡等地的县区为代表，低值区主要分布在安徽西北部。我们进一步计算了区域的莫兰指数（Moran's I），为 0.418，并通过了 1% 的显著性检验，证明了区域碳生产率存在着显著的空间集聚以及空间正相关性。2010 年区域碳生产率整体有所下降，碳生产率空间正相关性有所减弱，但依然呈现中部高，北部低的空间分布格局。2017 年，区域碳生产率整体有所提高。江苏南部的高值区域逐渐扩张至浙江北部，一定程度上体现了空间溢出效应的存在。在浙江南部也出现了多个碳生产率的增长极，区域的莫兰指数进一步提高至 0.457，空间集聚现象不断深化。同时，研究区北部碳生产率较低的县区也得到了一定程度的改善，区域各县区间的碳生产率差异逐步缩小，存在收敛的趋势。

7.2.3.2　土地开发时空格局

2003～2017 年，长三角地区的土地开发程度呈现逐渐下降的趋势（图 7-3），由 2003 年的 1.32 万人/km² 下降至 2017 年的 1.09 万人/km²，年平均降幅为 2.56%。其中，2012 年降幅最高为 5.04%，2015 年降幅最低为 0.53%。从各省市来看，作为中国最发达城市之一的上海，其土地开发程度一直处于较高的水

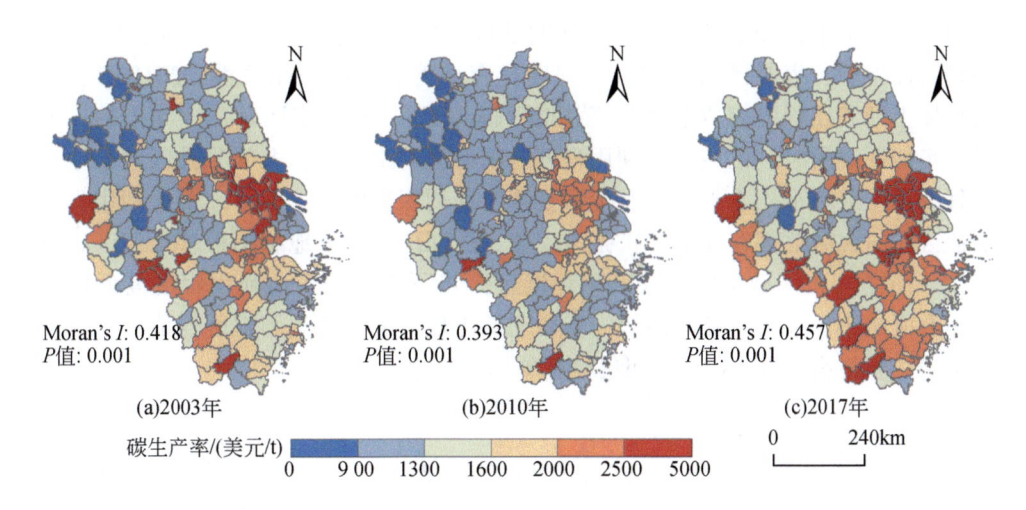

| 第 7 章 | 城市土地开发与碳排放绩效的耦合协调发展特征

Moran's *I*: 0.418　　　　Moran's *I*: 0.393　　　　Moran's *I*: 0.457
*P*值: 0.001　　　　　　*P*值: 0.001　　　　　　*P*值: 0.001

(a)2003年　　　　　　(b)2010年　　　　　　(c)2017年

碳生产率/(美元/t)　　0　900　1300　1600　2000　2500　5000　　0　240km

图 7-2　2003~2017 年长江三角洲碳生产率空间分布格局

平，平均土地开发程度为 1.88 万人/km²。其总体变化趋势平稳，年均降幅仅为 1.23%，且在 2015 年和 2016 年有所提升。浙江在初始年份的土地开发程度相对较高，为 1.34 万人/km²，但在随后的 10 年间快速下降至 0.86 万人/km²，尤其是 2004 年，降幅高达 7.47%。在 2014 年之后，浙江的土地开发程度下降趋势逐渐稳定，整体维持在 0.81 万人/km²。江苏和安徽的土地开发程度也经历了不同程度的下降，年均降幅分别为 2.85% 和 3.76%，高于区域平均降幅。

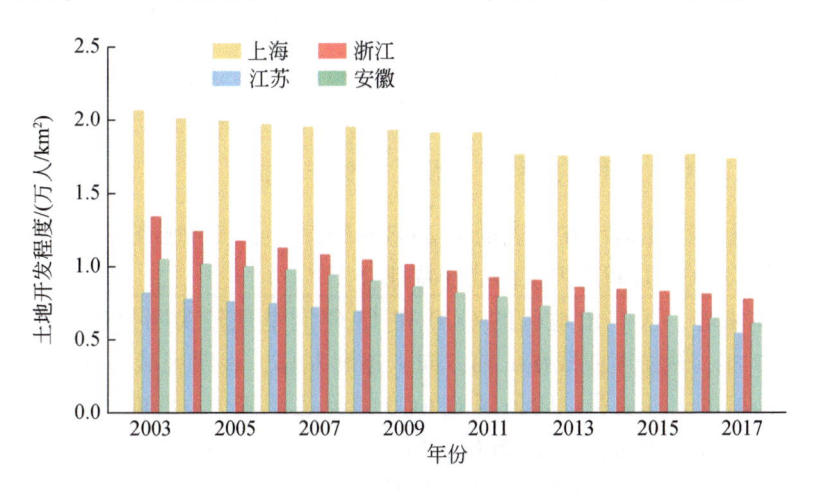

图 7-3　2003~2017 年长三角土地开发时间序列演变特征

从空间分布上看（图 7-4），长三角地区土地开发程度整体呈现北低南高的分布格局。2003 年土地开发程度高值区主要分布在浙江南部以及安徽西南部，

| 127 |

低值区主要集中在安徽和江苏交界处的县区。莫兰指数为 0.532，并通过了 1% 的显著性检验，表明区域土地开发程度具有显著的空间正相关性。2010 年，区域整体土地利用程度有所下降，莫兰指数提高至 0.538，表明其在空间上的集聚进一步加深。同时，区域土地利用程度的高低值差距悬殊，大部分县区的土地利用程度低于区域平均水平，仅有少量县区土地利用程度处于高位。土地利用程度低值区在研究区北部存在显著扩张的现象，浙江南部的土地利用程度高值区有所减少。2017 年，区域整体土地利用程度进一步下降，但土地利用程度高低值的差距有所减小，存在收敛的趋势。安徽北部出现大量土地利用程度低值区，莫兰指数进一步提高至 0.581，空间集聚现象不断深化。

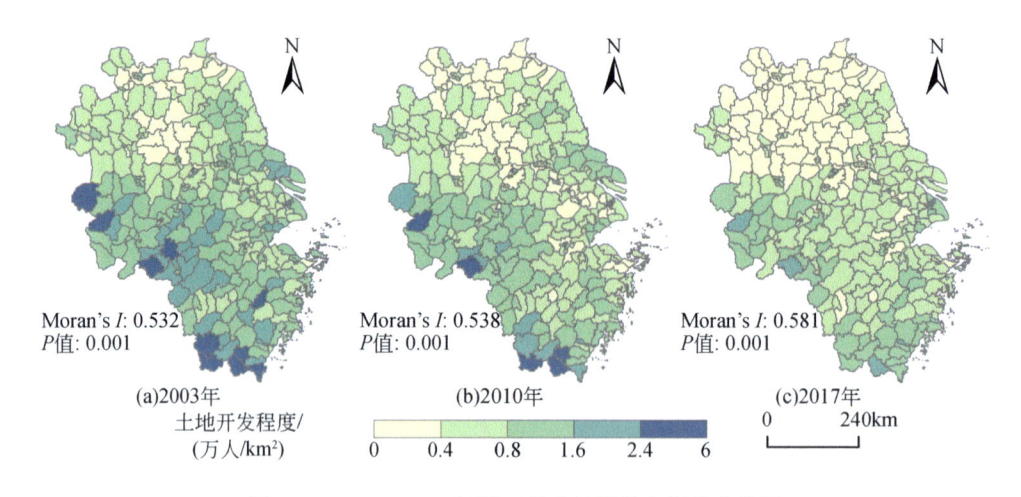

图 7-4 2003～2017 年长三角土地开发空间分布格局

7.2.3.3 碳生产率与土地开发程度的耦合特征

我们利用核密度估计方法表征了 2003～2017 年长三角县域碳生产率和土地开发程度的 CCD 在时间序列上的演变特征（图 7-5）。

从整体来看，长三角地区的 CCD 在 15 年间呈现较为明显的两阶段变化。2003～2007 年，核密度曲线在 x 轴方向上逐渐左移，表明区域 CCD 整体有所下降，曲线波峰的上升表明该阶段区域 CCD 差异逐渐减少，而曲线左拖尾的右移则代表了 CCD 处于低值的县区数量有所减少。2008～2017 年，核密度曲线在 x 轴方向上不断右移，区域 CCD 整体提升明显。曲线右拖尾的右移表明 CCD 处于高值的县区数量不断增多，但曲线波峰的下降表明该阶段区域 CCD 差异有所增大。从各省市来看，江苏和浙江的 CCD 呈现与区域整体相似的变化规律。他们在 15 年间同样经历了先下降后上升的两阶段变化，2003～2007 年核密度曲线波

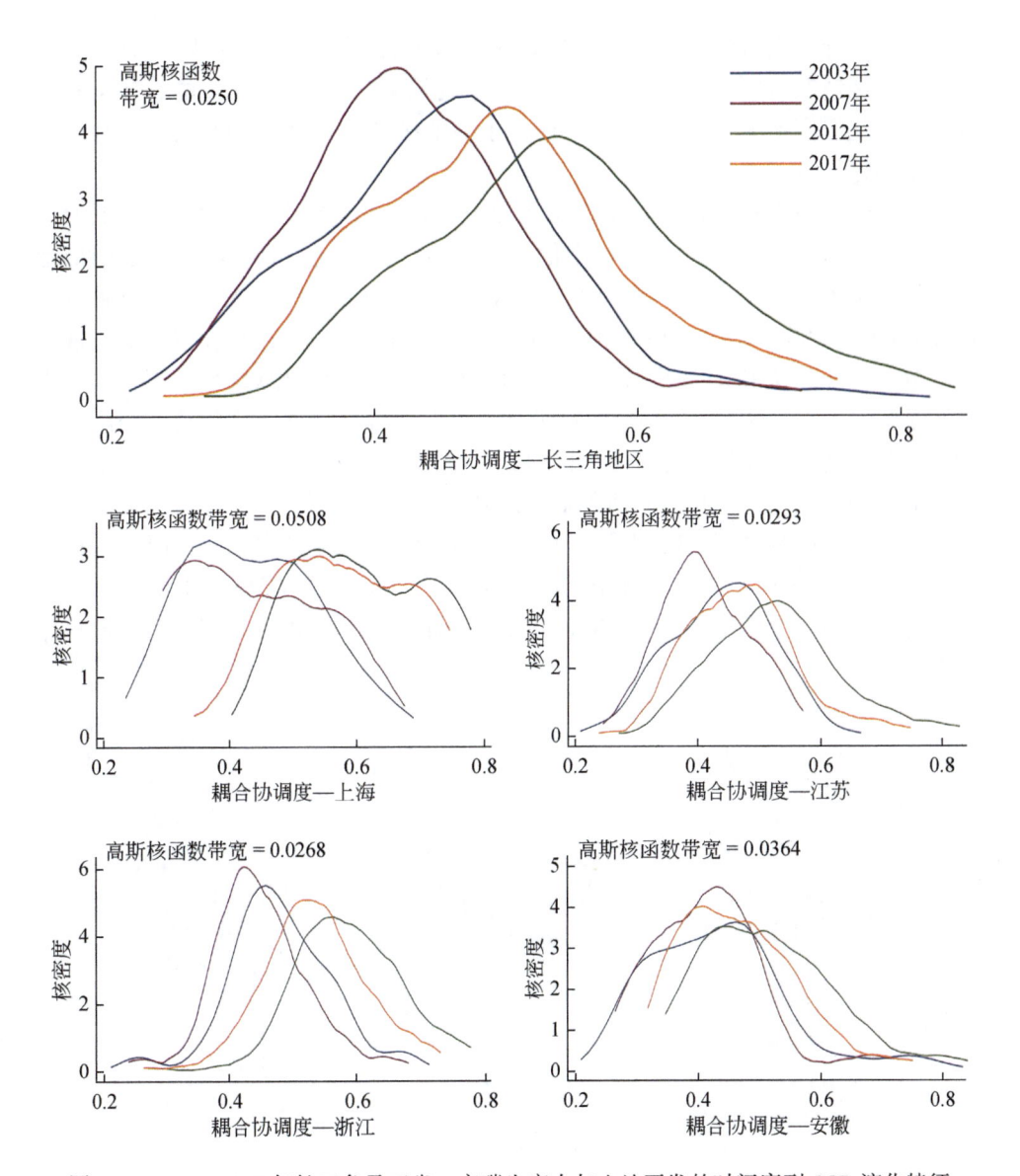

| 第 7 章 | 城市土地开发与碳排放绩效的耦合协调发展特征

图 7-5 2003~2017 年长三角及三省一市碳生产力与土地开发的时间序列 CCD 演化特征

峰向左上方移动，表明两省内县区的 CCD 在下降的同时，差异有所减少。2008~2017 年，曲线持续右移的同时，右拖尾也不断加长，表明两省 CCD 在整体提升的同时，处于高值区县区的数量也不断增多。上海由于样本数量较小，故而存在多个波峰，CCD 整体呈现多极化特征。核密度曲线在 15 年间不断右移，且右拖尾在 y 轴方向上不断上移，表明上海的 CCD 提升显著，但在高值区间存在一定的差异。安徽的核密度曲线在 15 年间左拖尾不断右移，表明 CCD 处于低值区的县区情况有所改善，存在一定的"追赶效应"。此外，曲线的右拖尾整体较薄且变化幅度不大，表明安徽 CCD 处于高值区的县区数量相对较少，且增长势头不明显。

从空间分布上看（图 7-6），安徽北部县区的 CCD 有了明显的提升，低值区数量进一步减少。浙江南部 CCD 高值区进一步扩张至浙江全域以及安徽南部地区，形成组团式分布格局。区域莫兰指数由 0.550 上升至 0.595，且均通过了 1% 的显著性检验，表明区域 CCD 有着显著的空间正相关性，且在空间上呈现集聚式分布特征。从 CCD 级别转移的情况来看，62 个县区 CCD 级别向下转移，占县区总数量的 19.68%，主要集中在研究区中部三省交界处。这些县区经济基础较为薄弱，在建设用地快速扩张的同时，基础设施建设缓慢，外来人口吸引力相对较弱，导致土地开发程度有所降低。此外，由于深受原有产业发展与能源消耗模式影响，这些县区产业转型难度较大，成本较高，碳生产率在一定时间内提升有限。60 个县区 CCD 级别向上转移，占县区总数量的 19.05%，主要分布在东南沿海。其中，上海市 CCD 整体提升显著，向上转移的县区占其县区数量总比的 55.56%。

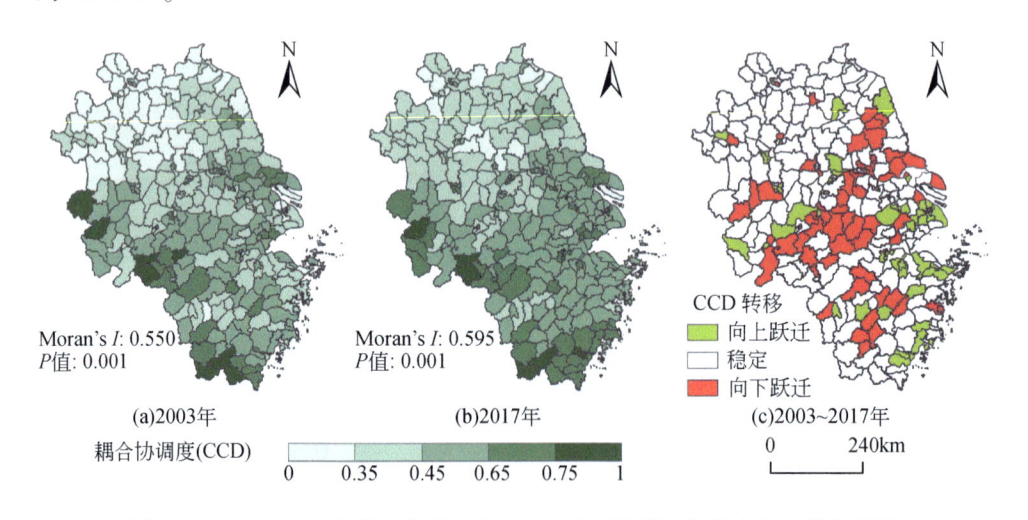

图 7-6　2003～2017 年长三角碳生产力与土地开发耦合协调度空间分布格局

7.2.3.4　碳生产率和土地开发 CCD 的动态演变规律

基于前文对于 CCD 的级别划分，我们首先构建了时间滞后一期的传统马尔可夫链转移概率矩阵探究区域 CCD 的动态演变规律（表 7-1）。根据计算结果可知：①对角线上的转移概率远大于非对角线上的转移概率，一方面表明长三角县域 CCD 级别的转移具有一定程度的稳定性，另一方面也代表各级 CCD 存在不同程度的"俱乐部收敛"现象。②非对角线上较高的转移概率值都紧挨对角线两侧，表明 CCD 级别的演进大概率发生在相邻等级之间。此外，在短期之内，CCD 级别实现"跨越式"发展的概率均小于 0.20%，也从侧面证实了 CCD 级别的转移是一个循序渐进的长期过程。③区域 CCD 动态演变存在"强者恒强，弱者恒弱"的马太效应。初始年份 CCD 较低的县区在未来保持该级别的概率为 95.93%，向上转移的概率最大仅为 3.89%，表明 CCD 较低的县区在实现向上转移方面存在较大的阻力；而初始年份 CCD 较高的县区，在未来年份保持该水平的概率为 95.21%，向下转移的概率仅为 4.70%，一定程度上证实了"高水平垄断"现象的存在。

表 7-1 2003~2017 年长三角碳生产力与土地开发 CCD 的传统马尔可夫转换矩阵

$t/(t+1)$	n	级别 1	级别 2	级别 3	级别 4
1	1106	0.9593	0.0389	0.0018	0.0000
2	1092	0.0394	0.9002	0.0586	0.0018
3	1106	0.0018	0.0588	0.8933	0.0461
4	1106	0.0000	0.0009	0.0470	0.9521

根据地理学第一定律，任何事物都是与其他事物相关的，而在空间上相近的要素之间关联更为密切，具有空间相关性。传统马尔可夫链建立在各样本彼此独立、互不影响的前提下，忽视了各县区在空间上可能存在的关联作用，也没有考虑潜在的空间溢出效应。因此，我们进一步构建了纳入空间滞后条件的空间马尔可夫链转移概率矩阵，探究在不同邻域背景下各县区 CCD 级别发生转移的概率（表 7-2）。根据计算结果可知：①在不同的邻域背景下，CCD 级别转移的概率产生了较为明显的变化，表明地理空间因素在区域 CCD 的动态演进过程中发挥了重要作用。②长三角县域 CCD 整体表现出较为明显的空间溢出效应。具体而言：与 CCD 较低的县区为邻，$P_{1|21}(0.0650) > P_{21}(0.0394)$，$P_{1|32}(0.0714) > P_{32}(0.0588)$，会对该县区的 CCD 产生负面影响，使其向下转移的概率有所提高；反之，与 CCD 较高的县区为邻，$P_{4|34}(0.0844) > P_{21}(0.0461)$，$P_{4|23}(0.1111) > P_{23}(0.0586)$，会对该县区的 CCD 产生带动作用，增加其向上转移的概率。当然我们也根据式（7.5）对这种空间溢出效应进行了假设检验：在 $\alpha = 0.005$ 的置信水平下，$Q_d = 75.72 > \chi^2(40) = 66.77$，拒绝了区域 CCD 级别的转移是相互独立，不受到邻域类型影响的原假设。③邻域背景加强了"俱乐部收敛"现象，与 CCD 级别相同的县区为邻，$P_{1|11}(0.9796) > P_{11}(0.9593)$，$P_{3|33}(0.8963) > P_{33}(0.8933)$，

会使得该县区 CCD 级别保持稳定的概率有所加强，各级别转移概率的变化存在一定的空间惯性。

表 7-2　2003~2017 年长三角碳生产力与土地开发 CCD 的空间马尔可夫转换矩阵

邻域类型	$t/(t+1)$	n	级别 1	级别 2	级别 3	级别 4
1	1	786	0.9796	0.0191	0.0013	0.0000
	2	200	0.0650	0.8950	0.0350	0.0050
	3	84	0.0000	0.0714	0.8810	0.0476
	4	43	0.0000	0.0000	0.0930	0.9070
2	1	216	0.9074	0.0880	0.0046	0.0000
	2	447	0.0403	0.9083	0.0515	0.0000
	3	303	0.0000	0.0627	0.9010	0.0363
	4	150	0.0000	0.0067	0.0667	0.9267
3	1	88	0.9091	0.0909	0.0000	0.0000
	2	310	0.0290	0.9097	0.0613	0.0000
	3	482	0.0041	0.0664	0.8963	0.0332
	4	290	0.0000	0.0000	0.0483	0.9517
4	1	16	0.9375	0.0625	0.0000	0.0000
	2	135	0.0222	0.8593	0.1111	0.0074
	3	237	0.0000	0.0338	0.8819	0.0844
	4	623	0.0000	0.0000	0.0385	0.9615

7.2.3.5　碳生产率和土地开发 CCD 长期演变趋势预测

我们根据公式（7.6）计算了长三角县域 CCD 在经过多次转移之后达到平衡状态时的各级别占比分布情况，从而有效预测了区域 CCD 的长期演变和发展趋势（表 7-3）。在不考虑空间滞后的情况下，长三角县域 CCD 将随着时间的推移缓慢向高阶状态转移，最终级别 3 的县区占比最多为 29.08%，级别 2 的县区占比最少为 21.76%。而在不同的邻域背景下，各级别的县区数量占比也有着极大区别。长期与级别 1 的县区为邻，会使得区域 CCD 整体下降明显，最终级别 1 的县区占比将高达 61.65%，使得区域整体陷入碳生产率后退，土地开发停滞的恶性循环。长期与级别 4 的县区为邻，能够充分发挥 CCD 高值县区的带动作用，通过正向的空间溢出效应，推动区域 CCD 整体发展。最终级别 4 的县区占比将达到 61.83%，级别 1 的县区占比仅剩 2.79%，区域 CCD 的"马太效应"逐渐消失，各县区 CCD 逐渐向高值区间收敛，从而形成碳生产率提升和土地开发格局优化的双赢格局。

表7-3　2003~2017年长三角碳生产力与土地开发CCD长期演变趋势预测

	邻域类型	级别1	级别2	级别3	级别4
传统的马尔可夫转移矩阵		0.2208	0.2176	0.2908	0.2708
空间马尔可夫转移矩阵	1	0.6165	0.1931	0.1191	0.0713
	2	0.1644	0.3779	0.3061	0.1516
	3	0.1271	0.3539	0.3075	0.2115
	4	0.0279	0.0784	0.2754	0.6183

7.2.4　讨论

7.2.4.1　长三角地区土地开发的特征

作为区域社会经济发展的空间载体，土地在城镇化进程中的任何时段都有着不可替代的地位。与以往通过人口密度来衡量土地开发水平的研究不同，本书将土地开发程度归结于人口与建设用地同步增长的比率，是一种更为动态的指标，能够带来更为丰富的信息（Ehrlich，2018）。与之相关的研究在世界各地均有开展（Gao and O'Neill，2020；Shlomo et al.，2011；Hase et al.，2013），土地开发程度的持续下降在世界多个国家或地区被证实，并已逐渐成为一种全球趋势（Xu et al.，2019）。

在过去的几十年中，中国经历了前所未有的城镇化过程，城市人口大量增加，城市土地扩张规模大且迅速。长三角地区作为中国最为发达的城市群之一，其土地开发的趋势很大程度上代表了中国城镇化的前进方向。其在15年间总体呈现逐渐下降的趋势，具体表现为建设用地扩张的速度（年均增幅3.48%）高于人口增长的速度（年均增幅0.75%）（图7-7）。这一方面符合土地开发程度逐渐下降的全球趋势，同时也与Zhao等（2015）对于中国城市开展的研究结果相似。主要原因有两点，一是长三角地区经济需求的快速提高导致了对土地资源需求的激增。通过建设用地的快速扩张以流转土地使用权不仅可以满足地方政府的财政需求，还能够为日益增长的各种经济社会活动提供足够的承载空间，类似的发展方式在柬埔寨、越南等发展中国家也曾出现。二是政策和市场同时作用，影响了区域人口的增长。中国在1980~2015年实行独特的计划生育政策，从生育层面直接影响了区域人口的增速。此外，根据经典的土地地租理论，长三角地区在经济发展、公共服务能级、交通区位条件等方面有着领先全国的水平，带动了土地价格的增长，使得区域房价整体处于高位，在间接影响区域生育率的同时，也在一定程度上限制了外来人口的流入。

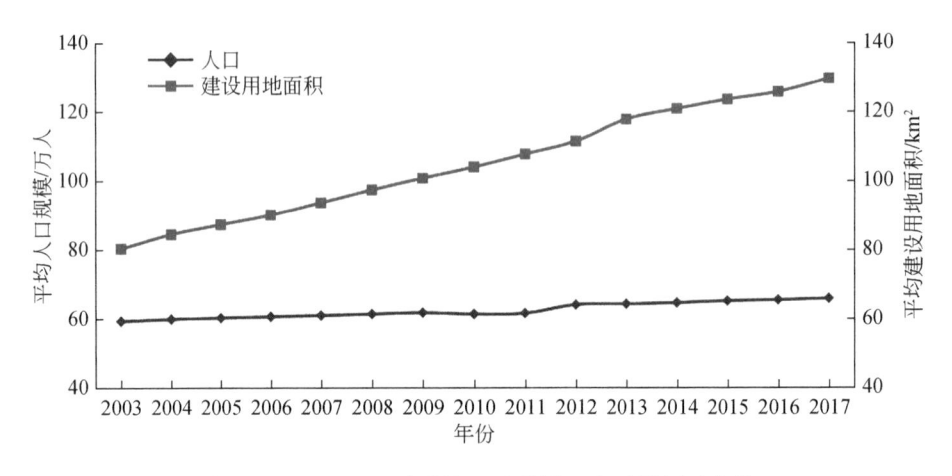

图 7-7 2003~2017 年长江三角洲人口与建设用地变化

7.2.4.2 碳生产率和土地开发的耦合机制

尽管土地开发程度的下降在全球范围内普遍存在，但学界依然呼吁更高建设用地人口密度的城市发展模式。联合国可持续发展目标（SDGs）中提到要实现人口增长率高于建设用地扩张速度的发展目标，相关研究也表明紧凑的城市发展能够促进城市能源消耗的减少（Güneralp et al., 2017），而城市人口密度的提升能够有效降低城市碳排放（Shweta 和 Kennedy, 2015）。为了实现碳生产率和土地开发的协同提升，我们创新性地探究了二者的耦合特征，并从理论层面分析我们所得到的结果：在现代社会经济发展初期，区域碳生产率和土地开发均处于一种无序的发展模式，CCD 相对较低，主要出现在研究时段早期安徽西北的部分县区。由于城镇化推进的需求，建设用地迅速扩张，造成了耕地与生态用地面积的锐减。建设用地的扩张伴随着以工业为主导的产业结构逐渐形成，虽然在短期内产生了较大的碳排放，但足以使得区域 GDP 飞速增长，碳生产率因此而提升。与此同时，劳动密集型工业的发展产生了巨大的劳动力需求，加速了外来人口的流入，使得区域土地开发程度也处于上升趋势。这是一种以能耗换经济的落后发展模式，在美国等发达国家或地区发展初期也曾出现，会对环境直接或间接产生较大负面影响，并不具有可持续性。

随着城镇化的进一步发展，建设用地依然处于快速扩张的状态，但政府已经有意识地开始控制建用地的规模。此外，交通、医疗等基础设施的不断建设推进住房价格持续走高，减缓了人口的增长，区域土地开发程度在该阶段提升有限，并开始出现下降现象。与此同时，低碳城市建设的理念也逐渐得到政府的重视，碳生产率作为低碳发展的重要衡量指标开始限制和引导城市土地的开发。在墨西哥、印度等发展中国家也正在进行着同样的实践（Murshed et al., 2022）。一方面，经济结构不断得到调整，工业经济占比有所减少，高污染、高排放的工业企业逐渐退出市场；另一方面，能源结构也随之得到优化，非化石能源消费占比不断提升，使得碳排放量在得到控制的同时，经济效益也有所提高。在这一阶段，碳生产率和土地开发开始有意识地协同共进，CCD 处于一个中等的发展水平。研究区大部分县区均处于该发展阶段。

而当区域城镇化逐渐进入后期阶段时，建设用地需求不断饱和，各用地类型空间占比趋于稳定。区域内一些较为发达的城市率先形成紧凑式的发展格局，城市建设用地人口密度有所提升，同时伴随着城市绿化、服务业、交通医疗等一系列基础设施建设的完善，土地开发程度进一步加深。而在社会经济方面，由于建设用地的布局调整，高碳排的企业逐渐被市场淘汰，能源绿色转型成效显著，低碳经济模式日益形成，能够在确保 GDP 增速的同时有效降低能源碳排放以提高区域碳生产率。在这一阶段，碳生产率和土地开发协调发展，CCD 稳定处于较高水平，形成了一种低碳可持续的良性循环，共同助力区域"双碳"目标的实现。研究区内上海、杭州、苏州等发达城市的部分县区已经初具这种高质量发展的雏形。

7.2.4.3 将空间溢出效应纳入县域土地利用低碳化管理

空间溢出效应是指基于地点的邻近性产生的空间外部性，即一个单元的发展会受到邻域单元的影响（Zhang et al., 2018）。本书通过空间马尔可夫链证实了县域碳生产率和土地开发协调发展具有显著的空间溢出效应，这也是以往研究所忽视的部分。这种空间溢出效应的存在可能有三种原因：第一，长三角地区作为中国最为发达的地区之一，具有较高的市场化水平，统一市场的完善加深了县区之间经济要素的流动。如上海等特大城市的先进技术在开放经济的背景下逐渐流入周边地区，使其碳生产率得到很大程度的改进，促进了区域低碳一体化发展。另一方面，上海等新兴发达城市正在经历如东京等老牌发达城市都曾面临的大城市病。但与他们不同的是，上海有着更为优越的邻域背景，长三角城市群整体较高的发展水平足以支撑其引导人口向郊区、重点小城镇和临沪城市合理分布，从而直接提高了周边区域的土地开发水平。第二，环境法规和土地开发政策的差异也有助于溢出效应。政策创新的边际效用递减促使地方政府间的制度学习和模仿，使得区域的土地开发模式在演进中不断和周边邻居协同，这种现象在世界各地普遍存在。第三，在县域这种微观尺度的视角下，相邻县区在工业发展、经济转型、土地开发等项目上的合作更为密切。这种合作会使得相邻县区的低碳发展荣辱与共，不断趋同。

因此，县域土地开发管理以及低碳发展策略的制定与实践不能局限于个别县区，应该将空间溢出效应纳入考虑范畴。对于发达城市如上海、杭州等CCD较高的县区，其经济基础较好，土地开发水平较高，在建设用地指标逐渐饱和的背景下，应当进一步调整产业结构，发展绿色低碳产业，从而降低能源投入，提高碳生产率。同时，发挥大城市的辐射作用，向周边发展相对落后的县区提供技术、经济、政策支持，促进长三角城市群低碳一体化发展。对于发达城市周边的县区，一方面应当合理借助外力作用，不断加强与CCD高值县区在技术、产业、经济等多方面的交流合作，促进产业转移承接与协作，以提高自身能源技术；另一方面自身也要不断优化城镇空间布局，完善公共基础设施建设，吸引更多人才与劳动力流入，以提高土地开发的深度与质量，从而逐步打破碳生产率和土地开发协调发展的"路径依赖"。对于CCD相对较低的县区（主要在安徽和江苏北部），应当统筹考虑建设用地的存量和增量，发展具有县区特色的低能耗、低污染产业，不断转变碳生产率较低的产业结构，积极培育新的CCD增长极，并以此带动周边区域的低碳转型。同时，应当向发达县区汲取先进的城乡低碳发展理念，根据自身的经济发展水平设立相应的碳减排目标，并与区域其他县区联动，在整体层面形成协同减排效应。

7.2.4.4 研究创新、不足和未来方向

作为关联人类社会经济和自然生态环境的耦合系统，土地利用管理在国家或城市的碳减排过程中发挥的作用不言而喻。相比于以往从技术、产业结构等社会经济层面开展的对于碳生产率影响因素的研究，本书创新性地从土地利用的视角切入，探究了区域碳生产率与土地开发的交互作用，并结合实证结果归纳了二者的耦合协调机制，为进一步探究土地–碳关系提供了新思路和理论指导。此外，本书在分析碳生产率和土地开发的耦合特征时，没有局限于静态的、独立的空间分析过程，而是进一步考虑了其所具有的空间相关性与空间溢出效应，并进一步预测了其长期演变和发展的趋势，这在以往的研究中较为少见，能够为以后的相关研究提供一定的方法借鉴。同时，在实际应用价值上，我们一方面将研究尺度缩小到了县级，这是中国国民经济的基本单位，也是实现中国经济低碳转型的主要载体，能够反映更为微观且具体的信息。另一方面，我们在提出土地利用低碳化管理策略时将空间溢出效应纳入了考虑范畴，在一定程度上可为长三角地区低

碳一体化发展提供方向性指导。

当然，本书也存在一些不足，值得在未来的研究中进一步探索。本书基于碳排放数据以及 GDP 数据，探索了县域碳生产率的时空演变格局。虽然在研究尺度上更为微观且聚焦，但碍于数据获取的限制，对于碳生产率的计算依然有些笼统。在未来的研究中，可以考虑进一步将碳生产率的指标进行细化与分解，在县级尺度探究工业、农业等不同行业碳生产率的变化。此外，本研究虽然通过耦合协调模型量化了碳生产率和土地开发的交互影响，并分析了二者耦合的机制，但他们之间的因果关系依然值得更为深入地探讨。在未来的研究中可以考虑使用因果推断等方法进一步探究二者之间的相互作用。

7.3 城市土地开发与碳排放绩效的耦合特征和影响因素

7.3.1 研究数据与区域

本书所使用的数据主要分为两部分：在城市土地开发测度方面，本书所使用的 2003~2021 年土地利用数据来源于 Yang 和 Huang（2021）的研究成果，该数据集通过多种方法进行检验，精度与延续性优越。社会经济数据来源于相应年份的《江苏统计年鉴》以及各市统计年鉴。在碳排放绩效测度方面，本书基于投入产出的全要素视角测算江苏省各地级市碳排放绩效，将劳动力、资本、能源视为投入要素，各城市的生产总值视为期望产出，各城市的碳排放量视为非期望产出。其中，劳动力投入由城市年初与年末就业人数的均值表征；资本投入由资本存量进行表征，由于统计年鉴中未直接提供资本存量数据，本书参考张军等（2004）的研究成果，利用永续盘存法进行计算，并将其平减为 2000 年不变价的可比序列；由于各城市在能源消费统计数据方面存在出入与部分缺失，本书参考前人做法（Zhang，2019），将城市全年用电总量作为能源投入。期望产出由各城市的 GDP 表征，为了降低通货膨胀的影响和增强数据的可比较性，同样将 GDP 折算为 2000 年不变价。各城市的碳排放量参考周迪等（2019），将石油、天然气、电力等能源消耗乘以对应排放系数进行测算。上述数据均来源于相应年份的统计年鉴。

本书以地处长三角地区的江苏为研究区。江苏下辖 13 个地级市，土地面积约为 10.72 万 km^2，按照区域差异可划分为苏北（徐州、连云港、宿迁、淮安、盐城）、苏中（扬州、泰州、南通）、苏南（南京、镇江、常州、无锡、苏州）三个地区。江苏综合发展水平位居全国前列，拥有全国最大规模的制造业集群。其人均 GDP 自 2009 年以来连续位居中国首位，是中国经济最活跃的省份之一，一定程度上代表了中国经济发展的前沿方向。江苏在过去的十几年间经历了快速的城镇化过程，是中国城镇化的先行者。在此期间，其社会经济活动所产生的碳排放量也不断提升，全省碳排放总量由 2003 年的 2.18 亿 t 增加到 2021 年的 6.19 亿 t，增长率为 183.94%，经济发展与碳减排的矛盾日益突出。因此，探究江苏城市土地开发与碳排放绩效的耦合关系可为其他落后城市或区域的低碳转型提供经验借鉴。此外，江苏虽然是中国唯一一个所有地级市均位于全国一百强的省份，但各地级市的发展状况与具体特征仍有着极大的差异，区域发展不协调问题突出：2018 年，苏北、苏中、苏南的城镇化率分别为 63.2%、66.8% 和 76.8%，碳排放占全省比例分别为 27.77%、12.73% 和 59.50%。苏南的生产总值是苏北与苏中之和的 1.3 倍，而苏北的第一产业总产值是苏南的 2.4 倍（https://tj.jiangsu.gov.cn/2019）。因此，分析不同城市土地开发程度和碳排放绩效水平，可以有针对性地提出政策建议，从而为协调区域低碳一体化发展提供科学依据。

7.3.2　方法与模型

本书基于开发规模、社会化开发、经济化开发、生态化开发 4 个维度构建指标体系综合评估江苏省 13 个地级市的城市土地开发程度，通过超效率 SBM 模型评估各城市的碳排放绩效。在此基础上，利用耦合协调模型和脱钩模型，将耦合与脱钩过程相关联，分析城市土地开发与碳排放绩效的耦合关系与协调发展特征。最后，采用灰色关联模型量化城市土地开发各项指标与耦合协调度的关联性，识别影响城市土地开发与碳排放绩效协调发展的关键因素，并据此提出明确的、有针对性的、科学的城市低碳土地管理策略。具体研究框架如图 7-8 所示。

7.3.2.1　城市土地开发评价指标体系

为了更为全面地评估江苏省各城市土地开发程度，本书结合地区实际情况，并参考先前诸多学者的研究成果（Gong et al., 2014；Wang et al., 2015），构建了一个包含开发规模、社会化开发、经济化开发、生态化开发 4 个一级指标和建成区面积占比等 13 个二级指标的评价体系（表 7-4），二级指标的具体含义来源于统计年鉴与相关文献。

第 7 章 | 城市土地开发与碳排放绩效的耦合协调发展特征

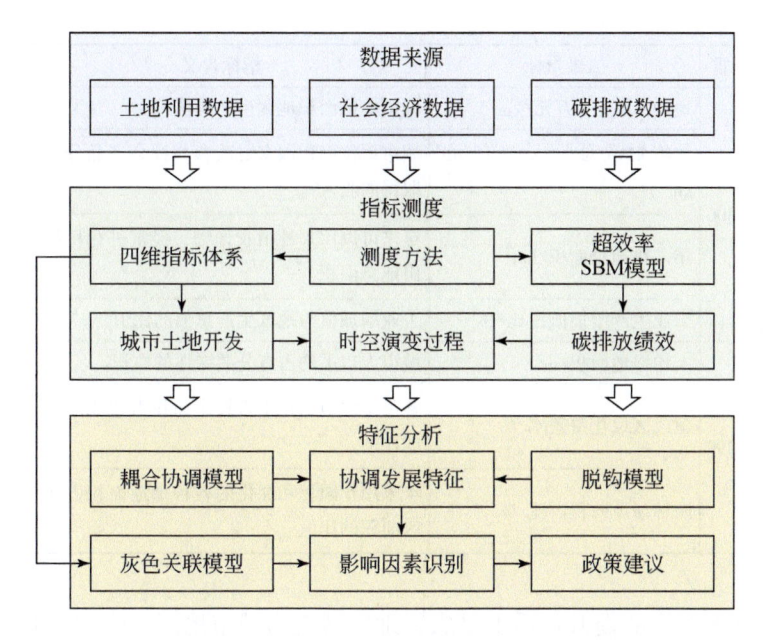

图 7-8　城市土地开发与碳排放绩效耦合关系与协调发展特征研究框架

表 7-4　城市土地开发评价指标体系

一级指标	权重	二级指标	指标含义	权重
开发规模	0.225	建成区面积占比/%	实际已成片开发建设、市政公用设施和公共设施基本具备区域的面积占城市总面积的比值	0.574
		人口密度/（人/km²）	城市单位土地面积上居住的人口数量	0.177
		土地利用强度	人类对于各用地类型开发和利用的深度，具体计算方式见韩增林等（2020）的研究	0.249
社会化开发	0.170	人均道路面积/m²	城市道路用地总面积与总人口的比值	0.299
		每万人拥有公共汽电车/辆	按城市人口计算的每万人平均拥有的公共汽电车辆标台数	0.158
		房地产开发投资额/万元	房屋建筑物和配套服务设施统一开发的投资额	0.543

续表

一级指标	权重	二级指标	指标含义	权重
经济化开发	0.306	地均GDP/（万元/km²）	城市单位面积地区生产总值	0.367
		地均财政总收入/（亿元/km²）	城市单位面积国家财政参与社会产品分配所取得的收入	0.185
		年末耕地总面积/hm²	年末可以用来种植农作物、经常进行耕锄的田地总面积	0.212
		工业生产增加值占比/%	工业增加值与地区生产总值的比值	0.236
生态化开发	0.299	人均绿地面积/m²	城市人口平均占有公共绿地的面积	0.195
		建成区绿化覆盖率/%	各类型绿地绿化垂直投影面积占建成区面积的比值	0.311
		园林绿地面积占比/%	年末用作园林和绿化的各种绿地面积占建成区面积的比值	0.494

　　土地开发规模的提升本质上是农村地区转变为城市地区，农业用地非农化以及生态用地资源开发的过程，其最为典型的特征是建设用地的扩张。因此，选择了与之相对应的建成区面积占比作为评价指标之一。人口城市化是城市化的本质，城市人口密度的增长会极大提高对于建设用地的需求，是土地开发规模提升的主要动力（Wang et al., 2019）。故而人口密度被选择作为土地开发规模表征的二级指标之一。此外，土地利用强度反映了人类对于各用地类型开发和利用的深度，土地利用强度越高代表该城市建设或生产用地面积占比越高，是能够反映土地开发规模的代表性指标之一（冯新惠等，2023）。土地社会化开发是指城市土地在开发过程中所提供的各种空间承载，物质和精神保障的能力，在一定程度上反映了城市人民生活的价值取向（Timilsina et al., 2019）。因此，参考相关研究（Koide et al., 2021；Liiri et al., 2012），对应选取了人均道路面积、每万人拥有公共汽电车和房地产开发投资额三项指标，分别代表土地开发所能为城市居民提供的交通运输、公共服务和居住承载能力。土地经济化开发的主要目标是更为高效地利用城市土地以获得更高的经济产出。因此，对应选择了地均GDP、地均财政总收入来反映土地开发所带来的经济产出与政府收入。此外，工业与农业依然是目前中国城市发展所主要依赖的产业类型（Zhang et al., 2020）。因此，参考相关研究（Yin et al., 2020），进一步对应选择了年末耕地总面积、工业生产增加值占比两项指标来进行表征。土地生态化开发的主要特征是通过一定的环保投资，使城市生态空间得到有效保护和适度扩张。而城市绿地、园林等作为区域生态空间的重要组成部分，是土地生态化开发的关键对象。因此，对应选择了人均

绿地面积、建成区绿化覆盖率、园林绿地面积占比三项指标来表征。此外，本书基于 SPSS 软件对所有二级指标进行共线性检验，结果表明指标间的相关系数均显著小于 0.75，且方差膨胀因子（VIF）均在 10 以下，即指标间不存在冗余和多重共线性问题。

为了消除各项指标的数量级和量纲差异，本书对所有基础数据进行了标准化处理。在此基础上，将主观和客观赋权法相结合，同时采用层次分析法和熵权法对各项指标进行赋权，并通过最小信息熵原理对主客观权重进行综合（冯雨雪和李广东，2020），以确定最终权重。最后，采用综合评价法测度各城市的土地开发程度。

7.3.2.2 超效率 SBM 模型

本书引入超效率 SBM 模型来测度各城市的碳排放绩效（Tone，2002）。该模型计算所得的效率值可以超过 1，能够对所有决策单元进行有效排序。具体计算公式见张展等（2022）的研究。

7.3.2.3 耦合协调模型

耦合协调度模型表达式见第 6 章式（6.3）~式（6.5）。

7.3.2.4 脱钩模型

脱钩模型可以进一步测试当前耦合状态的未来趋势。通常被用于描述经济发展与环境压力之间的关系。本书引入 Tapio 脱钩模型来刻画研究时段内各市土地开发与碳排放绩效之间交互影响的复杂关系（李咏华等，2022）。该模型依托于变化率进行计算，能够反映二者在时间维度上的相对变化情况，是对耦合协调模型的补充，能够反映更为丰富的信息。其表达式为

$$\varphi_{\mathrm{TC}} = \frac{\Delta \mathrm{CE}/\mathrm{CE}_{t-1}}{\Delta \mathrm{LD}/\mathrm{LD}_{t-1}} = \frac{(\mathrm{CE}_t - \mathrm{CE}_{t-1})/\mathrm{CE}_{t-1}}{(\mathrm{LD}_t - \mathrm{LD}_{t-1})/\mathrm{LD}_{t-1}} \tag{7.8}$$

式中，φ_{TC} 为脱钩系数；CE_t 和 CE_{t-1} 分别为第 t 年和第 $t-1$ 年的碳排放绩效；LD_t 和 LD_{t-1} 分别为第 t 年和第 $t-1$ 年的城市土地开发程度。根据 φ_{TC}、$\Delta \mathrm{CE}$ 和 $\Delta \mathrm{LD}$ 的值，会产生三大类、八小类的脱钩状态，具体如表 7-5 所示。

表 7-5 城市土地开发与碳排放绩效脱钩状态的划分标准

	脱钩状态	$\Delta \mathrm{LD}$	$\Delta \mathrm{CE}$	φ_{TC}	实际意义
脱钩	弱脱钩	>0	>0	$0 \leq \varphi_{\mathrm{TC}} < 0.8$	城市土地开发程度增速大于碳排放绩效增速
	衰退脱钩	<0	<0	$\varphi_{\mathrm{TC}} > 1.2$	城市土地开发程度降幅小于碳排放绩效降幅
	强脱钩	>0	<0	$\varphi_{\mathrm{TC}} < 0$	城市土地开发程度增加，碳排放绩效减小

续表

脱钩状态		ΔLD	ΔCE	φ_{TC}	实际意义
负脱钩	扩张负脱钩	>0	>0	$\varphi_{TC}>1.2$	城市土地开发程度增速小于碳排放绩效增速
	强负脱钩	<0	>0	$\varphi_{TC}<0$	城市土地开发程度减小，碳排放绩效增加
	弱负脱钩	<0	<0	$0\leqslant\varphi_{TC}<0.8$	城市土地开发程度降幅大于碳排放绩效降幅
连接	衰退连接	<0	<0	$0.8\leqslant\varphi_{TC}\leqslant1.2$	城市土地开发程度与碳排放绩效降幅相当
	扩张连接	>0	>0	$0.8\leqslant\varphi_{TC}\leqslant1.2$	城市土地开发程度与碳排放绩效增速相当

7.3.2.5 灰色关联模型

灰色关联模型可以基于较小的样本量分析两个系统在动态变化过程中的一致性，并反映他们之间的相关程度，以此识别影响目标变量的关键因素（郑德凤等，2021）。本书将各城市的耦合协调度作为母序列，城市土地开发的评价指标作为特征序列，利用该模型识别影响城市土地开发与碳排放绩效协调发展的关键因素。为了消除量纲差异对结果的影响，先对各项数据进行标准化处理。灰色关联模型的具体表达式为

$$\gamma(x_0(k),x_i(k))=\frac{\min_i\min_k|x_0(k)-x_i(k)|+\xi\max_i\max_k|x_0(k)-x_i(k)|}{|x_0(k)-x_i(k)|+\xi\max_i\max_k|x_0(k)-x_i(k)|} \quad (7.9)$$

$$\gamma(X_0,X_i)=\frac{1}{n}\sum_{k=1}^{n}\gamma(x_0(k),x_i(k)) \quad (7.10)$$

式中，$\gamma(x_0(k),x_i(k))$ 为 x_i 对 x_0 关于 k 指标的灰色关联系数；ξ 为分辨系数，本书中 $\xi=0.5$；x_0 为母序列；x_i 为特征序列；$\gamma(X_0,X_i)$ 为两个序列之间的关联度，即二者之间的相关性，体现了特征序列对于母序列的影响力度。

7.3.3 结果与分析

7.3.3.1 土地开发时空演变特征

从整体来看，江苏的平均城市土地开发程度在2003~2021年经历了先下降后上升的变化过程（图7-9），其在2006年达到最低值0.296，而在随后的6年以年均3.53%的增速快速上升至0.352，并逐渐保持平稳态势。从各区域来看，虽然苏北地区的城市土地开发程度在研究时段内普遍偏低，但呈现有序上升的良好趋势，由2003年的0.180提高至2021年的0.271，年均增长率为2.30%。主要原因在于苏北地区城镇化水平相对较低，工业基础较为薄弱，在研究时段早期

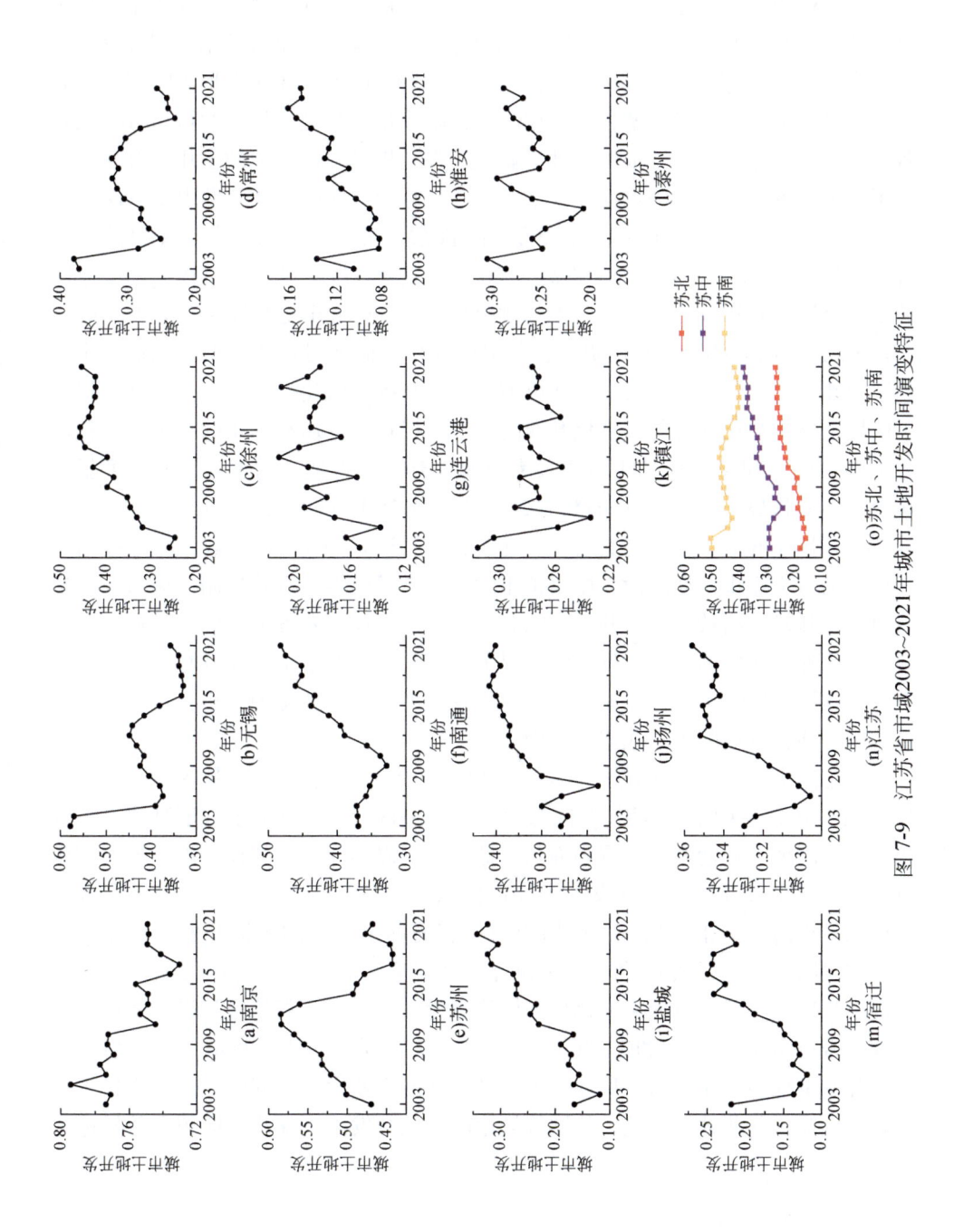

| 第 7 章 | 城市土地开发与碳排放绩效的耦合协调发展特征

图 7-9 江苏省市域2003~2021年城市土地开发时间演变特征

以农、渔业为主导产业。因此，其土地开发各项指标均低于区域平均水平。但中央和地方政府的政策倾斜与丰富的资源优势使该地区土地开发程度迅速提升，2009年国务院通过的《江苏沿海地区发展规划》更是提出将苏北地区打造成我国东部沿海地区新的经济增长点。相应地，以徐州、盐城为代表的城市分别依赖各自丰富的交通、海洋等资源推进工业化进程，积极实现土地的多用途开发，带动了土地开发规模与经济化开发水平的提升。苏中地区的土地开发程度呈现U形变化特征：在2003~2007年处于缓慢下降状态，在2007~2021年则呈现快速上升的趋势，由2007年的0.243提高至2021年的0.389。主要原因在于苏中地区的土地资源相对稀缺，在很大程度上限制了城市土地开发的规模。随着省政府"苏中快速崛起"指导方针的提出，苏中地区一方面通过产业转型升级进一步提高了当地的工业化水平，另一方面也不断完善基础设施建设，在很大程度上提高了区域土地社会化开发与经济化开发的程度，特别是南通和扬州的土地开发程度分别以3.65%和8.59%的年均增长率快速提升。苏南地区的土地开发程度呈现缓慢下降的趋势，由2003年的0.502下降至2021年的0.421，但在研究区内仍处于"领跑"位置。苏南地区作为"长三角经济区"的核心区域，已经逐渐步入城镇化与工业化后期阶段，城市扩张的速度与规模得到有效控制，城市开发模式由增量开发逐渐转为存量开发。因此，该地区土地开发各项指标的增速也明显放缓。此外，在数据标准化处理的前提下，苏南地区城市土地开发程度的下降也在一定程度上反映了研究区城市间土地开发广度和深度差距的缩小，这与长三角经济区一体化发展的国家战略不谋而合。

从空间上看，江苏的城市土地开发程度总体上呈现"北低南高"的分布格局（图7-10），这与区域经济空间梯度相似。2003年，土地开发程度高值区主要集中在苏南地区的盐城、无锡和苏州，低值区则以苏北地区的连云港、淮安和南京为代表。2012年，土地开发程度高值区数量有所增加。一方面，苏南地区的高值区呈现向北扩张的趋势，以扬州为代表的苏中城市的土地开发程度显著提高。这表明苏中地区实施的"跨江融合"战略有效提升了该地区的城市土地开发规模与质量。另一方面，苏北地区以徐州为中心形成了新的增长极，并逐渐带动周边城市实现跨越式发展。2021年，土地开发程度高值区数量在保持稳定的同时开始呈现多极化分布格局。随着区域经济的不断发展，苏南地区城市扩张速度显著放缓，苏北地区宿迁、盐城等城市的土地开发不断深化，区域间差异进一步缩小。

7.3.3.2 碳排放绩效时空演变特征

从整体来看，江苏的平均碳排放绩效在2003~2021年呈波动上升的趋势

| 第 7 章 | 城市土地开发与碳排放绩效的耦合协调发展特征

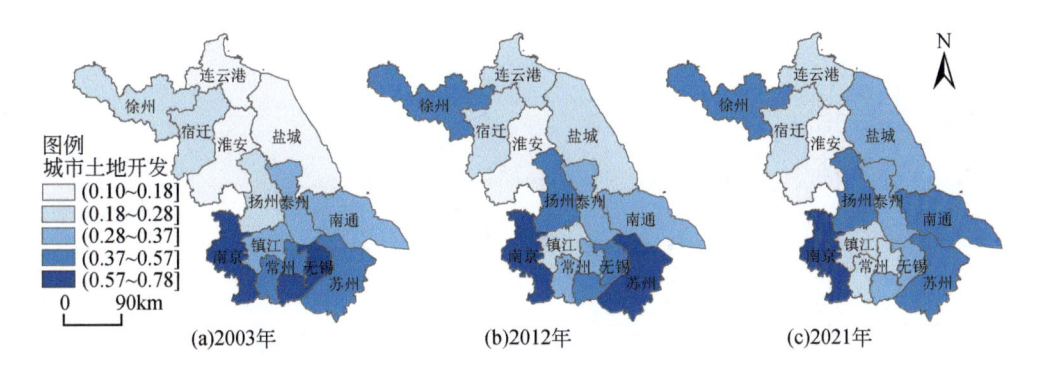

图 7-10 江苏省市域 2003~2021 年城市土地开发空间分布格局

（图 7-11），由 2003 年的 0.741 逐渐提升至 2021 年的 0.927，年均增长率为 1.25%。从各区域来看，苏北地区的碳排放绩效呈现明显的两阶段变化：2003~2008 年为缓慢波动期，碳排放绩效由 2003 年的 0.681 小幅下降至 2008 年的 0.657。在该时期，苏北地区作为江苏主要的农业产区，在推进农业现代化和工业化的大背景下，既要通过技术创新、人才引进、设备升级等方式提升农业生产效率，也要积极承接苏南地区的产业转移以实现产业结构的优化升级，从而有序增加第二、第三产业的产值。但相应地，这也产生了巨大的劳动力、能源与资本投入需求，并导致了额外的碳排放。此外，用于技术创新的投入存在明显的滞后效应，这使得该地区生产效率在短期内并不能获得明显提升，进而影响碳排放绩效。而在 2008 年之后，苏北地区经济低碳转型开始初具成效，如淮安低碳试点园区创建、徐州"无废城市"建设以及连云港"绿色港口"等项目的落实极大地推动了苏北地区减污降碳协同增效。碳排放绩效也以年均 2.50% 的增速快速提升至 0.887。苏中地区的碳排放绩效呈现波动上升的趋势，由 2003 年的 0.745 小幅提升至 2021 年的 1.014。由于历史发展基础偏弱等原因，苏中地区城市存在产业发展水平较低、产业结构不够合理、缺乏优势主导产业等问题。为了进一步发展地区经济，加快融入苏南经济板块，苏中地区承接了一部分来自苏南地区的工业企业，在提高生产力的同时也不可避免地造成了一定额度的碳排放增量。此外，省政府在"十一五"至"十三五"规划期间陆续出台的环境保护与生态建设规划对苏中地区的碳排放总量与增速提出了明确的要求。在节能减排硬性指标的限制下，苏中地区城市的经济投入产出效率也受到了短暂的影响，造成了碳排放绩效的波动。苏南地区的碳排放绩效在 2003~2010 年持续上升，随后进入平稳转型阶段。主要原因在于苏南地区较好的经济水平与工业基础为其产业结构转型与能源结构调整提供了充足的资金与劳动力保障。尽管苏南地区南京、常州等城市在投入端有着巨大的基数，以工业为主导的经济结构不可避免地产生了巨大

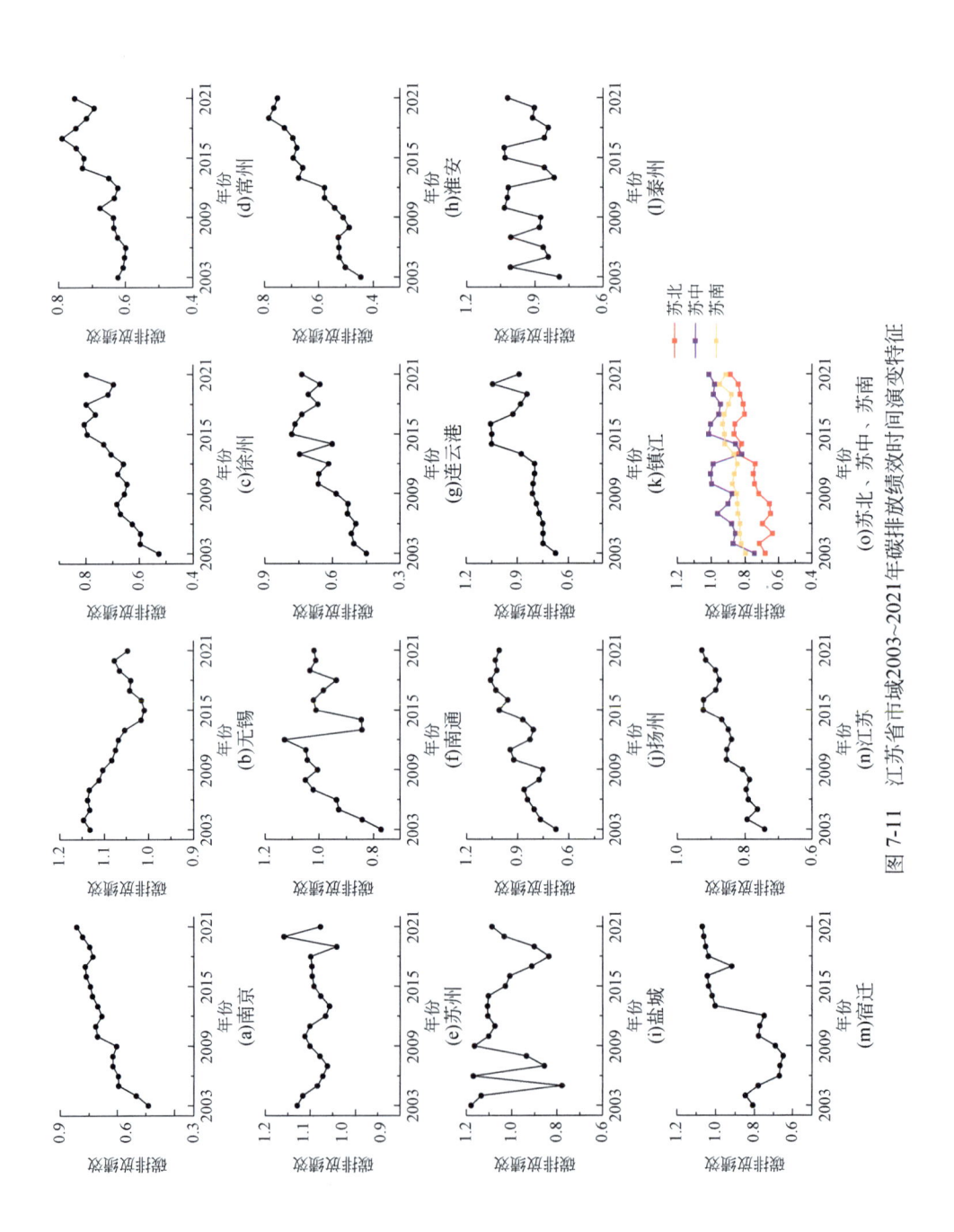

| 城市土地-碳耦合机制和低碳调控 |

图 7-11 江苏省市域2003~2021年碳排放绩效时间演变特征

的碳排放，导致其初始年份的碳排放绩效处于低位，但一系列减排增效政策的落实有效推动了这些城市生产模式的低碳化转型，在整体上实现了该地区碳排放绩效的跨越式发展。

从空间上看，江苏大部分城市的碳排放绩效在2003~2021年均有较明显的提升（图7-12）。2003年，区域碳排放绩效总体呈现"东高西低"的分布格局，高值区主要集中在江苏东部的盐城、无锡和苏州，低值区主要分布在苏北地区的连云港、淮安以及苏南地区的南京。2012年，在"十二五"规划的指导下，江苏大力推进低碳减排政策，碳排放绩效低值区数量显著减少，沿运河城镇轴分布城市的碳排放绩效得到有效改善，苏北、苏中、苏南地区的差距也随之缩小。2021年，碳排放绩效高值区数量持续增多，低值区数量进一步减少，苏北地区淮安、连云港和宿迁等在低碳城市建设方面取得显著成效，区域整体碳排放绩效出现向高值区收敛的趋势。

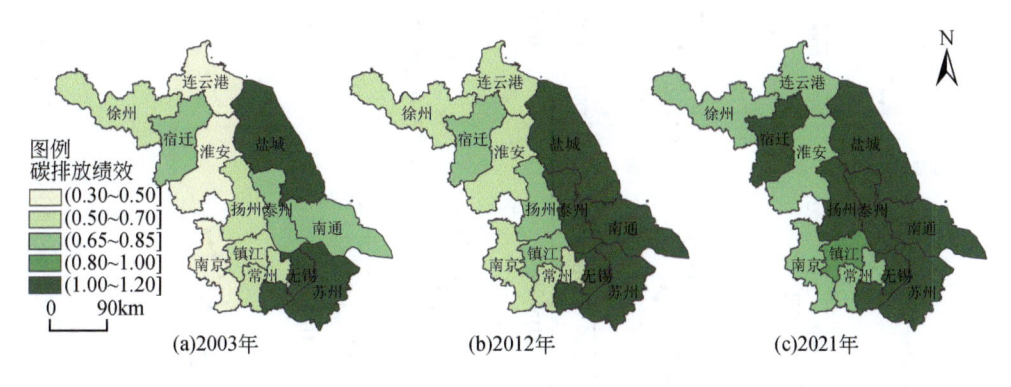

图7-12 江苏省市域2003~2021年碳排放绩效空间分布格局

7.3.3.3 城市土地开发和碳排放绩效的耦合关系与协调发展特征

2003~2021年，江苏城市土地开发与碳排放绩效的耦合协调度如图7-13所示。江苏的耦合协调度均值由2003年的0.531波动上升至2021年的0.642，且在2020年之后稳定步入协调发展阶段，年均增幅为1.06%。从城市尺度来看，南京的耦合协调度自2005年步入协调发展阶段之后经历了较大的波动，这种现象随着城市土地开发程度的逐渐稳定而得到缓和。苏州和无锡的城市土地开发程度和碳排放绩效一直处于较高的水平。虽然在19年二者也有一定程度的变化，使得耦合协调度小幅下降，但并不影响苏州和无锡一直处于协调发展阶段。在研究时段初期，扬州、镇江等城市的耦合协调度相对较低，处于磨合过渡阶段，但随着经济社会的发展，逐渐迈入协调发展阶段。连云港和淮安由于其经济基础较

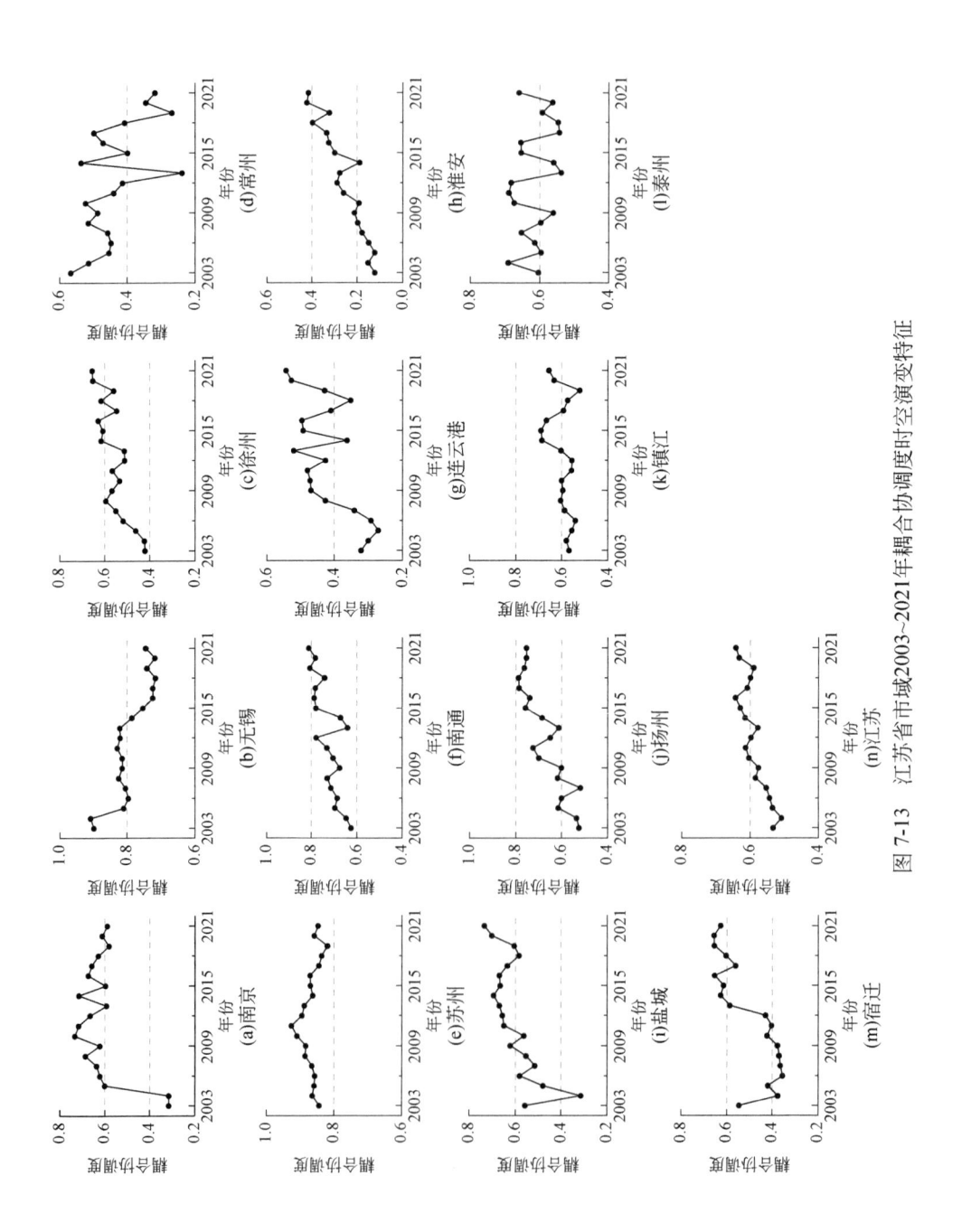

图 7-13 江苏省市域2003~2021年耦合协调度时空演变特征

为薄弱，工业模式粗放，碳排放量相对较高，在很长的一段时期内处于失调衰退阶段。但随着低碳发展理念的不断深入，尤其是淮安在 2012 年入选第二批国家低碳试点城市，二者的城市土地开发程度和碳排放绩效都有所上升，耦合协调度也随之不断提高，逐渐步入磨合过渡阶段。常州的耦合协调度以年均 2.32% 的跌幅不断降低，从磨合过渡阶段反向演变为失调衰退阶段，亟须通过强而有力的改革措施优化这一现状。

根据各市土地开发程度和碳排放绩效的相对变化情况，本书计算了每个城市对应所处的脱钩状态（图 7-14）。2003~2021 年，强负脱钩和强脱钩是江苏的主要脱钩状态，分别占总比的 26.07% 和 24.79%，表明江苏各市土地开发程度和碳排放绩效在很多时候呈现相反的变化趋势，以南京、盐城等城市为代表。前者以工业为主导的产业结构在提高经济产出的同时会不可避免地带来碳排放增量，而城市碳减排要求的提出又会在一定程度上限制土地经济化开发的速度与深度，从而致使南京出现强脱钩与强负脱钩交替出现的现象。但随着南京产业结构的不断优化与调整，强脱钩状态占比显著减少，甚至开始出现扩张负脱钩的有利状态，这在一定程度上也印证了本书在理论框架中提出的土地经济化开发与碳排放绩效耦合变化的阶段性特征。后者经济水平相对较低，在很长一段时间处于快速城镇化阶段。土地开发规模的急剧提升不仅产生了更多的劳动力与能源需求，同时直接或间接提高了城市各部门的碳排放量，进而对碳排放绩效产生负面影响，这与前文对土地开发规模与碳排放绩效耦合协调机制的阐述不谋而合。因此，强

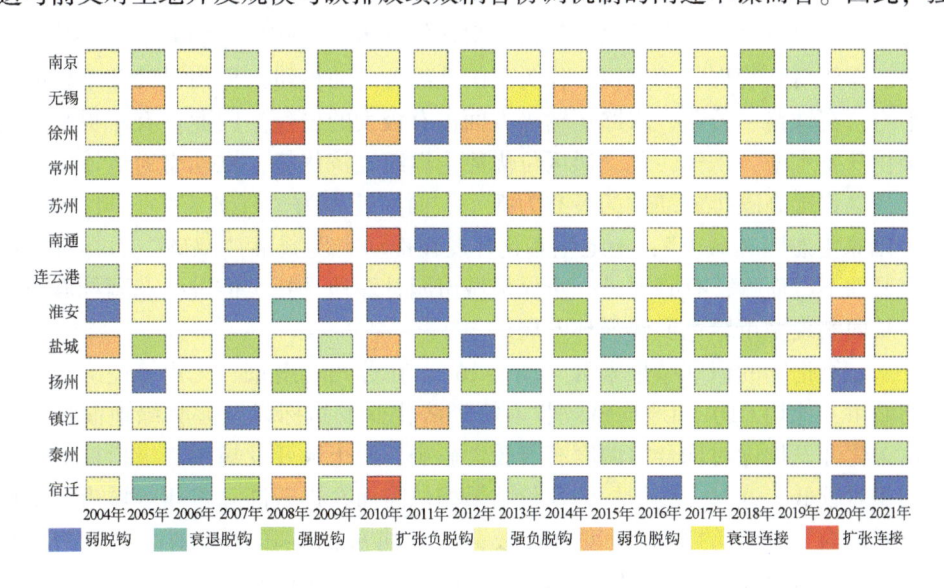

图 7-14　江苏省市域 2003~2021 年城市土地开发与碳排放绩效的脱钩状态

脱钩状态在盐城占有最大的比例。值得注意的是，扩张负脱钩在研究区的占比也高达15.38%，尤其在研究时段中期频繁出现。这表明在一些时间段内，江苏主要呈现城市土地开发程度和碳排放绩效同时上升，且碳排放绩效增速较快的良性发展模式。主要原因在于自"十一五"规划提出之后，节能减排的理念在江苏各城市不断深化，如镇江、扬州等城市陆续落实各具特色的低碳转型方案，有效推动了城市土地开发程度与碳排放绩效的协同增长。此外，虽然苏北地区徐州、淮安、连云港等城市的土地开发相对落后，但却多次出现弱脱钩甚至扩张连接的脱钩状态，与其耦合协调度的上升趋势相呼应，充分展现了社会经济结构低碳调整所带来的实际功效。

7.3.3.4 影响城市土地开发和碳排放绩效协调发展的关键因素

本书通过灰色关联模型定量测度江苏省各市土地开发一级指标和二级指标与耦合协调度之间的相关性，进而识别影响城市土地开发与碳排放绩效协调发展的关键因素。一级指标的估计结果如图7-15所示。在研究时段内土地开发规模和土地经济化开发对耦合协调度的影响程度相对较高，尤其是在盐城、连云港等仍处于快速城镇化阶段的城市，土地开发规模的影响程度分别高达0.837、0.831。而土地经济化开发主要在淮安、南通和苏州等城市影响力度较大，灰色关联度分别为0.895、0.891和0.810。此外，虽然土地社会化开发和生态化开发的平均影响程度为0.628和0.668，在四个一级指标中相对较低，但依然是城市低碳发展不可忽视的重要方面。尤其是在徐州、宿迁等城市，这些指标仍处于重要的影响地位，需要得到管理者的重视。作为全国性综合交通枢纽，徐州是江苏重要的交通中心，在铁路、公路、水路运输等方面占有极大的份额。因此，有序提高土地社会化开发水平，积极转化交通区位优势为枢纽经济优势，推动交通运输低碳化转型是徐州提高碳排放绩效的最有力抓手。而宿迁作为"江苏省生态园林城市"和"国家生态园林城市"，土地生态化开发在推动实现城市"双碳"目标进程中的重要性不言而喻，有必要进一步保护城市园林绿地，扎实推进生态园林城市建设，从而实现城市绿色低碳循环发展。

从二级指标的识别结果来看（图7-16），在苏州、南京、无锡等经济较为发达的城市，地均GDP和地均财政收入等经济化开发指标以及园林绿地面积占比等生态化开发指标对耦合协调度有着较大影响，而土地开发规模二级指标的影响力则相对较低，这与一级指标的评价结果相似。而在连云港和常州等城市，土地开发对耦合协调度的影响程度整体较高，平均灰色关联度分别高达0.766和0.746，位列研究区前二。其中土地利用程度、地均GDP等指标影响程度相对较

| 第 7 章 | 城市土地开发与碳排放绩效的耦合协调发展特征

图 7-15 城市土地开发一级指标对耦合协调度的影响程度

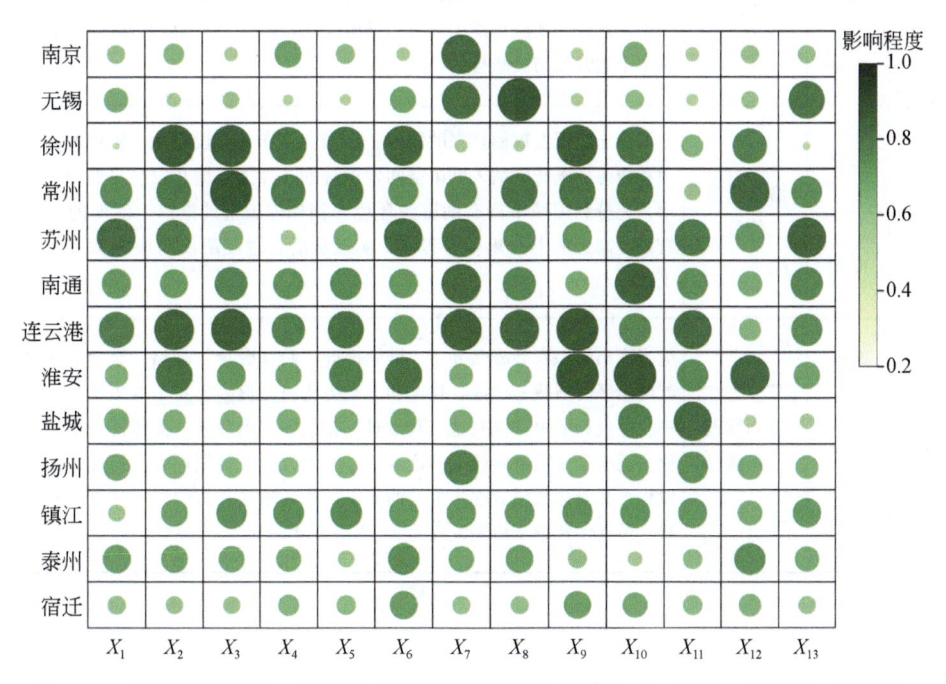

图 7-16 城市土地开发二级指标对耦合协调度的影响程度（X_i 指表 1 中的第 i 项指标）

| 151 |

高。而在徐州、淮安等城市，年末耕地总面积、人口密度和土地利用程度的影响力度相对较高，这表明这些城市主要依赖规模扩张以及第一产业发展经济。

7.3.3.5 政策含义

碳排放绩效的实质是经济活动过程中的投入产出效率，是资本、劳动力、能源等经济投入共同作用的结果，是一种结果指标（王少剑等，2022）。而城市土地开发涉及经济生产、社会生活方式和土地利用等多方面的内容，是一种过程性指标，相对易于影响或改善。因此，本书定量确定了城市土地开发相关指标在不同城市对耦合协调度的影响程度，并在识别关键影响因素的基础上，以2021年各市所处的耦合协调发展阶段为参考，提出更具针对性的城市土地管理以及低碳开发建议，具体内容如表7-6所示。

表7-6 江苏省各市土地低碳开发建议

区域	城市	耦合协调发展阶段	低碳开发建议
苏北	徐州	协调发展阶段	苏北地区城市依然处于快速城镇化阶段，城市土地还有很大的开发空间。应当在城市土地开发规模扩张的同时，合理布局建设用地，增强资本存量使用效率。同时，充分依托城市比较优势，提高土地社会化、生态化开发水平。此外，还应重点加强对于耕地碳汇的保护，促进碳减排/增汇，实现城市土地开发与碳减排的良性互动
	盐城		
	宿迁		
	连云港	磨合过渡阶段	在城市土地开发规模扩张的同时，应当合理布局建设用地，将资源高效利用和能源低碳转型纳入城市空间发展规划，加强土地开发与自然环境的互动，充分利用城市特有的资源环境（例如连云港的港口、淮安的运河），有效提高土地生态化开发程度，实现从磨合过渡阶段向协调发展阶段的飞跃
	淮安		
苏中	南通	协调发展阶段	应当突出转型发展战略导向，继续推进"跨江融合"战略，充分利用来自苏南地区的财政、产业、技术和劳动力支持，提高自身工业生产水平与效率，促进产业由"高耗能、高碳排"模式向"低耗能、低碳排"模式的转化。还应注重低碳政策的连续性、有效性和可持续性，保持城市土地开发程度和碳排放绩效逐步上升的势头，从而减缓二者耦合协调度波动的态势，最终实现稳定协调发展
	扬州		
	泰州		

续表

区域	城市	耦合协调发展阶段	低碳开发建议
苏南	无锡	协调发展阶段	在城市土地开发规模逐渐饱和的大背景下，应当进一步调整产业结构，不断做大低能耗、低排放的绿色GDP，从而降低能源投入，以低碳产业和高新技术支撑城市财政。同时，应进一步规划城市园林绿地景观，保护关键生态用地以促进低碳循环
	苏州		
	镇江		
	南京	磨合过渡阶段	应当致力于提高已有建设用地的集约利用程度，一方面优化城市形态，合理调整各区县功能配置，形成多中心式空间布局，以减少中心城区人口密度过高带来的能源消耗，另一方面加速产业低碳化转型，推动工业企业外迁，提高第三产业占比，并通过江北新区等地的绿色低碳示范园区建设以提高土地经济化开发效率，从而进一步减少强脱钩与强负脱钩状态的频率，实现城市土地开发与碳排放绩效的协调提升
	常州	失调衰退阶段	应当积极探索传统产业转型升级、新旧动能接续转换的可持续发展路径，大力发展智能制造、新能源、新材料等具有常州特色的战略性新兴产业，以降低高污染工业生产增加值的占比，在提高土地开发程度的同时优化土地经济化开发模式，扭转失调衰退的不利局面

7.4 结 论

本书分别计算了长三角地区315个县2003~2017年的碳生产率和土地开发程度，并分析了他们的时空演变格局。在此基础上，利用耦合协调模型和核密度估计方法揭示了碳生产率与土地开发程度的耦合特征。此外，研究人员分别构建了传统马尔可夫链转移概率矩阵和空间马尔可夫链转移概率矩阵对二者协调发展的动态演变规律及其所具有的空间溢出效应进行了实证分析，同时预测了其在不同邻域特征下长期演变和发展的趋势。研究表明：

（1）2003~2017年，长三角地区的碳生产率经历了先下降后快速上升的过程，在空间上整体呈现由单极增长向多中心空间布局的变化趋势。区域整体土地开发程度逐渐下降，在空间上呈现北低南高的集聚式分布格局。长三角地区县域CCD在15年间整体表现为先下降后上升的两阶段变化，安徽北部的CCD低值区不断减少，浙江南部CCD高值区进一步扩张。

（2）传统马尔可夫概率转移矩阵结果显示，长三角地区县域CCD级别的转移具有一定程度的稳定性，在短期之内很难实现跨越式发展，同时也存在不同程度的"俱乐部收敛"现象。通过长期的发展 CCD 将缓慢向高级别转移。在纳入邻域背景之后，长三角县域的 CCD 转移概率产生了较为明显的变化，表明地理空间因素在区域 CCD 的动态演进过程中发挥了重要作用。我们还证实了 CCD 级别的转移具有显著的空间溢出效应。随着时间的推移，不同邻域背景对 CCD 演变的影响具有异质性。与 CCD 级别较低的县区为邻，会使区域陷入碳生产率后退，土地开发停滞的恶性循环，与 CCD 级别较高的县区为邻，会逐渐削弱区域的"马太效应"，提高区域整体 CCD。将空间溢出效应纳入县域土地利用低碳化管理，可为优化县域土地利用模式，促进土地低碳开发提供科学指导。

另外，本书分析了城市土地开发与碳排放绩效的耦合协调机制，并以地处长三角地区的江苏省 13 个地级市为研究样本，以市域为研究尺度，通过指标体系评估各市的土地开发程度，利用超效率 SBM 模型评估这些城市的碳排放绩效。在此基础上，将耦合与脱钩过程相结合，以分析城市土地开发与碳排放绩效的耦合关系与协调发展特征。同时，基于灰色关联模型探究影响二者协调发展的关键因素。结果表明：

（1）2003~2021 年，江苏省平均城市土地开发程度经历了先下降后上升的变化过程，在空间上总体呈现"北低南高"的分布格局。苏北地区的城市土地开发程度在研究时段内普遍偏低，但呈现有序上升的良好趋势；苏中地区的土地开发程度呈现 U 形变化特征，在 2003~2007 年处于缓慢下降阶段，在 2007~2021 年则呈现快速上升的趋势；苏南地区的土地开发程度则呈现缓慢下降的趋势。

（2）江苏的平均碳排放绩效波动上升，在空间上呈现由"东高西低"向均衡发展转变的分布格局。苏北地区的碳排放绩效呈现明显的两阶段变化：2003~2008 年为缓慢波动期，在这之后为快速提升期；苏中地区碳排放绩效的变化趋势与研究区整体相似；苏南地区的碳排放绩效则在 2003~2010 年持续上升，随后进入平稳转型阶段。

（3）江苏省城市土地开发与碳排放绩效的耦合协调度均值由 2003 年的 0.531 波动上升至 2021 年的 0.642，在 2020 年之后稳定处于协调发展阶段。在研究时段末期，无锡、苏州等九个城市处于协调发展阶段，南京、连云港和淮安处于磨合过渡阶段，常州倒退至失调衰退阶段，亟须通过强而有力的改革措施优化这一现状。同时，强负脱钩和强脱钩是江苏省的主要脱钩状态。

（4）在研究时段内，土地开发规模以及土地经济化开发对耦合协调度的影响程度相对较高，土地社会化开发和生态化开发的影响力相对较弱，但在徐州、宿迁等城市仍处于重要的影响地位。通过量化城市土地开发一级、二级指标对于各市耦合协调度的影响，本书提出了有针对性的政策建议，可为优化城市土地开发模式，促进土地低碳利用提供实用指导。

对比先前大部分研究仅仅探究城市化对于碳排放的单向影响，本书在以下三个方面有所突破和创新：①在理论上，提出了城市土地开发的四维分析框架，并详细阐述了城市土地开发与碳排放绩效的耦合协调机制，能够为实现城市土地开发与碳减排的良性互动提供理论参考。②在方法上，一方面构建了包含开发规模、社会化开发、经济化开发、生态化开发四个维度的城市土地开发综合评价体系，对比以往的单因素评价能够反映更为准确、更为多元的城市土地开发特征。另一方面，将耦合协调模型和脱钩模型相结合，揭示了城市土地开发和碳排放绩效在时间尺度上的协调发展特征，能够为以后的相关研究提供一定的方法借鉴。③在实际应用价值上，通过灰色关联模型定量识别了影响城市土地开发和碳排放绩效协调发展的关键因素，并从城市土地开发的角度针对不同的城市提出了更具体、更有针对性的政策建议，在一定程度上可为城市土地资源低碳可持续利用提供方向性指导，比以往研究中仅通过定性描述提出的政策建议更具科学性。

当然，本书仍然存在一些局限性，在一些方面有着进一步探索的空间：城市土地开发包括人类发展活动对于城市地区的多种影响（Monkkonen et al., 2018），本书尽可能地纳入了丰富的指标来评估城市土地开发，但依然难以涵盖其全部内容。在未来的研究中可以进一步考虑将城市土地开发政策、土地价格等指标纳入评价体系，并探究它们与碳排放绩效的相互作用。此外，本书选择了江苏省13个地级市作为案例，综合耦合协调模型与脱钩模型探究了城市土地开发和碳排放绩效在时间尺度上的协调发展特征，但该技术路径的适用性在其他类型的区域仍未得到检验。在未来的研究中，可以考虑应用本文所提出的研究框架去比较更多的城市样本，甚至是更大空间尺度的地区或国家。

第 8 章 城市碳排放绩效的城乡梯度和驱动机制

8.1 研究综述

近 20 年来，以建设用地扩张、农村人口迁移和产业集聚为主要特征的城市化进程席卷全球，并且这种趋势仍将持续很长一段时间（Gao and Zhou，2020；Hatuka et al.，2021）。权威机构预测，2050 年全球城市人口占总人口比重将提高至 2/3，同时建成区面积将增长至 2000 年的三倍（Angel et al.，2011）。作为世界上最大的发展中国家，中国在过去的 20 年间经历了史无前例的城市化过程，一度被认为是影响 21 世纪人类发展的关键事件之一（Chen et al.，2019）。尽管不断提高的城市化水平在很大程度上推动了国家或城市社会经济的跨越式发展（Hong et al.，2021），但也直接导致了能源过度消耗（Elheddad et al.，2020）、土地利用效率低下（Cheng et al.，2023）、温室气体大量排放（Kii et al.，2024）等一系列挑战。相关数据表明，2020 年中国碳排放量占全球碳排放总量的 30.66%，高居世界第一（https://www.bp.com/）。同时，中国的统计数据也证实了城市建成区面积增速是城市人口增速的三倍（Ruan et al.，2022）。这种高度不匹配意味着较低的建设用地效率与碳排放绩效（Guo et al.，2024）。在此背景下，科学测度城市地区碳排放绩效，同时解析碳排放绩效的城乡梯度效应与驱动机制，能够促进城市发展与低碳减排的良性互动，是当前中国政府减缓气候变化的有力抓手。

碳排放绩效被用于描述社会生产过程中要素投入产出的效率，是评估决策单元低碳发展水平的重要指标（Feng et al.，2024a）。提高城市碳排放绩效被广泛认为是有效遏制城市无序蔓延，优化城市产业结构和实现城市可持续发展最具成本效益的方式之一（Feng et al.，2024b；Oyewo et al.，2024）。作为实现这一目标的前提，如何合理评估城市碳排放绩效已成为近年来全球学界讨论的热点议题（Lu et al.，2023）。所用到的测度方式主要包括单要素与全要素评价两类。前者聚焦于某一社会经济要素与碳排放量的简单关系，所用到的经典指标有碳排放强度（Rahman et al.，2022）、能源强度（Payne et al.，2023）、碳生产率（Feng et al., 2023b) 等。然而, 碳排放绩效是多系统、多层次、多要素交互作用的结果 (Wang et al., 2017)。尽管上述指标具有较低的数据收集与实际计算难度, 但仅考虑了某一方面投入与产出之间的关系。这种片面性将在一定程度上降低碳排放绩效测度的准确性 (Chang et al., 2020)。后者主要基于线性规划的思想评估决策单元的碳排放绩效 (Fang et al., 2022; Iram et al., 2020), 代表性模型有 DEA 模型、SBM 模型、超效率 SBM 模型等。这些模型能够纳入多项投入与产出指标进行综合分析, 有效弥补了单要素评价对全要素生产率考虑不足的缺陷 (Lin and Jia, 2022), 因而逐渐被应用于测度国家 (Wang et al., 2019)、省域 (Lin and Zhou, 2021)、城市 (Xu et al., 2021) 等不同空间单元的碳排放绩效。但遗憾的是, 这些基于行政尺度开展的研究普遍将行政区视为均质空间, 利用统计数据测度碳排放绩效并提出相应的规划建议, 忽视了城市内部碳排放绩效的空间差异 (Gao et al., 2023)。

城市地区不断向外蔓延促进了社会经济要素 (例如人口、信息、产业等) 由城市核心区向周边乡镇的流动 (He et al., 2023)。这种流动性对不同城乡聚落类型 (即城市核心区、城市化区域、郊区、乡镇) 的碳排放绩效产生了显著且差异巨大的影响 (Wu et al., 2023), 继而造就了其空间异质性与城乡梯度特征 (Long et al., 2021)。对城市核心区而言, 社会经济要素的外流有利于降低因人口过载、建筑密集、交通拥堵等典型"大城市病"导致的能源过量消耗问题 (Shi et al., 2019), 但也相应降低了该区域的直接经济产出 (Xu et al., 2020)。对城市周边乡镇而言, 投入要素的流入虽然直接带动了区域发展, 但工业外迁与基础设施的落后也加剧了该区域的碳减排压力 (Li et al., 2021; Wang et al., 2023)。因为这项议题的重大现实意义以及遥感技术的完备, 学者们对城市化进程中投入产出要素的城乡梯度差异表现出了强烈的兴趣。例如, Yang 等 (2024) 基于能源不平等指数揭示了中国 2000~2020 年城乡能源强度的不平等性; Moran 等 (2022) 利用 OpenStreetMap (OSM) 数据绘制了 108 000 个欧洲城市的碳排放地图, 并证实了碳排放量在城市、乡镇之间的异质性; Xu 等 (2023) 研究表明中国乡镇的消费碳足迹被低估了 10% 以上且增速远大于城市化地区。这些研究通常利用或开发高分辨率的空间化数据集以突破行政区划的限制, 有效弥补了以往研究对投入产出要素空间异质性考虑不足的缺陷, 为从空间规划角度促进城市碳减排提供了可行方案 (Ghosh et al., 2022)。然而, 由于数据、模型、思路等因素的限制, 上述研究对于碳排放绩效的理解仍只停留在单要素评价层面, 尚未有研究有效阐明不同城乡聚落类型间全要素碳排放绩效的梯度差异与驱动机制。

总体而言, 目前关于碳排放绩效的相关研究已然非常丰富, 但仍有以下三点问题待进一步解决: ①在方法层面, 碳排放绩效的测度在行政尺度具有丰富的研究基础，但在格网层面却鲜有出现。将城市视为均质空间的分析方式忽视了碳排放绩效的空间异质性，这将严重削弱低碳空间规划的可靠性与合理性。②在理论层面，尽管学界已经就综合考虑投入产出过程的全要素碳排放绩效能够合理反映城市低碳转型的业绩这一观点达成一致，但现有研究仍只聚焦于某一投入产出要素在城乡之间的差异性与不平等性，而不是将这些要素整合到一个完整的全要素框架中。这一问题导致全要素碳排放绩效在城乡梯度间的演变规律与驱动机制尚不明确。③在实践层面，中国不同城市在产业结构、经济实力、城市化水平等层面差异显著。即便是在发达城市群内部，这种异质性依然存在（Duan et al.，2022）。但遗憾的是，鲜有研究关注并处理这种异质性，这将导致具有潜在误导性的研究结果与政策建议。

为了填补这些知识空白，本研究以中国最发达的长三角核心区为例，利用超效率 SBM 模型测度城市尺度与格网尺度的全要素碳排放绩效。在此基础上，本书利用箱型图、热点分析以及地理探测器模型系统揭示碳排放绩效的城乡梯度差异与驱动机制。本书旨在回答以下三个科学问题：①碳排放绩效在城市尺度与格网尺度呈现怎样的空间特征？②碳排放绩效在不同发展水平城市的城乡梯度效应有何异同？③在不同发展水平城市、不同城乡聚落类型下，何种城市功能是碳排放绩效的关键影响因素？本书为分析碳排放绩效的空间异质性提供了一种创新且可行的技术方案，其研究结果可为提高土地利用效率与促进城市低碳转型提供科学借鉴。

8.2 研究数据和区域

本书主要基于多源地理大数据实现 2020 年长三角核心区碳排放绩效的空间化，并分析其城乡梯度差异与驱动机制。尺度效应是空间分析中不可忽视的重要因素（van Oorschot et al.，2021），故确定合理的格网大小是开展本书的前提。我们综合考虑前人研究成果（Feng et al.，2023a；Ruan et al.，2022）、研究区特征以及基础数据的分辨率，最终选择将 1km 作为碳排放绩效空间化的尺度。城市建成区数据来源于武汉大学开发的中国年度土地覆盖数据集（CLCD）。产品将土地覆被分为耕地、有林地、人工地表等九类。本书根据 2000 年与 2020 年人工地表所覆盖的网格百分比定义不同城乡聚落类型（Zhang et al.，2022）。具体而言，2000 年人工地表面积占比超过 50% 的网格被定义为城市核心区；2020 年人工地表面积占比超过 50%（2000 年未超过 50%）的网格被定义为城市化地区；2020 年人工地表面积占比在 25%~50% 的网格被定义为城市郊区；2020 年人工地表面积占比在 15%~25% 的网格被定义为乡镇；其余网格人工地表面积占比过小，在本研究中不予考虑。

2020 年人口栅格数据来源于 LandScan 全球人口分布数据集（空间分辨率为 1km），该数据集是目前最为准确且分辨率最高的全球人口空间数据（https://landscan.ornl.gov/）。2020 年建筑体积数据来源于复旦大学开发的 CNBH 数据集（Wu et al., 2023）。该数据集是中国首套 10m 分辨率的建筑数据，兼具较高的准确度。本书利用 ArcGIS 平台的分区统计工具计算每个格网的建筑总体积。2020 年 GDP 栅格数据来源于国家地球系统科学数据中心发布的中国 1km 网格 GDP 数据集（http://geodata.nnu.edu.cn/）。碳排放栅格数据来源于人类成因二氧化碳开源数据清单（ODIAC）。该数据集通过严谨的建模方式，实现了碳排放 1km 尺度的空间化（https://db.cger.nies.go.jp/dataset/ODIAC/）。由于 2020 年的实测数据尚未发布，我们采用相邻年份 2019 年的数据表征研究区各个格网所产生的碳排放量。这些数据将被用于全要素碳排放绩效的测度。

2020 年 POI 数据来源于高德地图开放接口（https://lbs.amap.com/api/）。在多轮数据清晰、人工抽检与筛选的基础上，我们将不同类别的 POI 数据分别与城市格网进行匹配，并计算密度。2020 年道路数据来源于开放街道地图（OSM）（https://www.openstreetmap.org/），该数据集因其时空一致性、全球覆盖面以及良好精度，被广泛应用于各类研究（Hoffmann et al., 2023）。该段落描述的数据将作为城市功能的代理变量，用于揭示碳排放绩效的驱动机制。

本书选择长三角核心区为研究区。2019 年，中国中央政府颁布的规划方案将包括上海、杭州、宁波、湖州等在内的 27 个城市设置为长三角核心区（CAYRD），并以此辐射带动整个长三角地区高质量发展（https://www.gov.cn/）（图 8-1）。需要说明的是，因舟山岛屿较多且陆地面积较小，很难反映碳排放绩效的城乡梯度差异，故不在本书的考虑范围之内。

我们选择长三角核心区作为研究区域主要有三点原因：①自 21 世纪以来，长三角核心区在工业、服务业、城市建设等方面都取得了惊人的成绩。区域生产总值由 2003 年的 2.84 万亿元增长至 2018 年的 18.56 万亿元（占中国 GDP 总量的 20.19%），使其成为中国经济飞速发展的核心支撑与代表性区域。②长三角核心区是中国制造业最为发达的区域之一。区域频繁的工业活动带来了巨大的碳排放产出，导致了经济发展与碳减排之间的权衡关系（Cheng et al., 2018）。因此，通过产业转型、空间规划、城市功能配置等方式合理提高碳排放绩效，是该区域乃至中国实现"碳达峰与碳中和"目标的重要环节，同时也能为世界上其他城市群的低碳转型提供参考。③尽管长三角核心区的发展在中国整体处于领先位置，但其内部依然呈现极大的非均衡性（Li et al., 2021）。这种非均衡性不仅表现在城市与城市之间在城市化水平、经济发展、生产效率等方面的差异，也表现在城乡梯度下基础设施建设、经济投入、城市功能布局等方面的不平等［图8-1（b）］。因此，我们参考Cheng等（2023）的研究成果，将长三角核心区城市分为发达城市、中等发达城市与欠发达城市［图8-1（a）］。这种分类有助于我们分析碳排放绩效空间特征在城市层面的异质性。

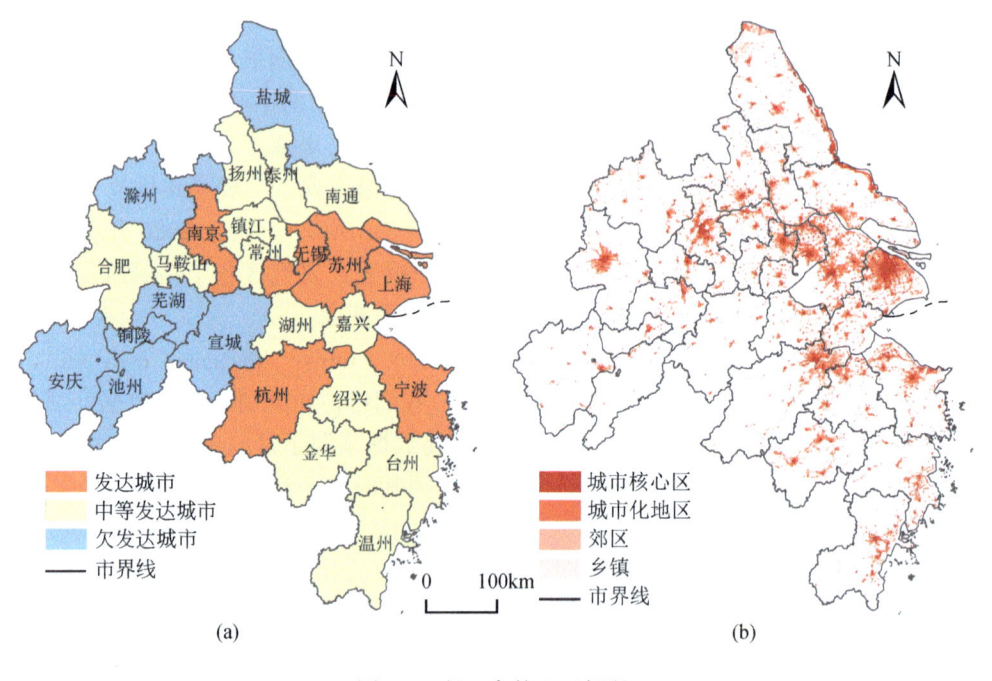

图8-1 长三角核心区概况

8.3 研究方法

本书将采取四个步骤实现碳排放绩效空间分布、城乡梯度及驱动机制分析（图8-2）：①利用超效率SBM模型分别计算城市尺度与格网尺度的碳排放绩效，并利用热点分析描述其空间特征。②从效率值和空间集聚两个角度分析碳排放绩效在不同发展水平城市的城乡梯度差异。③从城市功能的角度选择自变量，利用地理探测器模型揭示不同发展水平城市下，城市功能对碳排放绩效沿城乡梯度的作用模式。④基于上述结果，我们在理论层面系统归纳碳排放绩效沿城乡梯度的演变规律，同时在实践层面根据不同发展水平城市、不同城乡聚落类型的具体特征，提出有利于碳排放绩效整体提升与促进城市低碳转型的空间规划方案。

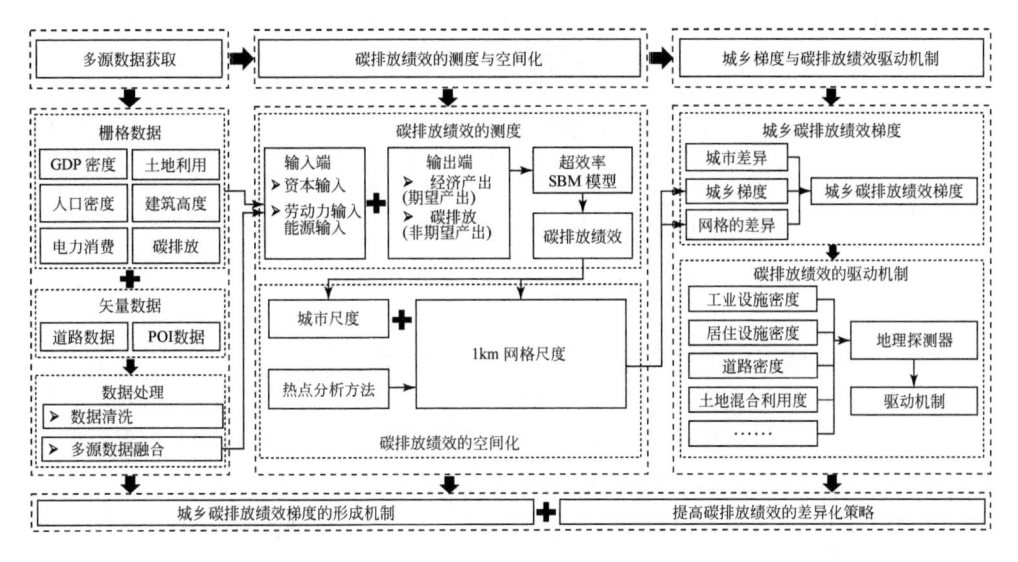

图 8-2 碳排放绩效空间化、城乡梯度及驱动机制分析的技术流程

8.3.1 超效率 SBM 模型

本书引入超效率 SBM 模型分别评估城市尺度与格网尺度的碳排放绩效。在投入端，沿用全要素碳排放绩效的主流测度思路（Wang et al., 2022），将劳动力、资本和能源作为投入要素。鉴于区域常住人口与劳动力数量的高度相关性（Lai and Yip, 2022），本书以每个格网承载的常住人口总数作为劳动力投入指标；在资本投入方面，以行政区为空间单元的研究大多基于统计数据，将固定资产投资作为表征指标（Zhou et al., 2022）。但由于缺乏有效的空间化数据集，该方式并不适用于精细尺度的计算。而建筑物作为固定资产的主要类别，其总体积在很大程度上能够反映区域建造和购置固定资产经济活动的强度（Lu et al., 2023），故被用于表征资本投入。Ma 等（2023）等指出中国的电力消费与产业发展具有长期的相关性，同时中国城市化所表现的工业化特征将推动电力消费的增长。因此，本书选择每个格网的全年用电量作为能源投入。在产出端，经济产出以格网的生产总值表征，碳排放产出即每个格网所产生的碳排放量。城市尺度的投入产出数据来源于行政边界内部格网级数据的汇总。

8.3.2 热点分析

Getis-Ord G_i^* 指数（冷热点分析）是地理学常用的空间分析方法（de Valck

et al., 2016），在本书中被用于反映区域内碳排放绩效高值区（热点区域）与低值区（冷点区域）的空间集聚与分布模式。其计算公式为

$$G_i^*(d) = \sum_{j=1}^{n} \frac{W_{ij}(d)\, a_j}{\sum_{j=1}^{n} a_j} \tag{8.1}$$

对 $G_i^*(d)$ 检验的标准化统计量为

$$Z(G_i^*) = \frac{G_i^* - E(G_i^*)}{\sqrt{\text{Var}(G_i^*)}} \tag{8.2}$$

式中，$G_i^*(d)$ 表示第 i 个格网的集聚指数；$W_{ij}(d)$ 为空间权重矩阵（本书按 queen contiguity 规则生成）；a_j 为第 j 个格网的属性值；$E(G_i^*)$ 和 $\text{Var}(G_i^*)$ 分别为 $G_i^*(d)$ 的数学期望与方差。若 $Z(G_i^*)$ 显著为正，则表明格网 i 为高值聚集区（热点区域）；若 $Z(G_i^*)$ 显著为负，则表明格网 i 为低值聚集区（冷点区域）。本书根据 $Z(G_i^*)$ 值将所有格网划分为热点区、次热点区、不显著区、次冷点区和冷点区五种类型。

8.3.3 地理探测器

地理探测器是一种检验空间数据分异性并探究其潜在驱动因素的新兴统计学模型。该模型通过解析解释变量与被解释变量的空间异质性，进而检验两者之间潜在的因果关系。相比于经典的计量经济学模型，地理探测器具有对多自变量共线性免疫、避免自变量与因变量互为因果等优点（Deng et al., 2022）。地理探测器包括四个模块，因子探测器、风险探测器、交互探测器与生态探测器。本书主要使用因子探测器评估不同城市功能指标对碳排放绩效的影响程度。其表达式为（Wang et al., 2016）

$$q = 1 - \frac{\sum_{h=1}^{L} N_h \sigma_h^2}{N \sigma^2} \tag{8.3}$$

式中，h 为被解释变量 Y 或解释变量 X 的分层；L 为分层总数；N_h 和 N 分别为每个变量在第 h 层和整个区域的样本量；σ_h^2 和 σ^2 分别为第 h 层和整个区域的 Y 值的方差；q 为自变量对因变量的解释程度，值域为 [0,1]。q 值越大表明该因子对碳排放绩效的影响程度越高。z 统计量被用于反映这种影响的统计显著性。

8.3.4 驱动因素

城市功能在本书中被定义为每个格网在城市中所承担的职能作用（如工业生

产、商业服务、居民居住等）（Arribas-Bel and Fleischmann，2022）。城市发展的核心目标应是合理提升每个格网承担的各项城市功能，并促进各项功能相互配合、协调发展，继而为人类产生更大的经济、社会与环境效益（He et al.，2018）。城市功能的改进能够在很大程度上改变社会生产效率，继而对碳排放绩效产生影响。本书从城市功能的角度选择7个解释变量，用于识别在不同发展水平城市、不同城乡聚落类型下，碳排放绩效的关键影响因素（表8-1）。

表8-1 碳排放绩效的城市功能影响因素

解释变量	编码	指标含义与计算方式
工业设施密度（个/km^2）	ID	工业设施POI数量/格网面积
居住设施密度（个/km^2）	RD	居住设施POI数量/格网面积
商服设施密度（个/km^2）	CD	商服设施POI数量/格网面积
交通设施密度（个/km^2）	TD	交通设施POI数量/格网面积
公共设施密度（个/km^2）	PD	公共设施POI数量/格网面积
功能混合度	MU	格网内不同类型POI的混合情况，能够反映该格网所承载社会经济功能的多样性，利用香农多样性指数进行计算（Zuo et al.，2022）
道路密度/（km/km^2）	RL	道路长度/格网面积

8.4 研究结果

8.4.1 城市尺度的碳排放绩效

2020年，长三角核心区三类城市的碳排放绩效呈现显著差异（图8-3）。发达城市碳排放绩效的均值为0.973，远高于区域整体均值0.839。其中，上海（1.090）、南京（1.039）、苏州（1.020）和杭州（1.019）的碳排放绩效均位列研究区前五位。作为中国知名的大城市，这些城市有着较高的城市化水平、先进的科学技术以及雄厚的财政实力。这些优越的条件足以支撑其可持续的能源结构转型与生产效率的提升。中等发达城市的碳排放绩效均值为0.794，处于三类城市中的末位，且城市之间的差异性较大（标准差高达0.156）。具体而言，温州（1.044）、南通（1.013）和绍兴（0.886）的碳排放绩效在研究区处于领先位置。相反，镇江（0.598）、泰州（0.601）和金华（0.620）的碳排放绩效则位列研究区倒数三位。主要原因在于中等发达城市多数仍处于城市化与工业化中期阶段。城市间不同的历史发展基础与产业结构导致了低碳转型速度的巨大差异。相比于中等发达城市，欠发达城市的碳排放绩效相对较高，且组内分布更为平均（标准差为 0.107）。主要原因在于这些城市的经济水平与工业规模通常处于较低水平，导致了较少的投入需求与碳排放产出。

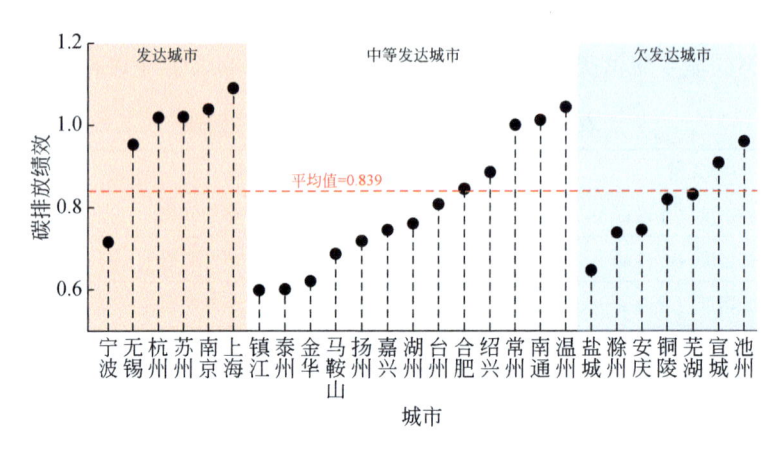

图 8-3　城市尺度的碳排放绩效

8.4.2　格网尺度碳排放绩效的空间特征

2020 年，长三角核心区格网尺度的碳排放绩效呈现出四种鲜明的空间分布模式（图 8-4）。第一种是以上海、南京、宁波、杭州等发达城市为代表的单中心格局。具体而言，这些城市碳排放绩效的高值区在空间上高度集中于某一区域（热点区域），同时在该区域外围形成了多个低值组团。第二种是以常州、绍兴、金华等中等发达城市为代表的多中心结构。具体而言，碳排放绩效在空间上形成了多个热点或次热点区域，而低值区则呈现零散分布态势，冷点/次冷点区域在这三个城市的占比相对较小，分别为 9.54%、10.99%、13.78%。第三种被定义为混合模式，以南通、镇江、泰州等中等发达城市最为显著。这种模式表现为碳排放绩效具有多个高低值组团，且在空间上相互交错，不存在明显的高/低值中心。第四种被命名为离散模式，即碳排放绩效的高低值区在空间上均呈现零散分布的态势，这在安庆、铜陵、芜湖等欠发达城市较为常见。上述结果证实了城市内部碳排放绩效所具有的显著空间异质性。相应地，我们将在之后两节从城乡梯度的角度对这种空间分异及其驱动因素进行详细分析。

第8章 | 城市碳排放绩效的城乡梯度和驱动机制

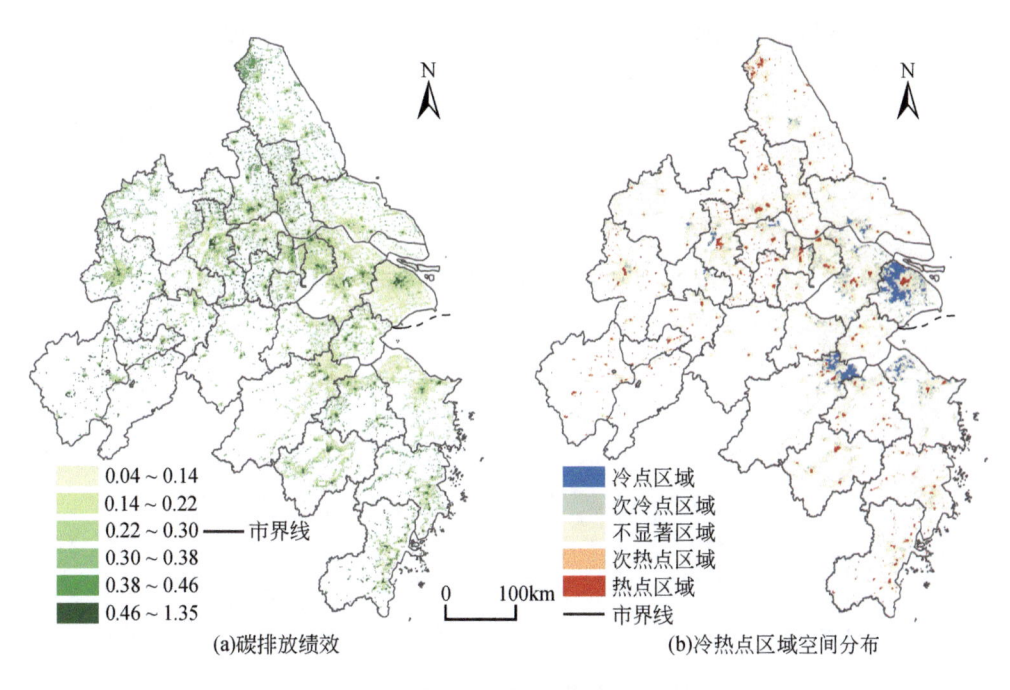

(a)碳排放绩效

(b)冷热点区域空间分布

图8-4 网格尺度碳排放绩效空间分布特征

8.4.3 碳排放绩效的城乡梯度差异

长三角核心区的碳排放绩效整体沿中心区到周边城镇呈现U型的变化规律，而曲线的拐点则受到城市类型差异的显著影响［图8-5（a）~图8-5（c）］。在发达城市，相比于城市化地区（0.172）与郊区（0.165），城市核心区（0.214）与乡镇（0.191）碳排放绩效的中位数更高，但其组内差异也较大。在中等发达城市，虽然相似的梯度规律依然存在，但城市核心区（0.336）与其他三个区域碳排放绩效的差距被进一步拉大，且组内不均衡现象有所加强。而在欠发达城市，尽管乡镇具有最高的碳排放绩效中位数（0.345），但城市核心区碳排放绩效高值区的数量相对较多。此外，城市化地区（0.249）的碳排放绩效处于低位，已逐渐成为该类型城市碳减排的短板区域。从空间集聚的角度来看［图8-5（d）~图8-5（f）］，发达城市碳排放绩效的冷热点区域占比相对均衡。热点区域是城市核心区的主要空间集聚类型，占比为22.69%，而冷点区域在城市化地区和郊区分别占比11.33%和4.63%，高于热点区域的6.20%和2.59%。相反，碳排放绩效热点区域在中等发达城市和欠发达城市处于绝对主导地位，但其面积占比沿城市中心区到周边乡镇依次递减。冷点区域的总占比均不超过6%，主要分布在城市化地区。该现象表明碳排放绩效低值区在这两类城市呈较零散的分布态势。

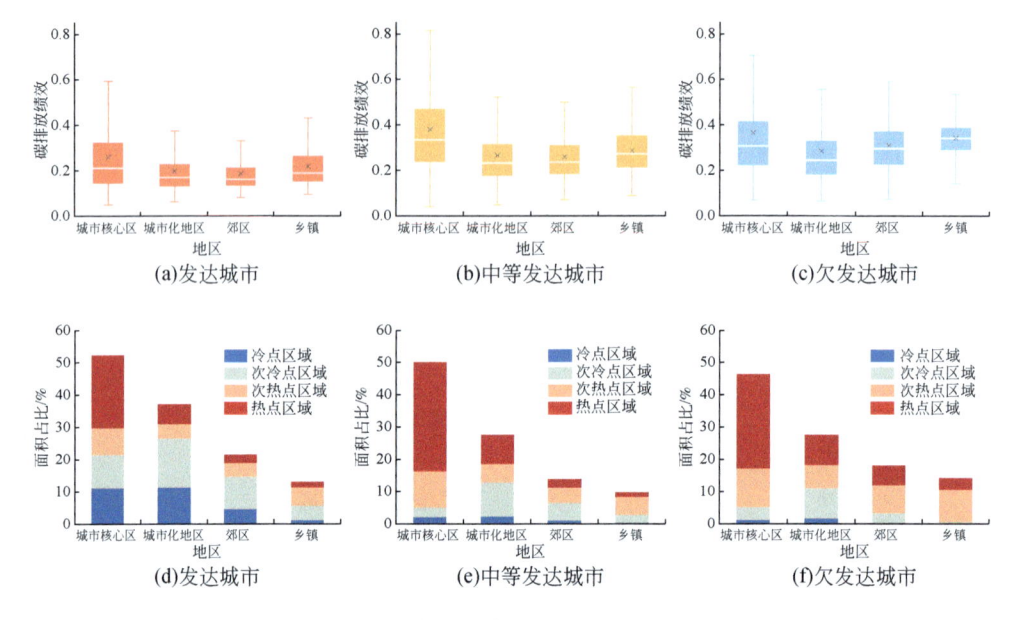

图 8-5 碳排放绩效的城乡梯度差异

8.4.4 碳排放绩效的驱动因素

在发达城市，城市功能变量对碳排放绩效的影响力排序沿城乡梯度有所差异（图 8-6）。首先，交通设施密度（$q=0.269$）和公共设施密度（$q=0.268$）在城市核心区对碳排放绩效产生较大的作用，同时在城市化地区的影响力也不容忽视。其次，功能混合度和工业设施密度在城市化地区和郊区对碳排放绩效的影响程度有所加强。而在乡镇地区，道路密度则是碳排放绩效的主导因素（$q=0.297$）。在中等发达城市，功能混合度在所有城乡聚落类型下对碳排放绩效都具有最大的影响力，尤其是在城市化地区（$q=0.390$）与乡镇地区（$q=0.373$）。这表明提高功能混合度是该类型城市减排增效的最优先事项。再次，商服设施密度在城市核心区和城市化地区对碳排放绩效的影响也处于位居前列，q 值分别为 0.232 和 0.309。与中等发达城市相似，功能混合度对碳排放绩效的影响力在欠发达城市总体处于较高顺位，平均 q 值高达 0.298。最后，相比于其他两类城市，商服设施密度和居住设施密度在欠发达城市的城市核心区对碳排放绩效的影响力显著提高。

| 第 8 章 | 城市碳排放绩效的城乡梯度和驱动机制

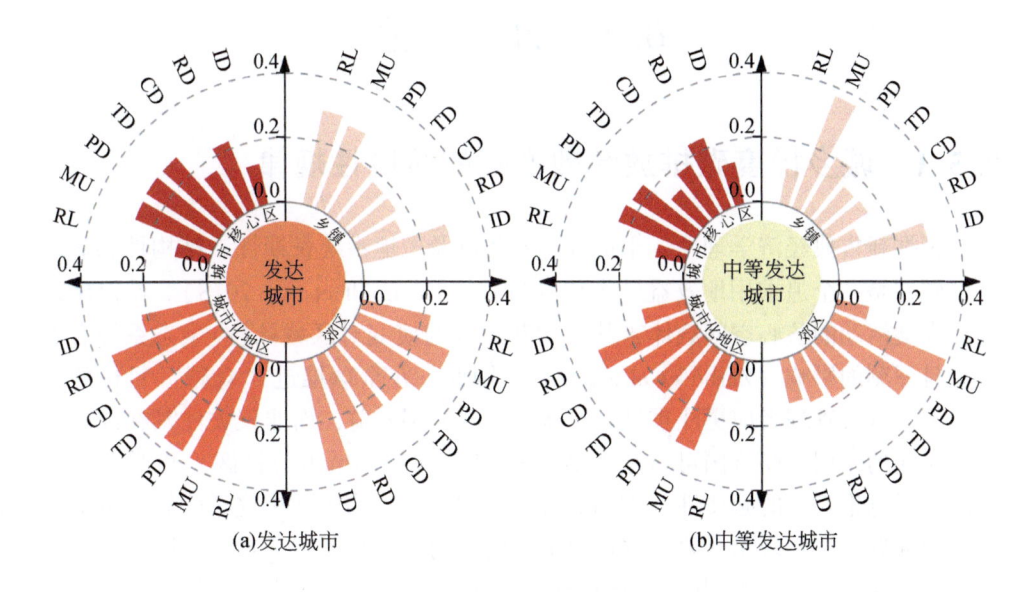

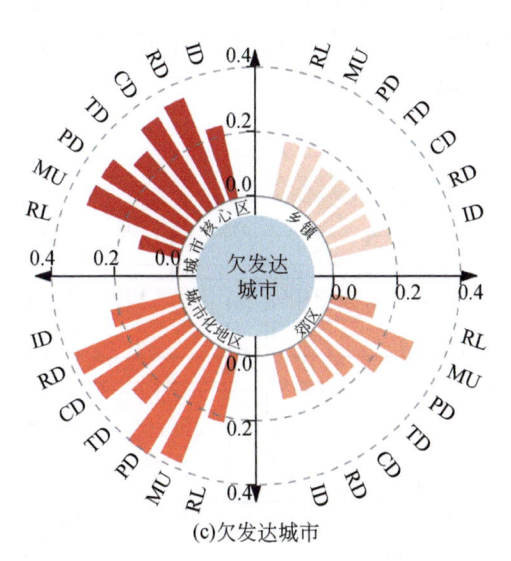

(a)发达城市

(b)中等发达城市

(c)欠发达城市

图 8-6 城市功能对城乡梯度碳排放绩效的影响
所有解释变量均通过5%显著性检验

8.5 讨　　论

8.5.1　城乡梯度碳排放绩效变化的阶段性规律

根据新古典经济学理论，土地利用变化以及土地系统长期性、结构性和非线性的转型是一个追求用地效益最大化的过程（Meyfroidt et al.，2018）。城市用地作为人类活动的核心空间载体，其结构和功能的演变对区域社会–生态系统有着复杂且深刻的影响（Zarbá et al.，2022）。因此，在全球推进"双碳"目标的大背景下，城市管理者应更注重城市扩张所产生的碳效益，而非仅关注其在经济发展中所起的作用。联合国可持续发展目标 11（可持续城市与社区）也强调了提高城市绿色生产率的必要性（Akuraju et al.，2020）。为了解决这个问题，本书基于多源数据首次实现了全要素碳排放绩效的空间化，并证实了其在不同发展水平城市、不同城乡聚落类型中的空间异质性。进一步地，基于本书的结果，我们将城市发展阶段作为时间维度、将城乡梯度作为空间维度，尝试归纳碳排放绩效沿城乡梯度变化的阶段性规律（图 8-7）。

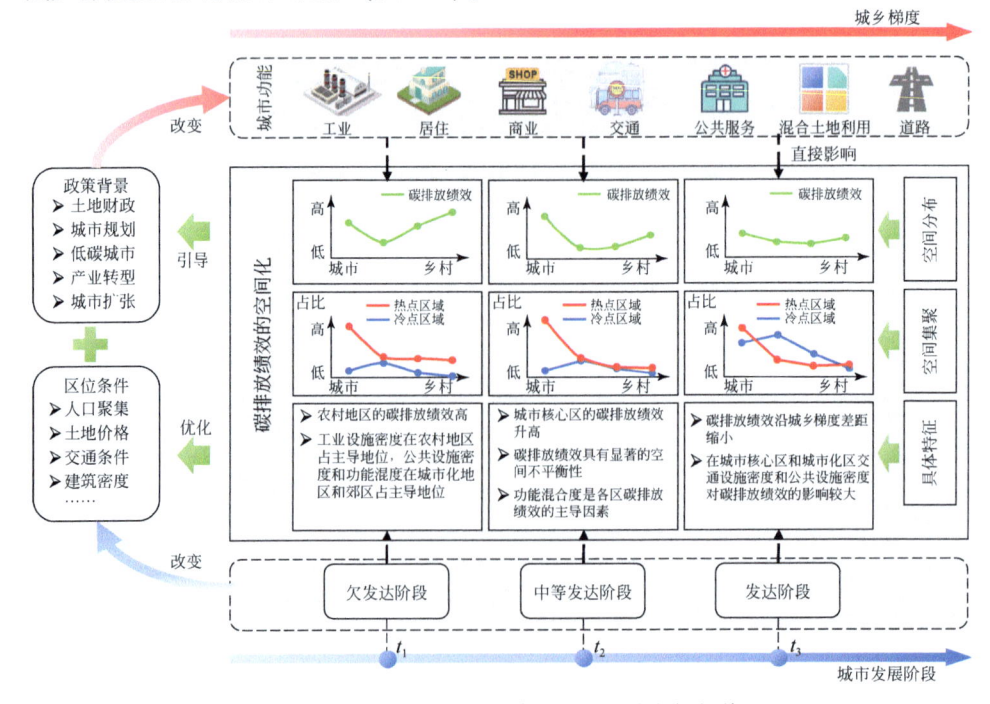

图 8-7　城乡梯度碳排放绩效变化的阶段性规律

结果表明，当一个城市处于欠发达阶段时，乡镇地区的碳排放绩效在工业设施密度的影响下很可能高于其他城乡聚落类型，这一结果符合 Du 等（2022）人的观点。主要原因在于，该类型城市主要依赖城市规模扩张的方式为工业活动提供更多的承载空间以发展经济，同时通过出让土地的方式满足当地政府的财政需求（Zhang et al., 2023）。这种发展模式显著推动了乡村城市化与耕地非农化，并在短期内为乡镇区域带来丰厚经济产出（Zhong et al., 2019）。类似的发展轨迹在中国普遍存在，在非洲等发展中国家城市也曾出现（Berrisford et al., 2018；Zhang et al., 2023）。但从长期来看，这种依托土地财政盲目提升城市规模的粗放发展模式将对城市低碳发展产生一系列负面影响。首先，城市外围的土地利用结构远比城市核心区更为复杂，这将导致碎片化的城市景观（Koroso et al., 2021）。分散的建设用地将削弱规模经济带来的正向外部性，同时增加交通网络与公共设施的建设投入。Jia 等（2022）针对中国 78 个城市的研究也表明在相同的人口规模下，空间形态更加分散的建设用地需要更多的能源投入，特别是道路和其他交通组成部分。因此，这种地理分割极大地降低了城市化地区与郊区的碳排放绩效。其次，大规模的城市扩张多被用于工业开发与住房建设（Woodworth and Wallace, 2017）。相应地，公共设施的功能缺失提高了居民通勤与物质运输的需求，从而导致更高的碳排放产出（Monkkonen et al., 2024）。因此，公共设施密度和功能混合度在城市化地区和郊区对碳排放绩效具有最大的影响力。

随着城市逐渐步入中等发达阶段，城市核心区的碳排放绩效开始有序提升，同时功能混合度成为碳排放绩效的绝对主导因素。政策背景的转变可以为该现象提供有力的解释。具体而言，在该阶段，土地财政所产生的负面影响和低碳发展的硬性要求减缓了城市扩张的规模与速度（Wu et al., 2022）。相应地，城市管理人员开始有意识地采用存量规划方案（例如，混合用地、城市更新、开发区建设等）提高已有建设用地效率，继而确保城市可持续发展（Zhang et al., 2018）。此外，与美国、法国等国家的城市再开发计划相似（Haarstad et al., 2023），中国的城市更新和混合用地政策多发生于老城区（即城市核心区）。这种政策在以往的研究中被证明能够显著提高城市功能混合度，从而降低工业、交通、居民行为等系统的碳排放（Shu and Xiong, 2019）。另一个值得关注的是，相比于其他发展阶段的城市，中等发达城市的碳排放绩效在空间上具有更为显著的非均衡性，这与 Tang 和 Zhou（2023）以中国东部城市为案例的研究结果相反。主要原因在于我们的研究视角更为微观，相比于城市尺度，格网尺度的碳排放绩效将受到区位因素更为强烈的影响。同时，中等发达城市正在经历剧烈的产业转型以满足减排增效的需求（Liu et al., 2023；Zeng et al., 2023），这将进一步加剧不同区域碳排放绩效的不平等。

而当城市处于发达阶段时，城市规模的稳定、城市功能的优化以及技术创新在很大程度上减少了不同城乡聚落类型组内及组间碳排放绩效的差异。但遗憾的是，差异的缩小并未如预期一样带来碳排放绩效的整体提升，这是由中国城市的特异性决定的。具体而言，中国发达城市面临的人口压力远高于西方国家。2015年，上海的人口密度为 7216 人/km^2、远高于洛杉矶（2039 人/km^2）和巴黎（1559 人/km^2）等欧美特大城市（Chakraborty et al.，2022）。人口的拥挤将导致城市功能供需的失衡，进而降低碳排放绩效（Wang et al.，2022）。这也解释了发达城市的城市核心区和城市化地区碳排放绩效的冷点区域占比高于其他两类城市的原因。进一步地，我们的研究表明交通设施密度和公共设施密度在城市核心区和城市化地区对碳排放绩效具有较大的影响力，这与 Yang 等（2023）的发现一致。作为一个城市的地理中心，这些区域发展时间最早且产业空间布局相对稳定，因此在城市规划与建设方面灵活性较差。同时，经济的集聚往往伴随着密集的建筑活动与大量的人口流入，这将加剧交通拥堵、能源消耗、用地效率低下等问题发生的概率（Meng et al.，2023；Wu and Li，2024）。因此，在该区域，相较于工业、商业等经济设施的再规划，适当控制交通与公共设施密度在提高碳排放绩效方面具有更高的成本绩效。

8.5.2　政策含义

2019 年，长三角地区生态绿色一体化发展被中国政府列为重大国家战略之一（https://www.gov.cn/）。在此背景下，合理提高城市全要素碳排放绩效是实现这一战略的必经之路（Zhang et al.，2022）。本书证实了碳排放绩效在不同发展水平城市、不同城乡聚落类型中的空间异质性，这在以往的研究中鲜有被考虑。相应地，我们呼吁城市管理人员将这种异质性纳入低碳政策制定过程，从而进一步提高其合理性与科学性。在综合分析碳排放绩效城乡梯度差异与驱动机制的基础上，本书也提出了有潜力的低碳城市规划策略，以期为决策者提供参考。

（1）对欠发达城市而言，由于经济发展的需求，城市向外扩张的趋势在一定时期内依然难以扭转（Chen et al.，2020）。尽管乡镇地区在短期之内将受益于这种发展模式，但还是有必要合理控制该区域的工业密度，并通过新能源与新技术的研发与引进来提高该区域的碳排放绩效。此外，应当进一步优化城市化地区与郊区的土地利用结构，实现人工地表、半人工地表和自然景观的合理布局，从而有效减少建设用地的破碎化现象。在此基础上，还应当促进区域住宅、商业、办公、生态等不同功能区有机组合，以提高公共设施密度与功能混合度。上述措施将有助于削弱土地财政模式对城市低碳发展的负面影响。

（2）对中等发达城市而言，功能混合度是促进碳排放绩效提升的关键要素。因此，应当继续因地制宜地推进存量规划方案。以主导功能、混合用地为主要原则，优化城市内部空间布局，持续提高功能混合度。这些方案将有效降低因私家车出行、交通拥堵、产业链缺失等问题产生的额外碳排放。此外，城市管理人员应当利用多源数据，定期评估所有建设用地的碳排放绩效，对"高耗能、低产出"的城市地块进行调查与优化，进而促进城市整体低碳转型。

（3）对发达城市而言，处理人口过载带来的社会–环境问题迫在眉睫。因此，应当优化城市功能布局，通过构建多中心的城市空间结构以分散常住人口。此外，有必要在适当控制城市核心区交通与公共设施密度的同时，有序提高城市化地区的公共服务水平与人口承载力。这些措施将有助于提高资源利用效率，减少交通、生活、建筑等来源的碳排放，从而提高城市碳排放绩效。

8.6 结　　论

本书以中国最发达的长三角核心区为例，利用超效率 SBM 模型在 1km 格网尺度实现了全要素碳排放绩效的空间化，从空间分布与空间集聚两个角度分析了碳排放绩效在不同发展水平城市的城乡梯度差异。最后，还利用地理探测器模型揭示了不同发展水平城市下，城市功能对碳排放绩效沿城乡梯度的作用模式。

首先从城市尺度来看，2020 年长三角核心区发达城市的碳排放绩效处于领先位置，中等发达城市的碳排放绩效均值较低，且城市之间的差异性较大，欠发达城市的碳排放绩效总体接近区域平均水平，且组内分布更为平均。从格网尺度来看，研究区碳排放绩效呈现出四种鲜明的空间分布模式，包括单中心格局、多中心结构、混合模式以及离散模式。其次，长三角核心区的碳排放绩效整体沿城市中心区到周边城镇呈 U 形的变化规律，而曲线的拐点则受到城市类型差异的显著影响。具体而言，发达城市碳排放绩效的冷热点区域占比相对均衡，且城市核心区与乡镇具有较高的碳排放绩效；中等发达城市核心区的碳排放绩效处于领先位置，且不同城乡聚落类型组内及组间的碳排放绩效具有显著的非均衡性；欠发达城市的乡镇地区则有着较高的碳排放绩效。最后，城市功能变量在发达城市对碳排放绩效的影响力排序沿城乡梯度有所差异。功能混合度则是中等发达城市碳排放绩效的决定性因素。相比于其他两类城市，商服设施密度和居住设施密度在欠发达城市的城市核心区对碳排放绩效的影响显著加强。基于研究结果，本书系统归纳了碳排放绩效沿城乡梯度变化的阶段性规律，并针对不同类型城市提出了有潜力的城市规划策略。这些策略可为优化城市空间布局，整体提高城市碳排放绩效，同时推动城市低碳转型提供科学参考。

与现有研究相比，本书在方法论和理论层面均有新的突破与创新。首先，充分利用多源地理大数据首次在1km格网尺度实现了全要素碳排放绩效的空间化，有效弥补了以往研究对城市内部碳排放绩效空间异质性考虑不足的缺陷。其次，从城市发展阶段的角度切入，系统揭示了碳排放绩效在城乡梯度间的演变规律，能够有效填补现有研究的理论空白。最后，从城市功能的角度选择指标，探究了不同发展水平城市、不同城市聚落类型下碳排放绩效的驱动机制。这种异质性分析使本研究提出的政策建议相比于以往的研究更具有科学性与可靠性。

然而，本书也存在三点局限性有待进一步解决。第一，考虑到数据的完整性、时效性和可获得性，本书仅以2020年作为研究时点。在未来的研究中可以考虑纳入多个研究时段以分析碳排放绩效的时空分布特征。第二，我们选择了中国长三角核心区作为研究区以探究碳排放绩效沿城乡梯度的演变规律。尽管该区域能够在很大程度上代表中国城市化、工业化以及低碳转型的发展方向，但仍需要更多的样本来检验我们提出的技术体系与理论的可靠性和适用性。第三，城市功能在以往的研究与理论中被证实与碳排放绩效显著相关，因此被本书用于剖析碳排放绩效的驱动机制。然而，城市是一个由生产、生活、生态要素耦合而成的复杂系统（Alessandretti et al., 2020），这就导致碳排放绩效可能受到更多潜在因素的影响。因此，学者们可以考虑探究土地价格、自然地形、政策颁布等更多角度指标与碳排放绩效之间的因果关系，这将进一步丰富我们对于碳排放绩效的理解，从而促进城市低碳减排。

第 9 章　城市碳排放绩效空间关联网络的结构特征和影响因素

9.1　研究综述

在中国区域一体化发展战略的深入的背景下，随着交通、通信等社会经济条件的进一步改善，各城市间人口、技术、资本等要素流动进一步加快，这在很大程度上加强了碳排放空间关联效应。目前，有关碳排放溢出效应和空间关联效应的研究方法主要可以分为三类。第一类研究采用 Moran's I 等探索性空间数据分析（ESDA）方法，探索碳排放绩效的空间分布特征。该方法以量化空间关联为中心，通过对空间分布的可视化分析，描绘事物或现象的空间关联和聚集特征。如 Zhang 等（2022）利用 Moran's I 揭示了中国黄河三角洲地区碳排放具有显著的空间集聚性。虽然这种方法很容易计算和解释，它只是基于变量自身的空间属性来分析其空间聚类特征，而没有量化其空间溢出效应。

第二类是利用空间计量模型定量评价区域碳排放绩效的潜在空间溢出效应。该方法将空间权重矩阵纳入回归方程，以揭示解释变量和被解释变量之间的关系。例如，Liu 和 Zhang（2021）利用动态空间杜宾模型证实了碳生产率存在显著的空间溢出效应，揭示了中国产业集聚与碳生产率之间的倒 U 形关系。与 ESDA 模型相比，空间计量模型可以在一定程度上解释变量的空间溢出效应，并进一步识别影响碳排放绩效的关键因素，从而获得更具说服力和可靠性的结果。然而，大多数空间计量模型都是基于地理距离或地理临近视角分析碳排放绩效的空间关联，在描绘碳排放绩效的整体联系结构和微观联系方面仍然存在局限性。

社会网络分析是基于"关系数据"研究某个系统的空间关联关系、结构及空间传导机制的方法，可通过对网络中整体、个体间关系进行客观分析为实证研究提供定量数据，被广泛应用于信息工程、贸易网络、生态环境等领域。其主要思想是突破传统"属性"数据分析范式，以网络的形式反映真实系统中各节点之间的联系，从而对现实网络拓扑结构特征及其动力学行为进行准确识别和验证。在中国经济协调发展逐渐深入的背景下，不同区域间在技术交流、产业发展等方面客观存在"溢出效应""接收效应"使得区域碳排放表现出多方向空间连接的网络结构性质（Jiang et al., 2019；Zhang and Yao, 2023）。为有效刻画碳排放空间关联特征，有必要从网络的视角出发，基于"关系数据"而非"属性数据"反映区域碳排放空间关联的特征。为此，第三类研究在利用引力模型量化节点间碳排放关系的基础上，引入管理学、经济学领域广泛使用的社会网络分析方法刻画碳排放空间关联效应。例如，He 等（2020）应用社会网络分析分析了中国电力部门碳排放在省级层面的空间关联。这类研究能综合考虑网络节点间经济、社会、空间联系，弥补了空间计量模型仅考虑地理邻近的缺陷。但这类研究大多采用二值网络刻画区域碳排放之间的关联，只能反映节点之间是否存在联系，并不能反映节点之间联系的强度，无法准确刻画节点的中心性状态。为弥补二值网络在反映节点特征方面的缺陷，部分研究已经开始加权网络的构建，并用其探究实际问题。例如 Lu 等（2023）人构建了欧盟的加权定向碳排放网络，并分析了欧盟各国碳排放网络整体特征和个体特征。但是总的来说基于加权网络的碳排放空间关联分析的研究仍较少。

9.2 城市碳排放绩效空间关联网络的形成机制

碳排放绩效的实质是城市发展过程中社会经济要素投入与产出间关系变化的结果。因此，产业关联、资本流动、人口迁徙等经济活动使得某一城市碳排放绩效的改变会对周边城市的碳减排行动产生一定影响（Chang et al., 2020）。这种交互影响的空间溢出效应实际上构成了城市间碳排放绩效的空间传导路径。在区域一体化不断加深的大背景下，日益频繁的跨区域经济活动、不断完善的市场机制以及适时的政府干预进一步加剧了城市间碳排放绩效的空间关联，从而演化出复杂且多方向的碳排放绩效空间关联网络（图9-1）。

首先，碳排放与金融危机、空气污染等传统公共物品相似，具有非常明显的外部性（Sajid et al., 2021）。一个城市的过量碳排放行为会直接或间接导致区域甚至全球气温的升高，从而影响周边城市的生态环境与人居质量，这是形成碳排放绩效空间关联网络的天然基础。其次，伴随着交通设施的完善和信息技术的革新，城市间人口、资本、能源等投入要素的流动性有所加强（Li et al., 2022），这是碳排放绩效网络形成的原始动力。经济条件优越的城市会优先吸引经济要素的流入并逐渐产生比较优势。因此，这些城市往往位于网络的核心位置。而当这些城市发展到一定规模时，由于城市职能疏导和产业结构调整的需要，它们会不断向周围落后的城市输出经济要素，并通过技术协助、产业合作等外部手段促进其低碳转型。这将有效带动周边城市碳排放绩效的提升（Qadir and Dosmagambet, 2020）。此外，不断完善的市场机制是碳排放绩效网络形成的关键

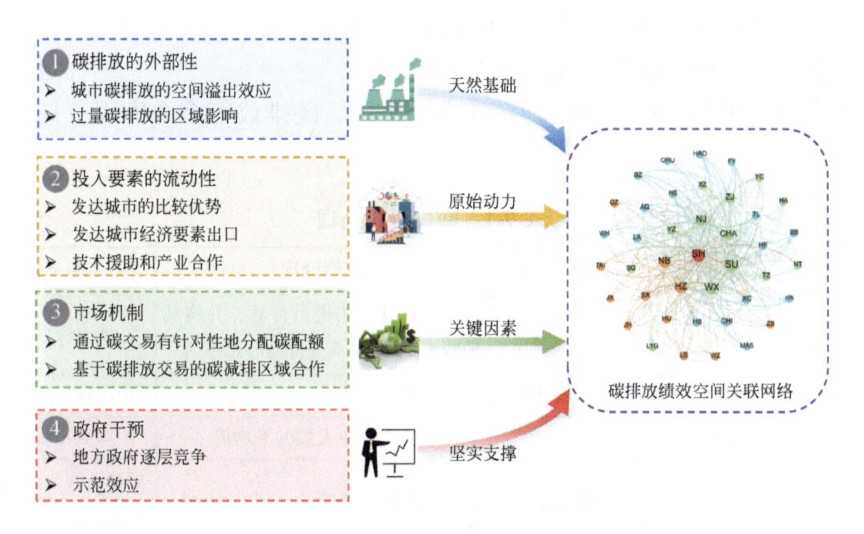

图 9-1　碳排放绩效空间关联网络的形成机制

因素。以碳交易为核心的市场机制能够实现碳配额的定向分配（Ortas and Álvares，2016），而碳排放权的跨区域交易也在一定程度上促进了不同城市之间的碳减排协作（Dai 等，2022）。伴随着碳交易机制的不断优化，交易量更大、流动性更高、价格更稳定的碳市场会使得城市之间碳排放绩效的空间关联更为紧密，从而提升整个区域的低碳发展水平。最后，地方政府干预是碳排放绩效网络形成的坚实支撑。一方面，地方政府之间存在"逐层竞争"现象。在推进实现"双碳"目标的大背景下，碳排放绩效的提升在地方政府政绩考核中的"权重"显著增加（Kou and Xu，2022）。地方政府为了追求更好的环境治理效果，会有策略地与周边城市进行交流合作，以实现资源的合理分配与优势互补。另一方面，区域内低碳转型成功的城市通过技术交流、官员流动、调研学习等方式也会对周边城市产生示范效应（邵帅等，2022），在一定程度上导致区域各城市低碳政策的趋同。

9.3　研究数据

本书以长三角地区 41 个地级市为研究案例，研究时段为 2003~2018 年。我们选择这个研究时段的主要原因在于：低碳经济的概念最早出现于英国 2003 年颁布的《能源白皮书》，自此低碳经济作为一种新兴经济理念引发了全球性变革。而 2018 年是中国改革开放国家战略实施的 40 周年。自该战略实施以来，中国经济由追求高速发展转向高质量发展，节能减排的理念、政策以及措施也逐渐融入社会发展的方方面面。因此，基于该时段开展研究，能够有效反映中国发达地区在低碳经济理念提出之后的经济转型历程。

本书所使用的数据涵盖地理、社会、经济、碳排放等多个方面，具体见表9-1。

表 9-1 数据源和处理

研究内容	数据	数据描述	数据处理	数据源
碳排放绩效	资本	资本存量	利用永续盘存法进行计算，并将其平减为2000年不变价的可比序列	地方统计年鉴
	能源	总用电量	获取于统计年鉴	中国城市统计年鉴
	劳动力	就业人口	年初与年末就业人数的平均值	中国城市统计年鉴
	碳排放	碳排放总量	获取于公开数据库	碳排放账户和数据库（Shan et al., 2022）
	GDP		将GDP折算为2000年不变价	中国城市统计年鉴
社会网络分析	人口大小	总人口	获取于统计年鉴	中国城市统计年鉴
	地理距离	城市间直线距离	利用ArcGIS计算	—
二次指派程序	经济集聚	单位行政面积非农业产出	获取于统计年鉴	地方统计年鉴
	产业结构	第二产业比重	获取于统计年鉴	地方统计年鉴
	开放政策	实际外商投资	获取于统计年鉴	地方统计年鉴
	人口聚集	人口密度	获取于统计年鉴	地方统计年鉴
	技术创新	科技支出	获取于统计年鉴	地方统计年鉴
	交通	总货运量	获取于统计年鉴	地方统计年鉴
	一级地理邻近	—	利用GeoDa计算	—
	二级地理邻近	—	利用GeoDa计算	—

9.4 研究方法

本书首先基于超效率SBM模型测度长三角地区各城市的碳排放绩效，通过改进的重力模型构建碳排放绩效空间关联矩阵，从而建立区域碳排放绩效网络。其次，基于宏观-微观-个体的分析框架对应选择指标与方法评估网络的结构特征。最后，通过QAP模型从经济结构、社会结构和空间关系三个角度选择指标实证探究影响该网络的主要因素。具体研究框架见图9-2。

第 9 章 | 城市碳排放绩效空间关联网络的结构特征和影响因素

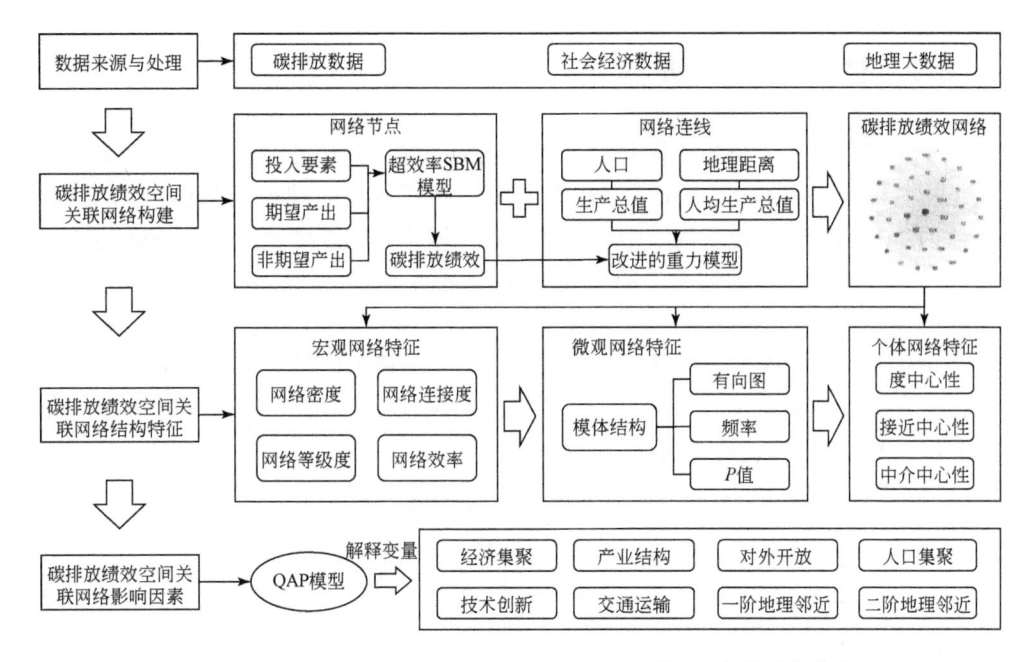

图 9-2 碳排放绩效空间关联网络结构特征和形成机制的分析框架

9.4.1 超效率 SBM 模型

SBM 模型能够弥补传统 DEA 方法忽视非期望产出而导致的效率测度误差问题。此外，其在目标函数中引入了松弛变量，有效解决了投入产出过程中出现的松弛性问题（Li and Chen，2021）。但经典的 SBM 模型计算所得的效率值落在 [0，1] 的值域范围内，这就导致当多个决策单元的效率均处于最大化时，无法对这些决策单元进行排序。因此，本书引入 Tone（2002）基于修正松弛变量进一步提出的超效率 SBM 模型来测度长三角地区各城市的碳排放绩效。该模型计算所得的效率值可以超过 1，能够对所有决策单元进行有效排序。具体计算公式参考 He 和 Hu（2022）的研究。

在实际计算中，将劳动力、资本和能源作为投入要素，将各城市的 GDP 作为期望产出，将碳排放作为非期望产出。具体地说，劳动力投入是以年初和年末的平均就业人数来计算的。资本投入用各城市的资本存量表示，采用永续盘存法计算。能源输入用每个城市的能源消耗表示，期望产出用 GDP 表示，非期望产出用每个城市的碳排放量表示。

9.4.2 社会网络分析

SNA 主要被用于分析不同社会主体之间的关联以及这些关联所形成复杂网络的结构特征（Sun et al., 2018）。在本书中，长三角地区被视为整体网络结构，区域内所有的城市被视为网络中的各个节点，城市之间碳排放绩效的空间关联被视为节点与节点之间的连线。科学确定节点之间的关系以形成关联矩阵是 SNA 实施的关键。鉴于此，我们参考相关研究（Kuik et al., 2019），采用改进的重力模型量化城市之间碳排放绩效的空间关联强度。该模型能够将节点间的经济、地理以及社会联系同时纳入分析范畴，使所得的结果更具有科学性与实际性（Su and Yu, 2019）。其表达式为

$$F_{ij} = k_{ij} \times \frac{\sqrt[3]{P_i G_i C_i} \times \sqrt[3]{P_j G_j C_j}}{\left(\frac{D_{ij}}{g_i - g_j}\right)^2} \tag{9.1}$$

$$k_{ij} = \frac{C_i}{C_i + C_j} \tag{9.2}$$

式中，F_{ij} 为城市 i 碳排放绩效对城市 j 的引力（空间关联强度）；P、G、C 分别为城市的人口规模、GDP 和碳排放绩效；D_{ij} 为城市 i 与城市 j 之间的地理距离；g 为城市的人均 GDP。传统的重力模型不存在方向性，只能反映关联的程度，不适用于本书的情景。因此，修正的重力系数 k 被用于表征城市间碳排放绩效的结构性差异，以体现空间关联的方向性。根据式（9.1）计算得出的所有 F 值可以组成一个 41×41 的重力矩阵 M。

我们对重力矩阵 M 进行二值化处理以得到碳排放绩效空间关联矩阵 T。具体而言，当 F_{ij} 大于等于该行引力均值时，表明城市 i 碳排放绩效对于城市 j 的影响较强，定义为 1。当 F_{ij} 小于该行引力均值时，表明城市 i 对城市 j 的影响较弱，定义为 0。

9.4.3 网络结构特征的指标

在网络建立的基础上，我们从宏观—微观—个体三个层面选择具体方法或指标量化碳排放绩效空间关联网络的多维特征。

9.4.3.1 宏观网络特征

本书选择网络密度、网络连接度、网络等级度和网络效率四个指标来描述网

络的宏观特征。网络密度用于反映区域内各城市碳排放绩效空间关联的紧密程度，网络密度越高，碳排放绩效空间关联越密切。网络连接度用于量化网络中节点的参与程度，连接度越大表示网络中被孤立的节点越少。网络等级度用于衡量城市在网络中的支配地位，等级度越高表示越多的节点处于从属与边缘地位，且网络层次结构越森严。网络效率代表网络中连线的冗余程度。网络效率越高，城市之间的联系就越松散，网络也越不稳定。各指标的详细计算公式见表9-2。

表9-2 宏观网络特征指标的计算方法

指标	计算公式	公式解释
网络密度	$D = \dfrac{t}{n(n-1)}$	D 为网络密度；t 为网络中实际出现的关系总数；n 为城市节点总数（后面指标中 n 均表示该含义），在本书中 $n=41$
网络连接度	$C = 1 - \dfrac{v}{n(n-1)/2}$	C 为网络连接度；v 为网络中无法到达的节点总数
网络等级度	$H = 1 - \dfrac{b}{\max(b)}$	H 为网络等级度；b 表示网络中对称可达的城市节点总数
网络效率	$E = 1 - \dfrac{k}{\max(k)}$	E 为网络效率；k 为网络中冗余连线的总数

9.4.3.2 微观网络特征

网络模体是由几个节点组成的网络基本拓扑结构。Shen-Orr 等（2002）将模体结构定义为在网络中重现的频率远高于随机网络中的相互连接模式。因此，模体结构分析能够有效反映碳排放绩效网络在微观层面的特征。本书以三个节点作为模体的基本组件，通过模体结构图反映模体节点之间的关联模式。三个节点组成的有向图在理论上存在 13 种模体结构，每种模体结构的关联模式与编号（表9-3）。此外，本书通过频率与 p 值来表征不同模体结构在网络中的重要程度。其中，频率代表模体结构类型在真实网络中出现的次数比率。p 值代表该模体结构在随机网络中出现次数大于真实网络中出现次数的概率。当 p 小于 0.1 时，表明该模体结构在真实网络中出现的概率显著高于随机网络，具有分析的必要性。同时，我们根据节点间的传导模式，将模体结构具有的性质归纳为五类，并相应赋予不同的模体结构类型，详细见表9-4。

表9-3 不同模体结构的关联模式和编码

代码	关联模式	代码	关联模式	代码	关联模式
F7F		FKX		JQF	

续表

代码	关联模式	代码	关联模式	代码	关联模式
F8R		IMF		FMF	
GCR		GOX		K4F	
GCX		GDF			
F8X		GQX			

表 9-4 不同模体结构的性质

代码	发散	凝聚	倒数	连通	循环
F7F	√				
F8R				√	
GCR		√			
GCX		√	√		
F8X	√		√		
FKX	√				
IMF	√		√	√	√
GOX				√	√
GDF	√	√	√		
GQX	√	√	√	√	√
JQF		√	√		
FMF	√	√	√		
K4F	√	√	√	√	√

注：本书主要分析每个模体（motif）结构的上顶点，将上顶点记为 i，左顶点记为 j，右顶点记为 k。发散：$i \rightarrow j$，$i \rightarrow k$；凝聚：$j \rightarrow i$ 和 $k \rightarrow i$；倒数：$i \rightarrow j$，$j \rightarrow i$；连通：$j \rightarrow i \rightarrow k$ 或 $k \rightarrow i \rightarrow j$；循环：$j \rightarrow i \rightarrow k \rightarrow j$ 或 $i \rightarrow j \rightarrow k$。

9.4.3.3 个体网络特征

个体网络特征主要用于表示每个节点在网络中的功能与位置。相应地，本书选择度中心性、接近中心性和中介中心性三个指标来描述网络的个体特征。度中心性用于量化一个节点与其他节点的关联程度。度中心性越大表明该节点与越多的其他节点有直接关联，越处于网络的中心位置。接近中心性用于表示一个节点不受其他节点控制的程度。接近中心性越高表明该节点与其他节点之间存在更多的直接关联，是网络中的核心参与者。中介中心性则代表一个节点在网络中发挥的中介作用。中介中心性越高表明该节点在网络中越频繁地充当桥梁的角色，对于其他节点的控制力也越强。各指标的详细计算公式见表 9-5。

表 9-5 个体网络特征指标的计算方法

中心性指标	计算公式	公式解释
度中心性	$DE = \dfrac{f_{in} + f_{out}}{2(n-1)}$	DC 为度中心性；f 为与该节点直接关联的节点总数，in 表示该节点受到其他节点的影响，out 表示该节点影响其他节点
接近中心性	$CL = \dfrac{n-1}{\sum_{j=1}^{n} d_{ij}}$	CL 为接近中心性；d_{ij} 为城市 i 到城市 j 的最短距离
中介中心性	$BE = \dfrac{2\sum_{j=1}^{n}\sum_{k=1}^{n} \dfrac{g_{jk}(i)}{g_{jk}}}{n^2 - 3n + 2}$	BE 为中介中心性；$g_{jk}(i)$ 为城市 j、k 之间经过城市 i 的最短路径总数；g_{jk} 为城市 j、k 间最短路径总数

9.4.4 二次指派程序（QAP）

在描述区域碳排放绩效网络特征的基础上，本书进一步通过计量模型实证探究影响该网络的主要因素。这对于加强城市间合作以促进区域碳排放绩效协同提升具有重要意义。根据前文的理论框架，我们认为碳排放绩效网络受到经济、社会以及空间关系等诸多因素的影响。因此，我们从经济结构差异（经济集聚、产业结构、对外开放）、社会结构差异（人口集聚、技术创新、交通运输）以及空间关系（一阶地理邻近、二阶地理邻近）三个层面对应选择八项指标作为解释变量（括号内为二级指标）。这些指标的选择一方面顾及了数据的可获得性，另一方面也考虑到了相关研究的延续性（Shahzad et al., 2017）。

此外，由于碳排放绩效空间关联矩阵以及各解释变量矩阵均属于关系数据，采用 OLS 等传统计量模型进行因果关系检验将无法避免多重共线性的影响，从而导致估计结果的误差。二次指派程序（quadratic assignment procedure，QAP）模型是一种非参数方法，因为其不需要满足解释变量具有独立性的假设，所以被广泛用于关系数据的分析。出于这种理解，本书利用 QAP 模型分析碳排放绩效空间关联网络的影响因素。基本模型如下：

$$T = f(\text{Eco}, \text{Ind}, \text{Exp}, \text{Pop}, \text{Tec}, \text{Tra}, \text{Adj}_1, \text{Adj}_2) \qquad (9.3)$$

式中，T 为碳排放绩效空间关联矩阵；Eco 为经济集聚差异；Ind 为产业结构差异；Exp 为对外开放差异；Pop 为人口集聚差异；Tec 为技术创新差异；Tra 为交通运输差异；Adj_1 为一阶地理邻近矩阵；Adj_2 为二阶地理邻近矩阵。

9.5 研究结果

9.5.1 碳排放绩效时空格局

2003～2018 年长三角地区城市碳排放绩效整体呈现较为明显的两阶段变化。2003～2012 年，碳排放绩效均值由 0.50 逐渐提高至 0.68。而在随后的年份，碳排放绩效均值波动下降至 0.59，但较初始年份仍有明显提升。从空间分布来看，2003 年碳排放绩效高值区主要集中在研究区中部与东部沿海，以江苏盐城、苏州和安徽滁州为代表 [图 9-3（a）]。低值区零散分布在安徽境内，以淮北、铜陵和马鞍山为代表。2018 年碳排放绩效高值区数量有所增加，江苏和浙江各城市碳排放绩效普遍获得了不同程度的提升 [图 9-3（b）]。两省的碳排放绩效均值也由 2003 年的 0.60 和 0.51 提高至 2018 年的 0.70 和 0.64 [图 9-3（c）]。与此同时，上海的碳排放绩效在研究时段内获得了最大幅度的提升，由 0.27 增长至 1.06，年均增幅高达 9.55%。而碳排放绩效低值区在安徽境内则有扩张的趋势，安徽的碳排放绩效均值也由 0.44 小幅下降至 0.43。

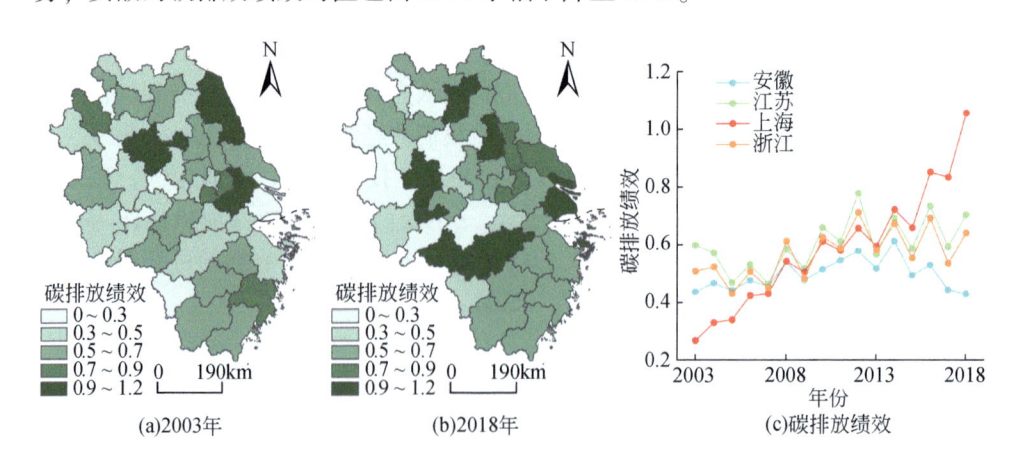

图 9-3 2003～2018 年长三角地区碳排放绩效时空格局

9.5.2 碳排放绩效空间关联网络的结构特征

9.5.2.1 宏观网络特征

基于改进的重力模型，长三角地区碳排放绩效的空间关联网络被建立。图9-4表明长三角地区城市碳排放绩效呈现明显的网络结构特征，图中城市名称及简称见表9-6。上海、苏州、南京、常州和无锡在研究时段内一直处于网络的中心位置，不仅相互之间的联系更为紧密，且对于边缘城市也具有很强的辐射作用。这表明江苏的核心城市以及上海在区域碳减排协作中处于主导地位。此外，浙江的杭州在网络中也处于有利位置。杭州作为浙江的省会，是长三角地区重要的经济支柱之一，对周边城市有着很强的影响力。尽管安徽和浙江的部分落后城市一

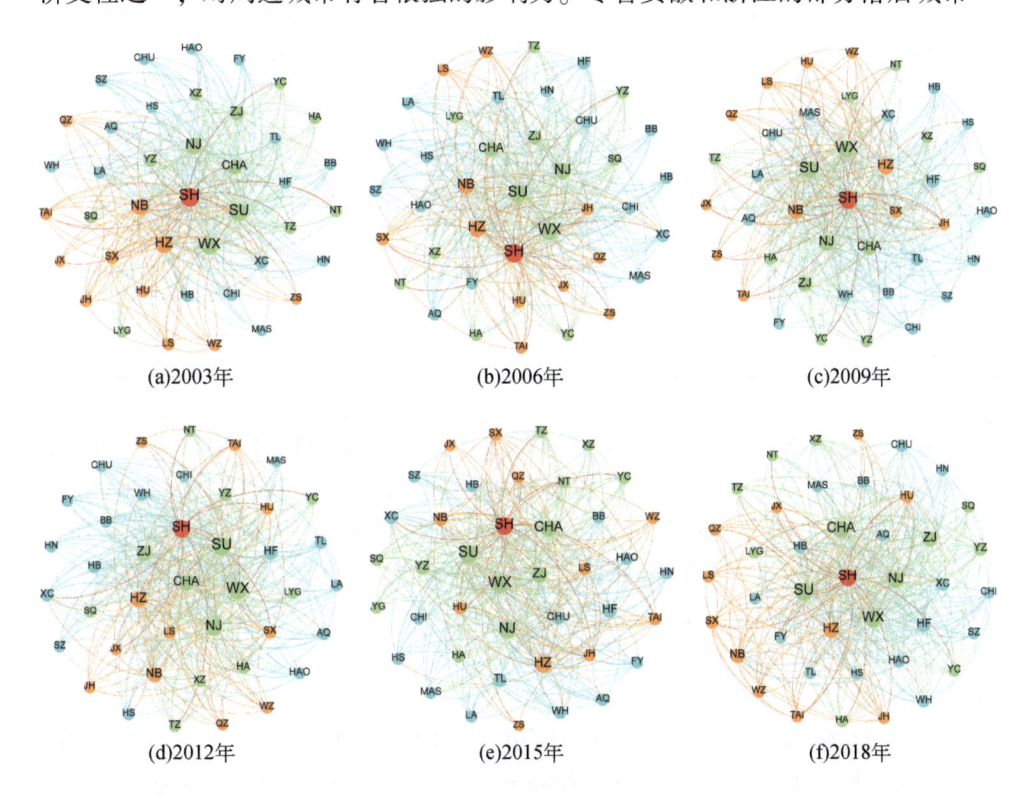

(a)2003年　　　　(b)2006年　　　　(c)2009年

(d)2012年　　　　(e)2015年　　　　(f)2018年

图9-4　2003~2018年长三角地区碳排放绩效空间关联网络

蓝色节点表示安徽，绿色节点表示江苏，红色节点表示上海，橙色节点表示浙江。节点越大，越靠近网络图的中心，其中心性越高。线的颜色与目标的颜色相同。例如，如果NJ（绿色）影响XC（蓝色），则该线的颜色将为蓝色

直处于网络的边缘位置（如舟山、武汉、池州等），但随着社会经济的发展以及城市合作的加强，他们与网络中其他城市的空间关联正在日益密切。具体而言，在 2018 年，网络边缘城市接受和发出的关系数量明显提升，网络整体进一步趋于稳定［图 9-4（f）］。

表 9-6　长三角地区城市名称及简称

城市名称	简称	城市名称	简称	城市名称	简称
安庆	AQ	芜湖	WH	浙江	ZJ
蚌埠	BB	宣城	XC	上海	SH
亳州	BO	常州	CHA	杭州	HZ
池州	CHI	淮安	HA	湖州	HU
滁州	CHU	连云港	LYG	嘉兴	JX
阜阳	FY	南京	NJ	金华	JH
合肥	HF	南通	NT	丽水	LS
淮北	HB	苏州	SU	宁波	NB
淮南	HN	宿迁	SQ	衢州	QZ
黄山	HS	泰州	TZ	绍兴	SX
六安	LA	无锡	WX	台州	TAI
马鞍山	MAS	徐州	XZ	温州	WZ
宿州	SZ	盐城	YC	舟山	ZS
铜陵	TL	扬州	YZ		

为了量化网络的宏观特征，我们进一步计算了网络密度、网络等级度和网络效率四项指标（图 9-5）。网络密度整体上呈现不断上升的趋势，由 2003 年的 0.1945 提高至 2018 年的 0.2262，这表明碳排放绩效在城市间的空间关联有所加强。网络连接度在 2003～2018 年内均为 1，这表明长三角地区城市碳排放绩效有着十分显著的空间关联与溢出效应。同时，网络中不存在完全孤立的节点，任意两个城市都能直接或间接地通过其他城市融入整体网络，这将有利于区域低碳一体化发展。网络等级度在 2003～2006 年维持在 0.3000 的高位，网络层次结构较为森严。而在随后的时段，网络等级度由 0.3010 波动下降至 0.1816，表明网络中具有交互影响的城市节点数量开始增多，等级森严的空间网络结构持续被打破。网络效率的变化趋势与网络密度相反，由 2003 年的 0.7333 逐渐下降至 2018 年的 0.7051。这表明网络中路径的多样性有所提升且网络的稳定性得到优化。

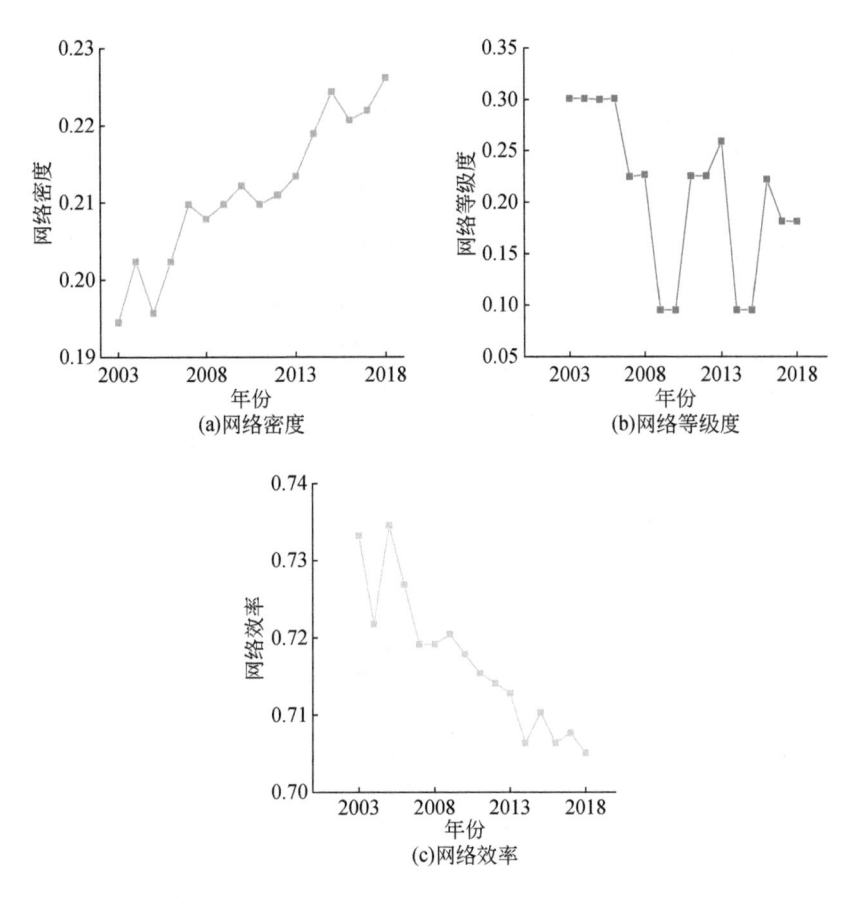

图 9-5 碳排放绩效的宏观网络特征

9.5.2.2 微观网络特征

图 9-6 报告了每种模体结构的频率与 p 值。虽然 GCR、F8R 与 FKX 的频率较高（三者频率总和在所有研究年份均大于 50%），但其在网络中的重要程度非常有限（p 值均远大于 0.1）。这表明仅具有发散性、集聚性或者连通性的碳排放绩效微观关联模式在网络中并不稳定。F7F 显著性的波动也同样证实了这点。GCX 和 GDF 在所有年份的 p 值均小于 0.1，且二者的频率总和由 2003 年的 20.15% 持续提高至 2018 年的 20.66%。这表明兼具互惠性与集聚性的模体结构类型在网络中起着决定作用。此外，K4F 的 p 值在 2009 年之后稳定小于 0.1，频率由 0.23% 缓慢提高至 0.41%。具有同样性质的 GQX 的 p 值也逐年下降，并在 2015 年后稳定小于 0.1，频率也由 1.38% 上升至 2.89%。这表明尽管兼具互惠性与循环性的模体结构类型（最能代表区域一体化的关联模式之一）在网络中有着一定的重

要性，但较小的频率依然不足以主导整个网络。

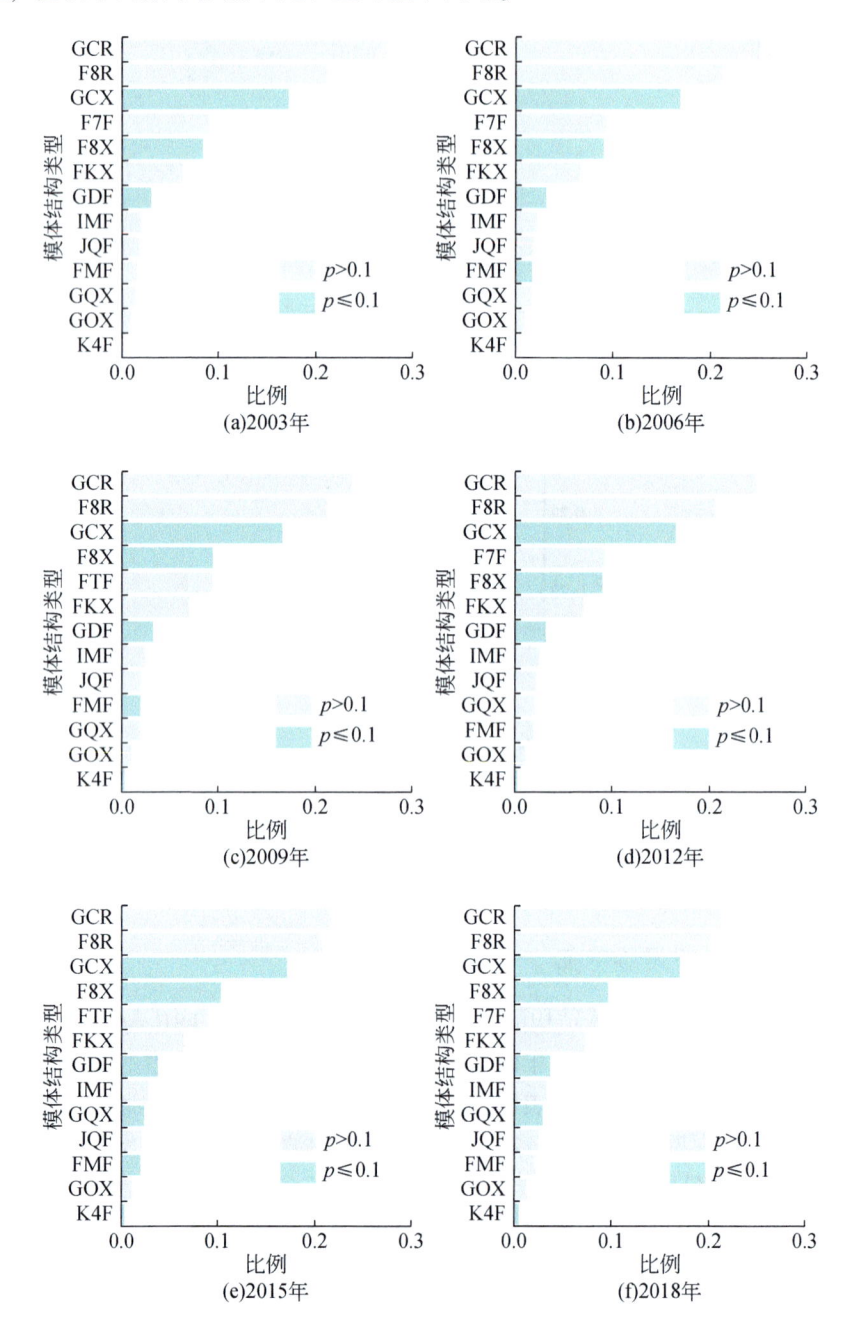

图 9-6 不同模体结构的统计信息

9.5.2.3 个体网络特征

为了量化个体网络特征，我们进一步计算了每个城市的度中心性、接近中心性和中介中心性（图9-7）。为了直观呈现每个城市的特征，我们对这些指标进行了标准化。上海、苏州和无锡的度中心性一直位于研究区前三。此外，江苏常州、南京、扬州的度中心性呈现明显上升趋势，可推动长三角地区低碳转型形成多极化局面。需要注意的是，安徽城市的度中心性普遍较低（度中心性均值低于0.2），正在逐渐成为区域协同减排的短板区域。各城市的接近中心性与度中心性相似。安徽蚌埠、黄山、芜湖等城市的接近中心性均小于0.1，更多地扮演着网络边缘行动者的角色。常州、南京、苏州、无锡、上海、杭州、宁波的中介中心性较高，在碳排放绩效网络中承担主要桥梁的作用，控制着整个区域碳减排的进程。其他城市的中介中心性均值不超过0.01，表明区域碳排放绩效空间关联网络极度依赖核心城市的作用，存在严重的垄断现象。

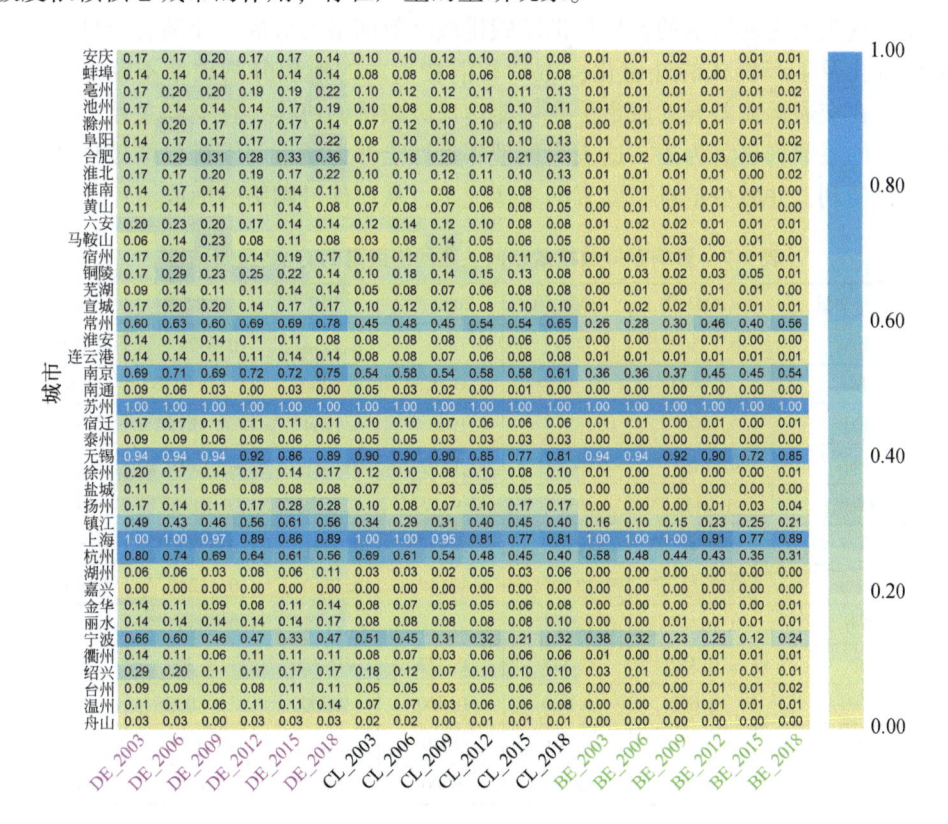

图 9-7 排放绩效的个体网络碳特征

9.5.3 碳排放绩效空间关联网络的影响因素分析

在研究时段内，大部分解释变量对碳排放绩效空间关联网络的影响程度、影响方向与显著性均未发生较大变化，表明我们构建的 QAP 回归模型具有良好的稳健性（表9-7）。在经济结构方面，经济集聚与对外开放的系数显著为正。这进一步印证了我们在前文中提出的理论机制，即经济水平存在差异的城市更易在交流和合作中实现碳排放绩效的共同提升。产业结构在部分年份的系数显著为负，且相对较低。这一方面表明在长三角地区产业结构相似的城市在碳减排行动中更容易"抱团取暖"，另一方面也表明产业结构差异对碳排放绩效网络的作用非常有限。在社会结构方面，人口集聚与技术创新的系数显著为负。区域内发达城市技术、劳动力等要素的向外输出将有助于缩小城市之间的技术鸿沟，同时优化区域整体的人口配置，从而加强碳排放绩效的空间关联。交通运输的系数显著为正，这表明交通运输的差异将推动碳排放绩效网络的形成。伴随着全球供应链的碎片化及生产模式的外包化，生产和消费活动的地理分割现象不断加剧。因此，存在交通运输差异的城市更有可能达成碳减排的协作。在空间关系方面，地理邻近的系数均显著为正。这表明地理邻近性能够为城市间碳排放绩效优化的合作提供便利，并减少信息与要素的交换成本，从而促进网络的形成。

表9-7 影响碳排放绩效空间关联网络因素的 QAP 回归结果

解释变量	2003 年	2006 年	2009 年	2012 年	2015 年	2018 年
Eco	0.7756 ***	0.7779 ***	0.7396 ***	0.7938 ***	0.8127 ***	0.8052 ***
Ind	−0.0694 **	−0.0419 *	−0.0234	−0.0602 **	−0.0413	−0.0606 **
Exp	0.2008 ***	0.1827 ***	0.1926 ***	0.1764 ***	0.1336 *	0.1718 **
Pop	−0.1688 ***	−0.1453 ***	−0.1110 ***	−0.1452 ***	−0.1393 ***	−0.1537 ***
Tec	−1.2448 ***	−1.1325 ***	−0.9447 ***	−1.0702 ***	−0.9113 ***	−1.0070 ***
Tra	0.8541 ***	0.7276 ***	0.5193 ***	0.5991 ***	0.4257 ***	0.5253 ***
Adj_1	0.0973 ***	0.1318 ***	0.1314 ***	0.1260 ***	0.1124 ***	0.1364 ***
Adj_2	0.1674 ***	0.1851 ***	0.2121 ***	0.2118 ***	0.2483 ***	0.2223 ***
R^2	0.352	0.348	0.332	0.326	0.307	0.330
Pvalue	0.000	0.000	0.000	0.000	0.000	0.000
Obs	1640	1640	1640	1640	1640	1640
随机替换数	6000	6000	6000	6000	6000	6000

注：变量系数为标准化回归系数；*、**、*** 分别表示10%、5%、1%显著性水平。

9.6 讨 论

9.6.1 碳排放绩效的区域差异

长三角地区作为中国乃至世界最发达的城市群之一,无论是经济总量还是碳排放量都占据着中国极大的份额。因此,长三角地区的低碳转型进程能够在很大程度上代表中国实现"双碳"目标的前进方向。我们的研究表明,与世界上大多数著名的发达城市群相似,尽管长三角地区在社会经济层面整体处于领先地位,但区域内部城市之间的碳排放绩效依然存在着较大的差异性。

安徽的碳排放绩效在研究区中整体处于下游位置,且碳排放绩效均值在研究时段内呈下降趋势,这与前人得到的结果相似(Wang et al.,2022)。在推进低碳发展的大背景下,作为中国工业强省的安徽尽管通过一系列方式有效控制了碳排放总量,但也不可避免地会产生额外成本。这将在很长一段时期内影响其经济的投入产出效率,并导致碳排放绩效的短暂下降。同样的情况在汉堡、曼彻斯特等典型工业城市也曾出现(Zengerling,2018;Faller,2014)。与安徽形成鲜明对比的是上海。上海不仅是世界上最大的城市之一,而且是中国的经济支柱。在研究时段早期,其庞大的工业规模在提供大量经济产出的同时也导致了过量的碳排放,从而加剧了经济增长与碳减排的矛盾。因此,其碳排放绩效在很长一段时间处于较低水平。由于能源结构转型的迫切需求,上海在近十年不断向周边城市输出资本、劳动力、技术等社会经济要素的同时,也推动了高耗能工业企业的外迁。这一方面使得上海逐渐摆脱了传统的高污染、高投入、低效率的经济增长模式。以第三产业和高新技术为主导的产业形态极大地提高了经济的投入产出效率,致使其碳排放绩效迅速提升。但另一方面这在加强长三角地区碳排放绩效空间关联的同时,也在一定程度上增加了碳泄漏的风险。

9.6.2 社会网络分析的政策含义

中国政府在多个政策文件中明确指出要促进长三角地区一体化发展,以提升区域整体的碳排放绩效。在这种背景下,基于关系数据开展的 SNA 在刻画区域低碳一体化程度方面具有天然优势。虽然长三角各区域在经济水平与碳排放绩效方面存在差异性,但这并不影响城市之间碳排放绩效空间关联的产生。碳排放绩效网络密度的提升与网络效率的不断下降很好地印证了这一观点。但与 Chen 等

（2023）对于京津冀城市群和珠江三角洲（珠三角）城市群的研究结果相比，长三角地区的网络密度依然整体偏低。主要原因在于，京津冀协同发展早在 2014 年就已经上升为国家战略，同时该区域也是中国国家政府所在地。强有力的政府监管能够主导该区域的能源转型与碳减排协作。珠三角地区各城市同属于广东政府，同时也是中国碳排放权交易试点工作的首批省份（Zhou et al., 2019）。其在碳市场建设与政府统一管理方面具有比较优势。而由多个区域组成的长三角地区有着多个行政主体，这将导致潜在的行政藩篱与市场分割，进而在一定程度上弱化了区域间的碳减排合作激励（周望和程帆，2022）。

而在微观和个体网络特征方面，上海、苏州、南京、无锡等七大核心城市拥有极高的个体中心性（占长三角城市总数的约 20%）。这个比例远高于 Wang 等（2023）以美国为案例的研究结果。同时，兼具互惠性与集聚性的模体结构类型在网络中起着决定作用。这两个特征均表明相比于其他城市群，长三角地区的核心城市发挥着更为强烈的辐射与带动作用。这也符合《长江三角洲区域一体化发展规划纲要》中提到的以点带面，增强区域协同效应的发展方向。最后，需要注意的是，除了核心城市之外，大部分城市的接近中心性与中介中心性处于较低的水平，尤其是在安徽地区。主要原因为在利益至上与政绩考核的双重推动下，城市政府在选择合作主体时更愿意与经济发展水平高、科技创新实力强的城市合作（Zhang et al., 2023）。此外，承接大型城市的产业、人才、技术等经济要素能够快速推动城市的经济发展，为其低碳转型提供物质支持。

总之，目前长三角地区依托核心城市辐射全局的低碳发展模式能够在很大程度上推动区域低碳一体化发展的进程，但依然存在三个现实问题：①区域差异导致的行政壁垒依然存在，不同区域市场条件和政府政策的差异会加大跨区域合作的成本与难度。此外，安徽和浙江的部分城市由于自身碳排放绩效较低，并不能够很好地参与网络。即使能够与大城市达成有效合作，形成碳排放绩效的空间关联，但依然无法有效规避产业转移带来的碳泄漏风险，这将在总体上弱化长三角碳减排政策的实施效果。②长三角城市在个体中心性方面存在明显断层，缺乏能够连接大型城市和小城市碳绩效合作的中间城市。由于发展水平的巨大差异，底层城市很难与大城市建立碳排放绩效的双向关系，从而导致一些落后城市成为发达城市的"环境避难所"（Bashir，2022）。③处在网络边缘的城市缺乏有效合作，致使兼具互惠性与循环性的模体结构类型在网络中严重缺乏。尽管上海、南京等大型城市有着足够的经济实力能够带动周边城市的发展。但地理距离、技术鸿沟、产业差异、市场条件等因素的存在会加大跨区域合作的成本效益。

针对上述问题，我们提出三点政策建议：

（1）对于政府管理者而言，在制定碳减排目标时，一方面应该有意识地弱化长三角内部各区域的行政边界并引导区域设立共同目标,以减少因制度差异带来的跨区域合作成本。另一方面应该根据网络中各区域的碳绩效水平和角色定位,合理分配不同区域的碳减排份额。确保安徽和浙江的部分落后城市在发展经济的同时,提高自身碳排放绩效,从而更好地参与区域碳减排的协作。

(2) 应当继续优化碳交易市场机制,加快构建覆盖全区域的统一碳交易市场,同时着力增强长三角地区中坚城市在交通运输、科技创新等方面的能力(如合肥、扬州等),这将有助于提升他们的中介中心性。这种方式可以有效降低不同城市间经济要素流动的成本并削弱碳排放绩效网络中的梯度断层现象。

(3) 网络边缘城市的产业结构和经济水平往往差异较小,更容易在技术、资源、生产等方面形成优势互补。所以应当在继续发挥核心城市辐射带动作用的同时,利用政策激励、市场引导等方式促成网络边缘城市之间的相互合作,这将有利于增加兼具互惠性与循环性的模体结构类型在网络中的频率,继而促进长三角低碳一体化发展。

9.6.3　不足与未来研究方向

本书不仅在理论层面解析了碳排放绩效空间关联网络的形成机制,并且提出了宏观-微观-个体的网络分析框架用于实证探究长三角地区碳排放绩效空间关联网络的结构特征,极大地弥补了现有研究在理论和方法论中存在的缺陷。但由于数据的限制,本书依然存在一些不足之处。首先,本书从碳排放的外部性、经济要素的流动性、市场机制、政府干预四个角度解析了碳排放绩效网络形成的理论机制。但在影响因素分析时,市场机制和政府干预的影响难以量化,这可能会造成回归结果的偏差。在未来的研究中可以考虑进一步引入金融学或管理学的研究方法量化市场机制与政府干预的影响。此外,本书选择了中国最具有代表性的发达城市群为研究案例,其碳排放绩效空间关联模式的转变能够在很大程度上代表中国未来低碳转型的前进方向。但我们提出的理论和方法体系的适用性在其他类型的区域仍未得到检验。未来可应用本书所构建的研究框架去比较世界上其他的城市群或国家之间的碳绩效关系。

9.7　结　　论

本书首先在理论层面揭示了城市碳排放绩效空间关联网络的形成机制。其次,利用超效率 SBM 模型测度了 2003~2018 年长三角地区各城市的碳排放绩效,并通过改进的重力模型构建了碳排放绩效空间关联矩阵,从而建立了区域碳排放绩效空间关联网络。在此基础上，综合 SNA 与模体结构分析方法，按照宏观—微观—个体的分析框架对应选择指标与方法评估了网络的结构特征。最后，采用 QAP 模型从经济结构、社会结构和空间关系三个角度选择指标实证探究了影响该网络的主要因素。主要结论有：

（1）2003~2018 年长三角地区城市碳排放绩效均值先逐渐上升后小幅下降。2003 年碳排放绩效高值区主要分布在研究区中部与东部沿海，低值区零散分布在安徽境内。2018 年江苏和浙江各城市碳排放绩效普遍获得了不同程度的提升，上海的碳排放绩效提升尤为显著。低值区则在安徽境内则有扩张的趋势。

（2）碳排放绩效网络密度整体呈现不断上升的趋势。网络连接度在 2003~2018 年内均为 1，表明长三角地区城市碳排放绩效有着十分显著的空间关联与溢出效应。网络等级度则呈现波动下降的趋势，等级森严的空间网络结构持续被打破。网络效率由 2003 年的 0.7333 逐渐下降至 2018 年的 0.7051。

（3）具有发散性、集聚性或者连通性的碳排放绩效微观关联模式虽然频率较高，但在网络中并不稳定。兼具互惠性与集聚性的模体结构类型在网络中起着决定作用。兼具互惠性与循环性的模体结构类型在网络中有着一定的重要性，但较小的频率依然不足以主导整个网络。

（4）常州、南京、苏州、无锡等核心城市拥有极高的中心性，且与区域中的其他城市拉开了较大的差距。区域碳排放绩效网络极度依赖核心城市的作用，存在严重的垄断现象。

（5）经济集聚、对外开放、交通运输的差异以及地理邻近性对碳排放绩效的空间关联具有显著正向作用。产业结构、人口集聚和技术创新的差异对碳排放绩效的空间关联具有显著负向影响。

长三角地区依托核心城市辐射全局的发展模式在很大程度上推动了区域低碳一体化发展的进程。但不同区域城市在碳排放绩效、市场、政策等方面依然存在较大的差异，这将显著影响区域协同减排的效果。基于社会网络分析，我们针对该区域目前现存的三个现实问题提出了相应的政策建议，可为长三角地区低碳一体化转型提供科学指导。

第 10 章 城市低碳治理分区

10.1 研究综述

国土空间低碳治理是助力实现双碳目标的重要政策性工具，是减少土地利用碳排放、缓解气候变暖的有效着力点。同时自中国经济协调发展战略的进一步深入，各城市产业关联、资本流动、人口迁移等社会经济要素的关联交流更为紧密，使得区域间碳排放空间溢出效应更为显著，呈现出错综复杂的网络结构特征，表现为一个城市可以通过第三方城市与另一城市形成直接或间接的碳排放空间互动。这种空间关联效应导致某城市碳排放不仅与自身经济发展和生态资源属性相关，同时也与其在网络中扮演的角色密切相关。因此，在厘清土地利用碳收支的基础上，掌握各城市自身经济、生态等属性特征，探索长三角地区碳排放空间关联网络特征，并结合属性特征和关联特征划定低碳治理分区并提出减排策略，对实现长三角城市之间协同减排，推动国土空间低碳治理具有重要意义。

目前有关低碳治理分区的研究仍处于探索阶段，根据其研究方法可以分为三类。第一类研究是在分区评价指标计算的基础上，采用 SOM、K-means、三维魔方等方法划定分区，常用的分区指标包括碳排放经济承载系数、生态承载系数以及考虑经济、社会、生态特征的综合评价指标体系（Wen et al., 2022；Zhang et al., 2023；吴东清，2023）。例如李卓娜等（2024）在考虑区域碳补偿率、经济承载系数、生态承载系数的基础上，采用二维关联矩阵将江苏省划分为碳汇功能区、低碳保持区、经济发展区、碳强度控制区、高碳优化区。程番苑等（2023）基于构建的包括人均 GDP、产业结构在内的综合评价指标体系，结合耦合协调度模型将兰西城市群划分为碳排放控制区、低碳优化区、碳平衡区。这类方法的核心在于整合区域属性特征来反映不同城市之间的相似性和不同分区之间的差异，其优势在于直接根据各城市自身属性特征划定分区，有利于制定差异化分区治理对策，但是忽略了各城市碳排放空间关联效应，不利于区域一体化协同减排（Zhang et al., 2021）。

第二类研究是在产业关联、技术交流、资本流动进一步频繁的大背景下，越来越多的学者注意到碳排放的空间关联效应，将社会网络分析方法引入碳排放的研究。这类研究主要从网络视角对碳排放空间关联网络中的关键节点进行识别，并采用块模型分区的方法将网络中各节点划分为主受益板块（净受益板块）、净溢出板块、双向溢出板块、经纪人板块等（张翼，2017；魏燕茹和陈松林，2021；Yu et al.，2022；邵帅等，2023）。例如 Zhao 等（2023）利用四川省 2006~2021 年数据，分析其碳排放空间关联网络特征，并将 21 个地市划分为四个板块。Wang 等（2018）采用社会网络分析方法探究了我国不同省份之间碳排放空间关联效应，基于 QAP 模型揭示了碳排放空间关联效应的影响因素，同时明确了各省份在碳排放空间关联网络中的定位。这类研究的优势在于从复杂网络的视角出发，有利于揭示区域碳排放之间多维空间依赖性，通过规则共建实现协同治理（俞洁等，2024）。

第三类研究是综合两种或两种以上方法，从多视角划定低碳治理分区，以便通盘考虑各区域碳排放情况（赵荣钦等，2014；王丽蓉等，2024）。例如李璐等（2019）在区域主体功能区划的基础上，分析区域自然、经济、生态和资源结构属性，采用 SOM-K-means 模型、二维关联矩阵将武汉城市圈划分为 7 个碳补偿空间优化区。夏四友和杨宇（2022）采用同样的方法在京津冀城市群进行了实践，并提出了各区低碳减排方案。孔凡斌等（2023）分别从碳补偿和低碳评价视角划定分区，并耦合其分区结果形成钱塘江流域碳管理类型分区。张正峰和张栋（2023）结合社会网络分析和探索性空间数据分析方法识别各城市在网络中的定位及其空间集聚特征，将京津冀城市群划分为七个碳平衡功能区和三类关键县域。

综上，目前有关研究倾向于从各城市内部属性特征或空间关联特征的单一视角划定低碳治理分区，前者忽略了碳排放的空间关联效应，仅考虑了城市属性特征的整合；后者忽视了城市内部属性特征，更多考虑了在碳排放空间关联网络中所扮演的角色。综合多种方法的多视角低碳治理分区研究大多是将主体功能区与碳补偿/碳平衡分区结合，而综合考虑区域碳排放属性特征和空间关联关系的城市低碳治理分区研究较少。

10.2 研究数据

本书的研究时段为 2006 年、2011 年、2016 年、2021 年。2006 年为起始年份主要是因为 2006 年是在我国低碳减排历程上具有里程碑的一年，当年我国在"十一五"规划中首次提出节能减排目标，并推出系列行动和政策，以该时段开展研究，能有效反映在节能减排目标提出后中国发达地区碳排放特征及问题。根据研究需求，本书收集的数据主要包括土地利用数据、行政区划数据、能源消耗数据、社会经济数据,其来源详细说明见表 10-1。由于获取的空间数据坐标不一致,首先利用 ArcGIS 将所获数据坐标统一为 WGS_ 1984_ UTM_ Zone_ 50N。然后,参考有关研究成果,结合区域实际情况,将所获得土地利用数据重分类为耕地、林地、草地、水体、未利用地、建设用地六类。

表 10-1 主要数据来源统计表

数据类别	数据名称	数据来源
土地利用数据	耕地、林地、草地、水体、未利用地、建设用地数据	Yang 和 Huang (2021) (http://doi.org/10.5281/zenodo.4417809)
行政区划数据	全国省级行政区划数据、地市级行政区划数据	国家基础地理信息系统全国 1:100 万数据库 (https://ngcc.cn/ngcc/)
能源消耗数据	原煤、焦炭、燃料油、汽油、煤油、柴油、其他石油制品、天然气、热力、电力	《上海统计年鉴》 《江苏统计年鉴》 《浙江统计年鉴》 《安徽统计年鉴》
社会经济数据	常住人口数量、地区生产总值、人均生产总值	各城市统计年鉴 各城市国民经济和社会发展统计公报 各城市能源统计年鉴

10.3 碳收支的时空演变

10.3.1 碳收支核算和空间分析方法

10.3.1.1 碳收支特征要素测算

1) 碳排放量核算

土地利用碳排放主要集中在作为碳源的农业空间和城市空间。本书采用碳排放系数方法计算耕地碳排放,碳排放系数主要参考 Cai 等的研究确定为 0.0429kg/m²(Cai, 2008)。以化石能源、电力、热力的消耗以及人口呼吸碳排放表征建设用地碳排放,其标准煤转换系数、碳排放系数基于《IPCC2006 年国家温室气体清单指南 2019 年修订版》,如表 10-2 所示。具体计算公式如下:

$$CE = C_a + C_{con} \tag{10.1}$$

$$C_a = T_a \times \delta_a \tag{10.2}$$

$$C_{con} = C_{peo} + C_{fue} = P \times d + \sum_{n=1} E_n \times b_n \times \beta_n \tag{10.3}$$

式中，C_a 为耕地的碳排放量；C_{con} 为建设用地碳排放量；C_{peo} 为人类呼吸产生的碳排放；C_{fue} 为化石能源消耗造成的碳排放；T_a 为耕地面积；δ_a 为耕地碳排放系数；P 为人口规模；d 为呼吸群体碳排放系数；E_n 为能源类型；b_n 为将能源消耗量转换为标准煤的系数；β_n 为能源的碳排放系数。人口呼吸碳排放量，取值为 0.9kg/（人·d）即按照 0.2445kg/（人·d）进行计算（魏燕茹和陈松林，2021）。

表 10-2 各类能源标准煤换算系数与碳排放系数

指标	标准煤的转化系数	碳排放系数/（tce/t）
原煤	0.7143	0.7559
焦炭	0.9714	0.855
燃料油	1.4286	0.6185
汽油	1.4714	0.5538
煤油	1.4714	0.5714
柴油	1.4571	0.5921
其他石油制品	1.4286	0.586
天然气	1.2143	0.4483
热力	0.0341	0.26
电力	0.1229	2.5255

注：标准煤换算系数：原煤、焦炭、燃料油、汽油、煤油、柴油、其他石油制品单位为 tce/t；天然气单位为 kg/m³；热力单位为 kg/MJ；电力单位为 kg/（kW·h）。

2）碳吸收量核算

碳吸收是通过植被的光合作用吸收大气中二氧化碳的过程。碳吸收受到植被覆盖率、树种类型、树龄等多种因素的影响，计算方法复杂且数据难以获得。因此本书采用碳排放系数法计算研究区碳吸收总量，碳吸收系数见表 10-3，计算公式如下：

$$\text{CS} = \sum_{m=1} \text{CS}_m = \sum_{m=1} T_m \times \delta_m \quad (10.4)$$

式中，CS_m 为土地利用类型作为碳汇引起的碳吸收；T_m 为土地利用类型 m 的面积；δ_m 为第 m 种用地类型的碳吸收系数。

表 10-3 碳吸收系数表

土地利用类型	碳吸收系数/（kg/m²）	数据来源
耕地	0.0007	He，2006
林地	0.0657	刘国华等，2000
草地	0.0022	方精云等，2007
水体	0.0459	Cui，2018
未利用地	0.0005	王刚等，2017

10.3.1.2 碳收支特征要素测算

1) 碳排放强度

碳排放强度是指研究区内碳排放量与地区生产总值的比值，反映单位地区生产总值所带来的碳排放量，其计算公式如下：

$$CI = \frac{CE}{GDP} \tag{10.5}$$

式中，GDP 为区域当年国内生产总值；CE 为碳排放。CI 值越低，意味着每单位社会经济财富产生的碳排放量越少。

2) 基尼系数

基尼系数可用来度量某一指标的区域差异及均衡程度（Chen et al., 2016）。该方法通常被用来衡量国家或地区的居民收入差距，有助于政策制定者掌握国家的经济发展状况以及贫富差距等情况。本书运用基尼系数衡量区域的碳排放空间差异。公式如下：

$$\text{Gini} = \sum_{i}\sum_{j}|x_i - x_j| \div 2n^2 \bar{x} \tag{10.6}$$

式中，x_i、x_j 分别为 i 地区和 j 地区碳排放量；n 为市域单位数量；$\bar{x}$ 为各市域单元碳排放平均值。基尼系数一般在 0~1，基尼系数越大，代表区域间碳排放差异越大，并且把 0.4 作为"警戒线"，具体如表 10-4 所示（孔凡斌等，2023）。

表 10-4 基尼系数分级表

等级水平	绝对平均	比较平均	相对合理	差距较大	差距很大
基尼系数	<0.2	0.2~0.3	0.3~0.4	0.4~0.5	>0.5

10.3.1.3 碳收支探索性空间数据分析

探索性空间数据分析（exploratory spatial data analysis, ESDA）目的是通过揭示对象的空间分布，识别非典型空间位置（马晓熠和裴韬，2010）。本书采用标准差椭圆、局部空间自相关进行分析。

1) 标准差椭圆分析方法

标准差椭圆（standard deviational ellipse, SDE）最早由美国学者 Lefever 提出，之后逐步完善并应用于地理现象的空间分布研究（Ling et al., 2022），旨在量化和概括地理要素的空间分布特征。椭圆的中心坐标代表重心运动的轨迹（孔凡斌等，2022），长轴和短轴分别表示数据分布方向和范围，两轴的比值反映了数据的聚集或离散程度（Chen et al., 2021），比值越大，方向性越明显，等于 1

表明没有方向性（Shi et al., 2018）。具体计算方法如下：

$$\overline{X} = \frac{1}{n}\sum_{i=1}^{n} x_i \tag{10.7}$$

$$\overline{Y} = \frac{1}{n}\sum_{i=1}^{n} y_i \tag{10.8}$$

式中，$\overline{X}$、$\overline{Y}$为重心的坐标；x_i、y_i为研究区域内各市级行政单位中心的坐标，表示城市总数。

2) LISA 集聚图

局部空间自相关分析可以解释空间单元与其邻近空间单元属性特征值之间的局部空间关联和差异程度。主要方法包括：Gi 统计量、Moran 散点图、空间联系的局部指标（LISA），其中 LISA 可以用来度量区域单元与周边地区的显著空间聚集程度（马晓熠和裴韬，2010），其判断方式见表10-5，计算公式如下：

$$I_i = \frac{x_i - \overline{x}}{m_0}\sum_{j=1, j\neq i}^{n} w_{ij}(x_j - \overline{x}) \tag{10.9}$$

$$m_0 = \sum_i (x_i - \overline{x})^2 / n \tag{10.10}$$

式中，I_i为局部莫兰指数；m_0为空间权重系数矩阵；n为研究区内所有城市的数量（本书中，$n=41$）；$\overline{x}$为属性特征碳排放量x在n个研究区域的平均值；x_i和x_j分别为城市i、j碳排放总量；w_{ij}为行标准化的空间权重矩阵，通常被定义为一个二元对称矩阵。

表 10-5　LISA 集聚类型特征

聚集类型	特征
H—H 聚集	中心及四周均较高，二者呈显著正相关关联
H—L 聚集	中心较高而四周较低，二者呈线轴负相关关联
L—H 聚集	中心较低而四周较高，二者呈线轴负相关关联
L—L 聚集	中心及四周均较低，二者呈显著正相关关联

10.3.2　碳收支的时空演变特征

10.3.2.1　碳收支总体数值演变趋势

根据上述土地利用碳排放核算方法，本书对长三角地区 2006~2021 年四个典型时点构建碳核算模型，统计结果如表10-6 和图 10-1 所示。长三角地区碳排放总量远大于碳吸收总量，碳排放量在碳收支中占据主导地位，城市碳收支总体上未达到平衡状态。

就长三角整体而言，碳排放总量在研究时段内翻番，由 2006 年的 $4.72×10^8$ tC 上升到 2021 年 $9.78×10^8$ tC，其中建设用地碳排放占据主导地位且增长迅速，由 2006 年的 $4.63×10^8$ tC 碳增长到 2021 年 $9.70×10^8$ tC，增长率高达 110%。而在建设用地碳排放中，以能源消耗碳排放占据绝对优势，人口呼吸碳排放占比较小且逐年下降，仅为建设用地碳排放总量的 2.65%。耕地碳排放呈波动下降状态，基数相对较小，对区域碳排放总量的影响程度不大。由此可见建设用地上的能源消耗是碳排放量持续增长的主要原因，在未来需要注重优化区域能源消费结构。碳吸收呈现出逐年缓慢下降的特点，反映了城市扩张对区域生态用地侵占程度日益增加，碳汇功能逐渐减弱。净碳排放的变化趋势与碳排放的变化趋势类似，2006~2011 年，增长了 51.22%，这是由于经济快速发展导致的碳排放量急剧增加。2011~2016 年和 2016~2021 年净碳排放的增长率分别为 15.17%、20.24%，这与长三角地区发展模式向"集约高效利用"转变相一致，反映了长三角地区内部绿色低碳发展的有效性。但是总的来说长三角地区碳排放与碳吸收矛盾仍然突出，低碳转型仍存在较大难度（表 10-6，图 10-1）。

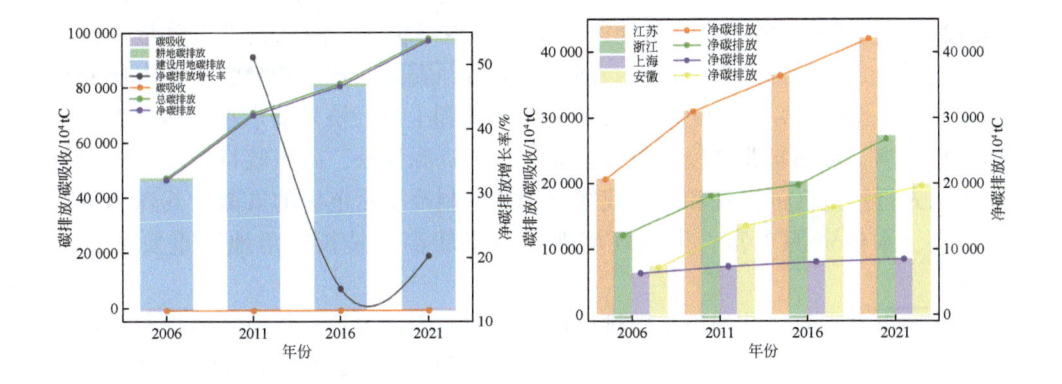

表 10-6　2006~2021 年长三角地区碳收支结果表　（单位：10^4 tC）

年份	国土空间农业–城市空间碳源			碳汇	净碳排放
	建设用地	耕地	总碳排放	碳吸收	
2006	46 350.68	804.75	47 155.43	830.18	46 325.25
2011	70 103.56	780.72	70 884.28	830.08	70 054.20
2016	80 716.21	770.84	81 487.05	808.17	80 678.88
2021	97 027.34	771.07	97 798.41	792.31	97 006.10

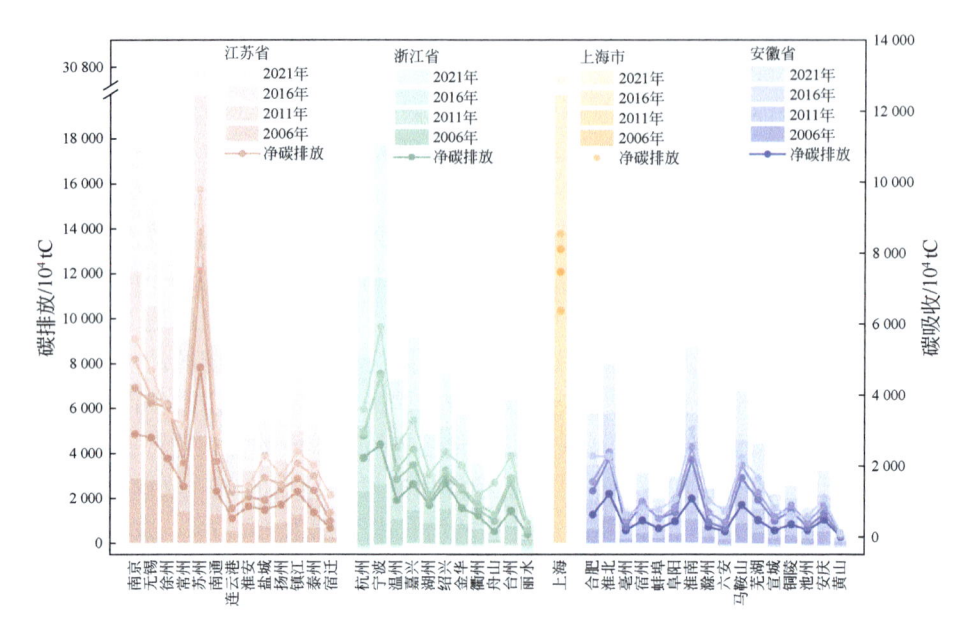

图 10-1　2006~2021 年长三角地区碳收支结果图

从区域上来看，江苏碳排放总量占比最大，浙江次之，江苏、浙江、上海、安徽四省市碳排放平均占比分别为 43.89%、26.36%、10.68%、19.07%。江苏作为我国经济强省，高经济产出的背后意味着更多的能源消耗，同时江苏产业结构偏重、能源结构偏煤、化石能源占比总体高于全国，导致其碳排放总量较高。从演变趋势上看，除上海外，其余三省碳排放量增长趋势与长三角地区的整体增长趋势十分类似，碳排放量增长均大于 100%，呈现明显上升趋势。这主要是因为上海作为中国改革开放发展的第一批城市，在研究时段内经济发展领先，且碳排放量相较于其他地级市已处于较高水平，同时上海政府推进探索绿色低碳发展模式，推进产业结构由传统制造业向先进制造业转型，进而其碳排放增长率仅 34.12%，较其余三省和长三角地区总量增速相对缓慢。浙江碳吸收总量占比最大，安徽次之，上海最低。江苏、浙江、上海、安徽四省市碳吸收平均占比分别为 8.29%、57.38%、0.39%、33.95%。江苏和上海经济发展水平总体领先，城镇化率较高、城镇扩张规模也较大，导致碳汇资源稀缺，碳吸收量较低。作为美丽中国先行示范区的浙江和作为我国首个林长制改革示范区的安徽，其森林覆盖率较高、水体资源丰富、生态环境保护水平较高，是长三角地区重要的碳汇地区。

从城市上来看，苏州市是碳排放量最大的城市，占长三角地区碳排放总量的 10.03%，这与苏州市作为我国制造业强市，以煤为主要能源的现实情况相符合

（岳子桢和刘蓓蓓，2018）。上海市次之，占长三角地区碳排放总量的 8.74%。其他碳排放量占总碳排放量超过 5% 的城市依次为宁波、南京，均为长三角地区中重要的经济发展中心，人口密集、产业发展水平高、能源消耗量相对较大，生态用地较少，因此碳排放量多且增速较快。总的来说，碳排放量的大小与经济发展水平呈高度正相关的关系。丽水是碳吸收量最大的城市，占长三角地区碳吸收总量的 13.14%，杭州市次之，占比为 10.35%，其余碳吸收量占比超过 5% 的城市依次为黄山、温州、宣城、金华、六安、衢州、台州、安庆，均为浙江、安徽城市，这部分地区森林、湿地等生态资源丰富，其中丽水市森林覆盖率就高达 81.7%，具备良好的碳汇功能，为缓解区域碳源碳汇矛盾发挥巨大作用。

10.3.2.2 碳收支时空演变特征分析

将 41 个城市碳排放量、碳吸收量以及净碳排放量从低到高划分为 Ⅰ~Ⅴ 级，进而判断不同城市碳收支时空演化模式。研究区碳排放的空间格局总体上呈现出东高西低的特点（图 10-2）。高值区域包括上海、苏州、无锡、宁波，主要分布在东部沿海区域，低值区域主要分布在安徽和浙江东南部，包括黄山、丽水等，呈现自东向西梯度下降的特点，在一定程度上反映了长三角地区东西部之间碳排放空间格局的不平衡，东部城市经济发展水平较高、人口规模较大，伴随着更大的能源消耗，因而其碳排放总量相对较高。从演变趋势来看，除了 2016~2021 年铜陵由 Ⅱ 级变为 Ⅰ 级外，其余各城市碳排放都呈现增长趋势，具体表现为 Ⅳ 级以上城市数量逐年增加，Ⅰ 级城市逐年减少，由 2006 年的 19 个 Ⅰ 级城市变为 2021 年的 5 个。这反映了区域低碳减排发展压力仍然较大。

研究区碳吸收空间分布特征表现出明显的东北低、西南高的特征。安徽南部和浙江西南部（丽水、衢州）高碳吸收区突出，在保护区域生态安全方面发挥着至关重要的作用。2006~2021 年来，碳吸收空间变化相对稳定，仅有 5 个城市出现下降，其中 2006~2011 年马鞍山还出现过上升情况。这反映了碳吸收的波动对整体碳收支的影响相对较小。

净碳排放的空间分布和时间演变区域与碳排放高度相似，也呈现出自西向东梯度向下的分布格局（图 10-3）。2006~2011 年增幅最大，46.34% 的城市实现了等级跃升。2011~2016 年增幅有所减缓，2016~2021 年增幅有所反弹，36.59% 的城市再次实现了等级跃迁。这反映在近 15 年来，长三角地区大部分城市依托优越的地理位置和发展政策经历了快速的发展，同样也伴随着更多的碳排放量。

10.3.2.3 碳收支特征要素及探索性空间数据分析

长三角地区净碳排放基尼系数计算结果如图 10-4 所示。2006~2021 年，长

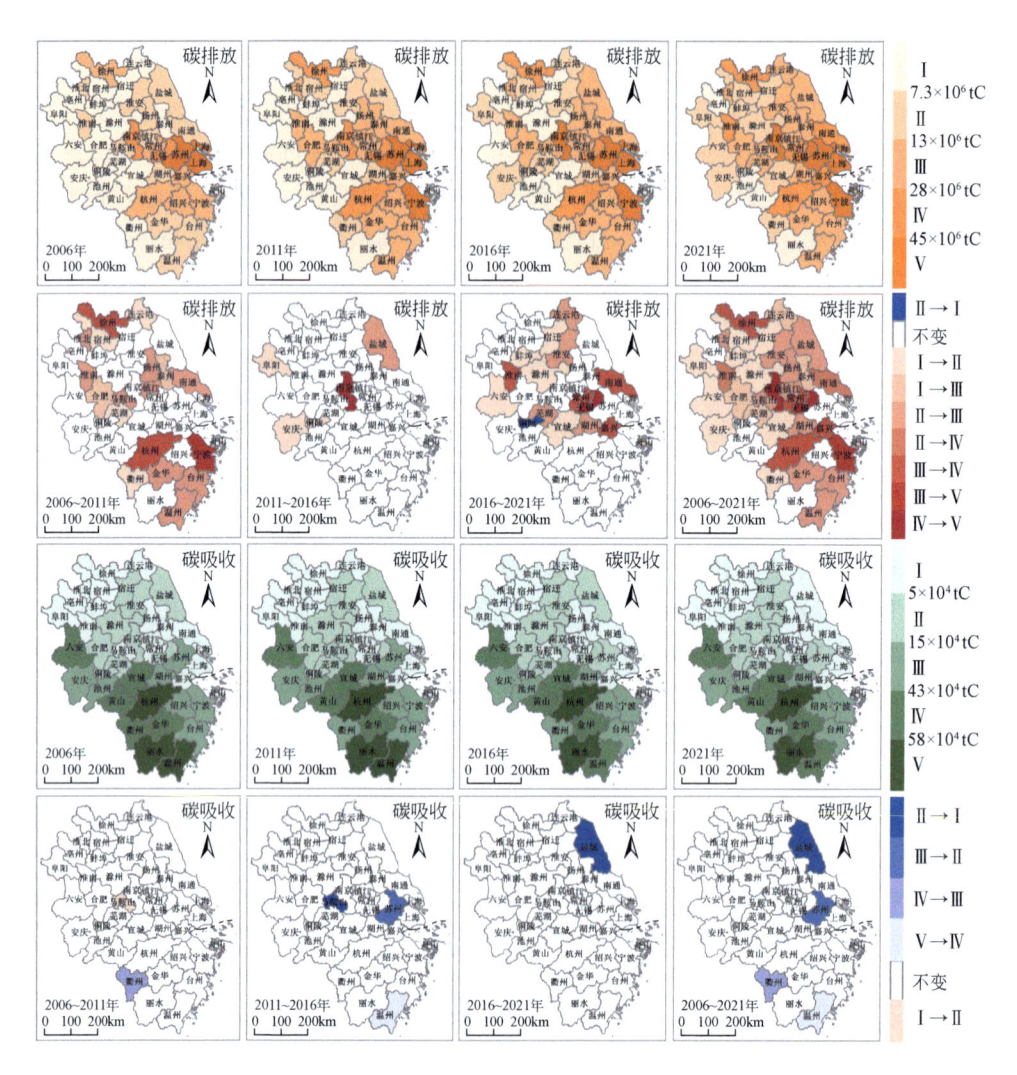

图 10-2　2006~2021 年长三角地区碳收支时空演变图

三角地区基尼系数平均值为 0.45，且各年基尼系数均超过了警戒线 0.40，处于差距很大状态，表明了长三角地区各城市间净碳排放量处于严重不平衡状态。上海市、苏州市、南京市等地区经济发达，其生态环境受人类活动干预较大，碳排放不断增加。而黄山市、丽水市下辖的黄山区、歙县、龙泉市、遂昌县等多个全国重点生态功能区，是华东地区重要的生态屏障，森林覆盖率高，经济发展相对落后，生态环境受人类活动干预较少，碳排放较少。但是自 2010 年《长江三角洲地区区域规划》发布以来，长三角地区一体化联动发展程度逐年提升，区域整体经济发展水平同步提高，导致净碳排放基尼系数逐年下降至 2021 年的 0.409，

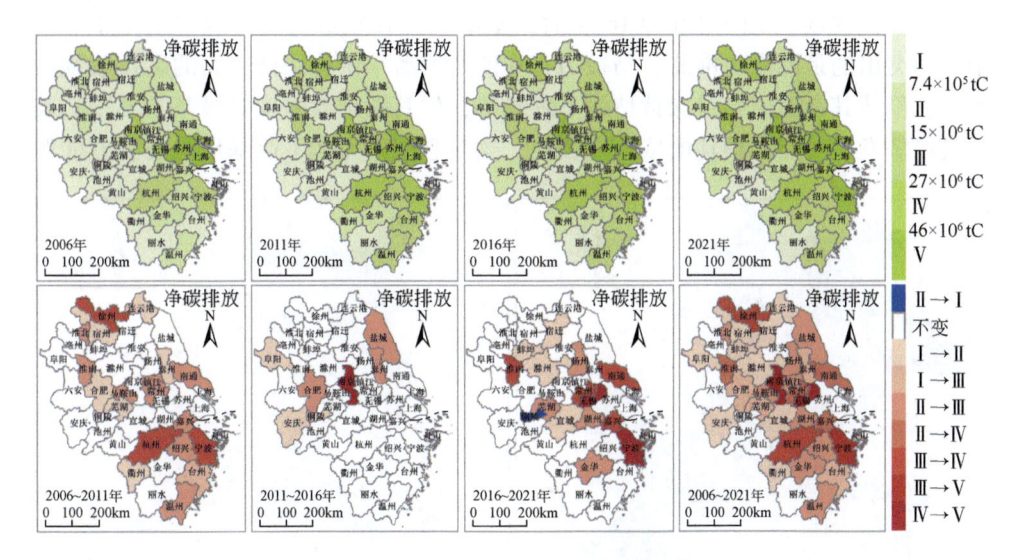

图 10-3　2006~2021 年长三角地区净碳排放时空演变图

区域碳排放平衡水平略微提高，有望在接下来的协同发展中降至 0.400 以下，达到相对合理等级。

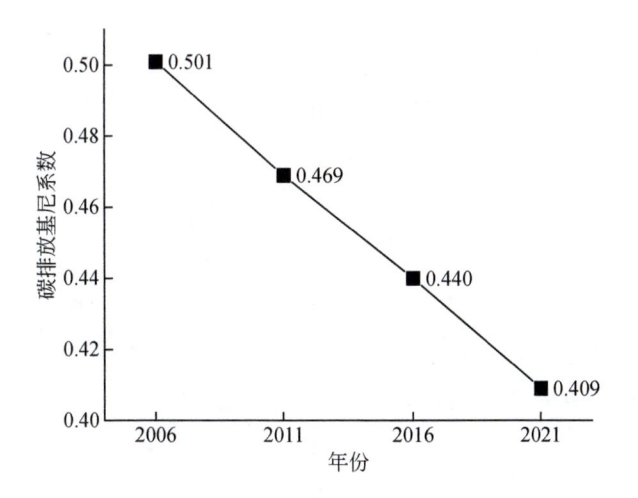

图 10-4　长三角地区净碳排放基尼系数图

长三角地区碳排放强度计算结果图 10-5 所示。总的来看长三角地区碳排放强度整体呈下降的趋势。2006 年研究区大部分城市碳排放强度处于较高水平，仅黄山、丽水、台州维持在较低的碳排放强度，表明这部分城市经济发展对能源消耗的依赖性较低，绿色低碳发展水平相对较高。2011~2016 年，绝大多数城

| 城市土地-碳耦合机制和低碳调控 |

市碳排放强度逐步下降且在 2016 年后，基本维持在较低的碳排放强度水平。其中较为突出的是淮南、淮北、马鞍山，在四个典型年份均保持较高的碳排放强度水平，虽然其绝对值始终保持持续下降趋势，但其碳排放强度等级基本不变，表明其经济发展对能源消耗的依赖性较强，这与它们作为老工业基地是安徽省能源

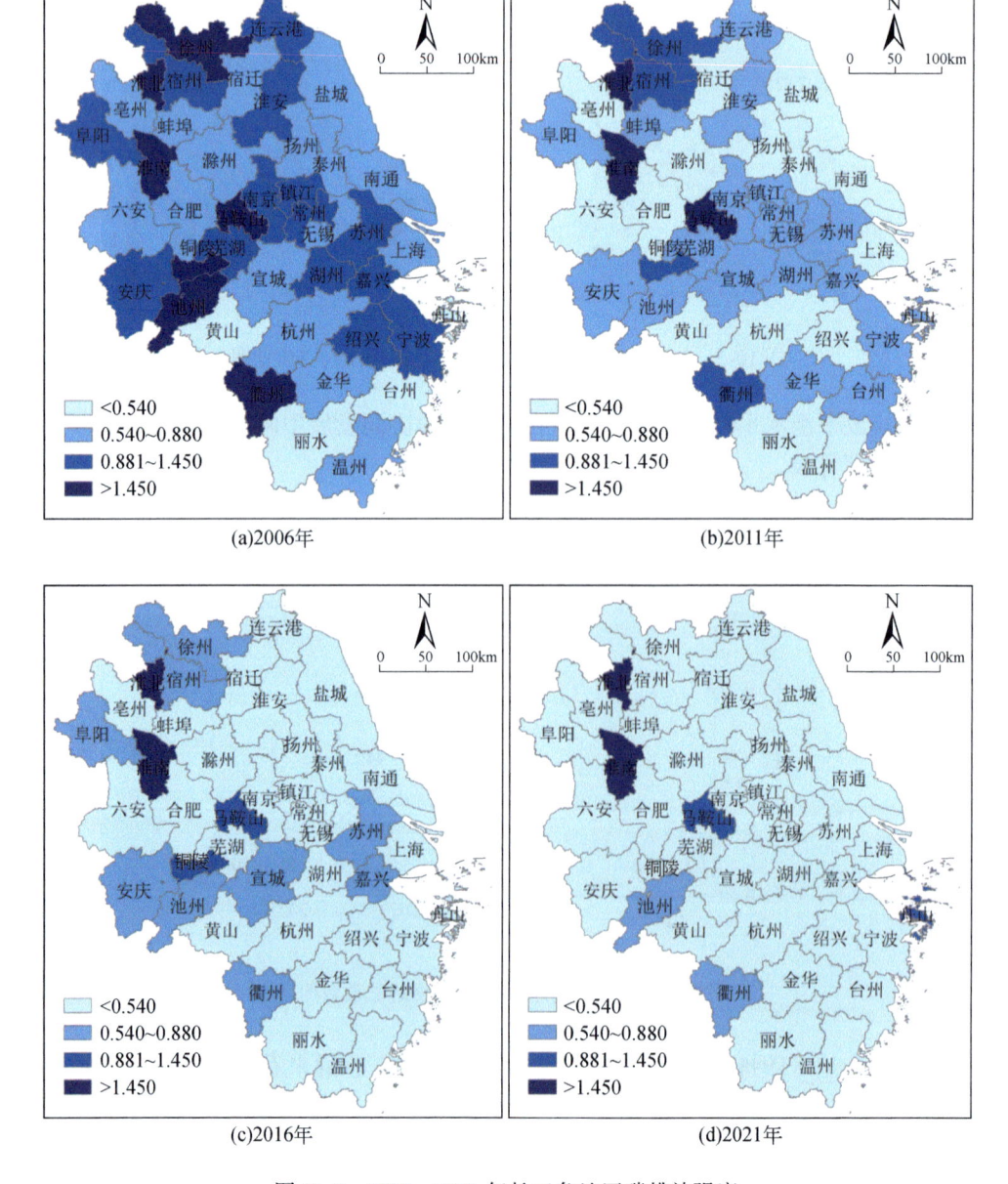

图 10-5　2006～2021 年长三角地区碳排放强度

重镇的实际情况相符。同为老工业基地和资源型城市的徐州市降幅最大,达到72.98%,这主要得益于江苏2008年发布的《关于加快振兴徐州老工业基地的意见》,让徐州拉开绿色低碳转型序幕。上海、杭州碳排放强度始终保持相对较低水平,2020年碳排放强度仅高于黄山,为0.2,说明上海、杭州在打造低碳经济样本方面颇有成效,在低碳发展方面也具有较强的引领带头作用。

研究区标准差椭圆分析和重心迁移结果如图10-6和表10-7所示。2006~2021年,研究区净碳排放重心在无锡境内,位于119°34′56″E~119°43′3″E,31°24′55″N~31°30′27″N,在全区几何中心(118°52′2″E,31°20′51″N)的东部,这反映了研究区东部城市净碳排放量较高。重心移动轨迹整体呈现由东向西迁移的特点,近15年共计迁移了28.06km,具体表现为2006~2011年,向西北方向迁移了11.35km,2011~2016年向西北方向迁移了5.80km,2016~2021年向东南方向迁移了10.91km,迁移速度先下降再升高。椭圆长轴表明研究区内净碳排放沿西北—东南方向分布,长轴与短轴的比值在1.76~1.86按照先增加再减少的趋势浮动,说明数据方向性明确,并且数据的空间集聚性在2011年后有所增强。从各省份来看,江苏净碳排放重心位于扬州与镇江交界处附近,处于全区几何中心的南部。安徽净碳排放重心位于合肥境内,且呈现逐渐向南迁移的趋势,但仍然处于全省几何中心的北部。同时根据江苏、安徽两省长轴方向及长短轴比值演变趋势可以发现江苏、安徽标准差椭圆及重心演变特征及分布方向与长三角地区整体类似。浙江净碳排放重心始终在绍兴境内,位于全区几何中心的东北方向,同时其标准差椭圆趋于圆形,空间方向性较弱,离散度较大。

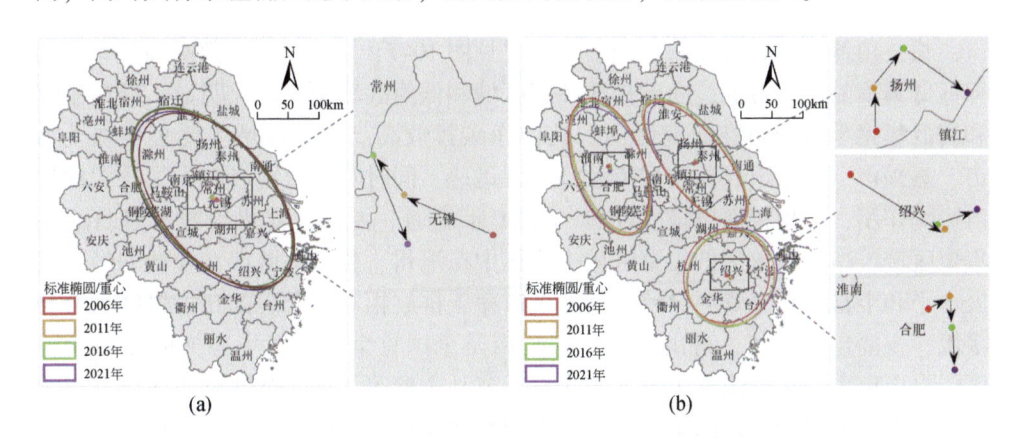

图10-6 标准差椭圆分析和重心迁移图

表 10-7 碳排放标准差椭圆参数

地区	年份	重心坐标 经度（E）	重心坐标 纬度（N）	重心迁移 方向	重心迁移 距离/km	长轴/km	短轴/km	长短轴比值
长三角地区	2006	119°43′3″	31°25′21″	—	—	265.87	149.84	1.77
	2011	119°37′9″	31°27′58″	西北	11.35	277.98	149.20	1.86
	2016	119°34′56″	31°30′27″	西北	5.80	274.58	153.30	1.79
	2021	119°37′20″	31°24′55″	东南	10.91	272.80	155.33	1.76
江苏省	2006	119°39′8″	32°16′28″	—	—	194.40	76.87	2.53
	2011	119°39′5″	32°17′55″	北	2.68	200.03	76.59	2.61
	2016	119°40′18″	32°19′11″	东北	3.04	195.43	80.69	2.42
	2021	119°42′50″	21°17′40″	东南	4.85	186.65	81.64	2.29
浙江省	2006	120°25′58″	29°37′33″	—	—	123.14	113.05	1.09
	2011	120°32′43″	29°34′1″	东南	12.69	124.68	113.72	1.10
	2016	120°32′12″	29°34′20″	西北	1.00	128.83	114.16	1.13
	2021	120°35′7″	29°35′10″	东北	4.99	131.03	114.78	1.14
安徽省	2006	117°12′50″	32°13′17″	—	—	184.35	91.89	2.01
	2011	117°15′35″	32°14′39″	东北	4.97	182.95	86.13	2.12
	2016	117°15′50″	32°11′25″	南	5.97	181.55	88.86	2.04
	2021	117°16′10″	32°7′2″	南	8.12	175.53	91.51	1.92

长三角地区净碳排放的空间集聚情况见图 10-7，总体呈现东部高高集聚—西部低低集聚的分布特征，净碳排放高值区域和低值区域集聚情况明显，低高集聚和高低集聚零散分布在研究区内。其中净碳排放高高集聚区域主要集中在上海市、嘉兴市、苏州市，这些城市经济发展迅速，同时对周边城市产生了较大的辐射影响作用，呈现扩散效应，2011～2021 年南通、无锡、常州等城市跻身高高集聚区域。净碳排放低低集聚区域主要集中在池州、黄山等城市，较低的经济发展水平和丰富的生态资源导致这部分城市净碳排放相对较低。低高集聚区域分布零散，主要包括湖州、舟山两市，湖州市是全国首个地市级生态文明先行示范区，舟山市率先实现国家生态文明建设示范县全覆盖，这两个城市均凭借其有力的低碳发展战略和丰富的生态资源，进而在净碳排放高值区域周边保持较低的碳排放。温州仅有 2021 年的温州为高低集聚，作为"全省第三极"，在 2016～2021 年发展迅速。总的来说，研究区范围内净碳排放高高集聚区域不断扩散，区域净碳排放高值区域增多。

| 第 10 章 | 城市低碳治理分区

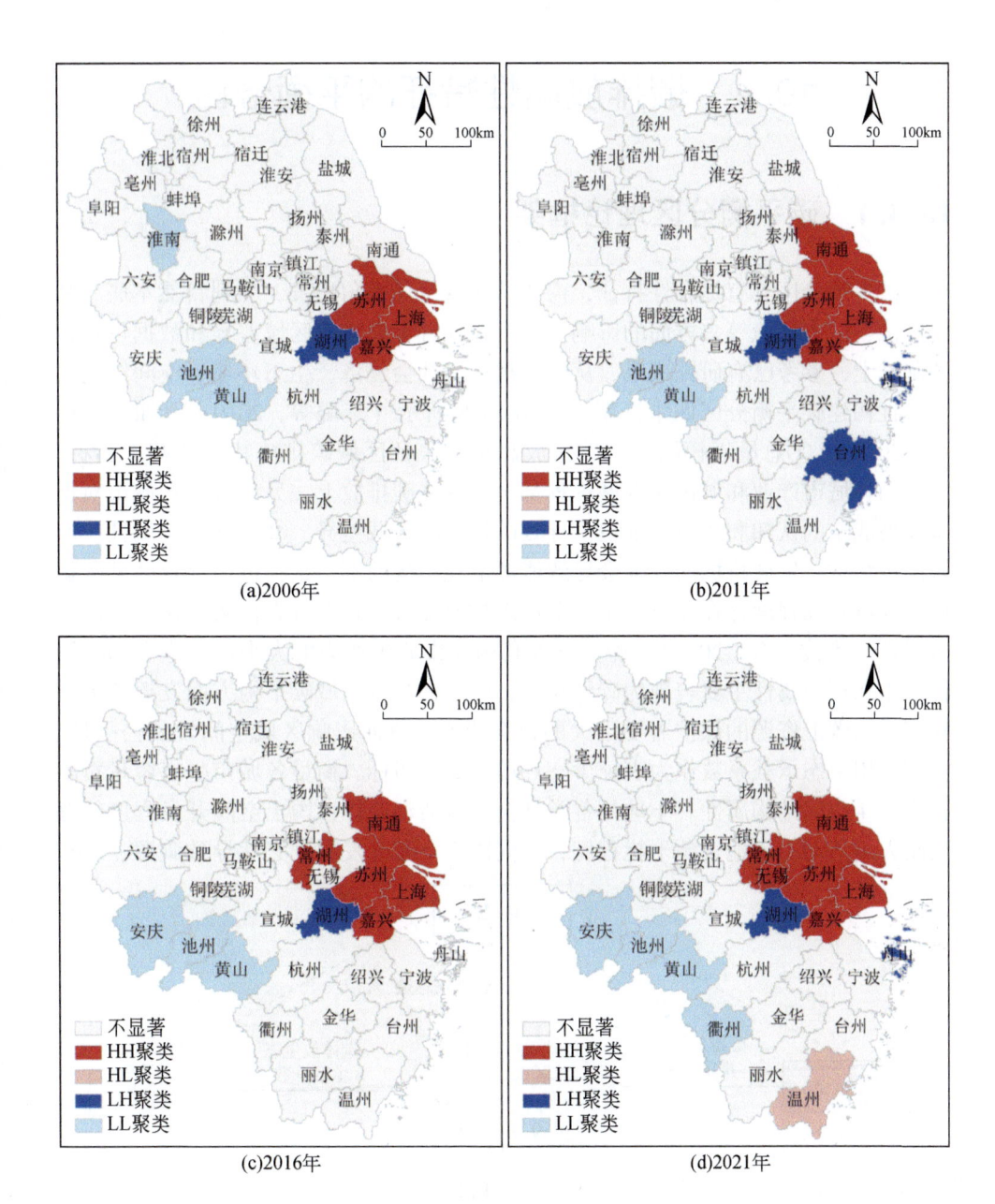

图 10-7 长三角地区净碳排放 LISA 图

10.4 碳排放属性特征的平衡分区

10.4.1 碳平衡分区理论框架

碳平衡分区具有综合性特征，需要从区域全局视角出发，受到自然本底、社会经济、生态环境等多方面的影响。本书在综合考虑体现区域差异和数据可得性的基础上，参考已有研究成果，从总量规模、社会经济、生态环境、空间结构四个属性构建碳平衡分区四维框架，如图 10-8 所示（李璐等，2019；夏四友和杨宇，2022）。①总量规模属性。碳排放总量是表征区域碳排放特征的基本指标。一方面各城市产业和城镇化发展进程都会体现在碳排放上，另一方面各城市对低碳发展战略的认知和践行程度也会导致碳排放的区域差异。②社会经济属性。区域经济结构、发展目标的差异会导致能源消耗结构的不一致，进而导致区域碳排放对经济贡献程度存在差异，本书采用碳排放经济贡献系数表征碳平衡分区的经济属性（卢俊宇等，2012），衡量土地利用碳排放生产力的大小。③生态环境属性。生态环境属性主要表现为碳汇功能，碳汇在维持区域碳平衡方面发挥着关键作用，而碳汇资源的保护需要巨大的机会成本，进而影响区域空间发展公平性。本书采用生态承载系数作为表征生态环境的属性指标，衡量各城市生态容量贡献程度。④空间结构属性。土地是各类社会经济活动载体，国土空间开发程度能够反映人类活动对土地资源干扰程度，不同国土空间开发程度必然导致碳源、碳汇

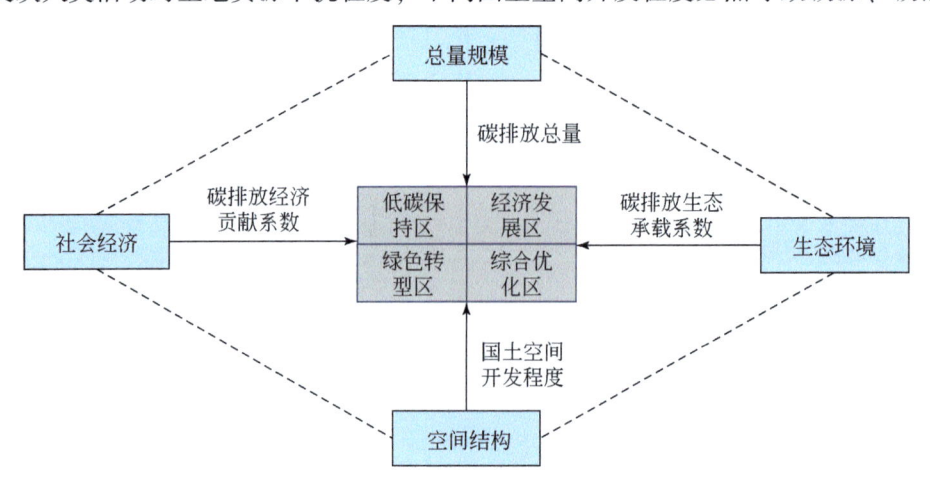

图 10-8 碳平衡分区四维框架

用地组合差异，进而直接影响区域碳收支规模，因此本书选择国土空间开发程度（建设用地占国土空间面积的比重）作为表征空间结构属性的指标（周侃等，2020；冯新惠等，2023）。

碳平衡分区的核心思想是根据各城市自身内部属性实现城市之间的碳平衡和协同减排。在分区划分上，借鉴有关研究（王奕淇和甄雯青，2024），将研究区划分为低碳保持区、经济发展区、绿色转型区、综合优化区。其中，低碳保持区是碳排放量和国土空间开发程度均较低，且经济贡献系数和生态承载系数均较高，在未来的发展中需要保持低碳发展优势的区域；经济发展区是碳排放量、国土空间开发程度和经济贡献系数均较低，但生态承载系数均较高，在未来需要在不牺牲碳排放量的同时增加自身经济等各方面发展的区域；绿色转型区是碳排放量、经济贡献系数、国土空间开发程度均较高、生态承载系数较低，在未来需要在社会经济持续发展的前提下，进行绿色转型优化，发展低碳产业，减少碳排放量的区域；综合优化区是碳排放量、国土空间开发程度均较高，经济贡献系数和生态承载系数均较低，在未来需要在绿色转型和经济发展方面持续加强的区域。

10.4.2 碳平衡分区研究方法

10.4.2.1 分区指标的标准显性比较优势指数

基于碳平衡分区思维框架（图10-8），选取碳排放总量作为反映总量规模属性的指标，经济贡献系数和生态承载系数作为反映社会经济和生态环境属性的指标，国土空间开发程度作为反映空间结构属性的指标。

碳排放的经济贡献系数（ECC）是从经济发展的角度衡量区域碳排放量的差异性，能够反映区域碳生产力大小。公式如下：

$$\text{ECC} = \frac{\text{GDP}_i}{\text{GDP}} \Big/ \frac{\text{CE}_i}{\text{CE}} \tag{10.11}$$

式中，GDP_i 和 CE_i 分别为各市域单元的 GDP 和碳排放量；GDP 和 CE 为长三角总 GDP 和总碳排放量。若 ECC>1，则表明市域单元的经济贡献率大于碳排放的贡献率；反之，若 ECC<1，则表明市域单元的经济贡献率小于碳排放的贡献率。

碳生态承载系数（ESC）可以从碳收支的角度来衡量区域碳吸收能力大小，公式如下：

$$\text{ESC} = \frac{\text{CS}_i}{\text{CS}} \Big/ \frac{\text{CE}_i}{\text{CE}} \tag{10.12}$$

式中，CS_i、CE_i 为各市域单元碳吸收量与碳排放量；CS、CE 为长三角总碳吸收量与总碳排放量。若 ESC>1，则表明市域单元的碳吸收贡献率大于碳排放的贡献率，说明具有较高碳补偿率；反之，若 ESC<1，则表明市域单元的碳排放贡献率大于碳吸收的贡献率，说明该市域单元具有相对较低的碳补偿率。

标准显性比较优势指数（NRCA）是 Yu 等（2009）在总结前人对 Balassa（1965）显示性比较优势指数（RCA）修改基础上衍生提出的，主要用来衡量产品竞争力，现已广泛应用于能源利用、空间优势功能识别等方面。本书将其运用于判别碳平衡分区的优势属性，计算公式为

$$\text{NRCA}_j^i = X_j^i/X - X_j X^i/XX \qquad (10.13)$$

式中，X_j^i 为 i 市域 j 属性的指标值；X_j 为所有市域 j 属性的总指标值；X^i 为 i 市域所有属性的总指标值；X 为所有市域及属性的总指标值。若 $\text{NRCA}_j^i>0$，为 i 市域 j 属性具有比较优势；反之为 i 市域 j 属性不具有比较优势。

10.4.2.2 SOM-K-means 模型

基于碳平衡分区优势属性指数，选择 SOM-K-means 聚类模型划分碳平衡分区。自组织特征映射神经网络（self-organization mapping net，SOM）是一种无监督竞争式学习法神经网络（Kohonen，1982）。K-means 是将误差平方和准则函数作为聚类准则函数，将具有相近特征的数据样本进行分类组织的聚类分析算法。SOM-K-means 聚类模型有效规避了 SOM 算法随机性导致训练过程的不稳定性和 K-means 算法受初始聚类中心影响等缺点，整合了 SOM 的自组织性、自适应性和容错性等优势，以及 K-means 高效率、可伸缩性、可解释性好且收敛速度快等优点（黄燕鹏等，2022）。

10.4.3 碳平衡分区结果分析

10.4.3.1 分区指标的空间分布分析

碳排放经济贡献系数计算结果如图 10-9 所示。2006~2021 年，碳排放经济贡献系数在 0.16~3.11，表明各城市碳排放贡献与经济贡献存在不均衡现象。碳排放经济贡献系数高值区域主要包括上海、杭州、黄山等城市，表明以上城市的碳生产力和能源利用效率相较于长三角地区其他城市高。而淮北、马鞍山、池州、衢州等城市的碳排放经济贡献系数相对较低，表明这部分城市经济发展较多地依赖于能源消耗，碳生产力较低。2006~2021 年，碳排放经济贡献系数从大于 1 变化为小于 1 的城市包括金华、台州、舟山、六安等，而上海、南京、杭州、合肥等长三角经济发展领先的城市碳排放经济贡献系数实现了逐年递增。这主要是因为上海、南京、杭州等城市作为区域发展先锋，其产业管理水平和低碳

技术水平更高，此外政府对其实施了更为严格的环境规制，在推动产业升级与转型的同时，将高能耗产业向周边地区转移，导致中心城区经济贡献系数提高，而周边城市下降的现象的出现。从总体上看，碳排放经济贡献系数分布仍不均衡，但过半的城市碳排放经济贡献系数数值呈上升趋势，反映了区域绿色转型已初见成效，但碳生产力和能源利用效率仍存在很大提升空间。

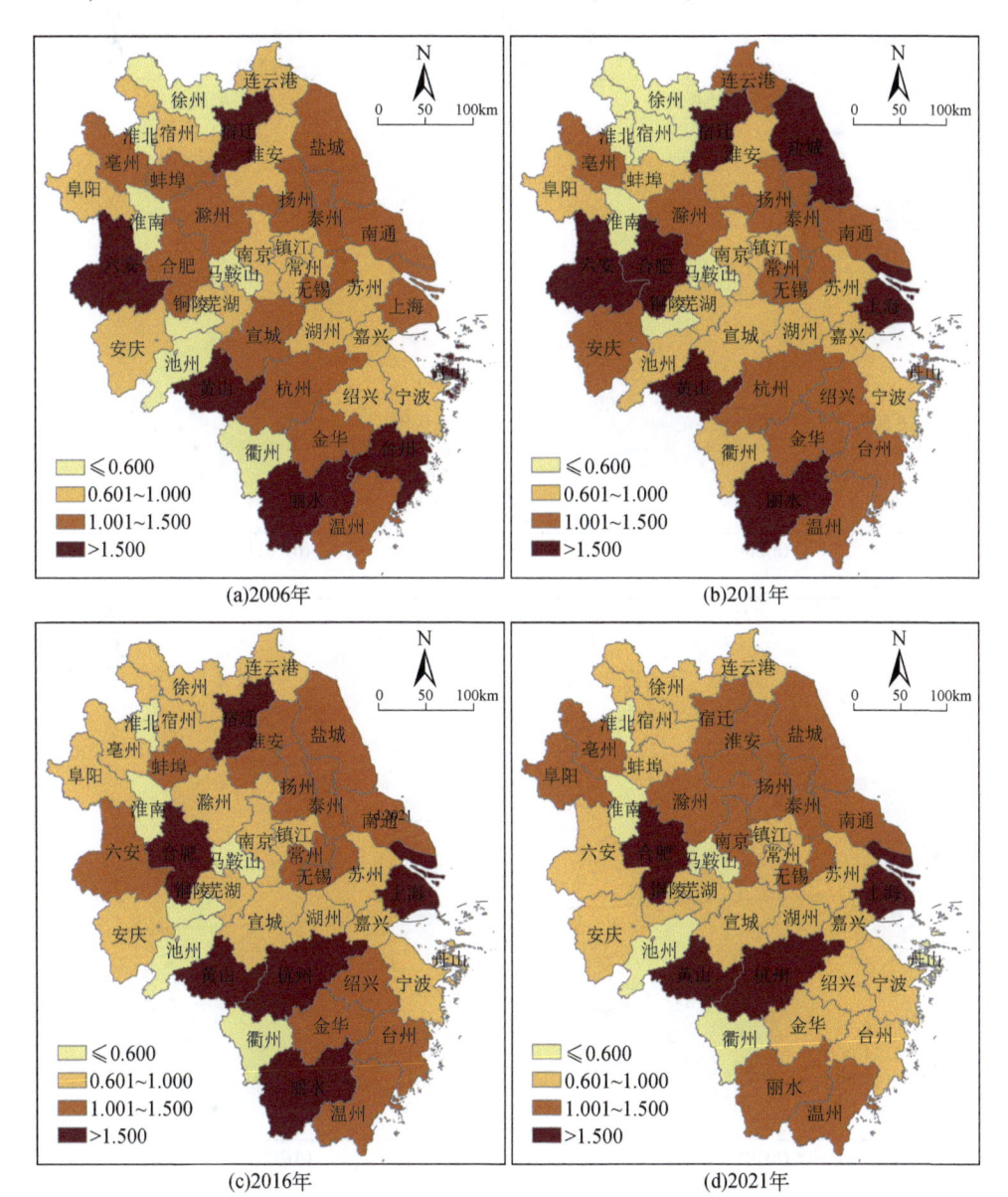

图 10-9　2006~2021 年长三角地区碳排放经济贡献系数

| 城市土地-碳耦合机制和低碳调控 |

碳排放生态承载系数计算结果如图 10-10 所示。碳排放生态承载系数存在明显的空间差异，总体上呈现出东北低、西南高的空间特征，这主要是因为西南地区多山地，生态资源丰富，碳汇功能明显。总的来看，2006 年、2021 年碳排放生态承载系数大于 1 的城市分别为 16 个、15 个，小于 1 的城市分别为 25 个、26

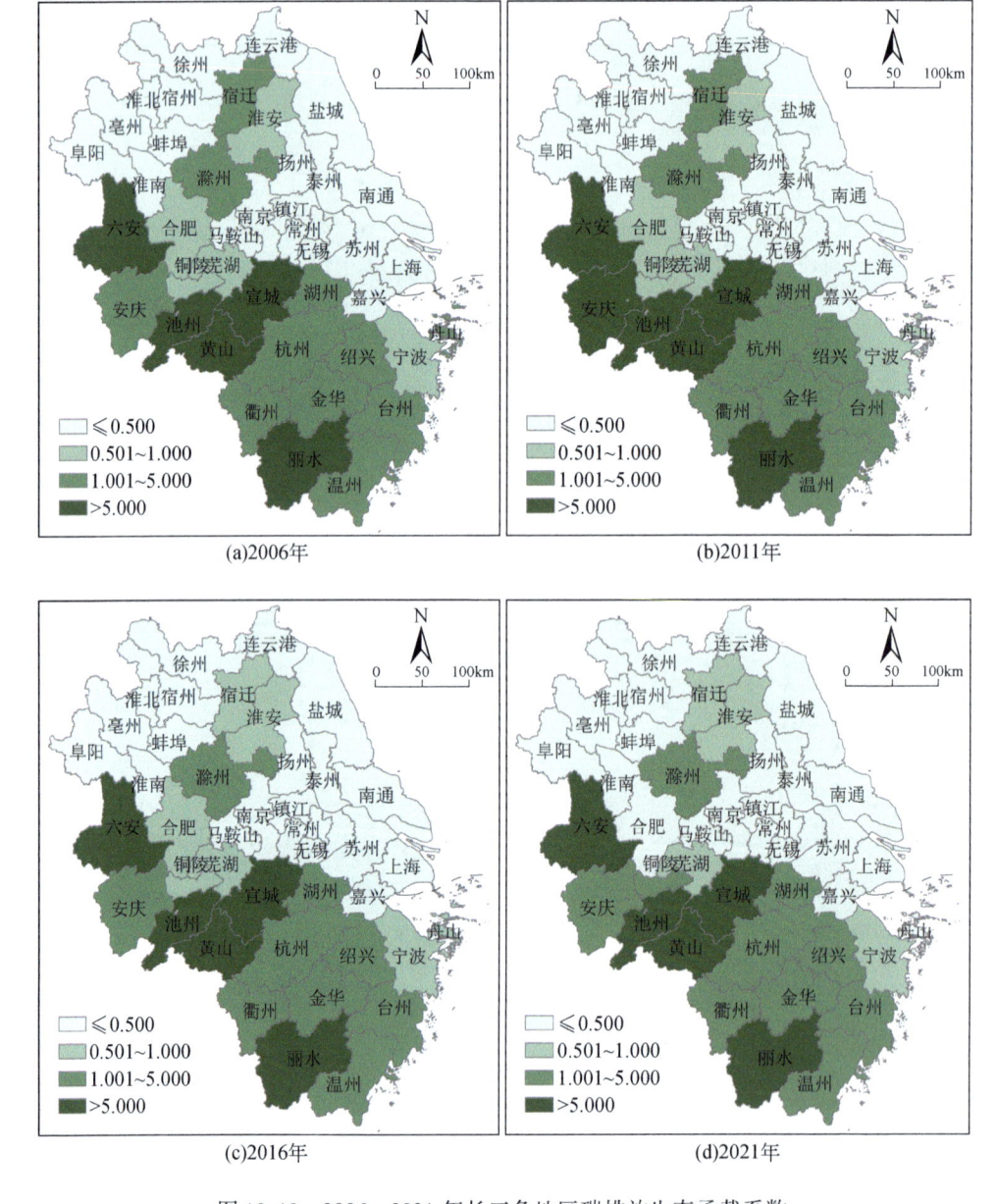

图 10-10　2006～2021 年长三角地区碳排放生态承载系数

个，区域碳排放生态承载能力整体较弱。从各城市横向对比来看，2006~2021年，在研究区范围内，上海市平均碳排放生态承载系数最低，仅0.04，黄山市平均碳排放生态承载系数最高，为51.39，丽水市平均碳排放生态承载系数次之，为30.95，这表明长三角地区碳排放生态承载系数差异大，市域单元碳供需错配比较严重。从2006~2021年时间纵向来看，总体上长三角地区碳排放生态承载系数空间格局较稳定，但大部分城市碳排放生态承载系数值均有不同程度的下降，这主要是因为随着城镇化发展进一步加快，各地区碳汇空间都存在被城镇空间挤压的现象。而杭州市是少有的碳排放生态承载系数上升的城市，由2006年的2.08上升至2021年2.75，这得益于杭州市丰富的碳汇资源以及包括《美丽杭州建设实施纲要（2013—2020年）》等系列政策的制定与落实。

国土空间开发程度计算结果如图10-11所示。国土空间开发程度存在明显的空间差异，总体上呈现出东高西低，北高南低，且整体国土空间开发程度逐年提高的特征。总的来看，国土空间开发程度高值区域主要集中于上海、江苏以及安徽东北部，上海和无锡、苏州等苏南城市是长三角经济发达城市，这部分区域作为我国城镇化发展先发地区，上海市城镇化率早在2010就达到89%，江苏省达到60%，与研究结果高国土空间开发程度相符合。在研究时段内，安徽北部城市国土空间开发程度提高幅度大，究其原因，安徽北部凭借其南下北上、东进西出的战略要地，借力"一带一路"、沿淮城市群等战略规划，在研究时段迅速发展，现已成为华东地区重要的经济增长极之一。

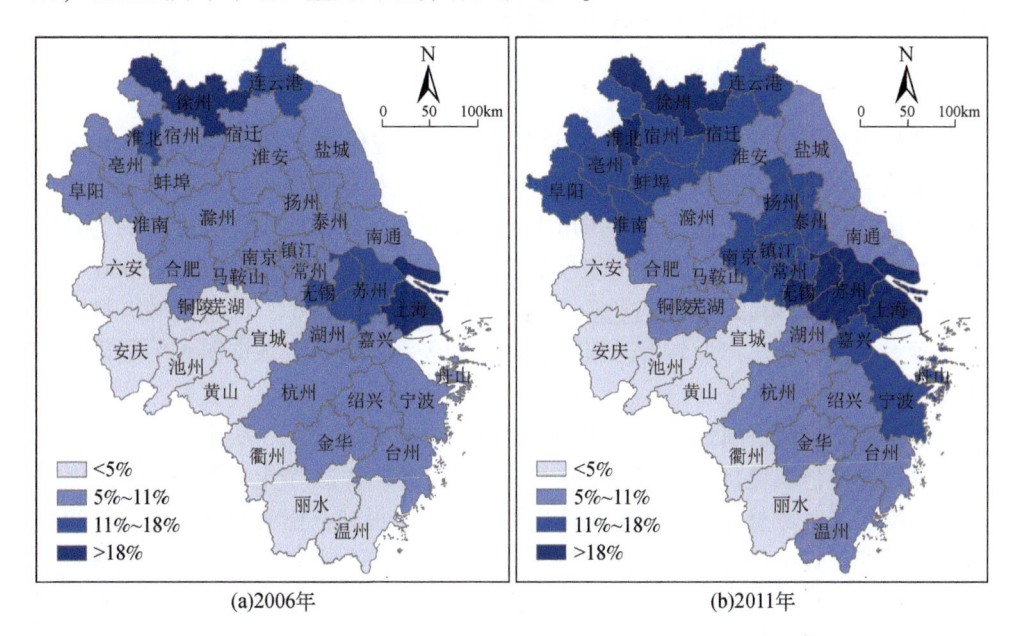

(a)2006年　　　　　　　　　　　　(b)2011年

(c)2016年　　　　　　　　　　　　　　(d)2021年

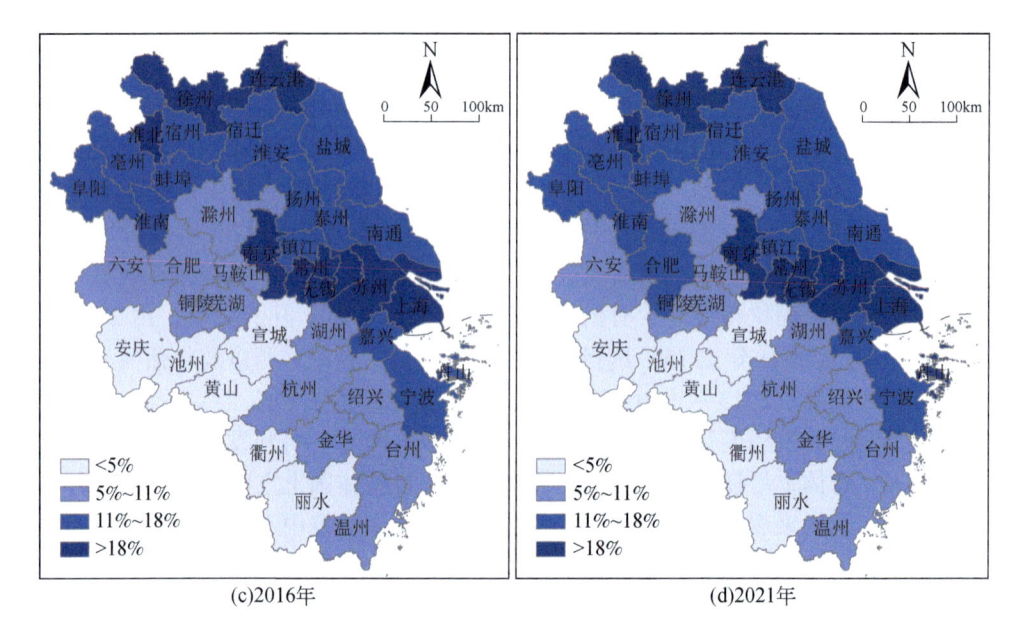

图 10-11　2006～2021 年长三角城市国土空间开发程度

总的来说，长三角地区各城市碳排放经济贡献系数与生态承载系数不均衡，碳供需错配比较严重。因此需要统筹协调社会经济、生态环境、空间结构等综合因素，科学评价和精确规划区域协同减排战略。

10.4.3.2　分区属性比较优势指数

碳排放总量规模属性的优势区大多数位于研究区东部和北部（图 10-12），与碳排放空间分布特征相似，反映了这部分区域碳排放规模大。其中总量规模属性比较优势最大的为上海市，苏州市次之；总量规模属性比较优势最小的为黄山市、丽水市。总的来看，在总量规模属性方面具有比较优势的城市由 2006 年的 27 个上升为 2021 年 29 个，占长三角地区城市数的 70.73%，说明区域碳排放量仍然较大，仍需通过产业转型升级、发展低碳经济、保护生态资源等手段做好节能减排工作。

碳排放社会经济属性的比较优势指数计算结果如图 10-13 所示。长三角地区碳排放社会经济属性优势区城市波动增加，由 2006 年 23 个上升为 2021 年 27 个城市，反映了区域整体社会经济属性优势指数逐步提高，粗放经济发展模式得到缓解，其经济效率和能源利用效率较高。但包括上海、南京、宁波在内的各经济发展先锋城市在碳排放社会经济属性方面仍存在较大劣势，尽管上海市碳排放经济贡献系数绝对值较高，但由于其碳排放总量绝对值太大，导致其社会经济属性

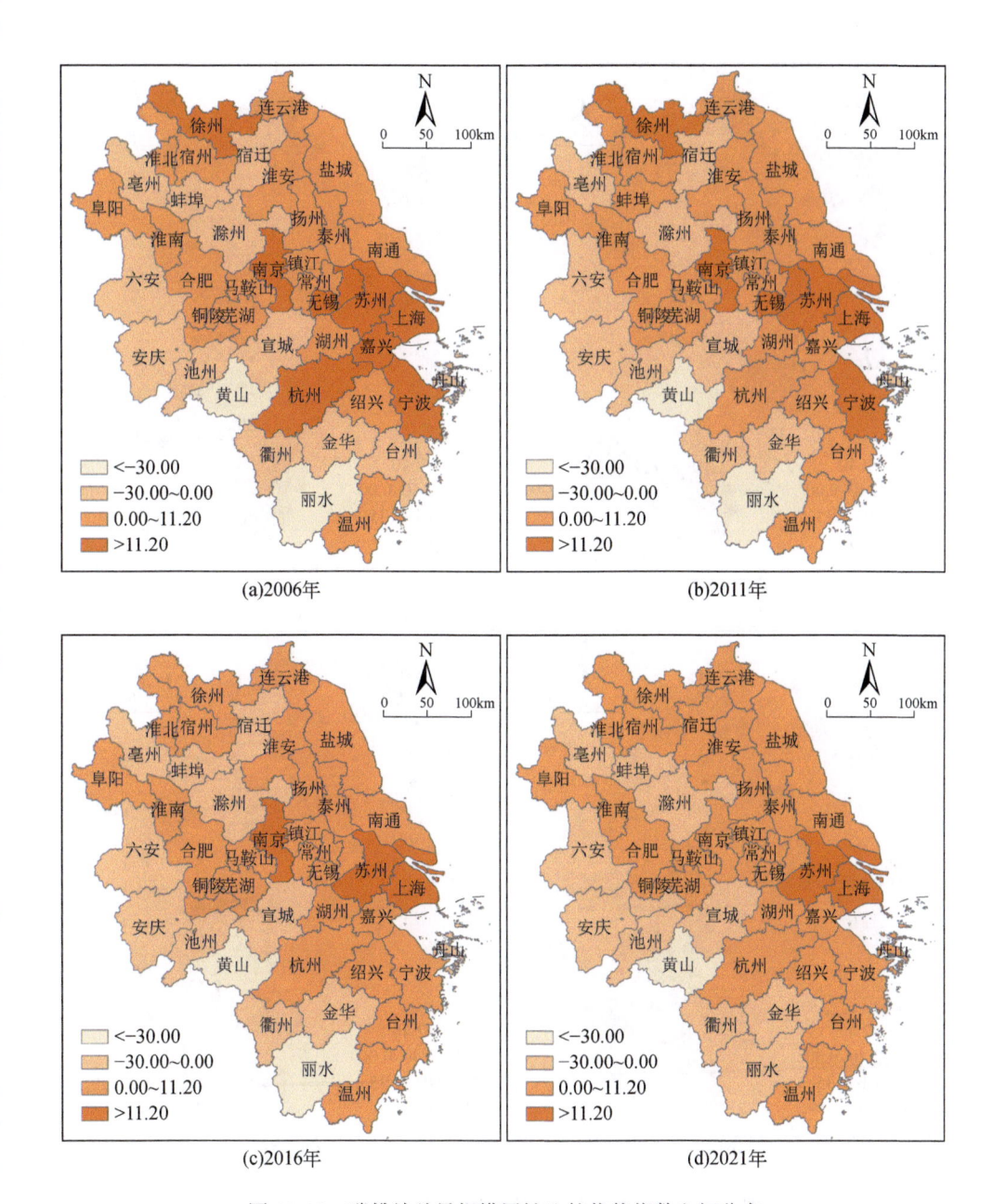

图 10-12 碳排放总量规模属性比较优势指数空间分布

比较优势不明显。这表明这部分城市在未来发展过程中还应不断探索绿色低碳发展路径，在保障经济发展的同时有效降低碳排放量。

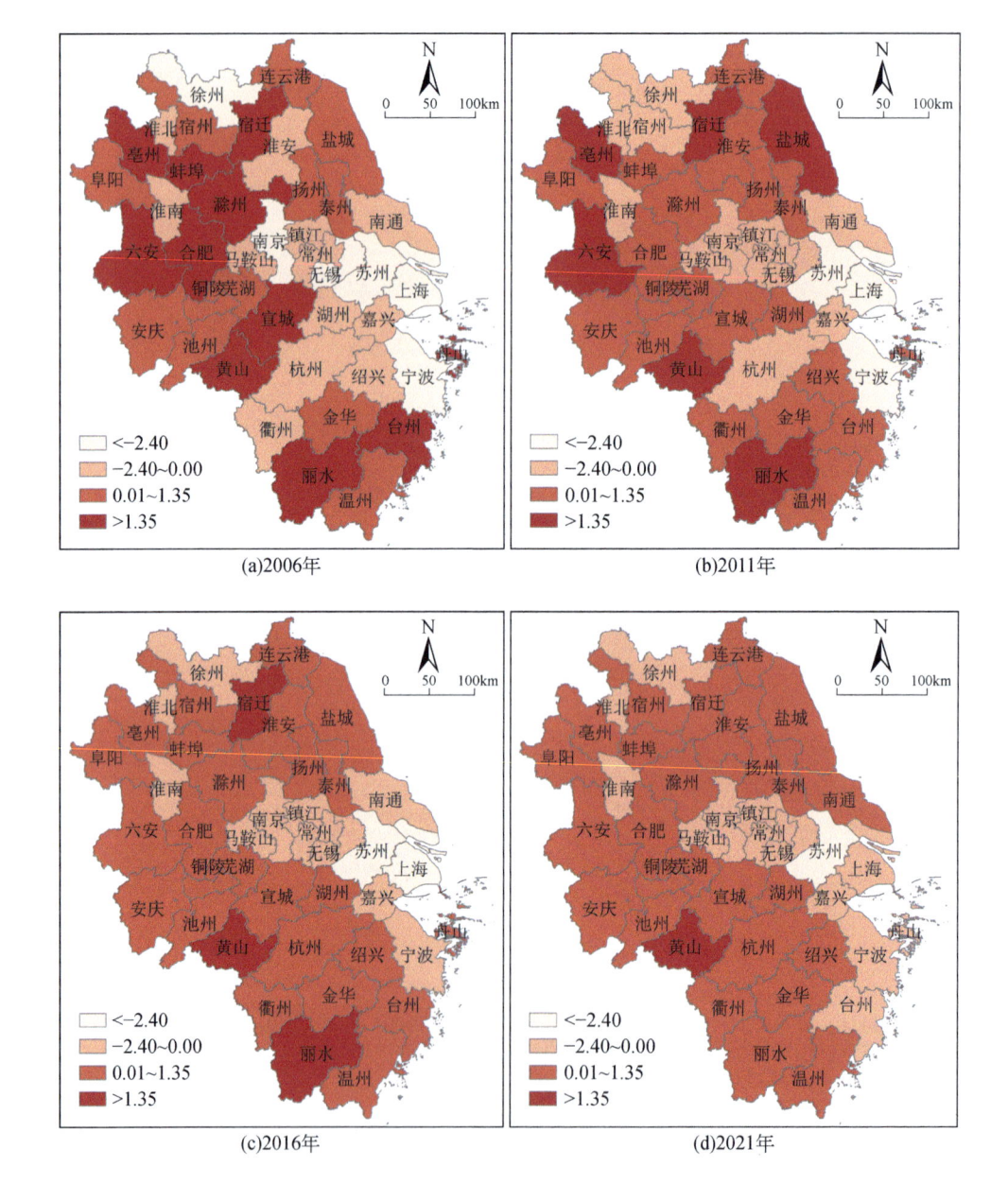

图 10-13 碳排放社会经济属性比较优势指数空间分布

碳排放生态环境属性的比较优势指数计算结果如图 10-14 所示。长三角地区生态环境属性比较优势在区域内存在明显的空间差异，优势空间集中分布于研究区西南部，包括黄山、丽水等城市，与碳吸收高值区域存在极大相似性。这部分区域拥有丰富的自然资源和完善的生态工程，因此其碳汇功能较强。但从时间纵向角度来看，生态环境优势空间逐渐减少，劣势空间比较优势指数逐渐提高，区域比较优势指数差距逐渐缩小。这主要是因为各经济强市在保障经济快速发展的同时认识到美丽城市建设的重要性，进而提出了绿化造林、资源保护、湿地修复等生态环境建设工程，其生态环境比较优势有所提高。

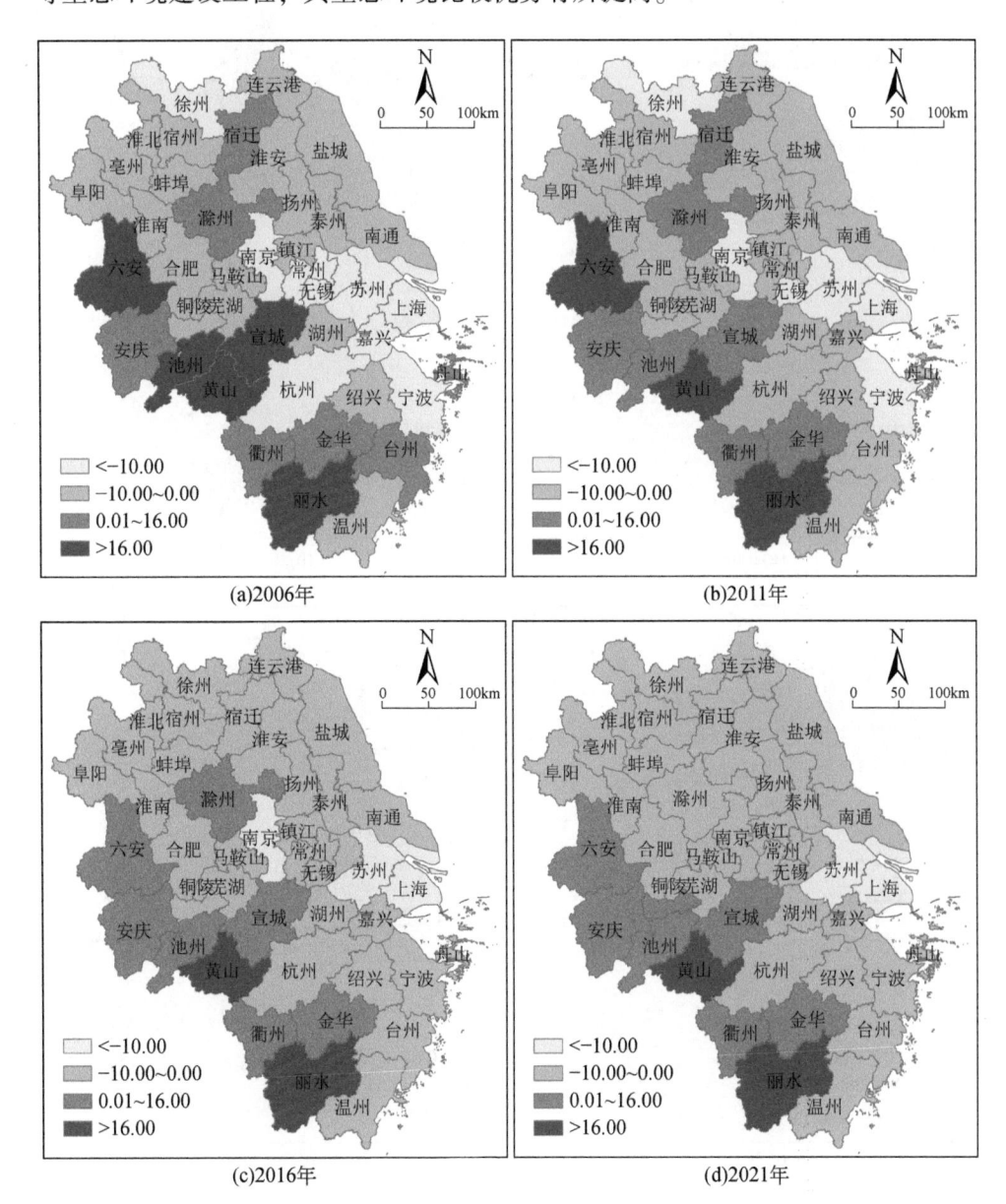

图 10-14 碳排放生态环境属性比较优势指数空间分布

碳排放空间结构属性的比较优势指数计算结果如图10-15所示。碳排放空间结构属性优势区主要分布在长三角地区北部，与国土空间开发程度高值区域重叠。上海、苏州、宁波、南京等自然本底属性具有绝对优势性，相比较而言其余属性比较优势被削弱。

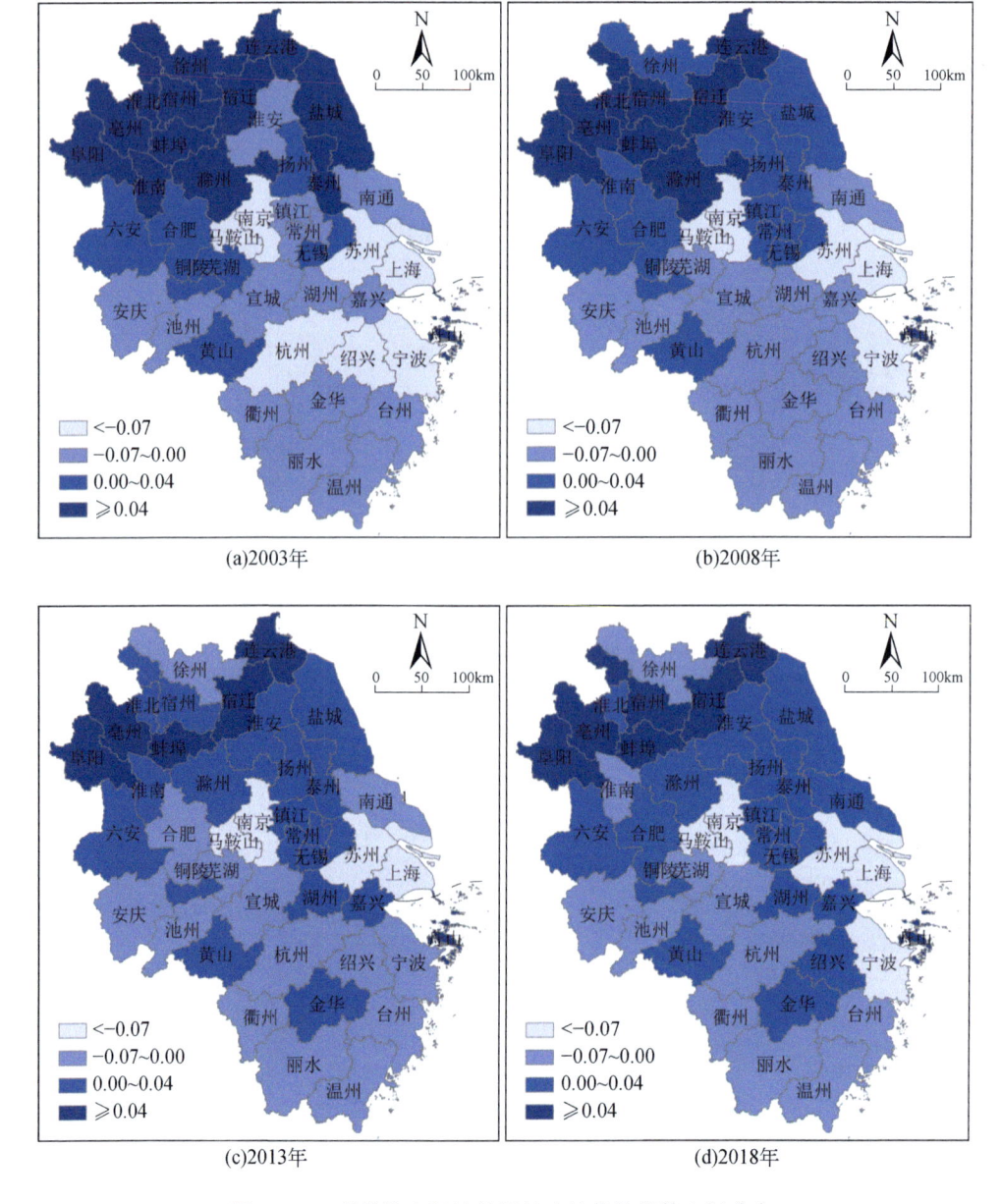

图10-15 碳排放空间结构属性比较优势指数空间分布

10.4.3.3　碳平衡分区结果

根据 SOM-K-means 分区理论框架，采用 SOM-K-means 聚类模型对四个属性的比较优势指数进行聚类分析，将长三角地区划分为低碳保持区、经济发展区、绿色转型区、综合优化区，具体结果见表 10-8 和图 10-16。总的来说低碳保持区碳排放总量均值和国土空间开发程度保持较低水平，经济贡献系数和生态承载系数均较高，这部分城市在经济建设和生态环境保护方面做到了协同发展。经济发展区碳排放总量均值和国土空间开发程度同低碳保持区类似保持较低水平，同时经济贡献系数也较低，生态承载系数较高。绿色转型区在经济发展方面存在较大优势，其碳排放总量、经济贡献系数、国土空间开发程度均保持较高水平，但碳汇功能较弱，生态承载系数较低，在未来发展中应注重绿色转型，提升其碳汇能力。综合优化区碳排放总量、国土空间开发程度保持较高水平，但经济承载系数和生态承载系数均较低。

表 10-8　基于 SOM-K-means 聚类模型的分区结果

年份	分区类型	城市数/个	碳排放总量均值/万 t	经济贡献系数均值	生态承载系数均值	国土空间开发程度
2006	低碳保持区	9	6 553 425.20	1.69	13.80	0.05
	经济发展区	9	6 096 570.02	0.90	3.81	0.05
	绿色转型区	7	30 598 828.58	1.12	0.31	0.14
	综合优化区	16	8 969 534.32	0.80	0.31	0.11
2011	低碳保持区	8	9 716 945.84	1.50	14.49	0.05
	经济发展区	11	8 953 774.29	0.92	2.85	0.07
	绿色转型区	8	40 426 554.16	1.16	0.26	0.17
	综合优化区	14	14 943 094.79	0.84	0.30	0.14
2016	低碳保持区	6	12 221 276.82	1.51	16.69	0.05
	经济发展区	12	9 666 618.17	0.87	2.69	0.09
	绿色转型区	8	44 807 736.32	1.22	0.27	0.19
	综合优化区	15	17 805 435.56	0.80	0.41	0.16
2021	低碳保持区	4	13 402 806.50	1.52	17.57	0.06
	经济发展区	10	11 118 920.54	0.76	3.47	0.09
	绿色转型区	8	56 822 130.08	1.24	0.24	0.22
	综合优化区	19	20 771 440.40	0.85	0.60	0.15

| 城市土地-碳耦合机制和低碳调控 |

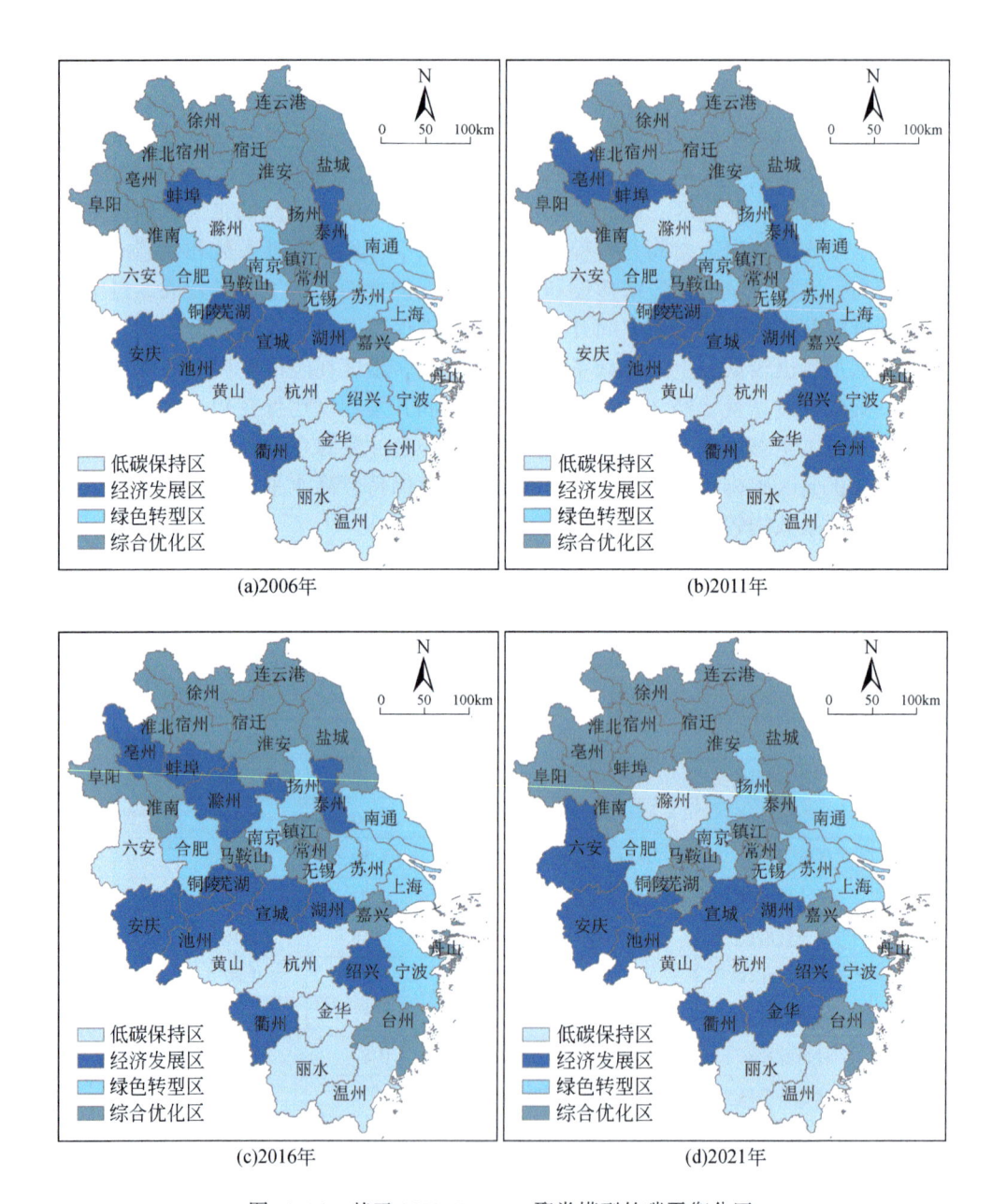

图 10-16　基于 SOM-K-means 聚类模型的碳平衡分区

总的来看，各年碳平衡分区结果均以综合优化区为主，且呈现上升的趋势，由 2006 年的 16 个城市波动上升为 2021 年 19 个城市；低碳保持区较少，且呈现逐年减少趋势，由 2006 年的 9 个城市变为 2021 年 4 个城市。这表明长三角地区

2006~2021年在迎来经济迅速发展的同时忽略了绿色低碳发展理念，导致平均碳排放量高，且经济贡献系数和生态承载系数低的城市增多，区域协同减排压力进一步加大。

2006年低碳保持区集中分布在浙江南部，包括黄山、杭州等9个城市，占长三角地区数量的21.95%。这部分城市碳排放总量均值和国土空间开发程度较低，且生态承载系数和经济贡献系数均保持较高水平，表明这部分城市能源利用效率和碳生产力均较高，碳汇能力较强，在未来的发展中应继续发挥区域优势，在稳定碳汇能力的同时，持续发展低碳产业，保持其低碳经济和环境保护的协调发展。2006~2021年低碳保持区城市存在变化，呈现出逐渐减少且主要转变为经济发展区的趋势（图10-17），具体表现为2011年台州退出低碳保持区变为经济发展区，舟山由低碳保持区变为综合优化区，安庆由经济发展区转变为低碳保持区；2016年安庆、滁州由低碳保持区转变为经济发展区；2021年六安、金华由低碳保持区转变为经济发展区，这主要是因为随着长三角一体化进程逐渐发展，这部分城市凭借其丰富的资源禀赋以及相对宽松的观景管制，承接了来自经济领

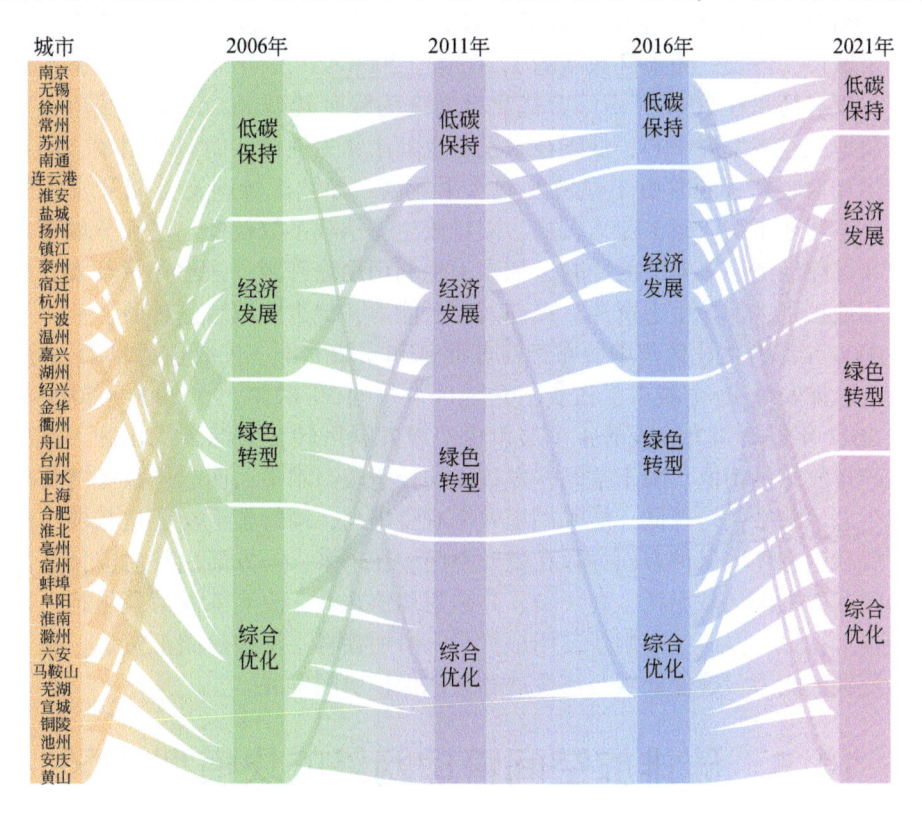

图10-17 2006~2021年长三角碳平衡分区类型变换图

先城市高能耗、高污染的产业转移，导致能源消耗量提高，能源利用效率下降，进而表现为经济承载系数降低。

2006年经济发展区主要位于安徽境内，集聚分布于安徽南部，主要包括安庆、池州、芜湖、宣城等9个城市，占长三角地区数量的21.95%，这部分城市经济发展相对落后，碳排放总量、国土空间开发程度以及经济承载系数均较低，能源利用效率和碳生产力较低，但生态承载系数保持较高水平。这部分城市应在保护生态资源的前提下，借鉴低碳保持区发展经验，引进先进低碳技术、发展低碳产业、淘汰高能耗、碳密集型产业，推动区域低碳经济发展。2006~2021年经济发展区城市数量基本保持稳定，但城市存在变动，具体表现为2011年亳州、铜陵由综合优化区转化为经济发展区，这与铜陵自2009年拉开矿山修复序幕、完善森林生态系统的实际情况符合。2016年台州由经济发展区转化为综合优化区；2021年泰州、亳州、蚌埠、芜湖由经济发展区转变为综合优化区，这主要是因为这部分皖北城市依托长三角一体化发展规划承接了周边城市高污染、高碳附加值的产业转移，因此其碳汇能力也有所下降，生态承载系数降低。

2006年绿色转型区主要分布于东部沿海一带，主要包括上海、苏州、无锡等七个城市，占长三角地区数量的17.07%，2006~2021年绿色转型区基本保持稳定，仅有扬州在2011年由综合优化区转变为绿色转型区。这部分城市主要为长三角地区经济发展中心，低碳技术发展也处于领先地位，能源利用率、碳排放生产力相对较高，同时由于经济发展水平较高，导致区域国土空间开发程度较高，生态用地压缩，碳汇能力较弱，碳排放生态承载系数较低。这部分城市在未来应在保障经济稳步发展的同时，加强土地利用用途管制，强化存量开发，控制建设用地扩张，保护生态资源，提高其碳汇能力，促进区域绿色转型。

2006年综合优化区集中分布于江苏北部和安徽北部，主要包括阜阳、徐州、连云港、淮安等16个城市，占长三角地区数量的39.02%，在2006~2021年主要以2021年以泰州为代表的4个城市由经济发展区转变为综合优化区。这部分城市碳排放总量均值、国土空间开发程度均处于较高水平，而碳排放经济贡献系数和生态承载系数均较低，能源利用效率有待提高，同时碳汇功能也较弱，在经济发展和生态环境保护方面均存在提升空间。在未来，一方面应针对碳排放量较高的问题逐步淘汰高能耗、高污染、高碳附加值企业，改变能源消费结构，发展低碳技术；另一方面应控制建设用地扩张，增加森林、湿地等碳汇资源，提升生态系统碳汇能力，确保低碳经济发展和生态保护协同发展。

10.5　碳排放空间管理网络的块模型分区

块模型是用来分析关联网络空间聚类特征的重要手段，可以识别节点在网络中的位置和角色并深入探讨其空间关联关系。根据块模型的原理，各区域在网络中的角色可以分为以下四类：①主受益板块：该板块对外发出关系较少，主要接收来自其他板块的发出关系，表现为"受益"特征；当板块接收其他板块的发出关系数远大于该板块的对外发出关系时，甚至只有接收关系而没有对外发出关系时，可称之为净收益板块；②净溢出板块，该板块对板块内部成员的发出关系较少，同时接收其他板块的发出关系也很少，主要表现为对其他板块的发出关系；③双向溢出板块，该板块对板块内部成员及其他板块均存在较频繁的发出关系，但对其他板块的接收关系较少；④经纪人板块，该板块对其他板块的发出关系和接受其他板块的发出关系很频繁，但该板块内部成员之间的联系较少，即扮演着促进不同板块之间发生联系的媒介角色。借鉴相关文献，本书采用CONCOR迭代收敛法分析其空间聚类特征，设置最大切分深度为2，集中标准为0.200，将长三角地区聚类分为四个板块。

为了揭示长三角地区碳排放空间关联网络的组织形式，本书采用块模型分析，通过弦图的形式对各板块在网络中的不同角色加以描述，并结合板块实际内部关系比例和板块接收关系比例进行验证（表10-9），两者得到分区结果相符。

2006年板块划分结果如图10-18（a）所示。从四个板块的组成成员来看，板块一包括南京、镇江、马鞍山3个城市；板块二包括上海、苏州、杭州、无锡等6个城市；板块三包括合肥、池州、连云港、宿迁等21个城市；板块四包括舟山、丽水、泰州等11个城市。可见，板块二接收关系数量最多，表现为其对应的接收端纽带弧长远大于发出端纽带弧长，且发出端纽带弧长较短。因此属于净受益板块。而板块三的发出端纽带弧长最长，接收端纽带弧长最短，表明该板块发出关系数量最多、接收关系数量最少，属于净溢出板块。板块一发出端纽带弧长小于接收端纽带弧长，且来自于其他板块的接受关系数占比较大，受益特征明显，因此板块一属于主受益板块。板块四接收端弧长相较于发出端弧长非常接近，且内部联系相对较少，因此属于经纪人板块。

按照同样的方法，结合碳排放空间关联网络溢出效应表（表10-9）和碳排放空间关联模式弦图（图10-18）对2006年、2011年、2016年、2021年各板块角色进行描述，得到2006~2021年长三角地区碳排放空间关联网络块模型分析结果见图10-19。

根据表10-9可知，在各城市之间存在的空间关联中以板块间的外溢为主。例如2006年网络关系总数为360，板块内和板块间的关系数分别为53、307。2021年网络关系总数为451，其中板块内和板块间的关系数分别为78、373，这表明长三角地区碳排放空间关联网络更大程度上取决于板块间的空间关联效应。从各板块区域空间分布上来看（图10-19），受益板块集中分布在上海和江苏南

(a)2006年　　(b)2011年

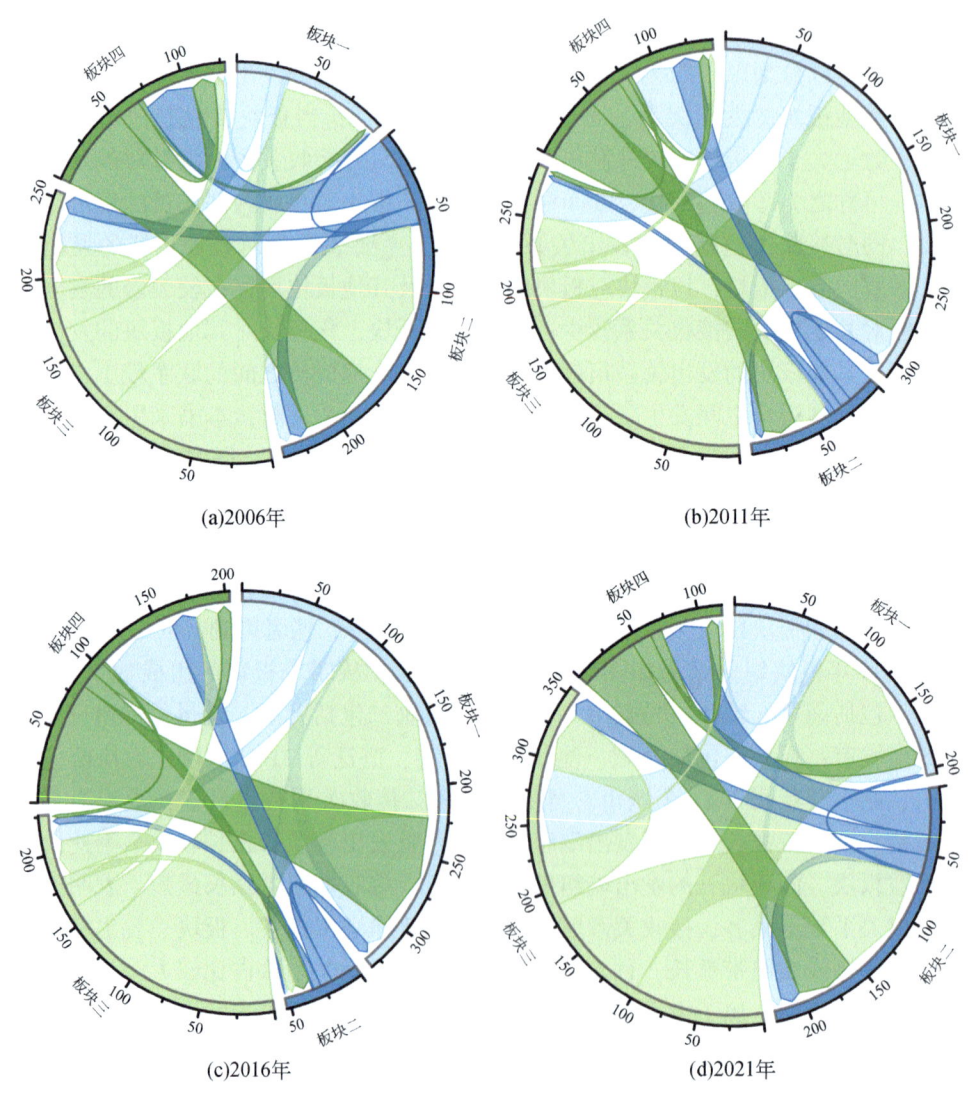

(c)2016年　　(d)2021年

图10-18　2006~2021长三角地区板块内部与板块间碳排放空间关联模式

部城市以及浙江少部分城市；净溢出板块主要分布在安徽省和江苏省北部，这部分城市具有的良好的自然资源禀赋及相对宽松的减排目标在客观上增加了这部分城市对高能耗、高排放产业的吸引力，这使它们成为了发达城市的"环境避难所"（Mi et al., 2017；Bashir, 2022），导致其通过向其余城市输出碳密集型产品而表现为向外部的发出关系。经纪人板块分布于省级交界处以及浙江。可见长三角地区碳排放空间关联网络呈现出明显的区域化"俱乐部"空间分布特征，这与俞洁等（2024）的研究相符。

第 10 章 城市低碳治理分区

表 10-9 长三角地区碳排放空间关联板块溢出效应

年份	板块	发出关系 内	发出关系 外	接收关系 内	接收关系 外	期望内部关系	实际内部关系
2006	板块一	2	32	2	62	0.0500	0.0588
	板块二	12	46	12	170	0.1250	0.2069
	板块三	24	173	24	33	0.5000	0.1218
	板块四	15	56	15	42	0.2500	0.2113
2011	板块一	22	64	22	203	0.1750	0.2558
	板块二	6	32	6	54	0.0750	0.1579
	板块三	37	177	37	35	0.4750	0.1729
	板块四	7	74	7	55	0.2000	0.0864
2016	板块一	18	68	18	228	0.2000	0.2093
	板块二	1	32	1	19	0.0500	0.0303
	板块三	24	159	24	19	0.3750	0.1311
	板块四	9	96	9	89	0.3000	0.0857
2021	板块一	9	70	9	117	0.1250	0.1139
	板块二	15	53	15	141	0.1500	0.2206
	板块三	45	189	45	76	0.4750	0.1923
	板块四	9	61	9	39	0.1750	0.1286

对比不同年份的板块空间分布情况可以发现，同一城市在不同年份所属的板块并不完全固定（图 10-19 和图 10-20）。2006 年和 2011 年，研究区内 41 个城市可以分为净受益、主受益、净溢出、经纪人四个板块；2016 年、2021 年主受益板块消失，新增一个经纪人板块。其中，净受益板块的数量有所减少，经纪人板块数量波动增加，净溢出板块的成员虽有所变化但数量保持一致。马鞍山、镇江由 2006 年的主受益板块变为 2021 年的经纪人板块；泰州由 2006 年的经纪人板块变为 2021 年的净溢出板块；合肥、扬州、芜湖由 2006 年的净溢出板块转变为 2021 年的经纪人板块。近年来，伴随着长三角一体化发展战略的深化，区域之间的空间关联进一步加强，同时低碳转型发展的导向和环境规制力度的增强使得高能耗产业向外转移的趋势有所减缓，区域粗放型经济发展方式得到一定程度改善，因此以合肥、扬州、芜湖为代表的城市的"环境避难所"效应有所弱化，表现为由净溢出板块转变为经纪人板块，以镇江、常州为代表的经济发展相对迅速的城市由受益板块转变为经纪人板块。

| 城市土地-碳耦合机制和低碳调控 |

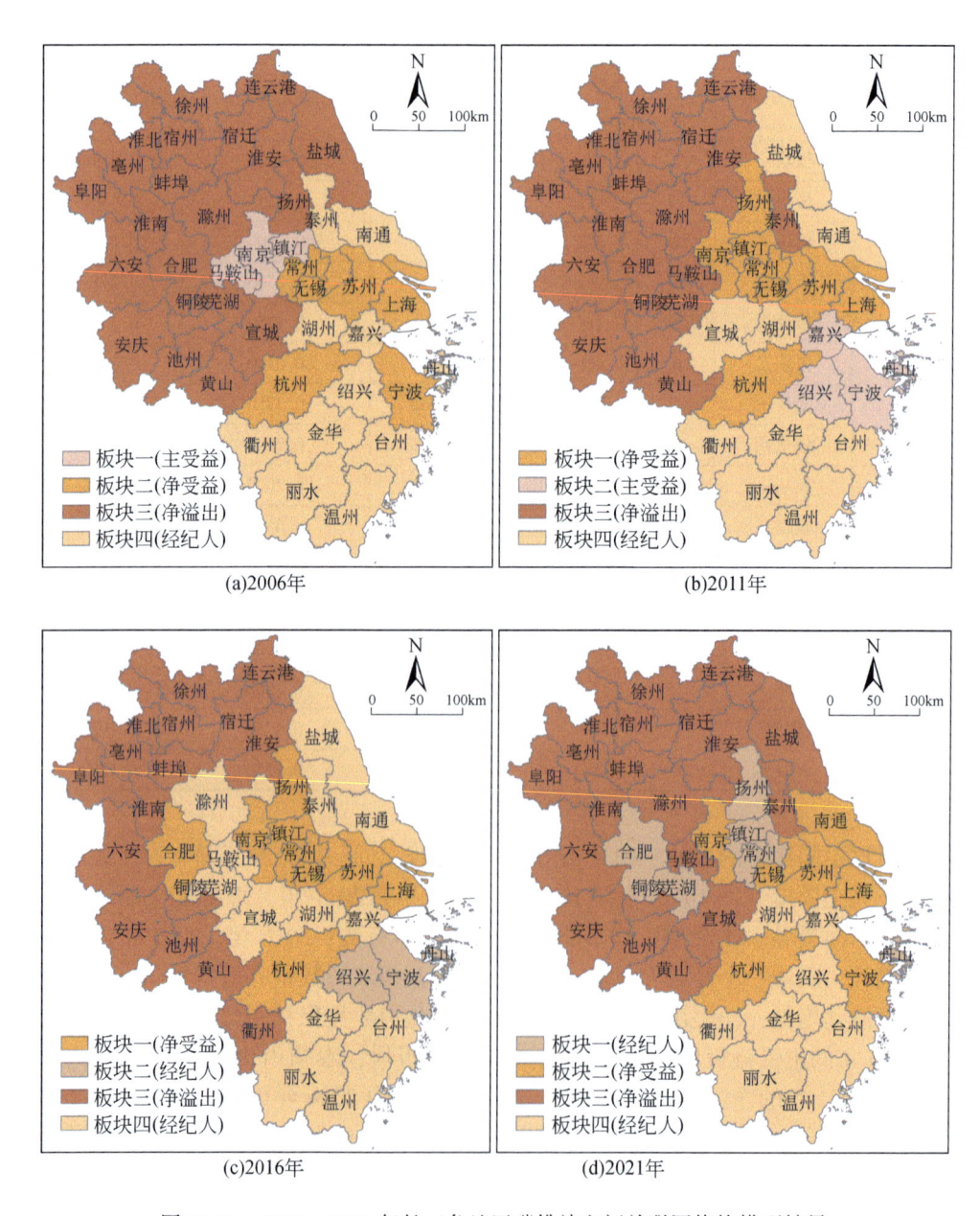

图 10-19　2006~2021 年长三角地区碳排放空间关联网络块模型结果

为了进一步分析碳排放空间关联网络中四个板块的关系，本书计算了各年的密度矩阵，如果板块的网络密度大于整体网络密度则赋值为 1，否则为 0，得到了碳排放空间关联网络中四大板块间关联关系图（图 10-21）。四大板块之间的

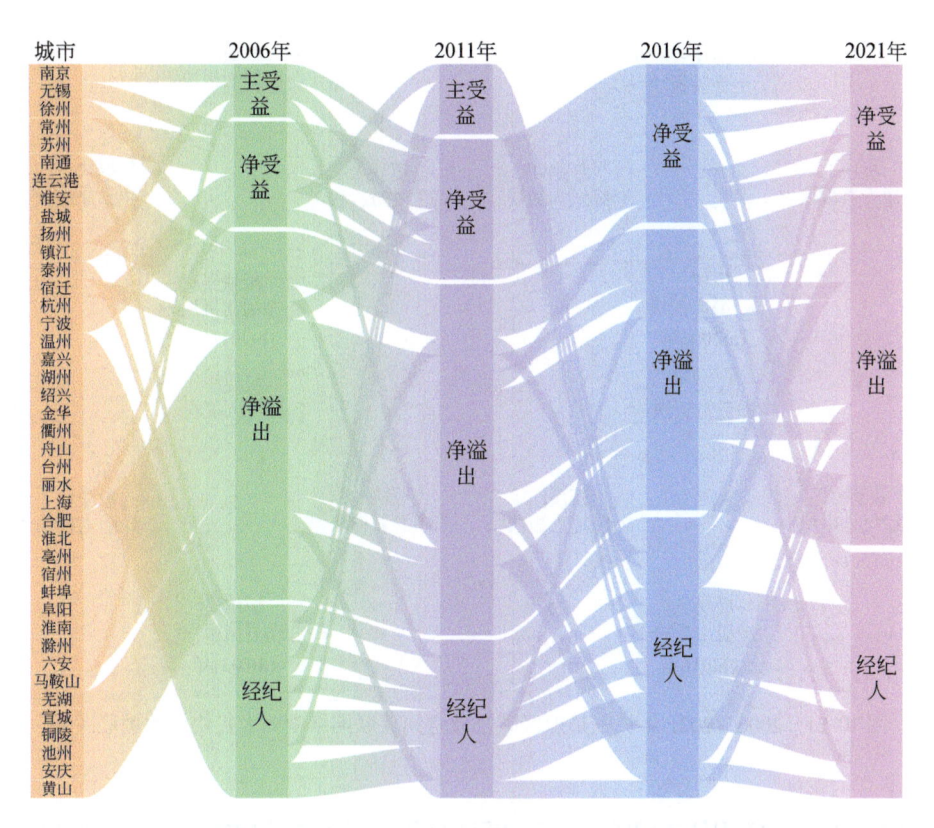

图 10-20　2006~2021 年长三角块模型分区类型变换图

关联方式发生了一定程度的变化，其中核心关联方式为"净溢出板块→净受益（主受益板块）→经纪人板块→净受益（主受益板块）"。净溢出板块是整个碳排放空间关联网络的动力，驱动着碳排放通过经纪人板块最终到达净受益板块（主受益板块）。同时净受益板块（主受益板块）存在明显的内部关联关系，再次验证了"俱乐部"特征。上海、苏州等经济发达城市（净受益/主受益板块）凭借其自身的经济和交通优势，吸引着来自其余各区的生产要素、人口流动，此外，由于其经济的快速发展导致其对能源、碳密集型产品具有高度的依赖和需求，但迫于更高的节能减排目标和低碳发展压力，促使其将高能耗、高碳排放产业向节能减排政策更为宽松的城市转移（净溢出板块），使得我国碳排放随着能源和碳密集型产品的贸易流动形成了净溢出→净受益板块（主受益板块）的空间关联方式，而安徽大部分城市和江苏北部部分城市（净溢出板块）成为了上海等城市的"环境避难所"。

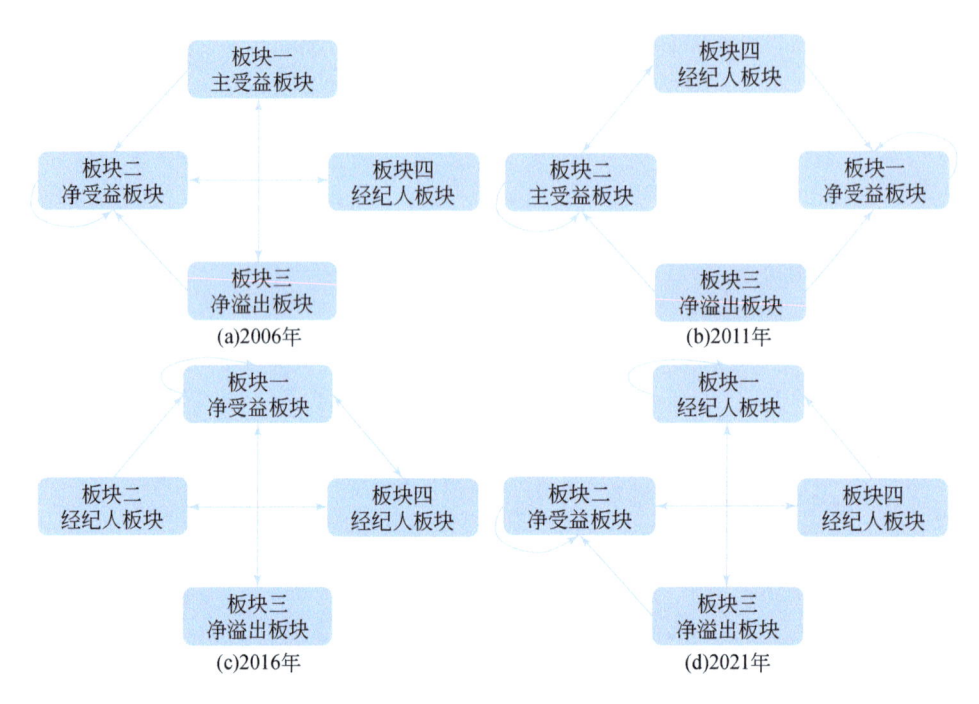

图 10-21　2006~2021 年长三角地区碳排放空间关联网络中四大板块间的关联关系

10.6　低碳治理分区思路及关键市域识别方法

目前，尽管长三角地区发展水平整体较高，但各城市具体发展状况、产业结构及资源禀赋仍存在显著的差异，这使得各城市碳排放总量及其特征也存在明显的区别。这种属性差异是城市低碳治理分区的内驱力，若是不进行分区，就难以辨识不同城市的属性特征及差异，因此也就难以进行有效的空间治理（吴次芳等，2020）。基于各城市属性特征划定分区，可以通过整合各城市碳排放、社会经济、生态环境等属性来反映各分区内部的相似性及不同分区之间的差异进而体现各分区特征，为制定差异化分区治理对策、引导各区低碳绿色发展提供重要依据。

在区域一体化发展的大背景下，主要来源于能源消耗、工业生产、交通通勤和土地利用等人类经济社会活动的碳排放（曲福田等，2011），也会受到资本、人口、信息等要素流动的影响，进而表现出空间关联效应。这种空间关联效应导致城市碳排放不仅与自身属性有关，也与在网络中扮演的角色密切相关。从复杂网络视角出发，利用块模型识别各城市在网络中的位置和发挥的作用，进而判断碳排放空间关联在各板块间的传递方式，有利于揭示区域碳排放之间多维空间依赖性，通过规则共建实现协同治理（俞洁等，2024）。

属性-关联特征综合视角下划定城市低碳治理分区，有助于通盘考虑城市属性差异及其空间关联特征，统筹协调不同分区的差异性减排策略，进而合理引导碳排放的跨区域转移，对促进区域协同减排、推动国土空间低碳治理具有重要意义。

由于经纪人板块对其他板块的发出关系和接受其他板块的发出关系很频繁，在碳排放空间关联网络中发挥着"媒介"的作用，在区域协同减排中具有联动不同区域的作用。因此，在城市低碳治理分区中将其命名为"联动"。净受益板块由于其对经济要素、能源及碳密集型产品的高度需求而形成的贸易关系，进而表现为接收其他板块的发出关系，在本书中，包括上海、苏州等城市，是整个区域协同减排的核心及关键区域。净溢出板块凭借其良好的自然资源禀赋及相对宽松的减排目标，导致高能耗、高碳排产业聚集，催生了其"环境避难所"效应，是区域协同减排的基础地区（图10-22）。

为厘清"双碳"目标背景下，在区域协同减排中能发挥特殊作用的关键市域，本书借鉴相关文献（王丽蓉等，2024；张正峰和张栋，2023），根据前文个体网络特征计算结果明确长三角地区区域协同减排的关键市域，将其分为核心市域、行动市域、桥梁市域三类（表10-10）。

表 10-10　关键市域识别标准及特征

市域类型	识别标准	特征
核心市域	在研究时段内度中心度始终保持较高水平的市域	网络中的中心节点，与其余节点联系紧密，能显著影响整个网络中其他节点碳排放行为
行动市域	在研究时段内接近中心度始终保持较高的市域	在网络中与其余节点具有较短的路径距离，能快速影响整个网络中其他节点的碳排放行为
桥梁市域	在研究时段内中介中心度始终保持较高的市域	多次位于任意两个节点的最短路径上，具备沟通网络中核心、边缘节点的能力，有助于保持网络稳定性

10.7　低碳治理分区及关键市域识别结果

基于碳平衡分析和碳排放空间关联网络块模型分区的结果，将全省市域划分为九类国土空间分区和三类关键市域，即核心-低碳保持区、核心-绿色转型区、联动-低碳保持区、联动-经济发展区、联动-综合优化区、联动-绿色转型区、

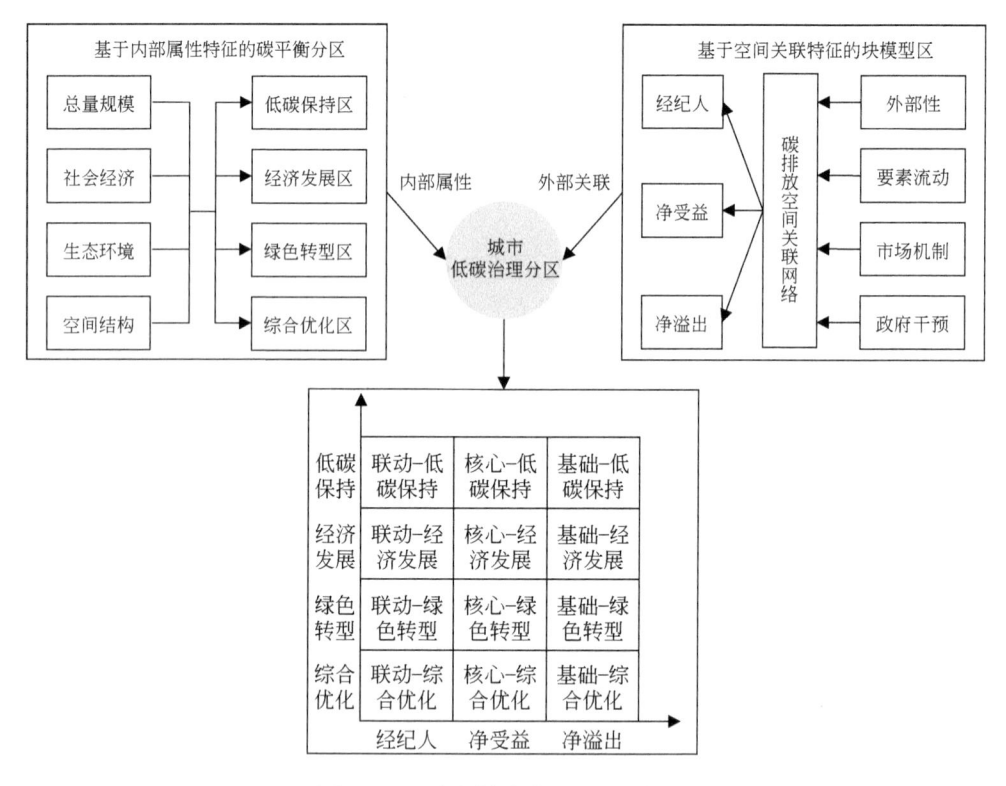

图 10-22 城市低碳治理分区机制图

基础-低碳保持区、基础-经济发展区、基础-综合优化区以及核心市域、行动市域、桥梁市域（表 10-11），其空间分布如图 10-23 所示。从城市低碳治理分区的空间分布来看，各区域表现出明显的"俱乐部"特征，具体表现为基础-经济发展区主要集中于安徽省南部，基础-综合优化区集中于安徽省及江苏省北部，核心-绿色转型区集中分布于研究区东部、江苏南部，联动-综合优化区主要分布于浙江省南部及江苏省中部地区。

表 10-11 城市低碳治理分区及关键市域识别结果

城市低碳治理分区/关键市域类型	市域	特征	减排策略概览（详见 11.2.3 节）
核心-低碳保持区（1）	杭州	碳排放经济贡献系数、生态承载系数均保持较高水平，国土空间开发程度较低，处于碳排放空间关联网络核心，是净受益板块	（1）以杭州市五大产业生态圈为抓手，保持现有绿色低碳优势；（2）发挥辐射影响优势，将低碳技术、产业覆盖到更广范围

| 第10章 | 城市低碳治理分区

续表

城市低碳治理分区/关键市域类型	市域	特征	减排策略概览（详见11.2.3节）
核心-绿色转型区（6）	南京、无锡、南通、苏州、上海、宁波	碳排放经济贡献系数、碳排放总量、国土空间开发程度均保持较高水平，但生态承载系数较低。处于网络核心，是净受益板块	（1）推进城市更新、建设绿色转型，避免大拆大建；（2）规划口袋公园等城市绿地景观，提高碳汇能力；（3）调整能源结构，减少对高碳密集能源依赖，减缓其接收效应；（4）发挥辐射作用，加大研发力度，起到示范引领作用
联动-低碳保持区（1）	丽水	碳排放经济贡献系数、生态承载系数均保持较高水平，国土空间开发程度较低，在网络中发挥中介作用，处于经纪人板块	（1）发挥生态经济优势，提高生态产品生产能力，实现减排与经济协同发展；（2）依托地方碳汇交易平台，发挥经纪人优势，与其余城市建立更多生态联系
联动-经济发展区（3）	湖州、衢州、舟山	生态承载系数保持较高水平，但经济贡献系数较低，在网络中处于经纪人板块	（1）持续发挥区域森林、海洋生态优势，筑牢生态屏障；（2）发挥中介优势，引进绿色低碳技术促进产业转型、淘汰落后产能，进而提升其经济贡献系数；（3）在改善自身碳排放的基础上注重低碳产品溢出，实现经济发展。例如舟山应提高海洋新能源技术研发力度，促进海洋经济发展
联动-综合优化区（8）	芜湖、镇江、常州、嘉兴、绍兴、金华、台州、温州	碳排放总量、国土空间开发程度均保持较高水平，碳排放经济贡献系数、生态承载系数均较低，在网络中处于经纪人板块	（1）优化用地结构，促使土地利用由粗放型向集约型转变，避免进一步挤占生态空间；（2）通过生态修复等方式降低生态破碎化程度，提高碳汇能力；（3）立足联动优势，通过政策财政、政策支持，加大低碳技术学习与研发，优化产业结构

续表

城市低碳治理分区/关键市域类型	市域	特征	减排策略概览（详见11.2.3节）
联动-绿色转型区（2）	合肥、扬州	碳排放经济贡献系数、碳排放总量、国土空间开发程度均保持较高水平，但生态承载系数较低。在网络中处于经纪人板块	(1) 严格限制城市土地开发程度和速度，避免城市扩张过快导致土地浪费；(2) 加强森林经营管理和湿地保护修复等工作；(3) 发挥中介和经济优势，改善经济滞后地区能源效率，弱化基础地区"环境避难所"效应
基础-低碳保持区（2）	滁州、黄山	碳排放经济贡献系数、生态承载系数均保持较高水平，国土空间开发程度较低，处于网络的边缘位置	(1) 推进生态产品价值转换，将生态优势转换为经济优势，进而加强与其余城市联系；(2) 提高项目准入水平，不能为经济快速发展系数区域良好生态环境优势
基础-经济发展区（7）	宿迁、淮安、六安、安庆、铜陵、池州、宣城	碳排放经济贡献系数较低，生态承载系数较高，在网络中处于边缘位置，是净溢出板块，存在着环境避难所效应	(1) 提高产业转入标准，降低"环境避难所"效应；(2) 加强区域内产业、技术交流，在实现低碳技术引进、经济发展的同时更好地参与到网络中
基础-综合优化区（11）	阜阳、亳州、淮北、淮南、蚌埠、马鞍山、宿州、徐州、连云港、盐城、泰州	碳排放总量、国土空间开发程度均保持较高水平，碳排放经济贡献系数、生态承载系数均较低，在网络中处于净溢出板块，存在环境避难所效应	(1) 立足长三角地区粮食主产区定位，加强耕地保护，限制有损生态环境的农业活动；(2) 加大农业科技创新力度，提高生产效率，降低碳排放；(3) 借助皖北、苏北振兴政策，加快老工业区经济结构转型
核心市域	苏州、无锡、上海、南通、南京、嘉兴、湖州	网络中的中心节点，与其余节点联系紧密，能显著影响整个网络中其他节点碳排放行为	应在具有根本性影响的研发、创新等方向发力，如设立低碳技术研发实验室、双碳研究院等
行动市域	无锡、苏州、上海、常州、杭州、南京、扬州	在网络中与其余节点具有较短的路径距离，能快速影响整个网络中其他节点的碳排放行为	应在应用层面发力，积极使用低碳技术、践行低碳政策，进而促进新技术、新政策普及
桥梁市域	无锡、苏州、上海、杭州、常州、南京、宁波	多次位于任意两个节点的最短路径上，具备沟通网络中核心、边缘节点的能力，有助于保持网络稳定性	立足中介优势，搭建合作沟通渠道，推广低碳技术、低碳经验

第10章 城市低碳治理分区

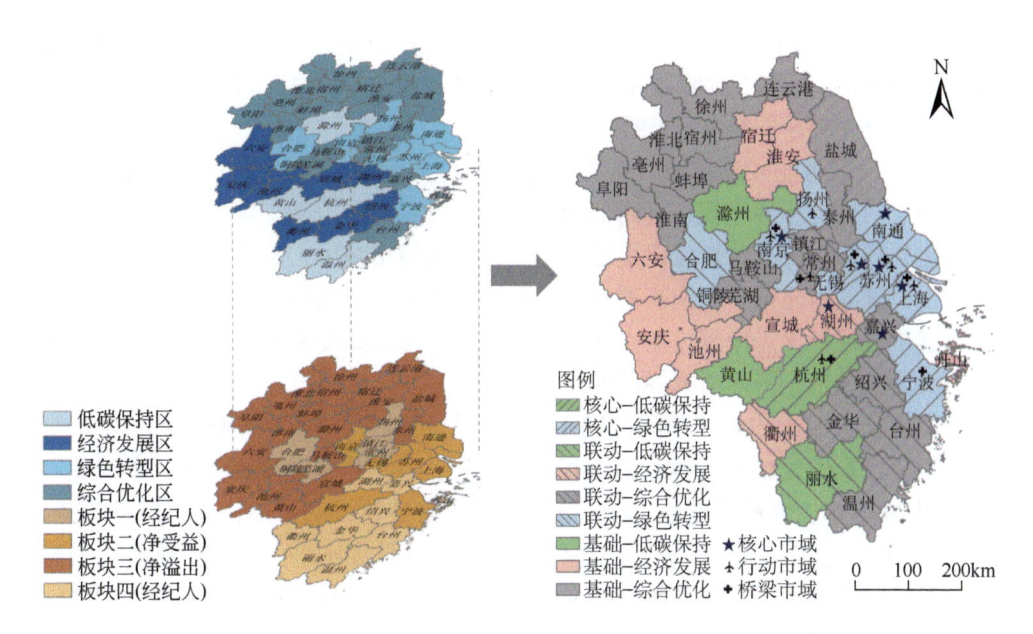

图 10-23　长三角地区碳管理类型分区及关键市域空间分布图

10.8　结　　论

本章以构建的碳排放/碳吸收核算体系为基础，首先采用碳排放系数法测算了长三角地区 2006 年、2011 年、2016 年、2021 年的碳收支，随后通过计算基尼系数、碳排放强度指标，采用标准差椭圆分析方法、局部空间自相关方法刻画长三角地区碳排放演变特征；接着从区域全局视角出发，构建了综合总量规模、社会经济、生态环境、空间结构属性的碳平衡分区理论框架；然后在计算标准显性比较优势指数的基础上，利用 SOM-K-means 模型将长三角地区划分为低碳保持区、经济发展区、绿色转型区、综合优化区；再运用块模型分区明确各区域在网络的角色；最后从兼顾属性特征和空间关联特征的综合视角出发，将长三角地区划分为九类城市低碳治理分区，识别三类市域，具体结论如下：

（1）长三角地区碳排放总量远大于碳吸收总量，碳收支未达到平衡状态。整体来看，碳排放总量在研究时段内增长率高达 109%，由 4.72×10^8 t 上升为 9.78×10^8 t，以建设用地所承载的能源消耗碳排放为主；碳吸收呈现逐年缓慢下降的特点，由 830.18 万 t 下降至 792.31 万 t；净碳排放变化趋势与碳排放量类似。从区域上来看，江苏省碳排放总量占比最大，高达 43.89%；上海市碳排放增长率最低，仅 34.12%；浙江省、安徽省碳吸收总量占据绝对优势，占比分别为57.38%、33.95%。从城市上来看，苏州市碳排放量最大，占研究区碳排放总量的10.03%；丽水市碳吸收量最大，占区域碳吸收总量13.14%，占碳吸收总量占比超过5%的城市均位于浙江、安徽。

（2）长三角地区碳排放、碳吸收、净碳排放存在明显的空间分布特征。碳排放的空间格局总体呈现东高西低的特点，同时除铜陵市外，区域城市碳排放都呈现增长趋势，表现为Ⅳ级以上城市增加，Ⅰ级城市减少。碳吸收空间分布特征表现出明显的东北低、西南高的特征，同时碳吸收等级空间变化相对稳定，仅有六个城市出现变化。净碳排放空间分布特征与碳排放高度相似，发生等级跃迁的城市数量呈现出先下降后反弹的变化趋势。

（3）研究时段内长三角地区净碳排放基尼系数平均值为0.45，各年基尼系数值均超过警戒线0.40，处于差距很大的状态；基尼系数呈现逐年下降的变化趋势，到2021年达到最低值0.409。长三角地区碳排放强度整体呈现下降的趋势，到2016年，大部分城市基本维持在较低的碳排放强度水平；淮南、淮北、马鞍山在研究时段内始终为较高碳排放强度水平；上海市、杭州市碳排放强度始终保持在较低水平。

（4）长三角地区净碳排放重心在研究时段内始终位于无锡市境内，且总体呈现出由东向西迁移的特点；研究区净碳排放沿西北—东南方向分布，数据方向明确，且数据空间集聚性在2011年后有所增强；江苏省、安徽省标准差椭圆及重心演变特征及分布方向与长三角地区整体类似，浙江省标准差椭圆趋于圆形，空间方向性较弱，离散度较大。长三角地区净碳排放总体上呈现出东部高高集聚—西部低低集聚的分布特征，高值、低值区域集聚情况明显，低高集聚、高低集聚分布零散；高高集聚区域呈现出较明显的扩散效应，2011~2021年多个城市跻身高高集聚区域。

（5）2006~2021年，碳排放经济贡献系数在0.16~3.11，各城市碳排放贡献与经济贡献存在不均衡现象；经济贡献系数高值区域包括上海、杭州、黄山等城市，低值区域包括淮北、马鞍山、池州等；由于高能耗产业由经济中心城市向周边城市转移，出现了中心城市经济贡献系数提高而周边城市下降的现象。区域生态承载系数存在明显的空间差异，总体上呈现出东北低、西南高的空间特征；上海市生态承载系数最低，黄山市、丽水市生态承载系数最高；生态承载系数大于1的城市较少，小于1的城市较多，碳排放生态承载能力总体较弱且大部分城市仍呈现出不同程度的下降趋势。国土空间开发程度总体上呈现出东高西低、北高南低，且国土空间开发程度逐年提高的特征，其中安徽北部城市借力系列战略规划，其国土空间开发程度提高幅度大。

（6）碳排放总量规模属性优势区大多数位于研究区东部和北部，其中比较优势最大的城市为上海，最小的为黄山；总量规模属性比较优势区城市数量呈上升趋势，占长三角地区城市总数70.73%。社会经济属性比较优势区城市数量呈波动增加趋势，由2006年23个上升至2021年27个，但部分经济发展先锋城市在社会经济属性方面存在较大劣势。生态环境属性比较优势区集中分布于研究区西南部，同时其比较优势区城市数量呈现逐渐下降趋势。空间结构属性比较优势区主要分布在研究区北部，总体上与国土空间开发程度高值区域重叠，但仍存在部分在自然本底属性具有绝对优势的城市，其余属性比较优势被削弱。

（7）各年碳平衡分区结果以综合优化区为主，且呈现上升趋势，由2006年的16个城市波动上升为2021年19个城市；低碳保持区较少，且呈现逐年减少趋势，由2006年的9个城市变为2021年4个城市。低碳保持区集中分布于浙江省南部，包括黄山、杭州等9个城市，占城市总数量的21.95%，在研究时段内呈现出逐渐减少且主要转变为经济发展区的特征。经济发展区主要位于安徽省境内，集中分布于安徽省南部，包括安庆等9个城市，在研究时段内城市数量基本保持不变，但城市存在变动。绿色转型区主要分布于东部沿海地区，包括上海等7个城市，且在研究时段内基本保持稳定，仅有扬州市于2011年由综合优化区转变为绿色转型区。综合优化区集中分布于江苏北部和安徽北部，包括阜阳等16个城市，在研究时段内主要以泰州为代表的4个城市转变为综合优化区。

（8）同一城市在不同年份所属的板块并不完全固定。2006和2011年，研究区内41个城市可以分为净受益、主受益、净溢出、经纪人四个板块；2016年、2021年主受益板块消失，新增一个经纪人板块。从各板块城市数量变化来看，受益板块的数量有所减少，经纪人板块数量波动增加，净溢出板块的成员虽有所变化但数量保持一致。四大板块之间的关联方式发生了一定程度的变化，其中核心关联方式为"净溢出板块→净受益（主受益板块）→经纪人板块→净受益（主受益板块）"；净溢出板块是整个碳排放空间关联网络的动力，净受益板块（主受益板块）存在明显的"俱乐部"特征。

（9）长三角地区九类城市低碳治理分区为：核心-低碳保持区、核心-绿色转型区、联动-低碳保持区、联动-经济发展区、联动-综合优化区、联动-绿色转型区、基础-低碳保持区、基础-经济发展区、基础-综合优化区。基于社会网络分析识别出的三类市域为：核心市域、行动市域、桥梁市域。

第11章 城市低碳调控路径和减排策略

11.1 基于政策分析框架的城市土地利用优化调控减排

11.1.1 "情景–行动者"政策分析框架构建

政策分析模型通常包括线性模型和非线性模型两种基本范式，前者以时间顺序为脉络分解和串联政策的形成、传达、执行、评估过程，以 Van Meter 和 Van Horn（1975）提出的政策执行过程模型及六大影响变量最为典型；后者将参与政策过程的人的理性行为作为关注重点，如委托–代理理论（赵蜀蓉等，2014）和精英主义学派理论（Dahl, 1961）对官僚组织行为的考察和对多元利益相关者的研究。两类分析模型各有侧重，线性模型关注政策制定过程是否完善，但忽视政策执行过程的多样性与可行性；非线性模型试图明晰政策执行主体的行动逻辑与交互行为，而模糊了政策形成至落地全过程的复杂性与连续性。

"情景–行动者"政策分析框架融合了传统模型的优点，全面梳理政策制定和执行阶段的完整周期，以填补线性模型和非线性模型的视角盲区，其分析机理如图 11-1 所示。在"情景–行动者"分析模型中，政策围绕行动者展开，基于行动者行为表达政策执行效果。政策情景由多重要素共同构成，具体包括政策环境、政策特征和制度系统这三个维度（贺璇，2016），其内容变化与相互作用导致行动者利益博弈与协调出现，从而影响政策执行结果。

政策环境是政策制定的外部情景，为政策发展提供舞台，以辅助不同政策执行主体的表演。政策环境包含政治环境、经济环境和社会环境三个方面内容。对政治环境而言，我国政治系统可以分为党的领导、人大立法、政府及其职能部门执法等环节，随着生态环境和大气变暖问题的重要地位日渐突出，任何政治机关都存在出于维护政治和部门稳定目的而制定和施行碳减排政策的激励。对经济环境而言，不同程度的经济发展水平和产业结构所形成的环境污染和生态恶化状况有所差异，其能为环境治理提供的物质保障也不尽相同。当社会的经济发展处于

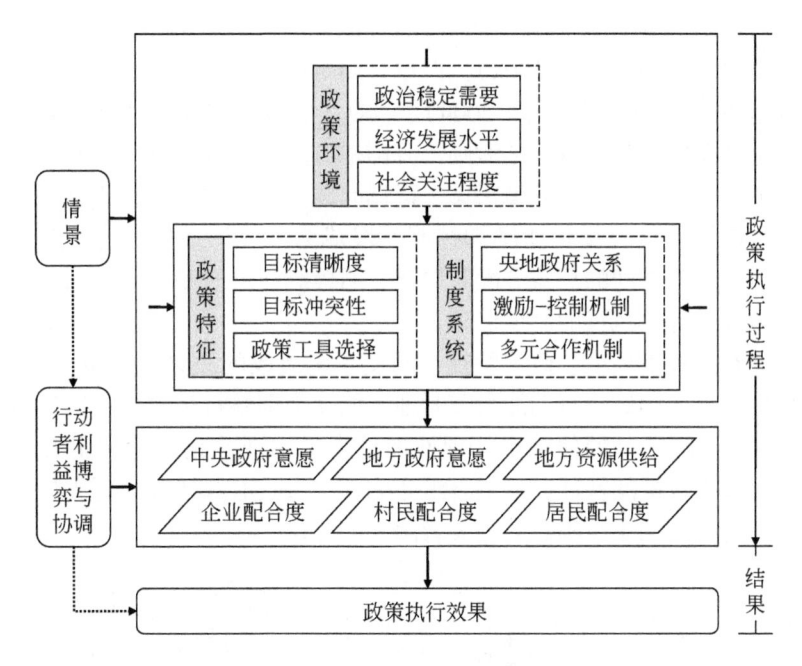

图 11-1 "情景-行动者"政策分析框架基本内容与实现路径

较高水平时，环境政策能发挥预期作用的可能性更高；当社会经济水平较低、产业结构相对落后时，地方政府往往以经济发展、促进就业为首要目标，而对环境政策执行的激励不足（邓国营等，2012）。对社会环境而言，社会公众对碳减排问题的认知、关注和耐受程度会对城市大气环境产生正向催化或者负向阻滞作用（张玉林，2014），这与不同个体的年龄、教育程度、健康状况、收入水平等要素密切相关。

政策本身对其执行过程与效果存在决定性意义，并通过其权威性和作用方式发挥作用（Lowi，1972）。其中，政策目标对政策执行过程起导向作用，决定了政策执行者行动的方向。一方面，政策目标的清晰度和冲突性是影响政策方案选择的重要因素，政策目标的可量化、可分解性越高，清晰度越明确，政策执行过程面临的难度越小；政策目标和部门利益的冲突程度越低，政策执行过程存在的阻力越小。另一方面，政策工具抉择是政策推行可行性和实施程度的保障，多样性的政策工具选择有助于政策顺利推动。

制度系统为政策执行者提供激励来源，对我国央地政府关系、激励-控制机制、多元合作机制的阐释与理解有助于构建碳减排政策优化路径。首先，我国中央政府和地方政府的权力与责任划分同时存在高度集权与分权特征，前者是指立法权、行政权和人事权在中央层面的集中，后者是指中央政府将公共产品供给和公共事务治理的权责向地方政府分散。尽管地方政府分权对降低社会风险和巩固政体韧性有积极影响（Cai，2008），但也会同时造成国家治理能力不足、政策执行能力减退的问题（渠敬东等，2009）。其次，激励-控制机制是指分税制改革后，出于经济发展和政治晋升的激励，我国地方政府和地方官员的利己行为导致地方保护主义、重复建设、环境污染、群体问题等社会现象的出现甚至恶化，使得为环境政策执行过程提供激励和控制手段成为必要。最后，建立多元合作机制，增强利益相关者间的利益分配与协调，明确纵向层级和横向部门间的权责分配，是推动政策有效执行的制度保障。

在捕捉到由政策环境、政策特征、制度系统组成的政策执行情景的变化后，行动者会根据自身偏好与行动能力及时地、能动地调整行为策略，以达成个体理性的结果（图11-2）。如何将个体理性加总为集体理性是政策制定者思考的关键。针对碳减排政策的特征，本书着重考虑以中央政府和地方政府为代表的行政系统和企业、村民和居民等利益相关者两大部分。

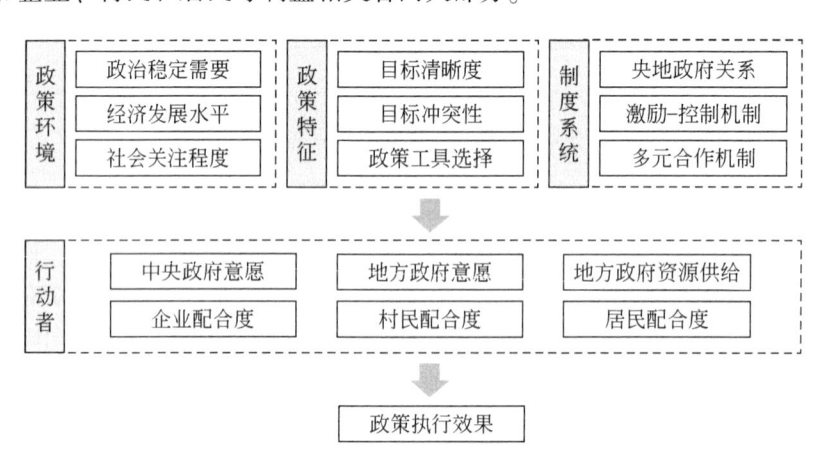

图 11-2 "情景-行动者"分析框架基本内容与实现路径

11.1.2 面向碳减排的城市土地利用优化调控路径解构

11.1.2.1 政策环境与外部机遇

"两山"理论的提出和对生态文明建设的强调为碳减排政策创造了良好的政治环境，特别是 2020 年"双碳"目标提出以后，我国在顶层设计层面将碳达峰与碳中和目标列入现代化建设核心议题，进一步强化了碳减排政策制定的重要地位。2020 年以来，全国人民代表大会、国务院和生态环境等职能部门相继颁布

《关于构建现代环境治理体系的指导意见》《关于统筹和加强应对气候变化与生态环境保护相关工作的指导意见》《关于加快建立绿色低碳循环发展经济体系的指导意见》《中共中央 国务院关于完整准确全面贯彻新发展理念做好碳达峰碳中和工作的意见》《"十四五"节能减排综合工作方案》《减污降碳协同增效实施方案》《关于推动城乡建设绿色发展的意见》等文件，均表达了2060年前实现碳中和目标和建设良性互动环境治理体系的愿景。长三角地区作为我国高质量一体化发展的示范区，发布了《长三角生态绿色一体化发展示范区碳达峰碳中和工作的实施方案》和《水乡客厅近零碳专项规划》，为长三角地区实现一体化协同减排提供了有力支撑。在地方层面，浙江省、江苏省、安徽省、上海市均发布了《"十四五"节能减排综合工作方案》，为实现减污降碳协同增效奠定了坚实基础。浙江省还出台了《浙江省可再生能源发展"十四五"规划》《浙江省绿色循环低碳发展"十四五"规划》等系列规划，并且创建全国首个减污降碳协同创新区，为推进大气污染防治、水环境治理、固废污染防治三方面协同控制提供实施依据。浙江省当前正大力推动以煤炭的清洁升级和新能源开发替代传统化石燃料燃烧的能源使用模式转变，促进风电和光伏产业发展，发挥抽水蓄能为主的水电调节作用。此外，我国自2011年以来开始探索建立"多规合一"的国土空间规划体系，2019年颁布《中共中央 国务院关于建立国土空间规划体系并监督实施的若干意见》，要求开展市县以上各级国土空间总体规划编制工作，为制定出面向碳减排的城市土地利用优化调控政策提供政治依据。

社会公众的广泛支持形成了适宜碳减排政策制定与执行的社会环境。当前，我国城市消费者的环境保护与减排意识不断加强，消费者绿色低碳产品偏好等多样化需求逐渐显现，此时企业为占据更大市场份额，有可能改变产品设计与生产策略，从而实现社会低碳生产与消费的良性循环。长三角地区作为我国经济最活跃的地区之一，人民物质生活条件相较于其他地区更丰富，对环境优良的生活环境、绿色环保的消费产品具有更高的需求，其参与低碳节能减排的积极性也相对更高。

11.1.2.2 政策特征与内容分解

基于前述结果，本书以碳减排为政策目标，以国土空间结构调整和利用管理方式转变为政策工具，提出政策调控路径如下：

（1）开展农田标准化规模化建设，优化耕地面积配置。计量模型分析结果表明，规模化与标准化程度农田分布与城市净碳排放量成反比，因此，开展现有田块整理，分离优质高产耕地，合并零散田块，在不改变原有作物生长发育适宜性的前提下，规整田块形状与布局，是从土地利用空间格局优化角度实现耕地碳减排的重要措施。具体来说，在有限的土地资源面积中建立耕地、建设用地与碳汇用地间用地结构的合理分配机制，坚持永久基本农田制度，确保高质量耕地面积与位置不改变，制定耕地保护政策限制耕地面积的过度扩张，加大土地执法监管力度，惩处非法占用和开垦耕地行为。

(2) 遵循紧凑型城市扩张模式，抑制城市无序蔓延。第一，建立建设用地总量管控制度，面板回归结果验证了研究区建设用地面积占比与城市净碳排放量成正比，因此严格控制城市建设用地开发利用总规模，避免土地资源浪费是缓解城市碳代谢失衡现状的重要举措，可以通过编制国土空间规划，科学划定城市扩张边界，建立人均建设用地、城市建设用地开发强度与投资强度弹性约束指标，以及加强土地使用监管，依法限制土地不合理占用行为等具体方式实现。第二，严格限制城市新增建设用地指标，推动城市建设用地存量规划。杭州都市圈每五年建设用地增幅约在16.5%，最高时达到30.6%，因此需要以严格约束城市土地开发与利用速度为目标，掌控城市用地新增规模和节奏，避免过快的城市扩张和用地浪费。通过土地整理方式，在国土空间规划允许的范围内，将城市内部零星分布的低效建设用地进行合并、再划拨或再开发，提高建设用地利用效率和城市空间利用率。第三，推进工业用地节约集约利用进程。对现存工业用地，在相关法律法规允许的情况下进行适当扩建，逐步提升工业用地建筑密度与容积率，充分利用地上和地下双重维度建设空间，促使土地利用方式由传统的粗放模式向立体式集约式发展。对新增工业用地或新建工业厂房，可以通过合理规划用地布局、采用密集型布局方式，在避免土地资源浪费的同时刺激工业企业规模效应与外部效应的生成。

(3) 引导工业用地节约集约利用，推进产业用地提质增效 第一，分步分片提升存量工业用地建筑密度和容积率，挖掘地上和地下双重空间，实现土地利用三维立体式集约。第二，新增工业用地采用空间密集型布局，刺激企业规模效应和外部效应生成。第三，依托杭州互联网经济平台，辐射带动都市圈现代化绿色产业园建设，推动产业数字化转型和文化创意深度融合，提升清洁生产技术和生产线自动化水平。

(4) 推动城市职住平衡，优化城市功能区分布与道路网络分布。首先，前文研究表明城市建设用地对碳代谢功能的驱动作用主要来自其他城镇用地变化，其用地聚合度与城市净碳排放量成反比，因此，在国土空间规划中加强其他城镇用地的连通性，有机结合不同城市功能分区，缩短工作区和居住区的空间距离，建设多功能性的社区和生态城市，有助于城市低碳发展。其次，优化公共交通网络。研究显示，居民公共出行占全部出行方式的比重每提高5%，产生的能源消耗将减少9%（黎孔清，2013），为此，采用以TOD为导向的城市用地布局模式，一方面提高公共交通的服务质量和覆盖面积，使公共交通成为人们出行的首选；另一方面，针对待开发城市用地，使其选址尽可能接近公共交通设施与商业、文化和社区服务设施等其他配套设施，缩短居民出行距离，减轻城市对私人汽车的依赖程度，降低交通用地碳排放量。

(5) 科学管理森林用地，推动碳汇用地空间保护。林地是最主要的碳汇用地，碳封存贡献量超过95%。对林地结构而言，长三角地区林地面积占全域面积比重尚未达到远景目标规定的比例，因此仍然存在通过植树造林和退耕还林等方式增加林地面积的潜力。但造林成本较高的客观限制导致了地方政府积极性减弱等问题，采取林地科学管理模式以增加森林生物量和土壤碳库是未来林地碳增汇的主要方式。第一，为了减少森林的不合理甚至恶意砍伐，地方政府可以通过制定相关法律和政策加强森林保护和管理，同时支持并鼓励社区和企业等多元主体参与森林保护工作。此外，采用现代科技手段加强森林监测，进行定期的人工林业巡查与更新作业，也是森林面积保护的重要途径。第二，因地制宜选择最优树种，根据研究区实际情况种植最有利于碳封存的优势树种，一般而言，树种生长速度与二氧化碳吸收速度成正比，但是生长快的树种一般生命周期较短，且树龄过大时容易失去碳封存能力。第三，生物质能源利用碳汇，林地中常见的生物质能源包括木材、秸秆、生物质废弃物等，使用此类能源有助于减少城市化石燃料燃烧，从而降低碳排放量，同时促进森林生长与再生长。

需要说明的是，碳减排作为上述政策调控方案的共同政策目标，其清晰度和非冲突性仍然存在进一步提升的空间。一方面，对碳减排政策的实施效果缺乏准确评价，仅衡量城市净碳排放的减少量不足以量化碳减排路径的经济、社会、生态效益，因此建立科学的三维度综合评价体系实有必要。另一方面，限制城市蔓延速度、推动存量建设与低效用地再开发会增加地方经济增长的成本，与地方政府绩效、企业营利产生冲突，尽管这种矛盾会在长期发展过程逐渐削弱甚至消失，但是如何在政策制定初期激励利益相关者行动，降低政策执行阻力，是保障政策试行效果的关键。

11.1.2.3 制度系统保障与优化

我国行政系统下中央政府和地方政府具有不同的行为逻辑，在碳减排政策中有不同的激励。中央政府是在特定契约下受到人民委托所建立的，其政策制定与执行要求服务于人民，对人民负责。自党的十四大明确环境保护为基本国策后，中央政府出于政治理性的考虑屡次强调生态环境保护和社会经济发展应当具有同等的重要性，因此存在制定碳减排政策并监督政策全面实行的倾向。地方政府在行政系统中属于中央政府下位者，在社会系统中属于公共事务管理者，因而其既对中央政府负责，又对地方负责，具有委托代理和自利自为的双重激励。为了使地方政府官员将政治利益放到与经济利益齐平的高度，建立完善的政绩评价和晋升考核机制十分必要。通过在官员考核体系中弱化 GDP 等生产性指标影响、逐步加强环境保护和碳减排相关的绿色指标权重等方式，重塑地方政府的发展观念，控制地方政府的发展行为，从而保障面向碳减排的土地利用优化调控政策在政府层面形成落实动力。同时从制度上建立行政系统内的纵向层级和横向部门合作机制，有助于保障碳减排政策的执行与落实效率。纵向上合理配置政府层级内的财权与事权，保证资金和物资的上下流通，实现经济和政治利益的协调分配；横向上加强各个职能部门间的责任协调，明晰不同部门在同类事务中的职责范围与权力边界，缓解政府部门在公共产品与公共服务供给问题中的拉扯与推诿现象，提高政府管理效能，促进碳减排政策有效执行。

11.1.2.4　行动者行为逻辑分析

政策环境、政策特征、制度体系的变化会形成行动者的利益博弈与协调，从而改变行动者行为，出现政策执行效果的差异。针对前文提出的面向碳减排的土地利用优化调控政策路径，本书梳理出中央政府、地方政府、企业、村民和城市居民五大利益相关者，分析政策执行在各自行为逻辑下的可行性。

城市碳减排和国土空间规划在国家层面上的战略性为中央政府的政策制定和执行过程提供权威性，在该种政治环境下中央政府自上而下地开展与推动城市土地利用优化政策，既是对人民责任感的体现，也是对维护社会稳定和增加人类福祉的社会需要的满足。因此，中央政府有义务有动力制定碳减排政策并监督政策的落实进行。

地方政府在碳减排政策的执行过程中具有矛盾性。政策推行初期，一方面由于以紧凑型城市发展模式为目标的城市土地利用结构调整过程需要地方政府进行大量的财力、物力和人力支持，加重地方政府财政负担；另一方面城市产业结构转型升级难以一蹴而就，传统产业的整顿甚至淘汰将产生地方经济发展的阻力，因此地方政府贯彻碳减排政策的积极性可能较低。随着对地方政府官员考核与晋升标准的完善，政策执行者可能出于政治表现争取和政治利益获取的激励，加强对碳减排政策过程的执行力度。加之社会对碳平衡问题的关注度和对碳减排政策的支持度不断提升，地方政府落实政策的政治信心也随之增强，因而有可能发生地方政府角色由自利的管理者向中央的代理人转变，其行动逻辑也将由个体理性向集体理性变化。此时，地方政府具备执行土地利用优化调控政策的能动性和高效性。

企业在面向碳减排的城市土地利用优化调控政策执行过程中处于规制对象地

位。碳减排相关政策要求工业企业减少大气污染直接排放、提升化石燃料燃烧效率、增加清洁能源和新能源使用，这在短期内与企业的营利目标相矛盾。但从长期来看，私人企业对污染治理资金的前期投入有助于建立企业社会形象、提升企业社会信誉，并且建立紧凑型扩张模式的城市目标将为工业企业提升建筑容积率、增加厂房规模、扩大经济效益提供良好的政策审批环境，为企业长远的发展空间创造保障，因此，企业对碳减排政策执行的配合度会逐渐加强。

村民是田块标准化整理和农村低效用地整理过程的主要规制对象，政策执行的难度主要来自土地产权的细碎化。农村土地整理过程需要征得耕地承包权人、耕地经营权人和农村建设用地使用权人的同意，并给予其相应的补偿。由于产权所有者对土地使用具有排他性质，因此产权人存在通过地方政府土地整理行动获利的动机，这可能为地方政府的政策执行过程带来较大难度。但从另一个角度而言，田块整理有助于农业机械化和规模化耕作，低效用地整理有助于集体开发经营性建设用地、建立乡镇企业，两者均与村民利益保持一致。可见，村民对土地利用调控政策的配合度存在不确定性和不可控性，需要地方政府予以必要的关注。

城市居民是低碳政策的受益方，地方政府推动城市职住平衡和优化城市道路交通网络的政策有助于缩短居民的工作通勤距离，减少交通拥堵，提升居民幸福感。此外，面向碳减排的优化城市功能分区与布局的政策有助于提升居民生活出行便利程度，研究区建立"30 分钟城镇生活圈，15 分钟社区生活圈"的目标愿景对提高居民生活质量具有重要意义。因此，居民对土地利用优化调控政策具有较高的配合意愿，绿色低碳可能直接成为居民的新型生活方式。

11.2 基于集体行动理论框架的区域协同减排

11.2.1 奥斯特罗姆集体行动理论框架

低碳治理是一个典型的公地问题，可以视为一个公共池塘资源（王亚华和唐啸，2019）。传统的集体理论指出，由于集体利益具有非排他性和非竞争性，集体利益并不能将未付出成本者排除在外，因此理性人倾向于不参与集体行动而享受集体利益，这种理性人的"搭便车"行为，导致了集体行动的困境，其本质是个体理性与集体理性的冲突（奥尔森，1995）。1990 年，奥斯特罗姆在经过广泛的湿地和实验案例研究后，提出克服公共池塘资源的集体行动问题的三个关键要素包括新制度供给、可信承诺和相互监督（Ostrom，1990）。

新制度的供给是集体行动的制度基础。制度是对个体在集体中的行动、交往产生影响的行为规范，决定了个体追求利益最大化的行为（方国柱等，2022）。新制度供给的过程中，会面临一阶集体困境和二阶集体困境。一阶集体困境主要是指新制度能否有效制定的问题，其关键在于制度供给者对新制度制定所带来的利益和消耗的成本之间大小关系的判断。二阶集体困境主要是指新制度能否有效实施，其关键在于新制度能否形成符合集体中个体成员共同行为规范和互惠互利的行为方式，进而激励集体中个体成员为实现利益目标形成集体合力。

可信承诺是集体行动的关键条件。可信承诺是指集体中个体成员是否按照自身承诺遵守新制度安排。通常有效的可信承诺需要满足两个条件：第一，集体成员做出相同或相似的承诺；第二，优化新制度安排，确保遵守制度的长期收益大于违反制度的长期收益，并且制定相对应的分级激励和惩罚机制。

监督是集体行动的内在保障。监督是指集体成员能对对方的真实行为进行监视、督促和管理，使其符合集体利益目标的行为（段寒潇和赵志荣，2023）。监督的设计一方面要提高集体成员相互监督的积极性，另一方面还要降低监督成本，以确保监督顺利实施。相互监督的有效落实可以有效促进集体成员做出可信承诺，进而确保新制度的有效实施。

奥斯特罗姆的集体行动理论将新制度供给、可信承诺、集体行动纳入一个统一的理论框架，三者相互制约、互为补充，为低碳治理提供了一个全面的视角（王亚华和唐啸，2019）。其理论框架如图 11-3 所示。

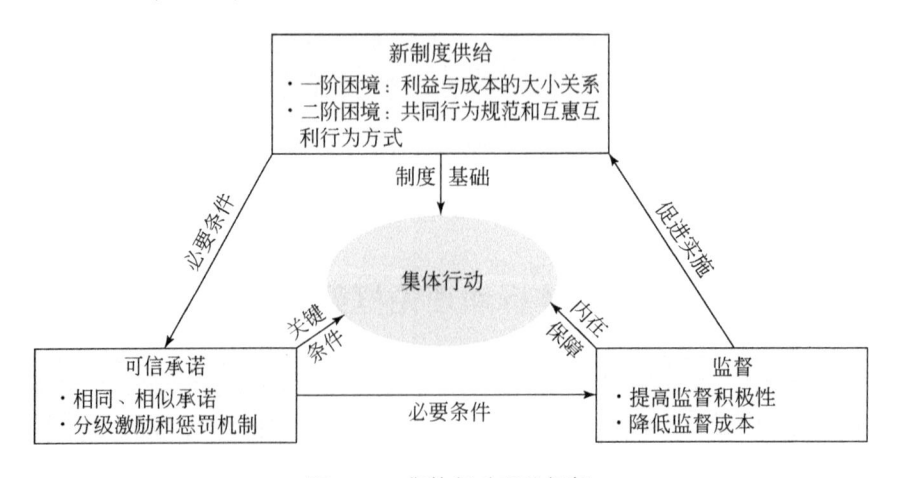

图 11-3 集体行动理论框架

11.2.2　集体行动理论框架下的协同减排机制

11.2.2.1　现存问题与新制度的供给机制：区域协同减排的制度基础

第一，弱化区域行政边界，引导协同减排。根据碳排放整体网络特征结果我们发现尽管长三角地区网络密度始终处于上升趋势，但相较于京津冀城市群、珠三角城市群的网络密度仍处于较低水平（Chen et al.，2023）。这主要是因为长三角地区包括三省一市，具有多个行政主体，区域之间存在行政壁垒和市场分割，这在一定程度上弱化了区域碳减排合作意愿（周望和程帆，2022）。为解决行政壁垒导致的合作意愿降低的问题一方面需要政策制定者立足于长三角地区一体化发展战略有意识地弱化区域行政边界，引导区域设立共同的减排目标，以区域一体化减排结果来评价各地政府绩效，进而在减少因制度差异造成的跨区域合作成本的同时提高各地区协作意愿。另一方面要提倡和鼓励地方政府建立合作机制，例如建立区域低碳技术共享机制，促进低碳技术在长三角地区企业间相互转移，进而形成区域间紧密的经济社会联系。

第二，促成网络边缘城市合作交流。前文研究结果表明安徽省绝大多数城市和浙江省部分城市位于碳排放空间关联网络边缘，不能很好参与网络交流，尽管能参与网络，但由于与大城市发展水平的差异，仍很难与大城市建立双向关系。在未来的发展中首要加强网络边缘城市之间的合作，网络边缘城市间经济水平差异更小，更容易在资源、生产方面形成优势互补，所以应统筹公共设施建设，推进基础设施互联互通，为跨区域合作发展奠定基础（李博雅等，2020）。另外应当合理利用政府引导、市场主导的方式促成其合作。同时，要通过构建协作平台，在严格环境规制门槛的基础上推动中心城市与边缘城市的产业转移对接，加强边缘城市与其余城市的经济联系，更好地参与到碳排放空间关联网络中去，进而提升网络稳定性。

第三，注重中介城市建设，形成多极发展模式。前文研究表示加权度中心度和加权中介中心度两极分化严重，上海、无锡等6个中心城市的加权中介中心度占区域总值的70.92%，这表明了长三角地区碳排放空间关联网络路径单一，对中心城市依赖度较高，缺乏能连接中心城市和边缘城市减排合作的中间城市。因此，在未来的发展中，应注重加强包括合肥、嘉兴、扬州在内的次核心城市交通运输、通信工程、科技创新建设，进而提高其中介中心性，降低经济要素流动成本，为不同城市间实现网络关联提供更多的路径选择，最终提升网络稳定性，形成多极发展模式。

第四，持续优化碳交易市场机制，缓解"环境避难所"效应。前文研究结果表明，由于差异化的碳减排目标和较大差距的经济发展水平，导致一些落后城市成为上海等发达城市的"环境避难所"。通过市场机制进行碳配额的分配和交易的碳排放交易市场，为有效解决碳泄漏问题提供了答案。在未来的发展中，应从碳排放统计核算制度、碳排放权有偿分配制度、碳排放权抵消工具、碳排放权定价等方面持续优化碳交易市场机制，促进碳排放权在不同地区间进行自由交易，进而更有效缓解"环境避难所"效应（陈诗一等，2021；林永生和刘珺瑜，2022）。

11.2.2.2 可信承诺机制：区域协同减排的关键条件

要建立完善全社会共同责任机制，推动政府、企业、公民各主体形成高水平可信承诺。对于政府而言，得益于我国"异层同构"的科层制体系，各级政府可在其管辖范围内，通过碳减排目标责任制等形式，采用颁布制度、出台法律文件等手段，推动形成各级、各地政府之间的可信承诺（王亚华和王睿，2023）。对于企业而言，碳市场的存在会提高高能耗企业生产成本，进而倒逼其形成可信承诺，因此要充分发挥碳交易市场的促进作用。具体而言，一方面要扩大碳市场所覆盖企业类型范围，让更多重点企业纳入碳市场；另一方面创新碳金融产品，提高企业减排积极性（李丽旻，2023）。对于公民而言，要充分借助法律制度、市场工具等约束个人碳排放行为，进而形成可信承诺。一方面要加快建立健全碳标签制度，引导个人消费低碳产品；另一方面确立碳普惠制度的法律地位，将其与绿色金融等市场工具相结合，从经济角度激励公民低碳消费（熊超等，2023）。

11.2.2.3 监督机制：区域协同减排的内在保障

第一，要持续完善政绩评价和行政考核机制。尽管我国上级政府可以采用"命令-控制"手段推动各级政府形成可信承诺，但是由于中央政府和地方政府的价值追求和动机存在差异，导致部分制度无法有效落实。因此，为保障区域协同减排有效落实，有必要建立完善的政绩评价和行政考核机制。具体来说，应适当弱化 GDP 等经济指标的考核力度，将节能减排目标纳入政绩考核，签订减排目标责任书，改变唯经济的发展模式，倒逼地方政府加大力度绿色转型

第二，要着力加强全社会共同监督机制。首先加强政府对企业的监管，一方面要建立碳排放数据联审机制，通过大数据筛查、定期抽查、现场抽查等形式确保各企业碳排放数据的真实性、准确性；另一方面要强化监督执法，督促重点排放企业按时足额清缴碳配额。其次引导社会公众对政府、企业进行监督。公民作为公共环境的受益者，对碳排放的关注度日益提高，应充分发挥社会媒体、广大

公民力量，对重点企业公开披露的碳排放信息、全价值链减排及综合进展进行监督。

11.2.3 城市低碳治理分区的减排策略

根据前文分区研究结果（表10-11和图10-23），将长三角地区市域划分为九类低碳治理分区，提出各个区域的减排策略。

11.2.3.1 核心–低碳保持区

该区只包括杭州市，杭州市作为我国第一批低碳试点城市，其高质量的生态本底、先进服务业占比高的产业结构、良好的创新创业环境为低碳发展提供了有利条件，表现为生态承载系数、经济贡献系数均处于领先水平，处于碳排放空间关联网络核心位置。近年来，杭州市在清洁能源、零碳技术等研发方面取得较大进展。作为核心市域和桥梁市域的杭州市，在未来的发展中，一方面要持续加大节能减排工作力度，在保护好区域生态系统的同时持续发展绿色低碳产业；另一方面要发挥辐射影响及媒介优势，通过搭建贸易交流平台、合作沟通渠道将绿色低碳产品和绿色低碳技术向其余市城转移，发挥正向辐射带动作用，使低碳领域最新技术成果和产品覆盖到更广的范围，为促进长三角地区协同减排贡献力量。

11.2.3.2 核心–绿色转型区

该区包括南京、无锡、南通、苏州、上海、宁波共6个城市。这部分城市是长三角地区经济发展领先的城市，城市化水平较高，在快速的城镇化进程中导致其自然生态空间受损退化，进而表现为高碳排放总量、低生态承载系数。此外，该区域低碳技术发展水平领先，能源利用效率较高，但能源结构仍以煤炭、石油为主，对高碳密集产品仍有较大需求，因而其经济贡献系数较高，在碳排放空间关联网络中为净受益板块。该区域在未来的发展中，首先要引导城市紧凑发展，限制城市无序扩张，适度降低城镇用地标准，提高土地利用强度，通过提高建成区人口密度提升城市容量。其次，要提高生态系统碳汇能力，在保障农业生态系统、森林生态系统、湿地以及城市公共绿地不受侵占的同时，加大城市绿地建设力度。再次，要调整能源结构，提高生物质能、太阳能、风能等清洁能源比重，降低对煤炭、石油等化石能源的依赖。最后，南京、无锡、南通、苏州、上海、宁波作为关键市域要充分发挥其辐射带动能力，加大力度进行低碳技术研发，起到示范引领作用，发挥低碳技术溢出效应。

11.2.3.3 联动-低碳保持区

该区仅包括丽水市，丽水市位于浙江省西南山区，生态资源丰富，目前丽水市已建成包括生态农业、生态工业、生态旅游在内的现代化生态经济体系，进而表现出低碳排放总量、高经济贡献系数、高生态承载系数，同时由于中国（浙江）自由贸易试验区丽水联动创新区的建设，带动了丽水市与长三角其余地区的合作交流，进而表现为经纪人特征。丽水市在未来的发展中，一方面应充分发挥其生态经济优势，提高其生态产品生产能力，通过向其他城市供给生态产品，实现碳减排与经济协同发展。另一方面应依托浙江（丽水）林业碳汇交易平台，发挥其经纪人优势，与周边地区建立更多的生态联系，进而提高碳排放配置效率以实现区域协同减排。

11.2.3.4 联动-经济发展区

该区包括湖州、衢州、舟山共三个城市，从生态本底条件来看，湖州是全国首个地市级生态文明先行示范区，衢州是浙江省重要生态屏障，舟山具有丰富的海洋资源，均具有良好的生态本底条件，但以化工产业、黑色金属冶炼和压延加工，以及非金属矿物等产业为主导的产业结构导致三市能耗水平较高，表现出生态承载系数高、经济贡献系数低的特征。同时，该区域在发展的过程中既接收来自其他地区的能源转移，也向上海、南京等经济发达城市输入碳密集型产品，进而表现出经纪人特征。在未来的发展中，要借助区域"碳账户"助推产业绿色低碳高效转型，发挥其中介优势，加大力度引进先进绿色低碳技术，降低化石能源消费规模，提升能源利用效率，同时也应注重低碳技术、低碳产品的溢出，进而实现区域协同减排。例如舟山应充分发挥丰富的海洋资源优势，加大与其他地区的技术交流合作，提高海洋新能源等新技术研发力度，在为长三角地区乃至全国提供清洁能源补充的同时，促进海洋经济发展。

11.2.3.5 联动-综合优化区

该区包括芜湖、镇江、常州、嘉兴、绍兴、金华、台州、温州共 8 个城市，这部分城市主要分布于浙江东部和江苏中部，这部分城市经济发展水平较高，但化工、化纤、纺织等高能耗产业占比仍较大，伴随着工业迅速发展，这部分城市生态空间不断被压缩、破碎化程度提高，进而表现为低经济贡献系数、低生态承载系数（孔雪松等，2021）。同时，由于占比较大的化工、小商品、纺织品贸易，这部分城市与区域其他城市联系紧密，表现出经纪人特征。在未来的发展中，这部分城市一方面要注重保护区域现有生态资源，通过生态保护修复等方式降低生态破碎化程度进而提高区域生态系统的碳汇能力；另一方面，要立足区域良好的经济发展基础和联动优势，通过政府财政、政策支持等方式，加大先进绿色低碳技术学习与研发，优化区域高能耗的产业结构，实现绿色低碳转型，进而有利于更好发挥联动减排优势。

11.2.3.6 联动-绿色转型区

该区包括合肥、扬州两个城市，近年来，两市凭借其优越的地理位置，搭上了长三角一体化发展等政策快车，经济发展迅速，但城市的迅速扩张在导致城市内部空间结构失衡和土地利用效率低下的同时，建设用地与自然生态系统之间的矛盾越发突出，表现为生态承载系数较低（吴文俊等，2022；陈媛媛等，2023）。同时，由于两市位于皖中、苏中地区，对联动皖北、皖南、苏北、苏南发展具有天然的地理优势，在经济贸易中表现出中介特征，进而在碳排放空间关联网络中处于经纪人板块。合肥、扬州在未来的发展中，第一要提高建设用地集约利用水平，限制城市无序扩张。一方面，要优化土地利用结构，促使土地利用由粗放型向集约型转变。另一方面，要严格约束城市土地开发程度和速度，促进由增量开发建设向存量更新转变，避免城市扩张过快导致土地浪费。第二要提升生态系统碳汇能力，例如加强森林经营管理和湿地保护修复等工作，进而有效发挥森林、湿地的固碳能力。第三应充分发挥经纪人板块中介优势，借助来自经济领先地区的低碳技术溢出效应，进而改善经济滞后地区的能源效率并提高其产业绿色转入门槛，共同推进长三角地区能源结构绿色转型，有效弱化不同区域间"环境避难所"效应。

11.2.3.7 基础-低碳保持区

这个区域包括黄山市、滁州市，其碳排放量均处于较低水平，经济贡献系数和生态承载系数较高，生态资源丰富。黄山市的生态环境质量在全省领先，其森林覆盖率高达82.9%，有着良好的资源禀赋，但总体上经济发展有待提高。在未来的发展中应在筑牢生态屏障的同时，立足本地生态优势，推进生态产品价值转换，提高产业生态化、生态产业化水平，将生态优势转化为经济优势。例如可以充分利用丰富的森林资源，大力发展林下产业、生态旅游产业等，在提高其经济发展水平的同时加强与其余区域的低碳经济联系，向网络的中心靠拢，对区域协同减排产生积极影响。

滁州市凭借其区位优势以及《沪苏浙城市结对合作帮扶皖北城市实施方案》，成为对接南京江北新区的产业平台，形成以光伏产业为主的产业结构，这与其在社会空间关联网络中与南京市联系密切且度中心度逐渐提高的研究结果相符。但由于滁州市相较于南京具有更低的碳减排目标，存在承接高污染、高碳密集产业的风险，因此在未来应提高项目准入水平，不能为经济快速发展牺牲区域良好的生态环境优势。

11.2.3.8 基础-经济发展区

该区包括宿迁、淮安、六安、安庆、铜陵、池州、宣城共7个城市，这些城市总体上经济发展相对滞后、碳排放总量较低、能源利用水平有待提升，通常为经济发达城市的"环境避难所"，进而表现为净溢出板块且其经济贡献系数较低，但凭借其不错的资源禀赋，生态承载能力较强，且在网络中处于较边缘的位置。六安、安庆、铜陵、池州、宣城5个城市均位于皖江城市带承接产业转移示范区，是长三角地区产业转移和辐射的最佳区域，是承接长三角产业转移的桥头堡。但由于其良好的能源资源禀赋和劳动力资源优势，承接产业质量总体不高，主要为高碳排放产业，例如铜陵有色、安庆石化等企业，这与前文研究结果不谋而合。在未来的发展中，一方面应在提高产业准入标准，严防高污染、高能耗产业转入，降低其"环境避难所"效应的同时加大低碳技术、清洁能源等研发力度，促进现有高能耗、高污染产业绿色转型，提高能源利用效率；另一方面应加强区域内产业、技术交流，在实现技术协同创新、经济一体发展的同时更好地参与到碳排放空间关联网络中。另外，目前该区域城市国土空间开发程度仍保持较低水平，但自皖江城市带建设以来，其开发程度提升较快（曹玉红等，2019），因此在未来的发展中也应注重控制土地开发规模，避免大开发、大建设，要保护好大别山、马家溪等生态资源，筑牢区域生态屏障。

11.2.3.9 基础-综合优化区

该区包括阜阳、亳州、淮北、淮南、蚌埠、马鞍山、宿州、徐州、连云港、盐城、泰州共11个城市，主要位于安徽北部、江苏北部地区。这部分城市均为安徽、江苏内经济滞后地区，是长三角地区粮食主产区，主要承接长三角劳动密集型产业转移，另外其中不乏徐州、淮南、淮北等全国老工业基地和煤炭资源富集城市，通过向其余城市输出煤炭资源等高碳密集产品进而表现为净溢出特点，由于其产业结构不合理、国土空间开发利用水平和效率较低等问题突出，导致其经济贡献系数、生态承载系数均较低，证实了前文研究结果的合理性。该区域在未来的发展中，一方面要立足长三角地区粮食主产区定位，加强耕地保护，确保基本农田面积不减少、质量有提高，注重保护生态环境和粮食安全，限制有损生态环境的农业开发活动。同时加大农业科技创新力度，提升农业生产效率和降低碳排放量。另一方面要借上皖北、苏北振兴的政策东风，加快老工业区经济结构整体转型，加快淮南淮北煤矿资源型城市综合治理，淘汰高污染、高能耗产能，发展绿色低碳产业，推进产业结构升级，进而从源头上遏制能源、高碳密集产品的流动。

参 考 文 献

曹珂, 屈小娥, 2014. 中国区域碳排放绩效评估及减碳潜力研究. 中国人口·资源与环境, 24 (8): 24-32.

曹顺爱, 吴次芳, 余万军, 2006. 土地生态服务价值评价及其在土地利用布局中的应用: 以杭州市萧山区为例. 水土保持学报, 20 (2): 197-200.

曹玉红, 陈晨, 张大鹏, 等, 2019. 皖江城市带土地利用变化的生态风险格局演化研究. 生态学报, 39 (13): 4773-4781.

柴玲欢, 朱会义, 2016. 中国粮食生产区域集中化的演化趋势. 自然资源学报, 31 (6): 908-919.

陈诗一, 黄明, 宾晖, 2021. "双碳"目标下全国碳交易市场持续发展的制度优化. 财经智库, 6 (4): 88-101, 142-143.

陈万旭, 曾杰, 2021. 中国土地利用程度与生态系统服务强度脱钩分析. 自然资源学报, 36 (11): 2853-2864.

陈媛媛, 姚侠妹, 偶春, 等, 2023. 城市空间格局与热环境响应关系: 以合肥市区为例. 环境科学, 44 (6): 3043-3053.

程番苑, 石培基, 张韦萍, 等, 2023. 主体功能区视角下兰西城市群碳收支时空分异及碳补偿分区: 基于 DMSP/OLS 和 NPP/VIIRS 夜间灯光数据. 环境科学学报, 43 (11): 398-410.

程育恺, 戴海夏, 张蕴晖, 等, 2023. 长三角地区 2017~2020 年臭氧浓度时空分布与人群健康效益评估. 环境科学, 44 (2): 719-729.

丛建辉, 刘学敏, 赵雪如, 2014. 城市碳排放核算的边界界定及其测度方法. 中国人口·资源与环境, 24 (4): 19-26.

崔林丽, 杜华强, 史军, 等, 2016. 中国东南部植被 NPP 的时空格局变化及其与气候的关系研究. 地理科学, 36 (5): 787-793.

邓国营, 徐舒, 赵绍阳, 2012. 环境治理的经济价值: 基于 CIC 方法的测度. 世界经济, 35 (9): 143-160.

邓华, 邵景安, 王金亮, 等, 2016. 多因素耦合下三峡库区土地利用未来情景模拟. 地理学报, 71 (11): 1979-1997.

邓荣荣, 张翱祥, 2021. 中国城市数字金融发展对碳排放绩效的影响及机理. 资源科学, 43 (11): 2316-2330.

董德明, 包国章, 2001. 城市生态系统与生态城市的基本理论问题. 城市发展研究, (S1): 32-35, 48.

董军, 张旭, 2010. 中国工业部门能耗碳排放分解与低碳策略研究. 资源科学, 32 (10):

1856-1862.

段寒潇, 赵志荣, 2023. 多中心治理视角下的北美跨界低碳行动. 国际城市规划, 38 (5): 32-39, 55.

段晓男, 王效科, 逯非, 等, 2008. 中国湿地生态系统固碳现状和潜力. 生态学报, 28 (2): 463-469.

范秋芳, 王劲草, 王杰, 2021. 城市空间结构演化的减排效应: 内在机制与中国经验. 城市问题, (12): 87-96.

方国柱, 祁春节, 贺钰, 2022. 保障粮食和重要农产品有效供给的理论逻辑与治理机制: 基于集体行动理论视角. 农业经济问题, 43 (12): 82-94.

方精云, 郭兆迪, 朴世龙, 等, 2007. 1981~2000 年中国陆地植被碳汇的估算. 中国科学 (D 辑: 地球科学), 37 (6): 804-812.

费移山, 2003. 城市形态与城市交通相关性研究. 南京: 东南大学.

冯德显, 张莉, 杨瑞霞, 等, 2008. 基于人地关系理论的河南省主体功能区规划研究. 地域研究与开发, 27 (1): 1-5.

冯新惠, 李艳, 余迩, 等, 2023a. 长三角城市群碳排放绩效与土地利用强度时空格局及协调发展特征. 农业工程学报, 39 (3): 208-218.

冯新惠, 李艳, 余迩, 等, 2023b. 环太湖城市群土地利用转型及其生态环境效应. 长江流域资源与环境, 32 (6): 1238-1253.

冯雨雪, 李广东, 2020. 青藏高原城镇化与生态环境交互影响关系分析. 地理学报, 75 (7): 1386-1405.

葛汝冰, 佘涛, 刘晓芳, 等, 2016. 基于城市功能分区的碳收支平衡时空分异研究. 气候变化研究进展, 12 (2): 101-111.

郭跃, 王佐成, 2001. 历史演进中的人地关系. 重庆师范学院学报 (自然科学版), 18 (1): 22-26, 31.

韩晶, 王赟, 陈超凡, 2015. 中国工业碳排放绩效的区域差异及影响因素研究: 基于省域数据的空间计量分析. 经济社会体制比较, (1): 113-124.

韩增林, 孟琦琦, 闫晓露, 等, 2020. 近 30 年辽东湾北部区土地利用强度与生态系统服务价值的时空关系. 生态学报, 40 (8): 2555-2566.

何晓萍, 刘希颖, 林艳苹, 2009. 中国城市化进程中的电力需求预测. 经济研究, 44 (1): 118-130.

贺璇, 2016. 大气污染防治政策有效执行的影响因素与作用机理研究. 武汉: 华中科技大学.

胡科, 刘晓磊, 魏希文, 等, 2016. 应用生态网络分析方法评价中国经济系统的可持续性. 生态学报, 36 (24): 7942-7950.

黄光宇, 陈勇, 1997. 生态城市概念及其规划设计方法研究. 城市规划, 21 (6): 17-20.

黄贤金, 张秀英, 卢学鹤, 等, 2021. 面向碳中和的中国低碳国土开发利用. 自然资源学报, 36 (12): 2995-3006.

黄莘绒, 管卫华, 陈明星, 等, 2021. 长三角城市群城镇化与生态环境质量优化研究. 地理科学, 41 (1): 64-73.

黄燕鹏，汪远昊，王超，等，2022. 基于自组织神经网络和 K-means 的场地地下水污染特征分析与分区管控研究. 环境工程，40（6）：31-41，47.

黄耀，孙文娟，张稳，等，2010. 中国陆地生态系统土壤有机碳变化研究进展. 中国科学：生命科学，40（7）：577-586.

金丹，戴林琳，2021. 中国人口城市化与土地城市化协调发展的时空特征与驱动因素. 中国土地科学，35（6）：74-84.

景星蓉，张健，樊艳妮，2004. 生态城市及城市生态系统理论. 城市问题，（6）：20-23.

孔凡斌，曹露丹，徐彩瑶，2022. 基于碳收支核算的钱塘江流域森林碳补偿机制. 林业科学，58（9）：1-15.

孔凡斌，曹露丹，徐彩瑶，2023. 县域碳收支核算与碳综合补偿类型分区：以钱塘江流域为例. 经济地理，43（3）：150-161.

孔雪松，陈俊励，王静，等，2021. 耦合土地利用格局与过程变化的生态干扰评价：以长三角地区为例. 地理科学，41（11）：2031-2041.

匡耀求，欧阳婷萍，邹毅，等，2010. 广东省碳源碳汇现状评估及增加碳汇潜力分析. 中国人口·资源与环境，20（12）：56-61.

赖力，2010. 中国土地利用的碳排放效应研究. 南京：南京大学.

黎孔清，2013. 低碳经济导向的区域土地利用评价与结构优化研究. 武汉：华中农业大学.

李博雅，肖金成，马燕坤，2020. 城市群协同发展与城市间合作研究. 经济研究参考，（4）：32-40.

李建豹，黄贤金，2015. 基于空间面板模型的碳排放影响因素分析：以长江经济带为例. 长江流域资源与环境，24（10）：1665-1671.

李建豹，黄贤金，揣小伟，等，2020. 长三角地区碳排放效率时空特征及影响因素分析. 长江流域资源与环境，29（7）：1486-1496.

李丽旻，2023. 完善碳排放管理机制促进企业自觉减碳. 中国能源报，2023-03-06（3）.

李璐，董捷，徐磊，等，2019. 功能区土地利用碳收支空间分异及碳补偿分区：以武汉城市圈为例. 自然资源学报，34（5）：1003-1015.

李强，高威，魏建飞，等，2022. 中国耕地利用净碳汇时空演进及综合分区. 农业工程学报，38（11）：239-249.

李咏华，高欣芸，姚松，等，2022. 长三角城市群核心地区碳平衡压力与新型城镇化脱钩关系. 经济地理，42（12）：72-81.

李泽红，2019. 城市复合生态系统与城市生态经济系统理论比较研究. 环境与可持续发展，44（2）：90-94.

李卓娜，杨洋，朱晓东，2024. 基于土地利用变化的江苏省碳排放时空差异与碳平衡分区. 环境保护科学，50（1）：120-132.

林伯强，2003. 电力消费与中国经济增长：基于生产函数的研究. 管理世界，（11）：18-27.

林永生，刘珺瑜，2022. "双控"制度转型与碳市场助力中国实现"双碳"目标. 中国经济报告，（6）：18-23.

刘国华，傅伯杰，方精云，2000. 中国森林碳动态及其对全球碳平衡的贡献. 生态学报，（5）：

733-740.

刘军航, 杨涓鸿, 2020. 基于混合方向性距离函数的长三角地区碳排放绩效评价. 工业技术经济, 39（11）：54-61.

刘强, 马彦瑞, 徐生霞, 2022. 数字经济发展是否提高了中国绿色经济效率？. 中国人口·资源与环境, 32（3）：72-85.

刘艳军, 于会胜, 刘德刚, 等, 2018. 东北地区建设用地开发强度格局演变的空间分异机制. 地理学报, 73（5）：818-831.

卢俊宇, 黄贤金, 戴靓, 等, 2012. 基于时空尺度的中国省级区域能源消费碳排放公平性分析. 自然资源学报, 27（12）：2006-2017.

卢娜, 2011. 土地利用变化碳排放效应研究. 南京：南京农业大学.

路中, 雷国平, 郭一洋, 等, 2021. 不同空间尺度松嫩平原土地利用强度变化及其对气候因子的影响. 生态学报, 41（5）：1894-1906.

吕晨, 张哲, 陈徐梅, 等, 2021. 中国分省道路交通二氧化碳排放因子. 中国环境科学, 41（7）：3122-3130.

马其芳, 黄贤金, 2008. 区域土地利用变化的物质代谢响应. 农业工程学报, 24（S1）：6-11.

马世骏, 王如松, 1984. 社会–经济–自然复合生态系统. 生态学报, 4（1）：1-9.

马晓熠, 裴韬, 2010. 基于探索性空间数据分析方法的北京市区域经济差异. 地理科学进展, 29（12）：1555-1561.

马小雪, 吴昊, 秦伯强, 等, 2022. 长江经济带景观格局动态演变及其景观生态环境效应. 地理科学, 42（10）：1706-1716.

满卫东, 刘明月, 王宗明, 等, 2020. 1990～2015年东北地区草地变化遥感监测研究. 中国环境科学, 40（5）：2246-2253.

曼瑟尔·奥尔森, 1995. 集体行动的逻辑. 陈郁等, 译. 上海：上海人民出版社.

莫惠斌, 王少剑, 2021. 黄河流域县域碳排放的时空格局演变及空间效应机制. 地理科学, 41（8）：1324-1335.

穆献中, 朱雪婷, 2019. 城市能源代谢生态网络分析研究进展. 生态学报, 39（12）：4223-4232.

欧阳晓, 贺清云, 朱翔, 2020. 多情景下模拟城市群土地利用变化对生态系统服务价值的影响：以长株潭城市群为例. 经济地理, 40（1）：93-102.

欧阳志云, 2017. 开创复合生态系统生态学, 奠基生态文明建设：纪念著名生态学家王如松院士诞辰七十周年. 生态学报, 37（17）：5579-5583.

曲福田, 卢娜, 冯淑怡, 2011. 土地利用变化对碳排放的影响. 中国人口资源与环境, 21（10）：76-83.

渠敬东, 周飞舟, 应星, 2009. 从总体支配到技术治理：基于中国30年改革经验的社会学分析. 中国社会科学,（6）：104-127, 207.

邵帅, 范美婷, 杨莉莉, 2022. 经济结构调整、绿色技术进步与中国低碳转型发展：基于总体技术前沿和空间溢出效应视角的经验考察. 管理世界, 38（2）：46-69, 4-10.

邵帅, 徐俐俐, 杨莉莉, 2023. 千里"碳缘"一线牵：中国区域碳排放空间关联网络的结构特征与形成机制. 系统工程理论与实践, 43（4）：958-983.

滕菲, 王艳军, 王孟杰, 等, 2022. 长三角城市群城市空间形态与碳收支时空耦合关系. 生态学报, 42（23）：9636-9650.

童抗抗, 马克明, 2012. 居住-就业距离对交通碳排放的影响. 生态学报, 32（10）：2975-2984.

汪开英, 李鑫, 陆建定, 等, 2022. 碳中和目标下畜牧业低碳发展路径. 农业工程学报, 38（1）：230-238.

王长征, 刘毅, 2004. 人地关系时空特性分析. 地域研究与开发, 23（1）：7-11.

王成新, 王波涛, 王翔宇, 2016. 基于结构视角的中国人口城市化与土地城市化异速增长研究. 中国人口·资源与环境, 26（8）：135-141.

王刚, 张华兵, 薛菲, 等, 2017. 成都市县域土地利用碳收支与经济发展关系研究. 自然资源学报, 32（7）：1170-1182.

王耕, 李素娟, 马奇飞, 2018. 中国生态文明建设效率空间均衡性及格局演变特征. 地理学报, 73（11）：2198-2209.

王光耀, 赵中秋, 祝培甜, 等, 2019. 长江经济带乡村功能区域差异及类型划分. 地理科学进展, 38（12）：1854-1864.

王海鲲, 张荣荣, 毕军, 2011. 中国城市碳排放核算研究：以无锡市为例. 中国环境科学, 31（6）：1029-1038.

王丽蓉, 石培基, 尹君锋, 等, 2024. 碳中和视角下甘肃省县域碳收支时空分异与国土空间分区优化. 环境科学, 45（7）：4101-4111.

王明喜, 胡毅, 郭冬梅, 等, 2017. 低碳经济：理论实证研究进展与展望. 系统工程理论与实践, 37（1）：17-34.

王荣成, 2012. 空间相互作用与环境效应：研究进展与新探索. 地理教育,（Z1）：4-6.

王如松, 欧阳志云, 1996. 生态整合：人类可持续发展的科学方法. 科学通报,（S1）：47-67.

王睿, 张赫, 强文丽, 等, 2021. 基于城镇化的中国县级城市碳排放空间分布特征及影响因素. 地理科学进展, 40（12）：1999-2010.

王少剑, 高爽, 黄永源, 等, 2020. 基于超效率SBM模型的中国城市碳排放绩效时空演变格局及预测. 地理学报, 75（6）：1316-1330.

王少剑, 刘艳艳, 方创琳, 2015. 能源消费CO_2排放研究综述. 地理科学进展, 34（2）：151-164.

王少剑, 王泽宏, 方创琳, 2022. 中国城市碳排放绩效的演变特征及驱动因素. 中国科学：地球科学, 52（8）：1613-1626.

王淑佳, 孔伟, 任亮, 等, 2021. 国内耦合协调度模型的误区及修正. 自然资源学报, 36（3）：793-810.

王旭, 马伯文, 李丹, 等, 2020. 基于FLUS模型的湖北省生态空间多情景模拟预测. 自然资源学报, 35（1）：230-242.

王亚华, 唐啸, 2019. 中国环境治理的经验：集体行动理论视角的审视. 复旦公共行政评论,（2）：187-202.

| 参 考 文 献 |

王亚华, 王睿, 2023. 建构中国自主知识体系的理论认识和路径思考: 以集体行动理论为例. 上海交通大学学报（哲学社会科学版）, 31（8）: 7-20, 60.

王一鸣, 2021. 中国碳达峰碳中和目标下的绿色低碳转型: 战略与路径. 全球化, （6）: 5-18, 133.

王奕淇, 甄雯青, 2024. 基于主体功能区的碳收支时空分异和碳补偿分区: 以黄河流域县域为例. 环境科学, 45（9）: 5015-5026.

王兆林, 朱婉晴, 杨庆媛, 2021. 近30年中国合村并居研究综述与展望. 中国土地科学, 35（7）: 107-116.

王铮, 朱永彬, 刘昌新, 等, 2010. 最优增长路径下的中国碳排放估计. 地理学报, 65（12）: 1559-1568.

卫新东, 林良国, 罗平平, 等, 2022. 耕地多功能耦合协调发展时空格局与驱动力分析. 农业工程学报, 38（4）: 260-269.

魏燕茹, 陈松林, 2021. 福建省土地利用碳排放空间关联性与碳平衡分区. 生态学报, 41（14）: 5814-5824.

吴次芳, 谭永忠, 郑红玉, 2020. 国土空间用途管制. 北京: 地质出版社.

吴东清, 2023. 区域碳源汇时空特征分析及碳平衡分区研究. 兰州: 兰州交通大学.

吴萌, 任立, 陈银蓉, 2017. 城市土地利用碳排放系统动力学仿真研究: 以武汉市为例. 中国土地科学, 31（2）: 29-39.

吴文俊, 张雪微, 郭杰, 等, 2022. "多目标"需求下扬州市土地利用布局优化. 生态学报, 42（19）: 7952-7965.

夏楚瑜, 2019. 基于土地利用视角的多尺度城市碳代谢及"减排"情景模拟研究. 杭州: 浙江大学.

夏楚瑜, 李艳, 叶艳妹, 等, 2018. 基于生态网络效用的城市碳代谢空间分析: 以杭州为例. 生态学报, 38（1）: 73-85.

夏琳琳, 张妍, 李名镜, 2017. 城市碳代谢过程研究进展. 生态学报, 37（12）: 4268-4277.

夏四友, 杨宇, 2022. 基于主体功能区的京津冀城市群碳收支时空分异与碳补偿分区. 地理学报, 77（3）: 679-696.

谢高地, 甄霖, 鲁春霞, 等, 2008. 一个基于专家知识的生态系统服务价值化方法. 自然资源学报, 23（5）: 911-919.

熊超, 张晓恋, 张贻程, 2023. 公众降碳减排约束激励机制如何完善. 环境经济, （9）: 44-45.

徐盼盼, 2020. 重庆市主城区轨道交通沿线区域职住平衡状态评价与影响因素分析. 重庆: 重庆大学.

闫卫阳, 王发曾, 秦耀辰, 2009. 城市空间相互作用理论模型的演进与机理. 地理科学进展, 28（4）: 511-518.

叶芸, 於冉, 万年顺, 等, 2022. 长江经济带产业—碳排放—土地协同发展研究. 水土保持通报, 42（5）: 312-320.

尹传斌, 朱方明, 邓玲, 2017. 西部大开发十五年环境效率评价及其影响因素分析. 中国人口·资源与环境, 27 (3): 82-89.

俞洁, 张勇, 李清瑶, 2024. 长三角碳排放空间关联网络结构特征及演化机制. 自然资源学报, 39 (2): 372-391.

岳子桢, 刘蓓蓓, 2018. 基于利益相关群体的碳减排策略与潜力分析——以苏州市为例. 中国环境管理, 10 (6): 79-86.

詹绍奇, 张旭阳, 陈孝杨, 等, 2023, 2000—2020年淮南矿区土地利用变化对碳源/碳汇时空格局的影响. 水土保持通报, 43 (3): 310-319.

张华, 丰超, 2021. 创新低碳之城: 创新型城市建设的碳排放绩效评估. 南方经济, (3): 36-53.

张军, 吴桂英, 张吉鹏, 2004. 中国省际物质资本存量估算: 1952—2000. 经济研究, 39 (10): 35-44.

张苗, 陈银蓉, 周浩, 2015. 基于面板数据的土地集约利用水平与土地利用碳排放关系研究: 以1996~2010年湖北省中心城市数据为例. 长江流域资源与环境, 24 (9): 1464-1470.

张苗, 甘臣林, 陈银蓉, 2016. 基于SBM模型的土地集约利用碳排放效率分析与低碳优化. 中国土地科学, 30 (3): 37-45.

张清, 陶小马, 杨鹏, 2012. 特大型城市客运交通碳排放与减排对策研究. 中国人口·资源与环境, 22 (1): 35-42.

张翼, 2017. 基于空间关联网络结构的中国省域协同碳减排研究. 统计与信息论坛, 32 (2): 63-69.

张友国, 2010. 经济发展方式变化对中国碳排放强度的影响. 经济研究, 45 (4): 120-133.

张玉林, 2014. 危机、危机意识与共识: "雾霾" 笼罩下的中国环境问题. 浙江社会科学, (1): 142-145.

张玥, 代亚强, 陈媛媛, 等, 2022. 土地利用隐性转型与土地利用碳排放空间关联研究. 中国土地科学, 36 (6): 100-112.

张展, 廖小平, 李春华, 等, 2022. 湖南省县域农业生态效率的时空特征及其影响因素. 经济地理, 42 (2): 181-189.

张正峰, 张栋, 2023. 基于社会网络分析的京津冀地区碳排放空间关联与碳平衡分区. 中国环境科学, 43 (4): 2057-2068.

赵江, 沈刚, 严力蛟, 等, 2016. 海岛生态系统服务价值评估及其时空变化: 以浙江舟山金塘岛为例. 生态学报, 36 (23): 7768-7777.

赵荣钦, 黄贤金, 刘英, 等, 2014. 区域系统碳循环的土地调控机理及政策框架研究. 中国人口·资源与环境, 24 (5): 51-56.

赵荣钦, 张帅, 黄贤金, 等, 2014. 中原经济区县域碳收支空间分异及碳平衡分区. 地理学报, 69 (10): 1425-1437.

赵蜀蓉, 陈绍刚, 王少卓, 2014. 委托代理理论及其在行政管理中的应用研究述评. 中国行政管理, (12): 119-122.

郑德凤, 徐文瑾, 姜俊超, 等, 2021. 中国水资源承载力与城镇化质量演化趋势及协调发展分析. 经济地理, 41 (2): 72-81.

郑思齐，徐杨菲，张晓楠，等，2015. "职住平衡指数"的构建与空间差异性研究：以北京市为例. 清华大学学报（自然科学版），55（4）：475-483.

钟顺昌，2021. 中国省域城市建设用地规模分布对能源效率的影响. 中国土地科学，35（3）：58-68.

周迪，周丰年，王雪芹，2019. 低碳试点政策对城市碳排放绩效的影响评估及机制分析. 资源科学，41（3）：546-556.

周侃，李会，申玉铭，2020. 京津冀地区县域环境胁迫时空格局及驱动因素. 地理学报，75（9）：1934-1947.

周丽霞，吴涛，蒋国俊，等，2022. 长三角地区$PM_{2.5}$浓度对土地利用/覆盖转换的空间异质性响应. 环境科学，43（3）：1201-1211.

周望，程帆，2022. 区域协调发展导向下城市群政府间合作意愿研究：基于三大城市群各城市政府工作报告的文本分析. 城市问题，（7）：12-23.

朱庆莹，涂涛，陈银蓉，等，2021. 长江经济带产业结构与土地利用效率协调度的时空格局分析. 农业工程学报，37（23）：235-246.

Akuraju V, Pradhan P, Haase D, et al, 2020. Relating SDG11 indicators and urban scaling: an exploratory study. Sustainable Cities and Society, 52: 101853.

Alessandretti L, Aslak U, Lehmann S, 2020. The scales of human mobility. Nature, 587 (7834): 402-407.

Ali G, Nitivattananon V, 2012. Exercising multidisciplinary approach to assess interrelationship between energy use, carbon emission and land use change in a metropolitan city of Pakistan. Renewable and Sustainable Energy Reviews, 16 (1): 775-786.

Angel S, Parent J, Civco D, et al, 2011. The dimensions of global urban expansion: estimates and projections for all countries, 2000-2050. Progress in Planning, 75 (2): 53-107.

Angel S, Porent J, Civco D L, et al, 2011. The dimensions of global urban expansion: estimates and projections for all countries, 2000-2050. Progress in Planning, 75 (2): 53-107.

Arribas-Bel D, Fleischmann M, 2022. Spatial Signatures-Understanding (urban) spaces through form and function. Habitat International, 128: 102641.

Bai X M, 2016. Eight energy and material flow characteristics of urban ecosystems. Ambio, 45 (7): 819-830.

Bai X M, Chen J, Shi P J, 2012. Landscape urbanization and economic growth in China: positive feedbacks and sustainability dilemmas. Environmental Science & Technology, 46 (1): 132-139.

Bai X M, Shi P J, Liu Y S, 2014. Society: realizing China's urban dream. Nature, 509 (7499): 158-160.

Bai Y, Wong C P, Jiang B, et al, 2018. Developing China's Ecological Redline Policy using ecosystem services assessments for land use planning. Nature Communications, 9 (1): 3034.

Balassa B, 1965. Trade liberalisation and "revealed" comparative advantage[1]. The Manchester School, 33 (2): 99-123.

Barth M, Boriboonsomsin K, 2008. Real-world CO_2 impacts of traffic congestion. Transportation

Research Record, 2058 (1): 163-171.

Bashir M F, 2022. Discovering the evolution of pollution haven hypothesis: a literature review and future research agenda. Environmental Science and Pollution Research International, 29 (32): 48210-48232.

Beetz S, Liebersbach H, Glatzel S, et al, 2013. Effects of land use intensity on the full greenhouse gas balance in an Atlantic peat bog. Biogeosciences, 10 (2): 1067-1082.

Beinhocker E, Oppenheim J, Irons B, et al, 2008. The carbon productivity challenge: curbing climate change and sustaining economic growth. Sydney: McKinsey Global Institute, McKinsey & Company.

Bernúes A, Rodríguez-Ortega T, Alfnes F, et al, 2015. Quantifying the multifunctionality of fjord and mountain agriculture by means of sociocultural and economic valuation of ecosystem services. Land Use Policy, 48: 170-178.

Berrisford S, Cirolia L R, Palmer I, 2018. Land-based financing in sub-Saharan African cities. Environment and Urbanization, 30 (1): 35-52.

Bettencourt L M A, Lobo J, Strumsky D A, 2007a. Invention in the city: increasing returns to patenting as a scaling function of metropolitan size. Research Policy, 36 (1): 107-120.

Bettencourt L M A, Lobo J, Helbing D, et al, 2007b. Growth, innovation, scaling, and the pace of life in cities. Proceedings of the National Academy of Sciences of the United States of America, 104 (7): 7301-7306.

Bloom D E, Canning D, Fink G, 2008. Urbanization and the wealth of nations. Science, 319 (5864): 772-775.

Brown J H, Burnside W R, Davidson A D, et al, 2011. Energetic limits to economic growth. BioScience, 61 (1): 19-26.

Brundtland G H, 1987. Our Common Future: Report of the World Commission on Environment and Development. Oxford: Oxford University Press.

Cai M, Shi Y, Ren C, et al, 2021. The need for urban form data in spatial modeling of urban carbon emissions in China: a critical review. Journal of Cleaner Production, 319: 128792.

Cai Y S, 2008. Power structure and regime resilience: contentious politics in China. British Journal of Political Science, 38 (3): 411-432.

Cao M, Tang G A, Shen Q F, et al, 2015. A new discovery of transition rules for cellular automata byusing cuckoo search algorithm. International Journal of Geographical Information Science, 29 (5): 806-824.

Carpio A, Ponce-Lopez R, Lozano-García D F, 2021. Urban form, land use, and cover change and their impact on carbon emissions in the Monterrey Metropolitan area, Mexico. Urban Climate, 39: 100947.

Chakraborty S, Maity I, Dadashpoor H, et al, 2022. Building in or out? Examining urban expansion patterns and land use efficiency across the global sample of 466 cities with million + inhabitants. Habitat International, 120: 102503.

Chang L Y, Hao X G, Song M, et al, 2020. Carbon emission performance and quota allocation in the Bohai Rim Economic Circle. Journal of Cleaner Production, 258: 120722.

Chavunduka C, Dipura R, Vudzijena V, 2021. Land, investment and production in agrarian transformation in Zimbabwe. Land Use Policy, 105: 105371.

Chen G Z, Li X, Liu X P, et al, 2020. Global projections of future urban land expansion under shared socioeconomic pathways. Nature Communications, 11 (1): 537.

Chen J, Cheng S, Song M, et al, 2016. Interregional differences of coal carbon dioxide emissions in China. Energy Policy, 96: 1-13.

Chen J D, Gao M, Cheng S L, et al, 2020. County-level CO_2 emissions and sequestration in China during 1997-2017. Scientific Data, 7 (1): 391.

Chen J, Wu S S, Zhang L F, 2023. Spatiotemporal variation of per capita carbon emissions and carbon compensation zoning in Chinese Counties. Land, 12 (9): 1796.

Chen L, Xu L Y, Cai Y P, et al, 2021. Spatiotemporal patterns of industrial carbon emissions at the city level. Resources, Conservation and Recycling, 169: 105499.

Chen M X, Ye C, Lu D D, et al, 2019. Cognition and construction of the theoretical connotations of new urbanization with Chinese characteristics. Journal of Geographical Sciences, 29 (10): 1681-1698.

Chen Q H, Su M R, Meng F X, et al, 2020. Analysis of urban carbon metabolism characteristics based on provincial input-output tables. Journal of Environmental Management, 265: 110561.

Chen S Q, Chen B, 2012. Network environ perspective for urban metabolism and carbon emissions: a case study of Vienna, Austria. Environmental Science & Technology, 46 (8): 4498-4506.

Chen X L, Di Q B, Jia W H, et al, 2023. Spatial correlation network of pollution and carbon emission reductions coupled with high-quality economic development in three Chinese urban agglomerations. Sustainable Cities and Society, 94: 104552.

Chen Y M, Li X, Zheng Y, et al, 2011. Estimating the relationship between urban forms and energy consumption: a case study in the Pearl River Delta, 2005-2008. Landscape and Urban Planning, 102 (1): 33-42.

Cheng C G, Fang Z, Zhou Q, et al, 2023. Similar cities, but diverse carbon controls: Inspiration from the Yangtze River Delta megacity cluster in China. The Science of the Total Environment, 904: 166619.

Cheng Z H, Li L S, Liu J, 2018. Industrial structure, technical progress and carbon intensity in China's provinces. Renewable and Sustainable Energy Reviews, 81: 2935-2946.

Cheng Z H, Li X, Zhang Q, 2023. Can new-type urbanization promote thegreen intensive use of land? Journal of Environmental Management, 342: 118150.

Christen A, Coops N C, Crawford B R, et al, 2011. Validation of modeled carbon-dioxide emissions from an urban neighborhood with direct eddy-covariance measurements. Atmospheric Environment, 45 (33): 6057-6069.

Chrysoulakis N, Lopes M, San José R, et al, 2013. Sustainable urban metabolism as a link between bio-physical sciences and urban planning: the BRIDGE project. Landscape and Urban Planning, 112: 100-117.

Chuai X W, Huang X J, Wang W J, et al, 2015. Land use, total carbon emissions change and low carbon land management in Coastal Jiangsu, China. Journal of Cleaner Production, 103: 77-86.

Costanza R, d'Arge R, de Groot R, et al, 1997. The value of the world's ecosystem services and natural capital. Nature, 387 (6630): 253-260.

Cui Y, Li L, Chen L, et al, 2018. Land-use carbon emissions estimation for the Yangtze River Delta Urban Agglomeration using 1994-2016 Landsat image data. Remote Sensing, 10 (9): 1334.

Dahl R A, 1961. The behavioral approach in political science: epitaph for a monument to a successful protest. American Political Science Review, 55 (4): 763-772.

Dai S F, Qian Y W, He W J, et al, 2022. The spatial spillover effect of China's carbon emissions trading policy on industrial carbon intensity: evidence from a spatial difference-in-difference method. Structural Change and Economic Dynamics, 63: 139-149.

Daly H E, 1990. Toward some operational principles of sustainable development. Ecological Economics, 2 (1): 1-6.

De Groot R, van der Perk J, Chiesura A, et al, 2003. Importance and threat as determining factors for criticality of natural capital. Ecological Economics, 44 (2/3): 187-204.

De Valck J, Broekx S, Liekens I, et al, 2016. Contrasting collective preferences for outdoor recreation and substitutability of nature areas using hot spot mapping. Landscape and Urban Planning, 151 (7): 64-78.

Debbage N, Shepherd J M, 2015. The urban heat island effect and city contiguity. Computers, Environment and Urban Systems, 54: 181-194.

Deng Q Q, Li E L, Yang Y, 2022. Politics, policies and rural poverty alleviation outcomes: evidence from Lankao County, China. Habitat International, 127: 102631.

Deng Y T, Guang F T, Hong S F, et al, 2022. How does power technology innovation affect carbon productivity? A spatial perspective in China. Environmental Science and Pollution Research International, 29 (55): 82888-82902.

Dong F G, Li W Y, 2021. Research on the coupling coordination degree of "upstream-midstream-downstream" of China's wind power industry chain. Journal of Cleaner Production, 283: 124633.

Du M B, He L, Zhao M X, et al, 2022. Examining the relations of income inequality and carbon productivity: a panel data analysis. Sustainable Production and Consumption, 31: 249-262.

Du Q, Zhou J, Pan T, et al, 2019. Relationship of carbon emissions and economic growth in China's construction industry. Journal of Cleaner Production, 220: 99-109.

Duan H Y, Sun X H, Song J N, et al, 2022. Peaking carbon emissions under a coupled socioeconomic-energy system: evidence from typical developed countries. Resources, Conservation and Recycling, 187: 106641.

Ehrlich D, Kemper T, Pesaresi M, et al, 2018. Built-up area and population density: two essential societal variables to address climate hazard impact. Environmental Science and Policy, 90: 73-82.

Ekins P, Simon S, Deutsch L, et al, 2003. A framework for the practical application of the concepts of critical natural capital and strong sustainability. Ecological Economics, 44 (2/3): 165-185.

Elheddad M, Djellouli N, Tiwari A K, et al, 2020. The relationship between energy consumption and fiscal decentralization and the importance of urbanization: evidence from Chinese provinces. Journal of Environmental Management, 264: 110474.

Ewing R, Cervero R, 2010. Travel and the built environment. Journal of the American Planning Association, 76 (3): 265-294.

Faller F, 2014. Regional strategies for renewable energies: development processes in Greater Manchester. European Planning Studies, 22 (5): 889-908.

Fan C J, Tian L, Zhou L, et al, 2018. Examining the impacts of urban form on air pollutant emissions: evidence from China. Journal of Environmental Management, 212: 405-414.

Fang C L, Liang L W, Chen D, 2022. Quantitative simulation and verification of urbanization and eco-environment coupling coil in Beijing-Tianjin-Hebei urban agglomeration, China. Sustainable Cities and Society, 83: 103985.

Fang C L, Wang S J, Li G D, 2015. Changing urban forms and carbon dioxide emissions in China: a case study of 30 provincial capital cities. Applied Energy, 158: 519-531.

Fang J Y, Chen A P, Peng C H, et al, 2001. Changes in forest biomass carbon storage in China between 1949 and 1998. Science, 292 (5525): 2320-2322.

Fang T, Fang D B, Yu B L, 2022. Carbon emission efficiency of thermal power generation in China: empirical evidence from the micro-perspective of power plants. Energy Policy, 165: 112955.

Fath B D, 2007. Network mutualism: Positive community-level relations in ecosystems. Ecological Modelling, 208 (1): 56-67.

Feng X H, Li Y, Wang X Z, et al, 2023a. Impacts of land use transitions on ecosystem services: a research framework coupled with structure, function, and dynamics. The Science of the Total Environment, 901: 166366.

Feng X H, Li Y, Yu E, et al, 2023b. Spatiotemporal evolution pattern and simulation of the coupling of carbon productivity and land development in the Yangtze River Delta, China. Ecological Informatics, 77: 102186.

Feng X H, Lin X L, Li Y, et al, 2024a. Impact of urban land development on carbon emission performance based on a multidimensional framework. Environmental Impact Assessment Review, 105: 107429.

Feng X H, Lin X L, Li Y, et al, 2024b. Spatial association network of carbon emission performance: formation mechanism and structural characteristics. Socio-Economic Planning Sciences, 91: 101792.

Feng Y J, Chen S R, Tong X H, et al, 2020. Modeling changes in China's 2000-2030 carbon stock caused by land use change. Journal of Cleaner Production, 252: 119659.

Finn J T, 1980. Flow analysis of models of the hubbard brook ecosystem. Ecology, 61 (3): 562-571.

Fong W K, Matsumot H, Ho C S, et al, 2009. Energy consumption and carbon dioxide emission considerations in the urban planning process in Malaysia. Planning Malaysia, 6（6）：101-130.

Fragkias M, Lobo J, Strumsky D, et al, 2013. Does size matter? Scaling of CO_2 emissions and US urban areas. PloS One, 8（6）：e64727.

Fu B T, Wu M, Che Y, et al, 2017. Effects of land-use changes on city-level net carbon emissions based on a coupled model. Carbon Management, 8（3）：245-262.

Fu J Y, Fu J, Jiang D, Huang Y H, et al, 2014. 1 km grid population dataset of China（2005, 2010）. Acta Geographica Sinica, 69（S1）：41-44.

Gao F, Wu J, Xiao J H, et al, 2023. Spatially explicit carbon emissions by remote sensing and social sensing. Environmental Research, 221：115257.

Gao J, O'Neill B C, 2020. Mapping global urban land for the 21st century with data-driven simulations and Shared Socioeconomic Pathways. Nature Communications, 11（1）：2302.

Gao P, Yue S J, Chen H T, 2021. Carbon emission efficiency of China's industry sectors：from the perspective of embodied carbon emissions. Journal of Cleaner Production, 283：124655.

Gardiner L R, Steuer R E, 1994. Unified interactive multiple objective programming：an open architecture for accommodating new procedures. Journal of the Operational Research Society, 45（12）：1456-1466.

Ghosh S, Dinda S, Chatterjee N D, et al, 2022. Spatial-explicit carbon emission-sequestration balance estimation and evaluation of emission susceptible zones in an Eastern Himalayan city using pressure-sensitivity-resilience framework：an approach towards achieving low carbon cities. Journal of Cleaner Production, 336：130417.

Glaeser E L, Kahn M E, 2010. The greenness of cities：carbon dioxide emissions and urban development. Journal of Urban Economics, 67（3）：404-418.

Gong J Z, Chen W L, Liu Y S, et al, 2014. The intensity change of urban development land：implications for the city master plan of Guangzhou, China. Land Use Policy, 40：91-100.

Gregg J S, Andres R J, Marland G, 2008. China：emissions pattern of the world leader in CO_2 emissions from fossil fuel consumption and cement production. Geophysical Research Letters, 35（8）：L08806.

Griffin P W, Hammond G P, Norman J B, 2016. Industrial energy use and carbon emissions reduction：a UK perspective. Wiley Interdisciplinary Reviews：Energy and Environment, 5（6）：684-714.

Grimm N B, Faeth S H, Golubiewski N E, et al, 2008. Global change and the ecology of cities. Science, 319（5864）：756-760.

Gu C L, Guan W H, Liu H L, 2017. Chinese urbanization 2050：SD modeling and process simulation. Science China Earth Sciences, 60（6）：1067-1082.

Guan T, Delman J, 2017. Energy policy design and China's local climate governance：energy efficiency and renewable energy policies in Hangzhou. Journal of Chinese Governance, 2（1）：68-90.

Guo J, Sun B X, Qin Z, et al, 2017. A study of plot ratio/building height restrictions in high density cities using 3D spatial analysis technology: a case in Hong Kong. Habitat International, 65: 13-31.

Guo X, Chen Y, Jia Z Y, et al, 2024. Spatial and temporal inequity of urban land use efficiency in China: a perspective of dynamic expansion. Environmental Impact Assessment Review, 104: 107357.

Guzman L A, Escobar F, Peña J, et al, 2020. A cellular automata-based land-use model as an integrated spatial decision support system for urban planning in developing cities: the case of the bogotá region. Land Use Policy, 92: 104445.

Güneralp B, Zhou Y Y, Ürge-Vorsatz D, et al, 2017. Global scenarios of urban density and its impacts on building energy use through 2050. Proceedings of the National Academy of Sciences of the United States of America, 114 (34): 8945-8950.

Håarstad H, Kjærås K, Røe P G, et al, 2023. Grounding the compact city. Dialogues in Human Geography, 13 (1): 50-53.

Haase D, Kabisch N, Haase A, 2013. Endless urban growth? On the mismatch of population, household and urban land area growth and its effects on the urban debate. . PLoS One, 8 (6): e66531.

Hannon B, 1973. The structure of ecosystems. Journal of Theoretical Biology, 41 (3): 535-546.

Hatuka T, Zur H, Mendoza J A, 2021. The urban digital lifestyle: an analytical framework for placing digital practices in a spatial context and for developing applicable policy. Cities, 111: 102978.

He J K, Deng J, Su M S, 2010. CO_2 emission from China's energy sector and strategy for its control. Energy, 35 (11): 4494-4498.

He J X, Hu S, 2022. Ecological efficiency and its determining factors in an urban agglomeration in China: The Chengdu-Chongqing urban agglomeration. Urban Climate, 41: 101071.

He Q S, He W S, Song Y, et al, 2018. The impact of urban growth patterns on urban vitality in newly built-up areas based on an association rules analysis using geographical 'big data.' Land Use Policy, 78: 726-738.

He T T, Lu Y P, Yue W Z, et al, 2023. A new approach to peri-urban area land use efficiency identification using multi-source datasets: a case study in 36 Chinese metropolitan areas. Applied Geography, 150: 102826.

He Y Y, Wei Z X, Liu G Q, et al, 2020. Spatial network analysis of carbon emissions from the electricity sector in China. Journal of Cleaner Production, 262: 121193.

He Y, 2006. Climate and terrestrial ecosystem carbon cycle study of China. Beijing: China Meteorological Press.

Hergoualc'h K, Verchot L V, 2014. Greenhouse gas emission factors for land use and land-use change in Southeast Asian peatlands. Mitigation and Adaptation Strategies for Global Change, 19 (6): 789-807.

Hoffmann E J, Abdulahhad K, Zhu X X, 2023. Using social media images for building function classification. Cities, 133: 104107.

Hong C P, Burney J A, Pongratz J, et al, 2021. Global and regional drivers of land-use emissions in

1961-2017. Nature, 589（7843）：554-561.

Hong S F, Hui E C M, Lin Y Y, 2022. Relationship between urban spatial structure and carbon emissions: a literature review. Ecological Indicators, 144：109456.

Hong T, Yu N N, Mao Z G, et al, 2021. Government-driven urbanisation and its impact on regional economic growth in China. Cities, 117：103299.

Houghton R A, 2003. Revised estimates of the annual net flux of carbon to the atmosphere from changes in land use and land management 1850-2000. Tellus B, 55（2）：378-390.

Houghton R A, Hobbie J E, Melillo J M, et al, 1983. Changes in the carbon content of terrestrial biota and soils between 1860 and 1980: a net release of CO_2 to the atmosphere. Ecological Monographs, 53（3）：235-262.

Huang Y H, Jiang D, Fu J J, et al, 2014. 1 km grid GDP data of China (2005, 2010). Acta Geographica Sinica, 69（81）：45-48.

Hutyra L R, Yoon B, Hepinstall-Cymerman J, et al, 2011. Carbon consequences of land cover change and expansion of urban lands: a case study in the Seattle metropolitan region. Landscape and Urban Planning, 103（1）：83-93.

IPCC, 2006. Guidelines for national greenhouse gas inventories. //National Greenhouse Gas Inventories Programme. Institution of Global Environmental Strategies, Japan.

Iram, R, Zhang J J, Erdogan S, et al, 2020. Economics of energy and environmental efficiency: evidence from OECD countries. Environmental Science and Pollution Research International, 27（4）：3858-3870.

Jia P R, Li K, Shao S, 2018. Choice of technological change for China's low-carbon development: evidence from three urban agglomerations. Journal of Environmental Management, 206：1308-1319.

Jia Y Q, Tang L N, Zhang P F, et al, 2022. Exploring the scaling relations between urban spatial form and infrastructure. International Journal of Sustainable Development & World Ecology, 29（7）：665-675.

Jia Y Y, Li H, Wang Z Q, et al, 2017. Quantitative evaluation of eco-environment quality of the terrestrial ecological red line area in Wuzhong District, Suzhou City. Journal of Ecology and Rural Environment, 33（6）：525-532.

Jiang J J, Ye B, Ma X M, et al, 2016. Controlling GHG emissions from the transportation sector through an ETS: institutional arrangements in Shenzhen, China. Climate Policy, 16（3）：353-371.

Jiang M H, Gao X Y, Guan Q, et al, 2019. The structural roles of sectors and their contributions to global carbon emissions: a complex network perspective. Journal of Cleaner Production, 208：426-435.

Kaya Y, Yokobori K, 1999. Environment, Energy and Economy: Strategies for Sustainability. Tokyo: United Nations University Press.

Kennedy C, Cuddihy J, Engel-Yan J, 2007. The changing metabolism of cities. Journal of Industrial Ecology, 11（2）：43-59.

Kennedy C, Steinberger J, Gasson B, et al, 2010. Methodology for inventorying greenhouse gas emissions from global cities. Energy Policy, 38 (9): 4828-4837.

Kii M, Matsumoto K, Sugita S, 2024. Future scenarios of urban nighttime lights: a method for global cities and its application to urban expansion and carbon emission estimation. Remote Sensing, 16 (6): 1018.

Kleiber M, 1961. The Fire of Life. An Introduction to Animal Energetics. New York: Wiley.

Kleiber M, 1975. Metabolic turnover rate: physiological meaning of the metabolic rate per unit body weight. Journal of Theoretical Biology. 53 (1): 199-204.

Kohonen T, 1982. Self-organized formation of topologically correct feature maps. Biological Cybernetics, 43 (1): 59-69.

Koide R, Kojima S, Nansai K, et al, 2021. Exploring carbon footprint reduction pathways through urban lifestyle changes: a practical approach applied to Japanese cities. Environmental Research Letters, 16 (8): 084001.

Koroso N H, Lengoiboni M, Zevenbergen J A, 2021. Urbanization and urban land use efficiency: evidence from regional and Addis Ababa satellite cities, Ethiopia. Habitat International, 117: 102437.

Kou J L, Xu X G, 2022. Does internet infrastructure improve or reduce carbon emission performance?: a dual perspective based on local government intervention and market segmentation. Journal of Cleaner Production, 379: 134789.

Kuik O, Branger F, Quirion P, 2019. Competitive advantage in the renewable energy industry: evidence from a gravity model. Renewable Energy, 131: 472-481.

Lai L, Huang X J, Yang H, et al, 2016. Carbon emissions from land-use change and management in China between 1990 and 2010. Science Advances, 2 (11): e1601063.

Lai S L, Yip T M, 2022. The role of older workers in population aging-economic growth nexus: evidence from developing countries. Economic Change and Restructuring, 55 (3): 1875-1912.

Le Gallo J, 2004. Space-time analysis of GDP disparities among European regions: a Markov chains approach. International Regional Science Review, 27 (2): 138-163.

Li J B, Huang X J, Chuai X W, et al, 2021. The impact of land urbanization on carbon dioxide emissions in the Yangtze River Delta, China: a multiscale perspective. Cities, 116: 103275.

Li J Z, Huang G H, Liu L R, 2018. Ecological network analysis for urban metabolism and carbon emissions based on input-output tables: a case study of Guangdong province. Ecological Modelling, 383: 118-126.

Li L X, Liu L C, Gu Z Y, et al, 2022. Examining the relationships between carbon emissions and land supply in China. Ecological Informatics, 70: 101744.

Li M M, Verburg P H, van Vliet J, 2022. Global trends and local variations in land take per person. Landscape and Urban Planning, 218: 104308.

Li S J, Liu J G, Wu J J, et al, 2022. Spatial spillover effect of carbon emission trading policy on carbon emission reduction: Empirical data form transport industry in China. Journal of Cleaner

Production, 371: 133529.

Li S J, Wang S J, 2019. Examining the effects of socioeconomic development on China's carbon productivity: a panel data analysis. The Science of the Total Environment, 659: 681-690.

Li Y, Chen Y Y, 2021. Development of an SBM-ML model for the measurement of green total factor productivity: the case of pearl river delta urban agglomeration. Renewable and Sustainable Energy Reviews, 145: 111131.

Li Z, Wang F, Kang T T, et al, 2022. Exploring differentiated impacts of socioeconomic factors and urban forms on city-level CO_2 emissions in China: spatial heterogeneity and varying importance levels. Sustainable Cities and Society, 84: 104028.

Liang X, Guan Q F, Clarke K C, et al, 2021. Mixed-cell cellular automata: a new approach for simulating the spatio-temporal dynamics of mixed land use structures. Landscape and Urban Planning, 205: 103960.

Liang X, Liu X P, Li D, et al, 2018. Urban growth simulation by incorporating planning policies into a CA-based future land-use simulation model. International Journal of Geographical Information Science, 32 (11): 2294-2316.

Liao F H F, Wei Y H D, 2012. Dynamics, space, and regional inequality in provincial China: a case study of Guangdong province. Applied Geography, 35 (1/2): 71-83.

Liao X, Shu T H, Shen L Y, et al, 2021. Identification and evolution of peri-urban areas in the context of urban-rural integrated development: a case study of Suzhou city. Progress in Geography, 40 (11): 1847-1860.

Liiri M, Häsä M, Haimi J, et al, 2012. History of land-use intensity can modify the relationship between functional complexity of the soil fauna and soil ecosystem services: a microcosm study. Applied Soil Ecology, 55: 53-61.

Lin B Q, Jia H Y, 2022. Does the development of China's high-speed rail improve the total-factor carbon productivity of cities? Transportation Research Part D: Transport and Environment, 105: 103230.

Lin B Q, Zhou Y C, 2021. Does the Internet development affect energy and carbon emission performance?. Sustainable Production and Consumption, 28: 1-10.

Lin Q W, Zhang L, Qiu B K, et al, 2021. Spatiotemporal analysis of land use patterns on carbon emissions in China. Land, 10 (2): 141.

Lin S F, Wang S Y, Marinova D, et al, 2017. Impacts of urbanization and real economic development on CO_2 emissions in non-high income countries: empirical research based on the extended STIRPAT model. Journal of Cleaner Production, 166: 952-966.

Ling M H, Guo X M, Shi X L, et al, 2020. Temporal and spatial evolution of drought in Haihe River Basin from 1960 to 2020. Ecological Indicators, 138: 108809.

Liu J X, Vogelmann J E, Zhu Z L, et al, 2011. EstimatingCalifornia ecosystem carbon change using process model and land cover disturbance data: 1951—2000. Ecological Modelling, 222 (14): 2333-2341.

Liu M X, Dong X B, Wang X C, et al, 2022. Evaluating the future terrestrial ecosystem contributions to carbon neutrality in Qinghai- Tibet Plateau. Journal of Cleaner Production, 374: 133914.

Liu W, Qin B, 2016. Low- carbon city initiatives in China: a review from the policy paradigm perspective. Cities, 51: 131-138.

Liu X P, Liang X, Li X, et al, 2017. A future land use simulation model (FLUS) for simulating multiple land use scenarios by coupling human and natural effects. Landscape and Urban Planning, 168: 94-116.

Liu X P, Ou J P, Chen Y M, et al, 2019. Scenario simulation of urban energy-related CO_2 emissions by couplingthe socioeconomic factors and spatial structures. Applied Energy, 238: 1163-1178.

Liu X P, Wang S J, Wu P J, et al, 2019. Impacts of urban expansion on terrestrial carbon storage in China. Environmental Science & Technology, 53 (12): 6834-6844.

Liu X P, Zhang X L, 2021. Industrial agglomeration, technological innovation and carbon productivity: evidence from China. Resources, Conservation and Recycling, 166: 105330.

Liu Y, Dong X C, Dong K Y, 2023. Pathway to prosperity? The impact of low- carbon energy transition on China's common prosperity. Energy Economics, 124: 106819.

Long R Y, Shao T X, Chen H, 2016. Spatial econometric analysis of China's province-level industrial carbon productivity and its influencing factors. Applied Energy, 166: 210-219.

Long Y, Han H Y, Lai S K, et al, 2013. Urban growth boundaries of the Beijing metropolitan area: comparison of simulation and artwork. Cities, 31: 337-348.

Long Z, Zhang Z L, Liang S, et al, 2021. Spatially explicit carbon emissions at the county scale. Resources, Conservation and Recycling, 173: 105706.

López E, Bocco G, Mendoza M, et al, 2001. Predicting land-cover and land-use change in theurban fringe: a case in Morelia city, Mexico. Landscape and Urban Planning, 55 (4): 271-285.

Lowi T J, 1972. Four systems of policy, politics, and choice. Public Administration Review, 32 (4): 298.

Lu H Y, Meng H L, Lu C Z, et al, 2023. The mechanism for selecting low carbon urban experimentation cases in the literature and its impact on carbon emission performance. Journal of Cleaner Production, 420: 138191.

Lu P, Li Z H, Wen Y, et al, 2023. Fresh insights for sustainable development: collaborative governance of carbon emissions based on social network analysis. Sustainable Development, 31 (3): 1873-1887.

Lu Y P, He T T, Yue W Z, et al, 2023. Does cropland threaten urban land use efficiency in the peri- urban area? Evidence from metropolitan areas in China. Applied Geography, 161: 103124.

Lyu R F, Zhao W P, Tian X L, et al, 2022. Non-linearity impacts of landscape pattern on ecosystem services and their trade-offs: a case study in the city belt along the Yellow River in Ningxia, China. Ecological Indicators, 136: 108608.

Ma R Y, Zhang Z J, Lin, B Q, 2023. Evaluating the synergistic effect of digitalization and industrialization on total factor carbon emission performance. Journal of Environmental Management, 348: 119281.

Melo P C, Graham D J, Noland R B, 2009. A meta-analysis of estimates of urban agglomeration economies. Regional Science and Urban Economics, 39 (3): 332-342.

Meng M, Niu D X, 2012. Three-dimensional decomposition models for carbon productivity. Energy, 46 (1): 179-187.

Meng W Q, Cao H B, 2019. International experience on planning and management of urban-rural ecotone and its lessons on China. Urban Insight, (3): 138-146.

Meng X, Li X, Hu G H, et al, 2023. Toward integrated governance of urban CO_2 emissions in China: connecting the "codes" of global drivers, local causes, and indirect influences from a multi-perspective analysis. Cities, 134: 104181.

Meybeck M. 1993. Riverine transport of atmospheric carbon: Sources, global typology and budget. Water Air Soil Pollut, 70: 443-463.

Meyfroidt P, Roy Chowdhury R, de Bremond A, et al, 2018. Middle-range theories of land system change. Global Environmental Change, 53: 52-67.

Mi Z F, Meng J, Guan D B, et al, 2017. Chinese CO_2 emission flows have reversed since the global financial crisis. Nature Communications, 8 (1): 1712.

Milnar M, Ramaswami A, 2020. Impact of urban expansion and in situ greenery on community-wide carbon emissions: method development and insights from 11 US cities. Environmental Science & Technology, 54 (24): 16086-16096.

Mohajeri N, Perera A T D, Coccolo S, et al, 2019. Integrating urban form and distributed energy systems: assessment of sustainable development scenarios for a Swiss village to 2050. Renewable Energy, 143: 810-826.

Monkkonen P, Comandon A, Escamilla J A M, et al, 2018. Urban sprawl and the growing geographic scale of segregation in Mexico, 1990—2010. Habitat International, 73: 89-95.

Monkkonen P, Guerra E, Escamilla J M, et al, 2024. A global analysis of land use regulation, urban form, and greenhouse gas emissions. Cities, 147: 104801.

Moran D, Pichler P P, Zheng H R, et al, 2022. Estimating CO_2 emissions for 108000 European cities. Earth System Science Data, 14 (2): 845-864.

Murshed M, Apergis N, Alam M S, et al, 2022. The impacts of renewable energy, financial inclusivity, globalization, economic growth, and urbanization on carbon productivity: evidence from net moderation and mediation effects of energy efficiency gains. Renewable Energy, 196: 824-838.

Muñiz I, Dominguez A, 2020. The impact of urban form and spatial structure on per capita carbon footprint in U.S. larger metropolitan areas. Sustainability, 12 (1): 389.

Ortas E, Álvarez I, 2016. The efficacy of the European Union Emissions Trading Scheme: depicting the co-movement of carbon assets and energy commodities through wavelet decomposition. Journal of Cleaner Production, 116: 40-49.

Ostrom E, 1990. Governing the commons: the evolution of institutions for collective action. Cambridge: Cambridge University Press.

Ou J P, Liu X P, Li X, et al, 2013. Quantifying the relationship between urban forms and carbon emissions using panel data analysis. Landscape Ecology, 28 (10): 1889-1907.

Ou J P, Liu X P, Wang S J, et al, 2019. Investigating the differentiated impacts of socioeconomic factors and urban forms on CO_2 emissions: empirical evidence from Chinese cities of different developmental levels. Journal of Cleaner Production, 226: 601-614.

Oyewo B, Tauringana V, Tawiah V, et al, 2024. Impact of country governance mechanisms on carbon emissions performance of multinational entities. Journal of Environmental Management, 352: 120000.

Pan H Z, Page J, Cong C, et al, 2021. Howecosystems services drive urban growth: integrating nature-based solutions. Anthropocene, 35: 100297.

Pan H Z, Page J, Zhang L, et al, 2020. Understanding interactions between urban development policies and GHG emissions: a case study in Stockholm Region. Ambio, 49 (7): 1313-1327.

Pao H T, Tsai C M, 2011. Modeling and forecasting the CO_2 emissions, energy consumption, and economic growth in Brazil. Energy, 36 (5): 2450-2458.

Pataki D E, Alig R J, Fung A S, et al, 2006. Urban ecosystems and the North American carboncycle. Global Change Biology, 12 (11): 2092-2102.

Payne J E, 2010. Survey of the international evidence on the causal relationship between energy consumption and growth. Journal of Economic Studies, 37 (1): 53-95.

Payne J E, Truong H H D, Chu L K, et al, 2023. The effect of economic complexity and energy security on measures of energy efficiency: evidence from panel quantile analysis. Energy Policy, 177: 113547.

Pedroni P, 1999. Critical values for cointegration tests in heterogeneous panels with multiple regressors. Oxford Bulletin of Economics and Statistics, 61 (S1): 653-670.

Peng Y, Bai X M, 2018. Experimenting towards a low-carbon city: policy evolution and nested structure of innovation. Journal of Cleaner Production, 174: 201-212.

Piao S L, Fang J Y, Zhou L M, et al, 2005. Changes in vegetation net primary productivity from 1982 to 1999 in China. Global Biogeochemical Cycles, 19 (2): GB2027.

Privault N, 2013. Understandingmarkov chains: Examples and Applications. Singapore: Springer.

Puga D, 2010. The magnitude and causes of agglomeration economies. Journal of Regional Science, 50 (1): 203-219.

Qadir S, Dosmagambet Y, 2020. CAREC energy corridor: Opportunities, challenges, and IMPACT of regional energy trade integration on carbon emissions and energy access. Energy Policy, 147: 11427.

Rahman M M, Sultana N, Velayutham E, 2022. Renewable energy, energy intensity and carbon reduction: experience of large emerging economies. Renewable Energy, 184: 252-265.

Ramamurthy P, Pardyjak E R, 2011. Toward understanding the behavior of carbon dioxide and surface energy fluxes in the urbanized semi-arid Salt Lake Valley, Utah, USA. Atmospheric Environment, 45 (1): 73-84.

Ramaswami A, Hillman T, Janson B, et al, 2008. A demand centered, hybrid life-cycle methodology for city-scale greenhouse gas inventories. Environmental Science & Technology, 42 (17): 6455-6461.

Rey S J, 2001. Spatial empirics for economic growth and convergence. Geographical Analysis, 33 (3): 195-214.

Rittenhouse C D, Rissman A R, 2012. Forest cover, carbon sequestration, and wildlife habitat: policy review and modeling of tradeoffs among land-use change scenarios. Environmental Science & Policy, 21: 94-105.

Rose A N, Bright E A, 2014. The Landscan Global Population Distribution Project: current state of the art and prospective innovation. //Paper Presented at the Population Association of America Annual Meeting, Boston, MA, Available online: http://paa2014.princeton.edu/papers/143242.

Ruan L L, He T T, Xiao W, et al, 2022. Measuring the coupling of built-up land intensity and use efficiency: an example of the Yangtze River Delta urban agglomeration. Sustainable Cities and Society, 87: 104224.

Ruparathna R, Hewage K, Karunathilake H, et al, 2017. Climate conscious regional planning for fast-growing communities. Journal of Cleaner Production, 165: 81-92.

Sajid M J, Niu H L, Liang Z J, et al, 2021. Final consumer embedded carbon emissions and externalities: a case of Chinese consumers. Environmental Development, 39: 100642.

Sala S, Farioli F, Zamagni A, 2013. Progress in sustainability science: lessons learnt from current methodologies for sustainability assessment: Part 1. The International Journal of Life Cycle Assessment, 18 (9): 1653-1672.

Saryazdi S M E, Etemad A, Shafaat A, et al, 2022. Data-driven performance analysis of a residential building applying artificial neural network (ANN) and multi-objective genetic algorithm (GA). Building and Environment, 225: 109633.

Schmidt-Traub G, Kroll C, Teksoz K, et al, 2017. National baselines for the sustainable development goals assessed in the SDG index and dashboards. Nature Geoscience, 10 (8): 547-555.

Schulp C J E, Nabuurs G J, Verburg P H, 2008. Future carbon sequestration in Europe: effects of land use change. Agriculture, Ecosystems & Environment, 127 (3/4): 251-264.

Scurlock J M O, Johnson K, Olson R J. 2002. Estimating net primary productivity from grassland biomass dynamics measurements. Global Change Biology, 8 (8): 736-753.

Seo J, Yun B, Park J, et al, 2021. Prediction of instantaneous real-world emissions from diesel light-duty vehicles based on an integrated artificial neural network and vehicle dynamics model. The Science of the Total Environment, 786: 147359.

Seto K C, Sánchez-Rodríguez R, Fragkias M, 2010. The new geography of contemporary urbanization and the environment. Annual Review of Environment and Resources, 35: 167-194.

参 考 文 献

Shahzad S J H, Kumar R R, Zakaria M, et al, 2017. Carbon emission, energy consumption, trade openness and financial development in Pakistan: a revisit. Renewable and Sustainable Energy Reviews, 70: 185-192.

Shan Y L, Guan Y R, Ye H, et al, 2022. City-level emission peak and drivers in China. Science Bulletin, 67 (18): 1910-1920.

Shan Y L, Huang Q, Guan D B, et al, 2020. China CO_2 emission accounts 2016-2017. Scientific Data, 7 (1): 54.

Shan Y L, Zhou Y, Meng J, et al, 2019. Peak cement-related CO_2 emissions and the changes in drivers in China. Journal of Industrial Ecology, 23 (4): 959-971.

Shen-Orr S S, Milo R, Mangan S, et al, 2002. Network motifs in the transcriptional regulation network of Escherichia coli. Nature Genetics, 31 (1): 64-68.

Shi K F, Xu T, Li Y, et al. 2020. Effect of urban forms on CO_2 emissions in China from a muti-perspective analysis. Journal of Environmental Management, 262 (C): 110300.

Shi Y S, Matsunaga T, Yamaguchi Y, et al, 2018. Long-term trends and spatial patterns of $PM_{2.5}$: induced premature mortality in South and Southeast Asia from 1999 to 2014. The Science of The Total Environment, 631/632: 1504-1514.

Shi Y S, Wang H F, Shi S Z, 2019. Relationship between social civilization forms and carbon emission intensity: a study of the Shanghai metropolitan area. Journal of Cleaner Production, 228: 1552-1563.

Shu H, Xiong P P, 2019. Reallocation planning of urban industrial land for structure optimization and emission reduction: a practical analysis of urban agglomeration in China's Yangtze River Delta. Land Use Policy, 81: 604-623.

Simwanda M, Murayama Y, 2018. Spatiotemporal patterns of urban land use change in the rapidly growing city of Lusaka, Zambia: implications for sustainable urban development. Sustainable Cities and Society, 39: 262-274.

Singh S, Kennedy C, 2015. Estimating future energy use and CO_2 emissions of the world's cities. Environmental Pollution, 203: 271-278.

Sohl T, Sayler K, 2008. Using the FORE-SCE model to project land-cover change in the southeastern United States. Ecological Modelling, 219 (1/2): 49-65.

Stretesky P B, Lynch M J, 2009. A cross-national study of the association between per capita carbon dioxide emissions and exports to the United States. Social Science Research, 38 (1): 239-250.

Su Y, Yu Y Q, 2019. Spatial association effect of regional pollution control. Journal of Cleaner Production, 213: 540-552.

Sun H P, Geng Y, Hu L X, et al, 2018. Measuring China's new energy vehicle patents: a social network analysis approach. Energy, 153: 685-693.

Sun J N, Zhou T, Wang D, 2022. Relationships between urban form and air quality: a reconsideration based on evidence from China's five urban agglomerations during the COVID-19 pandemic. Land Use Policy, 118: 106155.

Svirejeva-Hopkins A, Schellnhuber H J, 2006. Modelling carbon dynamics from urban land conversion: fundamental model of city in relation to a local carbon cycle. Carbon Balance and Management, 1: 8.

Svirejeva-Hopkins A, Schellnhuber H J, 2008. Urban expansion and its contribution to the regional carbon emissions: using the model based on the population density distribution. Ecological Modelling, 216 (2): 208-216.

Tang K, Zhou D, 2023. Spatiotemporal Dynamics of China's Carbon Emissions: Evidence from Urban Efficiency and Convergence//Carbon-Neutral Pathways for China: Economic Issues. Singapore: Springer Nature, Singapore.

Tao Y, Li F, Wang R S, et al, 2015. Effects of land use and cover change on terrestrial carbon stocks in urbanized areas: a study from Changzhou, China. Journal of Cleaner Production, 103: 651-657.

Timilsina R R, Kotani K, Kamijo Y, 2019. Generativity and social value orientation between rural and urban societies in a developing country. Futures, 105: 124-132.

Tobler W R, 1979. Cellular Geography//Philosophy in Geography. Dordrecht: Springer.

Tone K, 2002. A slacks-based measure of super-efficiency in data envelopment analysis. European Journal of Operational Research, 143 (1): 32-41.

Tone K, 2003. Dealing with undesirable outputs in DEA: a slacks-based measure (SBM) approach. GRIPS Research Report Series, (3): 44-45.

Ullman E L, 1957. American Commodity Flow. Washington D C: University of Washington Press.

Van Meter D S, van Horn C E, 1975. The policy implementation process: a conceptual framework. Administration & Society, 6 (4): 445-488.

Van Oorschot J, Sprecher B, van 't Zelfde M, et al, 2021. Assessing urban ecosystem services in support of spatial planning in the Hague, the Netherlands. Landscape and Urban Planning, 214: 104195.

Verburg P H, Soepboer W, Veldkamp A, et al, 2002. Modeling the spatial dynamics of regional land use: the CLUE-S model. Environmental Management, 30 (3): 391-405.

Villalba G, Gemechu E D, 2011. Estimating GHG emissions of marine ports: the case of Barcelona. Energy Policy, 39 (3): 1363-1368.

Walsh J J, 1991. Importance of continental margins in the marine biogeochemical cycling of carbon and nitrogen. Nature, 350 (6313): 53-55.

Wang F, Gao M N, Liu J, et al, 2018. The spatial network structure of China's regional carbon emissions and its network effect. Energies, 11 (10): 2706.

Wang H M, Schandl H, Wang G Q, et al, 2019. Regional material flow accounts for China: examining China's natural resource use at the provincial and national level. Journal of Industrial Ecology, 23 (6): 1425-1438.

Wang J F, Zhang T L, Fu B J, 2016. A measure of spatial stratified heterogeneity. Ecological Indicators, 67: 250-256.

参 考 文 献

Wang J N, Cai B F, Zhang L X, et al, 2014. High-resolution carbon dioxide emission gridded data for China derived from point sources. Environmental Science & Technology, 48 (12): 7085-7093.

Wang J Y, Wang S J, Li S J, 2019. Examining the spatially varying effects of factors on $PM_{2.5}$ concentrations in Chinese cities using geographically weighted regression modeling. Environmental Pollution, 248: 792-803.

Wang K, Xian Y T, Wei Y M, et al, 2016. Sources of carbon productivity change: a decomposition and disaggregation analysis based on global Luenberger productivity indicator and endogenous directional distance function. Ecological Indicators, 66: 545-555.

Wang Q W, Chiu Y H, Chiu C R, 2015. Driving factors behind carbon dioxide emissions in China: a modified production-theoretical decomposition analysis. Energy Economics, 51: 252-260.

Wang Q W, Chiu Y H, Chiu C R, 2017. Non-radial metafrontier approach to identify carbon emission performance and intensity. Renewable and Sustainable Energy Reviews, 69: 664-672.

Wang Q, Zhang F Y, Li R R, 2023. Revisiting the environmental kuznets curve hypothesis in 208 counties: the roles of trade openness, human capital, renewable energy and natural resource rent. Environmental Research, 216 (Pt3): 114637.

Wang R, Zameer H, Feng Y, et al, 2019. Revisiting Chinese resource curse hypothesis based on spatial spillover effect: a fresh evidence. Resources Policy, 64: 101521.

Wang S J, Fang C L, Wang Y, et al, 2015. Quantifying the relationship between urban development intensity and carbon dioxide emissions using a panel data analysis. Ecological Indicators, 49: 121-131.

Wang S J, Liu X P, Zhou C S, et al, 2017. Examining the impacts of socioeconomic factors, urban form, and transportation networks on CO_2 emissions in China's megacities. Applied Energy, 185: 189-200.

Wang S J, Wang Z H, Fang C L, 2022. Evolutionary characteristics and driving factors of carbon emission performance at the city level in China. Science China Earth Sciences, 65 (7): 1292-1307.

Wang X L, Shao Q L, Nathwani J, et al, 2019. Measuring wellbeing performance of carbon emissions using hybrid measure and meta-frontier techniques: empirical tests for G20 countries and implications for China. Journal of Cleaner Production, 237: 117758.

Wang Z S, Xie W C, Zhang C Y, 2023. Towards COP26 targets: characteristics and influencing factors of spatial correlation network structure on U.S. carbon emission. Resources Policy, 81: 103285.

Wang Z Y, Li X, Mao Y T, et al, 2022. Dynamic simulation of land use change and assessment of carbon storage based on climate change scenarios at the city level: a case study of Bortala, China. Ecological Indicators, 134: 108499.

Wang Z, Deng X Z, Bai Y P, et al, 2016. Land use structure and emission intensity at regional scale: a case study at the middle reach of the Heihe River basin. Applied Energy, 183: 1581-1593.

Wen H, Li Y, Li Z R, et al, 2022. Spatial differentiation of carbon budgets and carbon balance zoning in China based on the land use perspective. Sustainability, 14 (20): 12962.

West G B, Brown J H, Enquist B J, 1999. The fourth dimension of life: fractal geometry and allometric scaling of organisms. Science, 284 (5420): 1677-1679.

West T O, Marland G, 2002. A synthesis of carbon sequestration, carbon emissions, and net carbon flux in agriculture: comparing tillage practices in the United States. Agriculture, Ecosystems & Environment, 91 (1/2/3): 217-232.

Wilson J, Tyedmers P, Pelot R, 2007. Contrasting and comparing sustainable development indicator metrics. Ecological Indicators, 7 (2): 299-314.

Woodworth M D, Wallace J L, 2017. Seeing ghosts: parsing China's "ghost city" controversy. Urban Geography, 38 (8): 1270-1281.

Wu H Y, Sipilainen T, He Y, et al, 2021. Performance of cropland low-carbon use in China: measurement, spatiotemporal characteristics, and driving factors. The Science of the Total Environment, 800: 149552.

Wu H, Fang S M, Zhang C, et al, 2022. Exploring the impact of urban form on urban land use efficiency under low-carbon emission constraints: A case study in China's Yellow River Basin. Journal of Environmental Management, 311: 114866.

Wu J Q, Li C S, 2024. Illustrating the nonlinear effects of urban form factors on transportation carbon emissions based on gradient boosting decision trees. The Science of the Total Environment, 929: 172547.

Wu S, Hu S G, Frazier A E, et al, 2023. China's urban and rural residential carbon emissions: past and future scenarios. Resources, Conservation and Recycling, 190: 106802.

Wu W B, Ma J, Banzhaf E, et al, 2023. A first Chinese building height estimate at 10 m resolution (CNBH-10 m) using multi-source earth observations and machine learning. Remote Sensing of Environment, 291: 113578.

Wu W, Zhang T T, Xie X M, et al, 2021. Regional low carbon development pathways for the Yangtze River Delta region in China. Energy Policy, 151: 112172.

Wu Y Z, Shan L P, Guo Z, et al, 2017. Cultivated land protection policies in China facing 2030: dynamic balance system versus basic farmland zoning. Habitat International, 69: 126-138.

Xia C Y, Chen B, 2020. Urban land-carbon nexus based on ecological network analysis. Applied Energy, 276: 115465.

Xia C Y, Li Y, Xu T B, et al, 2019. Analyzing spatial patterns of urban carbon metabolism and its response to change of urban size: a case of the Yangtze River Delta, China. Ecological Indicators, 104: 615-625.

Xia L L, Fath B D, Scharler U M, et al, 2016. Spatial variation in the ecological relationships among the components of Beijing's carbon metabolic system. The Science of the Total Environment, 544: 103-113.

Xia L L, Liu Y, Wang X J, et al, 2018. Spatial analysis of the ecological relationships of urban carbon metabolism based on an 18 nodes network model. Journal of Cleaner Production, 170: 61-69.

Xia L L, Zhang Y, Yu X Y, et al, 2019a. An integrated analysis of input and output flows in an urban carbon metabolism using a spatially explicit network model. Journal of Cleaner Production, 239: 118063.

Xia L L, Zhang Y, Yu X Y, et al, 2019b. Hierarchical structure analysis of urban carbon metabolism: a case study of Beijing, China. Ecological Indicators, 107: 105602.

Xie R, Fang J Y, Liu C J, 2017. The effects of transportation infrastructure on urban carbon emissions. Applied Energy, 196: 99-207.

Xin Y, Tao F L, 2021. Have the agricultural production systems in the North China Plain changed towards to climate smart agriculture since 2000? Journal of Cleaner Production, 299: 126940.

Xiong C H, Wang G L, Xu L T, 2021. Spatial differentiation identification of influencing factors of agricultural carbon productivity at city level in Taihu lake basin, China. The Science of the Total Environment, 800: 149610-149610.

Xu C X, Liu Y, Fu T B, 2022. Spatial-temporal evolution and driving factors of grey water footprint efficiency in the Yangtze River Economic Belt. The Science of the Total Environment, 844: 156930.

Xu F, Zheng X Q, Zheng M R, et al, 2023. Fine mapping and multidimensional analysis of carbon emission reduction in China. Frontiers in Ecology and Evolution, 11: 1163308.

Xu G, Jiao L M, Yuan M, et al, 2019. How does urban population density decline over time? An exponential model for Chinese cities with international comparisons. Landscape and Urban Planning, 183: 59-67.

Xu L, Fan M T, Yang L L, et al, 2021. Heterogeneous green innovations and carbon emission performance: evidence at China's city level. Energy Economics, 99: 105269.

Xu Q, Yang R, Dong Y X, et al, 2016. The influence of rapid urbanization and land use changes on terrestrial carbon sources/sinks in Guangzhou, China. Ecological Indicators, 70: 304-316.

Xu R H, Yang G F, Qu Z L, et al, 2020. City components-area relationship and diversity pattern: towards a better understanding of urban structure. Sustainable Cities and Society, 60: 102272.

Xu Z C, Chau S N, Chen X Z, et al, 2020. Assessing progress towards sustainable development over space and time. Nature, 577 (7788): 74-78.

Yan Z, Xia L L, Xiang W N, 2014. Analyzing spatial patterns of urban carbon metabolism: a case study in Beijing, China. Landscape and Urban Planning, 130: 184-200.

Yang C, Zhao S Q, 2023. Scaling of Chinese urban CO_2 emissions and multiple dimensions of city size. The Science of the Total Environment, 857 (Pt2): 159502.

Yang H, He Q P, Cui L, et al, 2023. Exploring the spatial relationship between urban vitality and urban carbon emissions. Remote Sensing, 15 (8): 2173.

Yang J X, Gong J, Tang W W, et al, 2020. Patch-based cellular automata model of urban growth simulation: integrating feedback between quantitative composition and spatial configuration.

Computers, Environment and Urban Systems, 79: 101402.

Yang J, Huang X, 2021. The 30m annual land cover dataset and its dynamics in China from 1990 to 2019. Earth System Science Data, 13 (8): 3907-3925.

Yang Y Y, Bao W K, Li Y H, et al, 2020. Land use transition and its eco-Environmental effects in the Beijing-Tianjin-Hebei Urban Agglomeration: A production-living-ecological perspective. Land, 9 (9): 285.

Yang Y, Xue J S, Qian J X, et al, 2024. Mapping energy inequality between urban and rural China. Applied Geography, 165: 103220.

Ye H, Wang K, Zhao X F, et al, 2011. Relationship between construction characteristics and carbon emissions from urban household operational energy usage. Energy and Buildings, 43 (1): 147-152.

Yin G Y, Lin Z L, Jiang X L, et al, 2020. How do the industrial land use intensity and dominant industries guide the urban land use? Evidences from 19 industrial land categories in ten cities of China. Sustainable Cities and Society, 53: 101978.

Yu L, 2014. Low carbon eco-city: new approach for Chinese urbanisation. Habitat International, 44: 102-110.

Yu R, Cai J N, Leung P S, 2009. The normalized revealed comparative advantage index. The Annals of Regional Science, 43 (1): 267-282.

Yu Z Q, Chen L Q, Tong H X, et al, 2022. Spatial correlations of land-use carbon emissions in the Yangtze River Delta region: a perspective from social network analysis. Ecological Indicators, 142: 109147.

Zarbá L, Piquer-Rodríguez M, Boillat S, et al, 2022. Mapping and characterizing social-ecological land systems of South America. Ecology and Society, 27 (2): 27.

Zeng C, Zhang A L, Liu L, et al, 2017. Administrative restructuring and land-use intensity: a spatial explicit perspective. Land Use Policy, 67: 190-199.

Zeng S B, Jin G, Tan K Y, et al, 2023. Can low-carbon city construction reduce carbon intensity? Empirical evidence from low-carbon city pilot policy in China. Journal of Environmental Management, 332: 117363.

Zengerling C, 2018. Action on climate change mitigation in German and Chinese cities-A search for emerging patterns of accountability. Habitat International, 75: 147-153.

Zhang C Y, Zhao L, Zhang H T, et al, 2022. Spatial-temporal characteristics of carbon emissions from land use change in Yellow River Delta region, China. Ecological Indicators, 136: 108623.

Zhang C, Tian H Q, Chen G S, et al, 2012. Impacts of urbanization on carbon balance in terrestrial ecosystems of the Southern United States. Environmental Pollution, 164: 89-101.

Zhang D G, Yao X J, 2023. Analysis of spatial correlation networks of carbon emissions in emerging economies. Environmental Science and Pollution Research International, 30 (37): 87465-87482.

Zhang G Q, Ge R B, Lin T, et al, 2018. Spatial apportionment of urban greenhouse gas emission inventory and its implications for urban planning: a case study of Xiamen, China. Ecological

Indicators, 85: 644-656.

Zhang H, 2019. Effects of electricity consumption on carbon intensity across Chinese manufacturing sectors. Environmental Science and Pollution Research, 26 (26): 27414-27434.

Zhang H, Peng J Y, Yu D, et al, 2021. Carbon emission governance zones at the county level to promote sustainable development. Land, 10 (2): 197.

Zhang L L, Xiong L C, Cheng B D, et al, 2018. How does foreign trade influence China's carbon productivity? Based on panel spatial lag model analysis. Structural Change and Economic Dynamics, 47: 171-179.

Zhang P Y, Yang D, Qin M Z, et al, 2020. Spatial heterogeneity analysis and driving forces exploring of built-up land development intensity in Chinese prefecture-level cities and implications for future Urban Land intensive use. Land Use Policy, 99: 104958.

Zhang W J, Xu H Z, 2017. Effects of land urbanization and land finance on carbon emissions: a panel data analysis for Chinese provinces. Land Use Policy, 63: 493-500.

Zhang W, Liu X M, Wang D, et al, 2022. Digital economy and carbon emission performance: evidence at China's city level. Energy Policy, 165: 112927.

Zhang X C, Chen Y, Xu Y S, et al, 2023. Does regional cooperation constrain urban sprawl? Evidence from the Guangdong-Hong Kong-Macao Greater Bay Area. Landscape and Urban Planning, 235: 104742.

Zhang X X, Brandt M, Tong X W, et al, 2022. A large but transient carbon sink from urbanization and rural depopulation in China. Nature Sustainability, 5 (4): 321-328.

Zhang Y H, Wang J Z, Liu Y, et al, 2023. Quantifying multiple effects of land finance on urban sprawl: empirical study on 284 prefectural-level cities in China. Environmental Impact Assessment Review, 101: 107156.

Zhang Y, Liu Y F, Zhang Y, et al, 2018. On the spatial relationship between ecosystem services and urbanization: a case study in Wuhan, China. The Science of the Total Environment, 637/638: 780-790.

Zhang Y, Xia L L, Fath B D, et al, 2016. Development of a spatially explicit network model of urban metabolism and analysis of the distribution of ecological relationships: case study of Beijing, China. Journal of Cleaner Production, 112: 4304-4317.

Zhang Y, Yang Z F, Fath B D, 2010. Ecological network analysis of an urban water metabolic system: model development, and a case study for Beijing. The Science of the Total Environment, 408 (20): 4702-4711.

Zhang Y, Yang Z F, Yu X Y, 2015. Urban metabolism: a review of current knowledge and directions for future study. Environmental Science & Technology, 49 (19): 11247-11263.

Zhang Y, Zheng H M, Fath B D, 2014. Analysis of the energy metabolism of urban socioeconomic sectors and the associated carbon footprints: model development and a case study for Beijing. Energy Policy, 73: 540-551.

Zhang Z L, Yu X P, Hou Y Z, et al, 2023. Carbon emission patterns and carbon balance zoning in urban territorial spaces based on multisource data: a case study of Suzhou City, China. ISPRS International Journal of Geo-Information, 12 (9): 385.

Zhao M, Tan L R, Zhang W G, et al, 2010. Decomposing the influencing factors of industrial carbon emissions in Shanghai using the LMDI method. Energy, 35 (6): 2505-2510.

Zhao Q Y, Xie B Y, Han M Y, 2023. Unpacking the sub-regional spatial network of land-use carbon emissions: the case of Sichuan Province in China. Land, 12 (10): 1927.

Zhao R Q, Huang X J, Zhong T Y, et al, 2014. Carbon flow of urban system and its policy implications: the case of Nanjing. Renewable and Sustainable Energy Reviews, 33: 589-601.

Zhao S Q, Zhou D C, Zhu C, et al, 2015. Spatial and temporal dimensions of urban expansion in China. Environmental Science & Technology, 49 (16): 9600-9609.

Zhong T Y, Zhang X L, Huang X J, et al, 2019. Blessing or curse? Impact of land finance on rural public infrastructure development. Land Use Policy, 85: 130-141.

Zhou A H, Xin L, Li J, 2022. Assessing the impact of the carbon market on the improvement of China's energy and carbon emission performance. Energy, 258: 124789.

Zhou B, Zhang C, Song H Y, et al, 2019. How does emission trading reduce China's carbon intensity? An exploration using a decomposition and difference-in-differences approach. The Science of the Total Environment, 676: 514-523.

Zhou D, Xu J C, Lin Z L, 2017. Conflict or coordination? Assessing land use multi-functionalization using production-living-ecology analysis. Science of the Total Environment, 577: 136-147.

Zhu E Y, Qi Q Y, Chen L S, et al, 2022. The spatial-temporal patterns and multiple driving mechanisms of carbon emissions in the process of urbanization: a case study in Zhejiang, China. Journal of Cleaner Production, 358: 131954.

Zuo S D, Dai S Q, Ju J H, et al, 2022. The importance of the functional mixed entropy for the explanation of residential and transport CO_2 emissions in the urban center of China. Journal of Cleaner Production, 380: 134947.